Ueli Leuthold

Von Coming Out, Gay Pride und Stiefkind-Adoption

Männliche Homosexualität in den Kinder- und Hausmärchen der Brüder Grimm

Interpretationen von 31 Grimm'schen Märchen
und die Schlussfolgerungen daraus

Zum Inhalt des Buches

Der Autor zeigt, dass 31 Märchen der Brüder Grimm die männliche Homosexualität zum Thema haben, 17 davon sogar aus einer erstaunlich schwulenfreundlichen Sicht. Er analysiert leicht verständlich, was, von der Symbolsprache der Märchen in jene der Wirklichkeit übertragen, in jenen Märchen steht, bleibt dabei eng beim Text und vergleicht mit den früheren Fassungen und, wo vorhanden, mit den Textvorlagen, auch mit den handschriftlichen im Nachlass Grimm in der Nationalbibliothek Berlin.

Die Ergebnisse sind umwerfend: Die Erkenntnis, dass Märchen der Brüder Grimm von Homosexualität handeln, ist aufgrund der in diesem Buch dargestellten Analysen eindeutig, für die Forschung jedoch neu. Der Autor zeigt ausserdem, dass alles, was die heutige Schwulenrechtsbewegung fordert, in den 17 mehr oder weniger schwulenfreundlichen Grimm'schen Märchen bereits als zentrales Anliegen enthalten ist, ausser den politischen Forderungen. Die durch die beiden Brüder Grimm an vier Märchen vorgenommenen Texterweiterungen lassen ausserdem vermuten, dass sie möglicherweise schwul waren und dies voneinander wussten. Das würde ihre einmalige Lebensgemeinschaft mit erklären.

Diese Ergebnisse stellen nicht nur die Grimm-Forschung auf neue Grundlagen, sondern ebenso die Geschichte der Schwulenbefreiung. Diese begann mindestens gedanklich früher als bisher angenommen, nämlich mit den 17 in diesem Buch analysierten schwulenfreundlichen Grimm'schen Märchen. Weibliche Homosexualität findet sich in diesen Märchen allerdings nicht.

Das Buch ist die leicht lesbare einbändige, kürzere Fassung des ursprünglich viel umfangreicheren und in zwei Bänden erschienenen Werkes. Es enthält alles Wesentliche: Kurzfassungen aller 31 Märcheninterpretationen und ein abschliessendes Kapitel mit den zusammenfassenden Schlussfolgerungen. Es richtet sich sowohl an das Fachpublikum als auch an interessierte Laien.

Zum Autor

Ueli Leuthold studierte Geschichte und Anglistik an der Universität Zürich und unterrichtete bis zur krankheitsbedingten Arbeitsunfähigkeit 2008 Geschichte in Zürich.

Widmung

Dieses Buch widme ich all jenen Schwulen, die gerne die geschichtlichen Wurzeln ihrer Befreiung kennen lernen möchten

Danksagung

Ich schrieb das Buch alleine und ohne Hilfe oder Diskussion mit jemandem. Ich danke aber all jenen Menschen, die mir in den letzten Jahren angesichts meiner Krankheit Unterstützung in irgendeiner Form gaben. Ich danke auch der Zentralbibliothek Zürich und der Staatsbibliothek Berlin, Preussischer Kulturbesitz, die mir Kopien von unbedingt benötigten Dokumenten und Bücherauszügen schickten.

Herstellung und Verlag:
Tredition GmbH, Hamburg

ISBN Taschenbch: 978-3-7439-4387-2
ISBN Hardcover: 978-3-7439-4388-9

Bibliografische Information der Deutschen Nationalbibliothek:
Die Deutsche Nationalbibliothek verzeichnet diese Publikation in der Deutschen Nationalbibliografie, detaillierte bibliografische Daten sind im Internet über dnb.dnb.de abrufbar.

Inhaltsverzeichnis

Kapitel	Seite
Allgemeine Vorbemerkungen	7
Hauptteil: Interpretationen der Grimm'schen Märchen zur männlichen Homosexualität	13

- KHM 1: Der Froschkönig oder der eiserne Heinrich — 13
  Oder: Wie eine Ehe zu dritt entsteht
- KHM 6: Der treue Johannes — 18
  Oder: Von den Schwierigkeiten des ersten schwulen Coming Outs
- KHM 8: Der wunderliche Spielmann — 24
  Oder: Die schlimmen Folgen schwuler Selbstunterdrückung
- KHM 9: Die zwölf Brüder — 27
  Oder: Vom Unsinn, Schwule umpolen zu wollen
- KHM 37: Daumesdick — 32
  Oder: Wie kleinwüchsige Menschen von der Gesellschaft geringgeschätzt werden, und wie sich dies besonders deutlich beim Sex zeigt
- KHM 42: Der Herr Gevatter — 37
  Oder: Warum sich ein „Herr" nicht ficken lässt
- KHM 45: Daumerlings Wanderschaft — 41
  Oder: Wie die Bedürfnisse kleinwüchsiger Menschen, insbesondere ihre sexuellen Bedürfnisse, von der Gesellschaft übergangen werden
- KHM 47: Von dem Machandelboom — 44
  Oder: Jesus starb für alle.
- KHM 54: Der Ranzen, das Hütlein und das Hörnlein — 51
  Oder: Der erste selbstbewusste Schwule mit schwulem Identitätsgefühl
- KHM 68: De Gaudeif un sien Meester — 57
  Oder: Wie ein Jugendlicher in den sexuellen Missbrauch gerät und wieweit er sich von den Folgen befreien kann
- KHM 77: Das kluge Gretel — 60
  Oder: Warum Staat und Gesellschaft Schwule milder behandeln sollten
- KHM 85: Die Goldkinder — 65
  Oder: Auch ein Schwuler ist Gold wert
- KHM 90: Der junge Riese — 70
  Oder: Der jahrelange sexuelle Missbrauch eines Jugendlichen und seine Folgen
- KHM 93: Die Rabe — 73
  Oder: Warum Schwule keine Frau heiraten sollten
- KHM 99: Der Geist im Glas — 79
  Oder: Vielleicht ein Aufruf, Jungs zu bumsen
- KHM 106: Der arme Müllerbursch und das Kätzchen — 80
  Oder: Wenn Buben durch ihren Pflegevater sexuell missbraucht werden
- KHM 107: Die beiden Wanderer — 83
  Oder: Der Schwule als Kains-Figur
- KHM 113: De beiden Künigeskinner — 87
  Oder: Wenn einem Schwulen alle Vorbilder fehlen, macht er sein Leben zur Lüge

- KHM 121: Der Königssohn, der sich vor nichts fürchtet   89
  Oder: Rotkäppchen für Männer. Eine Warnung an zu leichtsinnige junge Männer vor einer Vergewaltigung von hinten
- KHM 124: Die drei Brüder   92
  Oder: Der Traum von der gesellschaftlichen Akzeptanz schwuler Partnerschaften
- KHM 126: Ferenand getrü un Ferenand ungetrü   98
  Oder: In der Jugend das Vergnügen, im Erwachsenenalter das Ansehen
- KHM 146: Die Rübe   104
  Oder: Eine Warnung aus dem Mittelalter an fahrende Schüler: Lasst euch nicht bumsen
- KHM 182: Die Geschenke des kleinen Volkes   105
  Oder: Eine kurze Phase mit gleichgeschlechtlichem Sex in der Jugend ist okay, aber mehr wird man bitter bereuen
- KHM 189: Der Bauer und der Teufel   107
  Oder: Das Unten-Liegen bei der Reiterstellung als Ersatz für die passive Rolle des Mannes
- KHM 195: Der Grabhügel   109
  Oder: Wie ein Christentum der Nächstenliebe schwule Partnerschaften verlangt
- KHM 199: Der Stiefel von Büffelleder   114
  Oder: Der erste Aufruf zu schwuler Solidarität
- KHM 18a (1815) = 104a (1819-50): Die treuen Tiere   120
  Oder: Masturbation von hinten als Ersatz für das Penetriert-Werden
- KHM 21a (1815) = 107a (1819-40): Die Krähen   123
  Oder: Der Schwule als Verbrecher
- KHM 44a (1815): Der Soldat und der Schreiner   125
  Oder: Das wirksamste Unterwerfungsmittel ist das Gewissen. Was zwei schwule Jugendliche von ihrer Partnerschaft ins Erwachsenenalter hinüberretten und was nicht
- KHM 82a (1812): Die drei Schwestern   132
  Oder: Von der Bisexualität des Mannes
- KHM 191a (1843-50): Der Räuber und seine Söhne   138
  Oder: Homosexualität als schlimmster Horror

Zusammenfassende Schlussfolgerungen   143

1. Schlussfolgerungen zur männlichen Homosexualität in den KHM   143
2. Schlussfolgerungen über die Brüder Grimm   155
3. Schlusswort   160

Anhang   163
Was die Bibel zur Homosexualität wirklich sagt

Bibliographie   167

Allgemeine Vorbemerkungen

Zur vorliegenden Fassung meines Buches

Ich bin Historiker und gelangte beim Durcharbeiten der Märchen der Brüder Grimm zur Überzeugung, dass 31 von ihnen von männlicher Homosexualität handeln, 17 sogar aus einer für die damalige Zeit erstaunlich schwulenfreundlichen Sicht. Ich schrieb meine Erkenntnisse zunächst in einem dicken zweibändigen Werk nieder[1], in dem ich meine Analysen Wort für Wort aus den Texten herleitete. Dies hier ist die einbändige kürzere Fassung, die sich nicht nur an das Fachpublikum, sondern an alle Interessierte richtet. Sie ist flüssiger lesbar und enthält alles Wesentliche: Gestraffte Interpretationen aller 31 Märchen mit allen wesentlichen Erkenntnissen, Vergleiche mit den früheren Fassungen und den von den Grimms benutzten Textvorlagen, auch mit den handschriftlichen im Nachlass Grimm in der Nationalbibliothek Berlin, und die aus der ursprünglichen Fassung ungekürzt übernommenen Kapitel „Vorbemerkungen" und „zusammenfassende Schlussfolgerungen".

Allgemeines zu den Grimm'schen Märchen und ihrer Interpretation

Ich halte vorab ein paar Grundlagen fest, auf denen meine Interpretationen beruhen:
* Die Brüder Jakob (1785-1863) und Wilhelm (1786-1859) Grimm wanderten nicht im Volk umher, um Märchentexte zu sammeln, sondern sie erhielten oder bezogen sie von verschiedener Seite: zum Teil direkt von Märchenerzählerinnen, zum Teil vermittelt von Zuträgern und Zuträgerinnen, zum Teil auch aus gedruckter schriftlicher Quelle. Die Märchenerzählerinnen und Zuträger/innen gehörten in der Regel der Mittel- oder Oberschicht an. In seltenen Fällen (vor allem bei Mundarttexten, z.B. solchen in Plattdeutsch) liessen die Grimms die solchermassen erhaltenen Texte (fast) unverändert. In der Regel veränderten sie sie in unterschiedlichem Masse, oft auch sehr stark und für die späteren Ausgaben ihrer „Kinder- und Hausmärchen" (KHM) immer mehr.
  Die allerwenigsten dieser KHM sind also direkt aus dem Volk stammende „Volksmärchen". Die meisten sind eine Mischung aus Volksmärchen und Grimm'schen Kunstmärchen, wobei der aus einem Volksmärchen und manchmal sogar aus anderer schriftlicher Quelle stammende Kern unterschiedlich weitgehend erhalten ist.
  Die Brüder Grimm veröffentlichten ihre Märchen in sieben Auflagen, die erste 1812 (1. Band)/1815 (2. Band), die letzte, die „Ausgabe letzter Hand", 1857. Bekannt wurden die KHM in der Fassung letzter Hand. Ich gehe daher bei meinen Interpretationen von jener Fassung aus.

* Märchen verwendeten schon immer Symbole. Bei den Grimm'schen Märchen kommt hinzu, dass sie aus dem Geist der deutschen Romantik (anfangs 19. Jahrhundert) entstanden und daher meiner Überzeugung nach zu einem grossen Teil in der Symbolsprache der Träume formuliert sind. Allerdings ist nur die Sprache, also die Art und Weise, wie die Geschichte mitgeteilt wird, den Träumen entlehnt. Geschildert wird damit jedoch kein Traum, sondern eine Geschichte, die in der Wirklichkeit geschehen könnte. Das Wissen um die Sprache der Träume hilft aber, die Geschichte zu verstehen. Zum Beispiel:
  o Der Erzähler schildert die Ereignisse meist aus der Sicht der Hauptfigur, also etwas subjektiv. Allerdings greift er manchmal auch mit Kommentaren als allwissender Erzähler ein, zum Beispiel mit Sprichwort-artigen (oft ersten oder letzten) Sätzen, die

---

[1] Leuthold 2017, Bände 1 und 2. Bibliographische Angaben in der Literaturliste am Schluss dieses Buches.

allgemeine Wahrheiten enthalten und immer ein Wegweiser zum Verständnis des Märchens sind.

- o Die Symbolik kann für stattfindende Ereignisse stehen, aber auch innere Entwicklungen/Überlegungen der (Haupt)Figur schildern. Beides kann fliessend ineinander übergehen. Genauso wie in unseren Träumen unser Denken und geträumte Geschehnisse fliessend ineinander übergehen.
- o Nebenfiguren können diese selber, aber auch eine Seite der (Haupt-)Figur sein, wie in den Träumen.
- o Ähnlich können Tiere für eine (Neben-)Figur oder eine Seite der (Haupt-)Figur stehen. Wenn das Innere der (Haupt-)Figur beschrieben wird oder wenn etwas eine Seite von ihr ist, dann wird mindestens teilweise eine psychologische Interpretation nötig.

- Trotz der Traumsprache sind die KHM mit dem Verstand sorgfältig konstruiert. In einem Märchen der Brüder Grimm hat jedes Wort seinen Sinn im Dienste der Botschaft, auf die das Märchen am Ende hinausläuft; auch die Erweiterungen, welche die Brüder Grimm bei ihren Bearbeitungen in den Text einfügten, dienen selten *nur* der Ausschmückung, wie alle meine folgenden Interpretationen zeigen. Für das Verständnis dieser Märchen ist daher ein ganz genaues Lesen erforderlich.

  Bei den KHM kann und soll man also jedes Wort auf die Goldwaage legen. Ich will nicht behaupten, dass man das bei Märchen anderer Erzähler oder bei direkt aus dem Volk stammenden Märchen ebenso tun soll, aber bei den KHM kann und soll man. Die Brüder Grimm wiesen mit dem letzten Märchen ihrer Sammlung (KHM 200) verschlüsselt selber darauf hin: Dort findet ein Junge einen goldenen Schlüssel zum winzigen Schlüsselloch eines Kästchens, in dem „gewiss kostbare Sachen" sind, aber das Märchen hört vor der Öffnung des Kästchens auf. Die „kostbaren Sachen" sind die Märchen der Grimm'schen Sammlung, der Schlüssel ist ihr Text, mit dem winzigen Schlüsselloch werden wir darauf hingewiesen, dass diese Märchen nicht eine breite Palette von Bedeutungen haben, dass wir daher den Text sehr genau lesen sollen, um zu der *einen* Bedeutung zu gelangen. Der Schlüssel zum Verständnis der Grimm'schen Märchen liegt also einzig in ihrem Text, der aber ganz genau gelesen werden muss.

  Als Hilfen zum richtigen Verständnis lässt der Erzähler, wie oben erwähnt, in einigen Märchen am Anfang oder am Schluss, seltener mittendrin eine Sprichwort-artige, bisweilen etwas rätselhafte Bemerkung fallen, die immer ein Wegweiser zum Sinn der Geschichte ist.

  Erklärte Vorbilder für die Grimm'sche Formulierungs- und Textdisziplin und (aus meiner Sicht) auch für die Traumsprache der Märchen sind die beiden von Philipp Otto Runge stammenden Märchen „Von dem Fischer un syner Frau" und „Von dem Machandelboom". Da Letzteres von Homosexualität handelt, ist es in dieser meiner Sammlung von Märcheninterpretationen ebenfalls enthalten.

- Bei einigen KHM liegt die Botschaft nicht in dem, was sie auf den ersten Blick zu sein scheint. Manchmal liegt sie sogar in dessen Gegenteil. Jene Märchen sind also doppelbödig: Sie vermitteln eine Botschaft, die gleichzeitig mit versteckten Text-Hinweisen unterlaufen wird. Ich nenne diese Erzählmethode daher die „subversive Methode". Das Ziel ist offenbar, Vorurteile in Frage zu stellen. Wer das Doppelbödige nicht erkennt, fällt in dieselbe Falle, in welche man bei Vorurteilen auch im wirklichen Leben fällt: Man nimmt die eigentlich vorhandenen, aber nicht so offen da liegenden Hinweise, wonach beim eigenen Denken etwas nicht stimmt, nicht zur Kenntnis.

  Beispiele für diese Erzählmethode sind viele der im Folgenden dargestellten schwulenfreundlichen Märchen, weil es heikel war, Schwulenfreundliches allzu offen darzustellen: KHM 1, 8, 9, 42, 47 (teilweise), 77, 85, 93, 113, 124 (teilweise), 126 (am Schluss), 199 und 44a.

- Wenn man die KHM ohne Vorurteile liest, dann muss man zum Schluss gelangen: Viele handeln von Sex. Sexualität war ein Thema, über das man damals nicht offen reden durfte. Also bot sich die symbolische Sprache der Märchen als Ausweg an, um Gedanken zum Thema auszudrücken. Aber natürlich immer so gut verschlüsselt, dass es keinen Anstoss erregte. Es sollen ja „Kinder- und Hausmärchen" sein.
Ich will nicht behaupten, dass Märchen immer schon zu einem grossen Teil Sex thematisierten. Aber oft wurden alte Märchenstoffe umgearbeitet und mit neuem Inhalt gefüllt.[2] Dabei konnte auch neue Symbolik hinzugefügt werden. In der Romantik mit ihrem Blick aufs Innenleben der Menschen verrät diese Symbolik oft ein stärker werdendes Interesse für die Sexualität, auch die gleichgeschlechtliche.
Dass das Sexuelle in den Märchen über gleichgeschlechtlich fühlende Männer eine grosse Rolle spielt, kann nicht erstaunen, denn die Schwulen wurden immer nur aus einem Grund diskriminiert und unterdrückt: wegen ihrer Sexualität. Einen anderen Grund gibt es nicht.
In einigen Märchen wird gleichgeschlechtlicher Sex sogar sehr detailliert geschildert, nämlich in KHM 77, 195 und 199. Dabei wird die Sache natürlich sehr gut verschlüsselt, meist mit Hilfe der Sprache des Essens und Trinkens. Ab und zu macht die von den Grimms benutzte Vorlage die sexuelle Bedeutung deutlicher, namentlich bei KHM 189 und 191a. Das Ziel ist aber nie pornografisch, das heisst es geht nie darum, den Leser sexuell zu erregen, sondern es geht um Aufklärung.
Wer die KHM und insbesondere jene zur Homosexualität wirklich verstehen will, darf daher keine Hemmungen vor sexuellen Interpretationen haben.

Als Historiker versuche ich auch, die so gewonnenen Bedeutungen der Märchen in einen geschichtlichen Zusammenhang zu stellen.

Was man mir vorwerfen wird und einige Gegenargumente

Heterosexuelle haben meistens riesige Schwierigkeiten, zu akzeptieren, dass es irgendwo um Homosexualität geht, wenn sie bisher nicht im Entferntesten daran dachten. Und so wird es auch hier sein bei den Märchen der Brüder Grimm. Die Märchenforscher werden meine Interpretationen von sich weisen. Konkret wird man mir wahrscheinlich vor allem zwei Dinge vorwerfen: Erstens, dass ich den Text überinterpretiere. Zweitens, dass ich zu viel Sex sehe.

Zur Verteidigung meiner Deutungen hier nur ein paar Argumente dazu:
- Die von mir festgestellte homosexuelle Symbolik kommt oft in mehreren Märchen vor. Dieselbe Deutung der Symbole, beispielsweise der Mühle, der Kohle bzw. Kohlebrennerei, des Frosches usw., passt in *allen* diesen Märchen ausgezeichnet, passt also in ganz unterschiedlichen Zusammenhängen. Dazu kommt, dass einige dieser Symbole aus meiner Sicht sehr eindeutig sind: Die Symbolik des Frosches als Ausdruck einer negativen Sicht der eigenen Männlichkeit und/oder der männlichen Geschlechtsorgane ergibt sich aus dem Aussehen und der Unappetitlichkeit des Frosches; auf die anale Symbolik der (meist heissen) Kohle verweist die Textvorlage zu KHM 189 ziemlich deutlich usw..

- In manchen Fällen kann man dank meinen Deutungen Dinge verstehen, die bisher (gemäss Uthers Handbuch) nicht verstanden wurden, und man kann sie widerspruchsfrei

---

[2] Uther 2013, S. 217.

verstehen. Zum Beispiel: dass die Handlung in KHM 44a nicht konfus ist; dass in KHM 121 die beiden Teile sehr wohl inhaltlich zusammengehören, der zweite Teil sogar das Gegenstück zum ersten ist; dass in KHM 126 der kurze letzte Abschnitt sehr wohl einen Zusammenhang mit dem Rest des Märchens hat, sogar sein logischer Abschluss ist; dass KHM 8 nicht unvollständig ist; dass in KHM 107 die Blendung, sobald man deren Symbolik erkannt hat, aus einem sehr triftigen Grund erfolgt; warum in KHM 1 Heinrich bereits im Titel genannt wird, die Königstochter jedoch nicht; warum es im Lied des Prachtvogels in KHM 47 grammatikalische „Fehler" hat, die Absicht sind; warum in KHM 9 die „Stiefmutter" (gegen Ende) nicht ein Fehler, sondern Absicht ist usw..

- Einigen Märchen kann man einfach nicht gerecht werden, solange man nicht erkannt hat, dass es um eine sehr tiefe homosexuelle Liebe geht, die zum Teil mit dem Code-Wort „Treue" verschlüsselt wird. Ich denke da an KHM 1 (zwischen Heinrich und dem Froschkönig), 6 (einseitige Liebe des Johannes zum jungen König) und 44a.

- Die Bearbeitungen der Vorlagen zu den von mir interpretierten KHM durch die Brüder Grimm (dort, wo man sie nachverfolgen kann) zeigen, dass diese selber die homosexuelle Symbolik sehr wohl verstanden (ausser vermutlich bei KHM 44a). Anders machen viele ihrer Erweiterungen keinen Sinn. Auch die Übernahme homosexueller Symbolik aus älteren KHM in die Bearbeitung jüngerer – schön nachweisbar etwa in KHM 195 – kann nur damit erklärt werden, dass die Grimms mit der Bedeutung jener Symbolik vertraut waren.

- Die Grimms entschärften in vier KHM (37, 93, 189 und 191a) die in der Vorlage bzw. (bei KHM 93) in ihrer eigenen ersten Fassung vorhandenen Hinweise auf analen Sex zwischen Männern. In KHM 37 und 93 geht es um relativ harmlos klingende symbolische Hinweise. Da muss man sich die Frage stellen: Wenn sich diese Hinweise nicht auf Sex beziehen, warum denn sonst milderten die Brüder Grimm sie? Doch wohl nur, weil sie allgemein, auch beim Sex zwischen Mann und Frau, nur ganz versteckt und nicht zu offen auf Sexualität hinweisen wollten.

- Möglicherweise hat die Märchenforschung auch allgemein eine zu grosse, aus meiner Sicht zu starke Abneigung gegen sexuelle Deutungen, auch bei Beziehungen zwischen Mann und Frau. Das könnte mit erklären, warum man bisher bei Beziehungen zwischen Mann und Mann erst recht nicht darauf gekommen ist. In Uthers Handbuch wird das Thema Sexualität jedenfalls lediglich in zehn KHM angesprochen, wobei immer Heterosexualität gemeint ist.[3] Ich füge nur ein paar wenige Beispiele weiterer KHM an, in denen aus meiner Sicht sexuelle Probleme *zwischen Mann und Frau* das Hauptthema sind, ohne dass ich jene KHM bisher ganz genau analysiert habe: In KHM 3 geht um die Frage, ob auch eine Frau ein Recht auf sexuellen Genuss haben soll. KHM 7 ist nicht einfach, wie Uther im Handbuch schreibt[4], ein Märchen über einen Dummkopf. Er verhält sich wie ein Dummkopf wegen des Problems, auf das eingangs verwiesen wird: Er meint, sein Penis sei zu klein. KHM 191 ist über eine Frau, die Angst vor dem ersten Geschlechtsverkehr hat, der Mann muss ganz vorsichtig vorgehen. Das Klirren der Fensterscheibe ist ihr Orgasmus. In KHM 196 lässt die Frau ihren Mann nicht zur „Tür"

---

[3] Ich stütze mich dabei auf das Sachregister. Vgl. Uther 2013, S. 613. Von den von mir in diesem Buch interpretierten Märchen wird das Thema Sexualität in Uthers Handbuch nur bei KHM 93 erwähnt, wobei sich das dort nur auf die Annäherung zwischen dem Mann und der Frau und nicht auf die Homosexualität des Mannes bezieht.

[4] Uther 2013, S. 18.

herein, sprich sie verweigert den Geschlechtsverkehr, und klemmt ihm dafür den Bart, das heisst seine Männlichkeitszierde, im Fenster ein, ein Bild für Oralverkehr, bei dem sie in der Machtposition ist, weil sie zubeissen kann, usw. usw.. Interessant ist in diesem Zusammenhang, dass bei KHM 133 der von den zertanzten und damit durchlöcherten Schuhen symbolisierte Hinweis zum vorehelichen Geschlechtsverkehr in der Forschung akzeptierter ist, weil er in anderen Varianten des Märchens offener beschrieben wird[5].

Meiner Meinung nach handeln daher sehr viele der Grimm'schen Märchen von sexuellen Problemen, wenn auch immer sorgfältig versteckt hinter einer harmlos aussehenden Symbolik.

Es gibt auch Märchenforscher, die allgemein Vorbehalte gegen psychologische Deutungen haben. Auch diese Seite meiner Interpretationen mag man mir vorwerfen. Dazu ein paar allgemeine Überlegungen:

Wer psychologische Interpretationen ablehnt, muss die Hexen, Teufel und helfenden Männchen wörtlich als Eingreifen aus dem Jenseits und die Tiere und Verwandlungen wörtlich als übernatürliche Geschehnisse auffassen. Märchen beschreiben dann nicht mehr 1:1 eine Geschichte, die in der Wirklichkeit geschehen könnte. Auf die offensichtliche Symbolik der Pferde, Frösche und anderer Wesen muss man dann verzichten, und viele Einleitungs- und Schlusssätze, die meiner Meinung nach versteckt auf die Botschaft der Erzählung hinweisen sollen, dienen dann nur noch der Ausschmückung. Mich befriedigt das nicht.

Das gegen psychologische Interpretationen vorgebrachte Argument, es gebe etwa so viele unterschiedliche Interpretationen wie Interpreten,[6] mag stimmen, wenn man die Deutung nicht eng an den Text anlehnt oder einzelne Episoden oder Figuren herausgreift und den Gesamtzusammenhang in den Hintergrund rückt. Ein Beispiel dafür ist KHM 1, wo sowohl die Königstochter wie der Froschkönig häufig psychologisch charakterisiert werden, aber meistens, ohne dass man die zentrale Rolle Heinrichs berücksichtigt. Wer den gesamten Text, so wie ich das versuche, Wort für Wort und von Anfang bis Ende ernst nimmt und immer eng beim Text bleibt, kann meiner Meinung nach nur zu *einer* Deutung gelangen, so wie das, wie oben erklärt, die Brüder Grimm selber mit dem kleinen Schlüsselloch in KHM 200 auch andeuteten.

Warum gibt es keine Grimm'schen Märchen mit lesbischem Inhalt?

Sämtliche Märchen der Brüder Grimm, welche die Homosexualität zum Thema haben, betreffen die *männliche* Homosexualität. Nur im „Froschkönig" kommt zusätzlich noch eine weibliche Hauptfigur vor, welche offensichtlich gar nicht auf Männer steht (Der „Froschkönig" wird nie ihr Traumprinz, wie ich in meiner Interpretation des Märchens erkläre). Allerdings zeigt sie das Märchen auch nicht als Lesbe, denn es kommt keine weitere weibliche Figur vor. Ihre Sexualität scheint sich einfach auf sie selber zu beschränken.

Mögliche Gründe für das Fehlen der weiblichen Homosexualität könnten sein:
- Wohl der Hauptgrund: Die Sammlung wurde von den Brüdern Grimm zusammengestellt, und diese interessierten sich offensichtlich stark für die männliche Homosexualität. Als Grund vermute ich, dass sie selber schwul waren. Ich begründe dies anhand der Analyse der Änderungen, die sie einigen Märchentext-Vorlagen angedeihen liessen, und komme am Schluss im Kapitel „Zusammenfassende Schlussfolgerungen" darauf zurück.

---

[5] Ebenda, S. 272.
[6] Lutz Röhrich, nach meinem Eindruck mit Zustimmung Uthers, gemäss Uther 2013, S. 133.

- Kein Grund ist, dass in den KHM der weibliche Standpunkt zu kurz kommt, denn eine ganze Reihe der Grimm'schen Märchen dient versteckt, manchmal sogar offen, einer frauenemanzipatorischen Botschaft, sei es bezüglich Arbeit, Partnerschaft oder Sex.[7]
- Die gleichgeschlechtliche *Liebe* und gleichgeschlechtliche *Partnerschaften* wurden damals in der Öffentlichkeit kaum wahrgenommen, viele wussten nicht, dass es das gab. Aber dass es *Sex zwischen Männern* gab, wusste man, denn dieser fand schon damals auch an öffentlich zugänglichen Orten statt, zum Beispiel in Parks, öffentlichen Latrinen usw.. Etwas Vergleichbares zwischen Frauen gab es aber nicht. Daher wurden Lesben in der Öffentlichkeit noch weniger wahrgenommen als Schwule. Viele und vielleicht auch die Brüder Grimm wussten daher vermutlich gar nicht, dass es lesbischen Sex und lesbische Liebe gab. Darauf deutet auch die erwähnte Königstochter im Märchen „Der Froschkönig": Heute würden wir denken, eine solche Frau, die offensichtlich bis zum Schluss nie auf Männer steht, könne nur eine Lesbe sein, aber im Märchen ist sie nur auf ihren eigenen Körper bezogen.
- Lesbische Partnerschaften waren aus wirtschaftlichen und juristischen Gründen noch viel schwieriger zu leben als Partnerschaften zwischen Männern, weil die Frauen unter der Vormundschaft ihrer Männer standen und es viel schwerer hatten, ein wirtschaftlich selbstständiges Leben ohne Mann zu führen. Am ehesten waren lesbische Beziehungen und auch lesbischer Sex in Klöstern oder unter Prostituierten möglich, aber gerade das Klosterleben wird in keinem KHM thematisiert. Lesbische Beziehungen welcher Art auch immer gab es daher damals wohl einfach weniger als heute (was nicht heisst, dass es weniger Lesben gab; sie hatten nur *noch* weniger Möglichkeiten als die Schwulen, ihren Neigungen gemäss zu leben). Auch dies dürfte den Eindruck verstärkt haben, dass es lesbische Liebe nicht gebe.

Zum Aufbau dieses Buches

Ich habe dieses Buch so geschrieben, dass man die Märcheninterpretationen nicht der Reihe nach lesen muss. Jede Interpretation soll für sich alleine lesbar sein. Das hat den Nachteil, dass ich symbolische Bedeutungen mehrmals erkläre. Andererseits erkläre ich das für das Verständnis fast aller vorliegenden Märchen zentrale Problem, nämlich die Schwierigkeiten jeder patriarchalen Gesellschaft mit der passiven Rolle des Mannes, nur in einer Märcheninterpretation, nämlich kurz nach dem Anfang von KHM 1 (am Ende dann nochmals im Kapitel über die zusammenfassenden Schlussfolgerungen).

Schwulenfreundliche und andere Märchen

Ich gliedere die folgenden Interpretationen nach ihrer Nummer in den KHM. Wie einleitend erwähnt, beurteile ich 17 davon als mehr oder weniger schwulenfreundlich. Gemeint sind:

KHM 1, 6, 8, 9, 42, 47, 54, 77, 85, 93, 113, 124, 126, 195, 199, 44a und 82a.

Die Einteilung ist aber eine Vereinfachung und etwas willkürlich. Es gibt auch Grenzfälle. Näheres dazu siehe am Anfang des Kapitels über die Schlussfolgerungen.

---

[7] Wobei der frauenemanzipatorische Gehalt unterschiedlich stark und zum Teil subtil versteckt ist. Beispiele: KHM 14 „Die drei Spinnerinnen" (Kritik an der Erwartung, dass die Ehefrau zu Hause spinnen soll), KHM 94 „Die kluge Bauerntochter" (Kritik an der Unfreiheit der Frau in der Ehe), KHM 3 „Marienkind" (auch die Frau darf den Sex geniessen), KHM 62a „Blaubart" (Befreiung aus einer unterdrückenden Ehe), KHM 66a „Hurleburlebutz" (dass Frauen jungfräulich heiraten sollen, ist nur auf ein sexuelles Minderwertigkeit der Männer zurückzuführen, die nicht wollen, dass die Frau schöneren Sex mit einem anderen Mann kennt) usw..

Hauptteil: Interpretationen der Grimm'schen Märchen zur männlichen Homosexualität

KHM 1: Der Froschkönig oder der eiserne Heinrich
Oder: Wie eine Ehe zu dritt entsteht

Dies ist die Grimm'sche Fassung eines in Deutschland und ganz Europa alten und verbreiteten Märchenstoffs.[8] Die handschriftliche Grimm'sche Urfassung ist erhalten[9]. Wer sie den Grimms vermittelte, ist nicht klar.[10] Ich interpretiere im Folgenden die Fassung letzter Hand und gehe danach auf die Unterschiede zur Urfassung ein.

In den Interpretationen der bisherigen Forschung wird der erste Teil des Märchens in den Mittelpunkt gestellt. Man hat dann Mühe, zu erklären, wie der weniger bekannte zweite Teil mit dem Diener Heinrich dazu passt.[11] Doch im Titel werden nur die beiden Männer genannt. Sie sind also für das Verständnis der Erzählung die wichtigeren Figuren. Ich gehe daher von ihnen aus.

Heinrich liess sich vor „Weh und Traurigkeit" über die Verwandlung des Königssohnes in einen Frosch drei eiserne Bande ums Herz legen. Wäre er eine Frau, würde jeder sofort denken: diese Frau leidet an Liebesschmerz. Warum sollen wir dasselbe nicht auch von einem Mann denken, wenn er dasselbe sagt? So wird klar: Der „treue" Heinrich liebt den Froschkönig. Seine „Treue" ist das Code-Wort des Märchens für die gleichgeschlechtliche Liebe, die früher zur besseren Unterdrückung nicht genannt werden durfte. Mit der „Treue" und der Diener-Tätigkeit Heinrichs wird ausserdem gesagt, seine Liebe sei dienend, d.h. echt, was in einer Gesellschaft, welche sie unterdrückte und tabuisierte, aufklärerisch gemeint ist.

Dienend ist Heinrichs Liebe, indem er den Ehewunsch seines Herrn unterstützt, darum fährt er das junge Paar in den Hafen der Ehe. Wenn aber der Froschkönig während der Fahrt meint, das von Heinrich gelenkte Fahrzeug könnte auseinanderbrechen, dann merken wir: Seine Ehe könnte an seinen Gefühlen für Heinrich scheitern. Er erwidert des Dieners Liebe.

Unter Herr-Diener-Beziehungen versteckten sich früher auch in der Wirklichkeit[12] manchmal gleichgeschlechtliche Partnerschaften, weil diese nicht offen gezeigt werden durften. Auch in drei weiteren Grimm'schen Märchen findet man dieses Arrangement am Rande, darunter am Anfang von KHM 6, wo die dienende Liebe des Johannes ebenfalls mit dem Code-Wort „Treue" umschrieben wird.

Auf das Sexleben zwischen dem Froschkönig und Heinrich wird nur sehr versteckt und kurz hingewiesen: Heinrich holt das junge Paar mit einem Gespann aus acht weissen Pferden mit weissen Straussenfedern auf dem Kopf ab. Pferde waren früher das schnellste Fortbewegungsmittel und erlaubten daher Bewegungsfreiheit, aber diese stand nur Männern zu. Pferde stehen daher in Märchen für Männlichkeit, auch sexuell. Die Federn stehen aufgrund ihrer Form für den Phallus, weiss ist die Reinheit und die Acht ist die christliche Zahl für den Neuanfang, weil sie auf die Sieben folgt, die für etwas Abgeschlossenes steht, da Gott in sechs Tagen die Welt schuf und sich am siebten ausruhte.

---

[8] Uther 2013, S. 1.

[9] Grimm/Rölleke 2007, S. 45/46.

[10] Uther 2013, S. 1.

[11] Röhrich 1987, S. 47.

[12] Zum Beispiel wurde in Zürich 1484 ein aus einem Adeligen und seinem Diener bestehendes Männerpaar öffentlich verbrannt. Vgl. Ostertag/Rapp 2009, S. 16/17.

Das Abholgespann verrät daher, dass Heinrich einen Neuanfang mit Sexverzicht macht. Dass er seine Lust nun zügelt, wird auch dadurch symbolisiert, dass die Pferde an goldenen Ketten gehen. Ausserdem weist sein Name darauf hin, denn Heinrich der Heilige lebte in einer nicht vollzogenen Ehe mit seiner Gattin. Namen sind in Grimm'schen Märchen nie Zufall.

Wenn aber Heinrich einen Neuanfang mit Sexverzicht macht, muss er früher Sex mit dem Froschkönig gehabt haben. Was für Sex, wird klar durch die für Männlichkeit stehenden und nun gezügelten Pferde sowie dadurch, dass dreimal betont wird, Heinrich stehe hinten, d.h. hinter der Kutsche, in der sein Herr sitzt: Er penetrierte den wohl jüngeren Froschkönig.

Die beiden Männer lieben einander also noch, haben aber ihr Sexleben aufgegeben. Um dies zu verstehen, muss man jenes Problem ansehen, das für das Verständnis von fast jedem Grimm'schen Märchen zur Homosexualität zentral ist: die passive, „weibliche" Rolle eines der beiden Partner beim Geschlechtsverkehr von hinten, also jene Rolle, die der Froschkönig früher wahrgenommen haben muss. Sie wird von allen patriarchalen Gesellschaften aufs Schärfste verdammt und ist der Grund, weswegen die (männliche) Homosexualität in all jenen Gesellschaften verurteilt und bestraft wird, auch heute. Dass sich ein Mann beim Sex zur „Frau" machen lässt, ertragen patriarchale Gesellschaften nicht, weil sie die Macht der Männer über die Frauen mit der angeblich natürlichen Überlegenheit des Mannes begründen, die sich beim Geschlechtsverkehr zeige. Ein Mann, der sich von hinten zur „Frau" machen lässt, verrät diese Machtverhältnisse. Bei der Homosexualität geht es um Liebe, bei ihrer Verurteilung um Machterhaltung.

Allerdings ist die Verurteilung weit weniger scharf, wenn Jugendliche die Rolle der „Frau" wahrnehmen. Sie sind noch keine „richtigen", erwachsenen Männer, daher können sie in der passiven Rolle auch nur unvollständig sogenannte „Männlichkeit" gefährden. Das erklärt, warum sich der Froschkönig früher, als Jugendlicher, von Heinrich penetrieren liess. Aber als er erwachsen wurde, wollte er nicht mehr und beendete den Sex. Das war der Moment, als er in einen Frosch verwandelt wurde, denn Heinrich kann ihn im Brunnen nicht mehr erreichen. Der Frosch ist ein schleimig-ekelerregendes Tier und erinnert, von der Seite gesehen, optisch an die männlichen Geschlechtsorgane und steht daher auch in anderen Grimm'schen Märchen (z.B. in KHM 7, 33, 99 und 43a) für ein sexuell bedingtes Minderwertigkeitsgefühl des Mannes. Es ist, was dem Froschkönig von seiner früheren, gesellschaftlich verachteten Rolle beim Sex mit Heinrich her blieb.

Zusammengefasst: Als der Froschkönig er ein „richtiger", erwachsener Mann hätte werden und heiraten sollen, begann er sich über seine „weibliche" Rolle beim Sex mit Heinrich zu schämen, gab daher jenes Sexleben auf und begann stattdessen, eine Ehepartnerin zu suchen. Seine Gefühle für Heinrich sind aber noch genug stark, dass jener die Absicht torpedieren könnte. Aus Liebe zum Froschkönig versucht er das aber nicht, sondern respektiert, ja unterstützt dessen Entscheid, womit sich das Dienende seiner Liebe bestätigt.

Im ersten Teil des Märchens geht es dann um die Annäherung des Froschkönigs an jene Königstochter, die seine Wunsch-Ehepartnerin ist. Sie soll ihn aus dem röhrenähnlichen Sod-Brunnen, einem Symbol für Geschlechtsverkehr, befreien. Der Froschkönig möchte also eine Ehe ohne Geschlechtsverkehr. Das schränkt den Kreis der möglichen Ehepartnerinnen stark ein und erklärt, weswegen gerade die Königstochter ihn erlösen soll. Sie ist die einzige, die dafür in Frage kommt, denn sie strebt ebenfalls eine Ehe ohne Geschlechtsverkehr an.

Dies wird dadurch symbolisiert, dass sie die goldene Kugel, Symbol ihres vollkommenen, jungfräulichen Körpers, aus dem Brunnen, dem Ort für Geschlechtsverkehr, zurück haben möchte. Weswegen sie keinen Geschlechtsverkehr will, zeigt sich bald: Sie findet den Frosch, d.h. den männlichen Körper und insbesondere die männlichen Geschlechtsorgane, „garstig", ohne dass jedoch etwas auf lesbische Gefühle schliessen liesse. Umgekehrt beachtet, wenig überraschend, auch der Froschkönig ihre anfangs des Märchens beschriebene einmalige Schönheit nie und spricht sie sachlich als „Königstochter, jüngste" an.

Der Froschkönig und die Königstochter finden also zusammen, weil beide den Körper des anderen Geschlechtes nicht schön finden, einander nicht lieben und darum keinen Geschlechtsverkehr miteinander möchten.

Soweit könnten sie perfekt zueinander passen. Sie könnten in einer Welt, in der erwartet wurde, dass man heiratet, im gegenseitigen Einvernehmen eine Schein-Ehe ohne Sex eingehen.

Die Königstochter möchte auch genau das. Ihre Einstellung zur Ehe zeigt sich ganz am Anfang: Sie pflegt mit ihrer Kugel neben dem Sodbrunnen zu spielen. So ist das Unglück, bei dem die Kugel in das Loch rollt, nur eine Frage der Zeit. Beim fatalen Mal folgt die Königstochter der hineinrollenden Kugel mit den Augen, ohne etwas dagegen zu unternehmen. Das symbolisiert ihre Einstellung zur Ehe: Sie ist für sie ein unvermeidbares Unheil, das früher oder später über sie hereinbrechen muss. Denn Frauen unterstanden in der damaligen Gesellschaft immer der Vormundschaft eines Mannes, bis zur Heirat jener des Vaters. So hat die Königstochter weder das Recht noch die wirtschaftliche Möglichkeit, das unerwünschte Zusammenleben mit einem (Ehe-) Mann zu verweigern.

Doch sie lässt ihre Kugel nicht in *irgendeinen* Brunnen rollen, sondern in jenen, in dem der Froschkönig sitzt. Und das ist kein Zufall. Sie kennt nämlich den Frosch-Mann, denn sie begrüsst ihn als „alten Wasserpatscher". Und sie weiss, dass er in einer etwas anderen Welt zu Hause ist, denn sie sagt später zu sich: „der sitzt im Wasser und quakt und kann keines Menschen Geselle sein." Das dürfte eine Anspielung auf das etwas andersartige, da gleichgeschlechtliche Sex-Leben des Frosch-Mannes sein. Die Königstochter weiss von seinen gleichgeschlechtlichen Neigungen und will ihn gerade *darum* als Ehepartner. Denn sie glaubt offenbar, mit ihm werde sie eine Ehe ohne Sex haben können. Darum denkt sie: Wenn ich schon heiraten muss, dann am besten diesen Mann.

Wenn der Froschkönig wirklich, wie die Königstochter meint und wie es auch seinen Gefühlen entspräche, dasselbe wollte wie sie, wäre alles sehr einfach und die Annäherung zwischen den beiden ginge ganz glatt.

Aber sie geht nicht glatt, weil der Froschkönig doch nicht ganz dasselbe will. Denn was die Königstochter nicht weiss, ist, dass er inzwischen sein gleichgeschlechtliches Sexleben aufgegeben hat, jedoch davon noch ein Minderwertigkeitsgefühl hat, von dem er erlöst werden möchte. Oder in der symbolischen Sprache des Märchens: Er möchte nicht nur aus dem Sodbrunnen, sondern auch von seiner Froschgestalt erlöst werden. Was er dazu braucht, macht er mit den Bedingungen klar, die er stellt, als sie ihre Kugel zurückhaben will: Er verspricht ihr die Ehe (er will ihr Geselle sein) ohne Geschlechtsverkehr (er will ihr die Kugel zurückgeben), aber er will auch ihr Spielkamerad sein, von ihrem Tellerchen essen und in ihrem Bettlein schlafen. Das Essen steht für Zuwendung, auch körperliche, aber er will von dem *für sie* bestimmten Essen. Und ihr (Kugel-)Spiel ist *ihr* Spiel mit den Händen. Mit anderen Worten: Er verlangt, dass sie ihn mit ihren Händen befriedigt. Wahrscheinlich hat ihn früher Heinrich auf diese Weise befriedigt, während er sich von ihm von hinten penetrieren liess. Das sagt das Märchen zwar nirgends, aber es wäre realistisch. Indem ihn eine Frau auf dieselbe Art befriedigt, ohne dass er sich dabei bumsen lässt, möchte der Froschkönig sein von der passiven Rolle her stammendes Minderwertigkeitsgefühl als Mann loswerden.

Die Königstochter hat das Handsex-Ansinnen nicht erwartet, denn sie meint, der Froschkönig könne von Frauen sexuell gar nicht erregt werden (er müsse bei seinesgleichen im Wasser bleiben). Trotzdem verspricht sie ihm die vorgeschlagene Ehe nach *seinen* Bedingungen, weil sie nur schon froh ist, dass es keinen Geschlechtsverkehr geben soll, und weil sie glaubt, sie habe keine Alternative, d.h. jeder andere Mann wäre schlimmer für sie. Das wird dadurch symbolisiert, dass sie glaubt, nur der Froschkönig könne ihr die Kugel zurückgeben.

Von jetzt an presst er ihr mit Hilfe des gegebenen Versprechens den versprochenen Sex ab. Sie muss den Frosch immer wieder irgendwo hinauf heben, das heisst sein Geschlechtsorgan stimulieren, und bekommt dabei zunehmend Angst, wohl weil sie fürchtet, das könnte doch noch in die unerwünschte Penetration münden. Darum hört sie zwischendrin immer wieder auf, sodass er schliesslich zum perfidesten aller Erpressungsmittel greift: Er droht, es ihrem Vater zu sagen. Gemeint ist, dass er ihm sagen würde, dass seine Tochter mit einem Mann anbändelt, mit dem es nicht zum Geschlechtsverkehr und daher nicht zu Nachwuchs kommen wird. Die unvermeidliche Reaktion des Vaters wäre die Verweigerung der Zustimmung zu dieser Ehe, womit die Königstochter einen anderen Mann heiraten müsste, mit dem sie dann Geschlechtsverkehr haben müsste. Das aber wäre der Horror für sie. Darum ist die Erpressung so perfid.

Dass auch der Frosch-Mann unbedingt *sie* braucht für die Ehe und seine Erpressung daher ein reiner Bluff ist, merkt sie nicht, weil ihr Vater sie zum Gehorchen gegenüber Männern erzogen hat, darum ist es immer wieder die (vom Vater symbolisierte) Stimme des Vaters in ihr, die sie ermahnt, dem Frosch-Mann zu gehorchen. Machtspielchen mit Männern ist sie weder gewohnt noch würde sie sie sich zutrauen. Darum führt die letzte Erpressung des Frosch-Mannes bei ihr zu einem Wutanfall. Es ist eine Wut aus einem Ohnmachtsgefühl. Dahinter steht letztlich die Wut über die ohnmächtige Lage der Frauen in der damaligen patriarchalen Gesellschaft. In Wut wirft sie den Frosch nun an die Wand, worauf er herabfällt, womit auf die Erschlaffung des Penis nach dem Abspritzen angespielt wird. Sie befriedigt ihn also mit der Hand, wie er es verlangt hat, nur tut sie das nicht so liebevoll, wie er wollte.

Der Froschkönig ist nun von seiner Froschgestalt, das heisst von seinem vom Frosch symbolisierten beschädigten Selbstwertgefühl als Mann, erlöst. Im Vergleich zu anderen Märchen ist das aussergewöhnlich, denn üblicherweise braucht es dazu eine Penetration in der aktiven Rolle. Auch dem Froschkönig geht es noch um mehr, aber um etwas Anderes. Er hat nämlich erwartet, dass die Befriedigung durch die Königstochter noch mehr bewirken würde, wie sich bald zeigt, als er sagt, sie würden am nächsten Morgen zusammen in sein Königreich „gehen". Er erwartet Heinrich und den Wagen offensichtlich nicht, weil er sich einbildet, er habe durch den Sex mit einer Frau seine homosexuellen Gefühle überwunden. Das ist das tiefer liegende Ziel, das er mit dem Sex mit der Frau anstrebte: die Überwindung seiner gleichgeschlechtlichen Gefühle. Doch Heinrichs Auftauchen am folgenden Morgen belehrt ihn eines Besseren. Denn es ist auch als Wieder-Auftauchen in der Gefühlswelt des Froschkönigs zu verstehen. Die Lehre daraus: Man kann zwar Sex haben mit wem man will, aber man kann nicht seine Liebes-Gefühle nach dem eigenen Willen und Wünschen ändern. Auf diese Schlüssel-Botschaft beziehen sich bereits die ersten Worte des Märchens, die, wie alle solchen Eingangsworte in Grimm'schen Märchen, nie der reinen Ausschmückung dienen: Mit den Worten „in den alten Zeiten, wo das Wünschen noch geholfen hat" ist auch gesagt, dass das Wünschen heute nicht mehr hilft. Jedenfalls nicht, wenn es um Liebesgefühle geht. Man kann diese nicht nach eigenem Wunsch und Willen ändern, auch nicht, wenn sie gleichgeschlechtlich sind.

Die Königstochter ist nach der ungeliebten Befriedigung des Mannes zwar erleichtert, weil es nicht zur befürchteten Penetration kam. Aber auch ihre Gefühle ändern sich nicht. Ihr Traumprinz wird der Froschkönig nicht: Nachdem er sich in einen Prinzen verwandelt hat, heisst es nur, seine Augen seien „schön" und „freundlich". Die Augen sind das Tor zur Seele. Es geht um eine Seelenverwandtschaft zwischen den beiden. Was sie verbindet, ist ihre weiter bestehende Abneigung gegenüber dem Körper des anderen Geschlechtes und dem

Geschlechtsverkehr mit ihm. Beide Partner heiraten nicht aus Liebe. Der Mann heiratet, weil er sich von seiner Scham über seine Rolle beim vergangenen Sex mit Heinrich befreien will, die Frau, weil sie vom Vater dazu gezwungen wird (es heisst, er sei jetzt „nach ihres Vaters Wille" ihr Gemahl). Gemeint ist, wie erklärt: Ihr Vater will, dass sie einen Mann hat, und sie will angesichts dieses Ehezwangs *diesen* Mann, weil er für sie das geringste Übel ist.

Am Schluss wird so hier nicht eine gleichgeschlechtliche Partnerschaft durch eine Ehe ersetzt, wie es sich der Froschkönig eigentlich in den Kopf gesetzt hatte. Auch wird nicht, wie es das Märchen auf den ersten Blick zu sagen scheint, eine Herr-Diener-Beziehung einer Ehe aufgepfropft. Sondern eine Ehe wird mit viel Ach und Krach in eine schon vorher bestehende, sich als unüberwindbar tief herausstellende und als Herr-Diener-Beziehung getarnte Liebesbeziehung zwischen zwei Männern eingefügt.

Entgegen dem ersten Eindruck liefert diese Ménage à trois aber für alle Beteiligten nur ein halbes Glück, weil der Sex nicht mehr zwischen jenen beiden stattfindet, die einander weiterhin lieben. Würde der Froschkönig die im Eingangssatz des Märchens festgestellte Wahrheit beherzigen und aufs Wünschen verzichten, dann wären nicht nur eine harmonische Annäherung an die Königstochter, sondern auch ein vollständiges Happy End für alle Beteiligten möglich: Eine Scheinehe mit einer Männer nicht liebenden Frau ohne irgendwelchen Sex, so wie es die Königstochter von Anfang an vorgezogen hätte, und daneben eine als Herr-Diener-Beziehung getarnte Partnerschaft mit weitergeführtem Sex, so wie es Heinrich wohl eigentlich auch wünschen würde.

Noch ein kurzer Vergleich mit der handschriftlichen Urfassung: Es zeigt sich dabei, dass die Grimms die Figur der Königstochter veränderten, nicht aber jene der beiden Männer. In der Urfassung weiss die Königstochter nicht, dass der Frosch-Mann Männer bevorzugt (die Begrüssung als „alter Wasserpatscher" und die Bemerkung über den Frosch, der im Brunnen bei seinesgleichen bleiben müsse, fehlen), und sie findet nach der Erlösung den Prinzen als ganzen Menschen und nicht nur seine Augen schön und legt sich zu ihm („und lag darin als ein junger schöner Prinz, da legte sich die Königstochter zu ihm."). Sie findet daher Männer nicht grundsätzlich hässlich, sie hat einfach Angst vor dem Geschlechtsverkehr und gerät dadurch, ohne es zu wollen, an einen männerliebenden Mann, mit dem sie nie eine erfüllte Ehe haben kann, ähnlich wie die „Rabe" im gleichnamigen Märchen KHM 93. Dieses Schicksal einer Frau stand ursprünglich im Vordergrund der Erzählung, die Beziehung zwischen den beiden Männern war lediglich kurz angehängt als Erklärung. Der ursprüngliche Titel lautete daher: „Die Königstochter und der verzauberte Prinz. Froschkönig".

Durch die Umwandlung der Königstochter in eine Frau, die Männer grundsätzlich nicht anziehend findet und darum den Frosch-Mann als passenden Partner wünscht, erreichten die Brüder Grimm, dass ihr Unglück weit weniger schlimm ist und daher thematisch nicht mehr im Mittelpunkt steht (umfangmässig schon noch, als Überbleibsel aus der Urfassung). Dafür verdeutlichten sie, was in der Urfassung mehr erahnt werden musste, dass nämlich in der Liebes-Beziehung zwischen den beiden Männern früher auch Sex stattfand (die acht weissen Pferde mit den Straussenfedern sind Ergänzungen der Grimms), und rückten die beiden durch den neuen Titel in den Mittelpunkt: „Der Froschkönig oder der eiserne Heinrich". Mit dem „Oder" wiesen sie auf die unterschiedlichen Lebensentscheide der beiden hin: für die Liebe oder für die Ehe. Das Märchen zeigt dann mit seinen von den Grimms ebenfalls hinzugefügten, auf die beabsichtigte Botschaft hinweisenden Eingangsworten und der veränderten Figur der Königstochter, wie man mit Hilfe einer Männer nicht liebenden Frau beides verbinden könnte, sobald auch der Passive seine eigenen Gefühle annähme. Vermutlich ist die Grimm'sche Version des „Froschkönig"-Stoffes ein versteckter Aufruf zu genau dieser Lösung.

Auffällig ist eine gewisse Ähnlichkeit zwischen der unüblichen Ménage à trois, die am Ende dieses Märchens entsteht, und der Lebensgemeinschaft der beiden sich emotional sehr nahe stehenden Brüder Grimm seit Wilhelm Grimms (später) Heirat. Könnte ein persönlich motiviertes Interesse für das Thema dazu beigetragen haben, dass dieses Märchen immer den Ehrenplatz als Nummer 1 ihrer Sammlung einnahm?

KHM 6: Der treue Johannes
Oder: Von den Schwierigkeiten des ersten schwulen Coming Outs

Das Märchen stammt von der Lieblings-Märchenerzählerin der Grimms, Dorothea Viehmann, also aus mündlicher Quelle.[13] In der aus dem 17. Jahrhundert stammenden Märchensammlung des Italieners Basile[14] gibt es ein ähnliches Stück, das aber ohne Homosexualität auskommt. Das Thema muss also irgendwann von irgendjemandem in den Erzählstoff eingeführt worden sein, von wem, ist nicht feststellbar.
Die Grimm'sche Fassung wurde in der KHM-Ausgabe von 1819 zum ersten Mal veröffentlicht und danach kaum mehr geändert.

Im Mittelpunkt des Märchens steht die Treue des Dieners Johannes. 48 Mal wird sie erwähnt, davon, den Titel eingerechnet, 39 Mal als Teil seines Namens. Das ist für ein Grimm'sches Märchen, das immer auf textliche Knappheit Wert legt, auffällig viel. Ähnlich erwähnt Johannes selber im Märchen gegenüber dem jungen König seine „Treue" bei jeder Gelegenheit, sodass es fast penetrant wirkt. Offenbar soll dem Leser bzw. dem König damit etwas Zentrales unter die Nase gerieben werden, was er in Gefahr ist, sonst nicht zu merken.
Was es ist, sagt Johannes erst kurz vor dem Ende des Märchens und auch dann nur verklausuliert: dasselbe, was im „Froschkönig" mit der „Treue" des Dieners Heinrich gemeint ist, nämlich die dienende und damit echte Liebe zu einem Mann (genauer erkläre ich das an der betreffenden Stelle). Sie darf nicht mit Namen genannt werden, weil sie gleichgeschlechtlich ist, ein Spiegel ihrer damaligen gesellschaftlichen Tabuisierung.
„Treue" ist also das Code-Wort des Märchens für die homosexuelle Liebe. Das Schweigen darüber diente der besseren Unterdrückung, denn wo nichts ist, kann man sich auch gegen nichts wehren. Vom Sex zwischen Männern redete man, wenn auch mit Abscheu. Man wusste, dass er an verrufenen Orten stattfand. Die gleichgeschlechtliche Liebe wurde dagegen total tabuisiert, weil sie den Sex aufgewertet und gleichgeschlechtliche Partnerschaften gerechtfertigt hätte. Beides wollte die patriarchale Gesellschaft nicht, da damit auch die passive Rolle des Mannes aufgewertet und gerechtfertigt worden wäre, durch welche das patriarchale Männerbild in Frage gestellt worden wäre.

Aber die Häufigkeit, mit welcher Johannes gegenüber dem König auf seine „Treue" hinweist, sowie die dabei mehrmals geäusserten Fantasien von Selbstaufopferung für den insgeheim Geliebten („ich will ihm mit Treue dienen, wenn's auch mein Leben kostet.") zeigen: Er möchte, dass der König seine Liebe merkt, und wagt doch nicht, sie ihm zu sagen. Er leidet unter dem Schweigen und kann es doch nicht offen brechen.
Damit ist auch klar, dass er, wie nur wenige gleichgeschlechtlich fühlende Hauptfiguren Grimm'scher Märchen, seine wahren Gefühle auch als *Erwachsener* akzeptiert. Dazu passt auch sein Name. Namen geben immer Identität. „Johannes" ist eine sehr alte volkstümliche Bezeichnung für das männliche Geschlechtsorgan. Johannes' Name soll hier wohl kaum

---

[13] Uther 2013, S. 15.
[14] Vierter Tag, Nr. 9 in Basiles Märchenbuch „Das Märchen der Märchen", auch genannt „Il Pentamerone". Vgl. Basile/Schenda 2000.

sagen, dass er sich als Mann fühlt, sondern, dass er auf Männer steht und dass ihm dies sein Identitätsgefühl gibt. Er fühlt sich als gleichgeschlechtlich orientierter Mann, ohne dafür eine Bezeichnung zu haben (Der Begriff „homosexuell" wurde erst 1869 geprägt), und gleicht damit bereits einem heutigen Schwulen.

Mit der auffälligen Betonung seiner „Treue" ist Johannes daher der erste Schwule, der mit seinem Coming Out als gleichgeschlechtlich Liebender ringt. Das ist das Thema des Märchens.

Ganz am Anfang geht es allerdings noch nicht darum. Das Märchen beginnt damit, dass der alte König den „getreuen Johannes" an sein Sterbebett ruft. Dass er sein „liebster" Diener ist sowie die später aufgeschlüsselte Bedeutung seiner „Treue" zeigen: Die beiden Männer lieben einander und führen eine als Herr-Diener-Beziehung getarnte homosexuelle Partnerschaft. Eine Frau wird bei beiden nie erwähnt. Der alte König muss jedoch früher einmal eine gehabt haben, denn er hat einen am Anfang der Jugendzeit stehenden Sohn, dessen Lebenslehrer und Pflegevater Johannes auf seine Bitte hin nun werden soll. Heute könnte das juristisch abgesichert werden, es wäre dann eine Stiefkind-Adoption durch den überlebenden Partner einer gleichgeschlechtlichen Partnerschaft.

Johannes sagt mit Worten zu, die mehr an ein Eheversprechen als an eine Vater-Sohn-Beziehung denken lassen: „Ich will ihn nicht verlassen und will ihm mit Treue dienen, wenn's auch mein Leben kostet." Wer weiss, was Johannes unter „Treue" versteht, merkt: Er liebt auch den Jungen und möchte die Partnerschaft, die er mit dem Vater hat, nach dessen Tod auf den Sohn übertragen. Er steht altersmässig anscheinend zwischen den beiden. So ist er beim alten König der Beschützte, beim jungen wäre er der Beschützende. Die beiden Lieben erfüllen also unterschiedliche emotionale Bedürfnisse und sind daher beide nebeneinander glaubwürdig. Jene zum Jungen erinnert ausserdem an die Sex einschliessende Liebe erwachsener Männer zu männlichen Jugendlichen im alten Griechenland, wobei dort allerdings die Liebenden verheiratet und die Beziehungen zeitlich auf das Jugendalter des Jüngeren befristet waren.

Der alte König weiss, was Johannes mit seiner „Treue" meint, stimmt beruhigt zu und stirbt. Er ist also einverstanden mit der Absicht des Johannes.

Der junge König versteht jedoch die versteckte Bedeutung des Wortes „Treue" nicht, ein Zeichen, dass sein Vater die Partnerschaft mit dem Diener sogar vor ihm verbarg.

Und damit beginnt für Johannes das Problem: Wie sage ich dem Jungen meine Liebe? Zuerst steht dahinter die Hoffnung auf Erwiderung seiner Liebe. Doch es zeigt sich bald, dass der Junge aus ganz anderem Holz ist als sein Vater: Er besteht darauf, dass ihm Johannes die Kammer am Ende des langen Ganges zeigt, die auch in anderen Märchen (z.B. „Blaubart") ein Symbol für den Geschlechtsverkehr mit Frauen ist. Als Johannes die Türe schliesslich widerstrebend öffnen muss, tritt der Diener zuerst ein und stellt sich dem jungen König in den Weg, kehrt ihm dabei also seinen Rücken und sein Hinterteil zu. Johannes bietet sich auf diese Weise selber als Frauenersatz an, in der verzweifelten Hoffnung, so zur ersehnten Partnerschaft mit dem insgeheim Geliebten zu gelangen, bevor dieser die Frauenliebe kennen gelernt hat. Johannes ist damit als einzige *erwachsene* männliche Hauptfigur in einem Grimm'schen Märchen bereit, sich bumsen zu lassen, und zwar aus Liebe. Die Liebe ist ihm wichtiger als das patriarchale Passivverbot für Männer. Wahrscheinlich war er daher schon in der Partnerschaft mit dem alten König sexuell die „Frau". Aus Liebe hat er sich also vom patriarchalen Männerbild, das dem Mann – vor allem dem erwachsenen – die passive Rolle verbietet, gelöst.

Doch der Versuch, sein Partnerschaftsvorhaben mit dem jungen König in die Tat umzusetzen, scheitert kläglich: Der Junge versteht das sexuelle Angebot des Ersatzvaters nicht, es kann daher auch nicht allzu deutlich oder aufdringlich gewesen sein. Im Kopf des Jungen sind anscheinend nur Frauen, wenn er an Sex denkt. Sein Vater war offenbar bisexuell, er hingegen ist ganz heterosexuell. Und ganz Gefühlsmensch, denn als er nun das in der Kammer aufgestellte Bild der Königstochter vom goldenen Dach, ein Bild für die Traumfrau, erblickt, fällt er vor Liebe in Ohnmacht. Johannes hingegen zeigt beim Anblick desselben Bildes nicht die geringste Rührung. Er hat einen Traummann, nämlich den jungen König, und keine Traumfrau.

Der junge König hat sich offenbar in eine ortsbekannte Schönheit verliebt, die er erst gesehen hat, nun jedoch unbedingt will. Ihre Eltern werden nie genannt, sie entscheidet selbstständig über ihre Männerkontakte. Offenbar ist sie älter als der jugendliche König. Er hat sich, da er wohl ohne Mutter aufwuchs, in eine Mutterfigur verliebt. Somit passt in diesem Märchen keine Figur in die gängigen patriarchalen Geschlechterbilder: Johannes ist schwul, der alte König bisexuell, der junge zwar heterosexuell, aber er schämt sich nicht über eine den damaligen Sitten widersprechende Liebe zu einer etwas älteren, reiferen Frau, und diese wiederum scheint auf ihre Unabhängigkeit bedacht und damit recht emanzipiert zu sein.

Aber gerade darum ist sie für den Jungen schwer zu erobern. Johannes muss den Kontakt herstellen, und er tut es erfolgreich. Selber eine Partnerschaft mit dem jungen König zu erreichen, versucht er dagegen nie mehr, das verkappte sexuelle Angebot wiederholt er nie. Erst damit wird seine Liebe so dienend und selbstlos, wie er sich von Anfang an einredete. Doch ist damit für ihn das Problem des Liebes-Coming Outs nicht vom Tisch, es stellt sich nur in veränderter Form, wie sich gleich zeigen wird.

Denn der junge König hat seine Geliebten auch nach dem Beginn der Beziehung mit ihr noch nicht auf sicher. Beide müssen noch einiges lernen, um ehetauglich zu werden, sehen das aber selber nicht. Nur der sehr einfühlsame Johannes sieht es, deswegen werden die anstehenden Probleme zwischen den beiden Jungverliebten von Raben formuliert, die auftauchen, als er alleine Musik macht. Sie stehen darum für Stimmen in seinem Inneren.

Der junge König kann also seine Traumfrau nur behalten, wenn Johannes als Paarberater wirkt. Er macht sich an die Arbeit, obwohl er glaubt, das werde ihn dazu zwingen, etwas zu sagen, was zu seiner Versteinerung führen werde, die für den Zustand der Gefühlsäusserungs- und Handlungsunfähigkeit und damit für eine tiefe Depression steht. Das Schlimme, was er sagen müsste, ist nicht, wie man zuerst meint, das Rabengespräch. Denn dessen Inhalt teilt er als Berater sowieso mit. Das Schlimme ist etwas, was er „entdecken" bzw. „verraten" müsste, also ein bisher gut gehütetes Geheimnis. Was gemeint ist, merkt man erst, wenn man sich die Konstellation überlegt: Johannes steht altersmässig der Traumfrau des jungen Königs wohl näher als dieser selber, und die Königstochter spielt gerne mit unverbindlichen Beziehungen mit ihr sozial unterlegenen Männern, darum musste sich der junge König ihr gegenüber zuerst als Kaufmann ausgeben. Wenn der Diener sich nun ungefragt um die Beziehung zwischen den beiden kümmert, könnte im jungen König Misstrauen über seine Motive aufkommen. Er könnte den Diener verdächtigen, sich an seine Frau heranmachen zu wollen. Johannes denkt, solches Misstrauen könnte er nur mit dem Geständnis beseitigen, dass er *ihn*, den König, liebt. Seine homosexuelle Liebe ist das Geheimnis, das er glaubt „verraten", „entdecken" zu müssen. Er glaubt, der König werde darauf negativ reagieren, darum die Vorstellung von der folgenden Versteinerung. Das Liebes-Coming Out stellt sich ihm nach diesen Überlegungen daher weiter als Lebensthema, nun aber als (angeblich von ihm selber nicht gewünschte, aber wegen des jungen Königs notwendig werdende) Gefahr für die Vater-Sohn-Beziehung.

Der junge König stellt sich aber als vertrauensseliger als von Johannes erwartet heraus. Erst als dieser die Braut berät, schöpft er Verdacht, und auch das nur, weil Johannes mit ihr in eine Privatkammer geht. Nötig wäre das nicht, es war im Rabengespräch nicht vorgesehen. Warum tut es Johannes dann? Offenbar *will* er den jungen König misstrauisch machen. Erst hier sieht man, worum es ihm *wirklich* geht: Seitdem er weiss, dass der junge König eine Partnerschaft mit einer Frau und nicht mit ihm will, ist er innerlich tief traurig und möchte wenigstens die Wertschätzung des heimlich Geliebten für die Selbstlosigkeit seiner Liebe. Dazu muss er ihm diese aber gestehen, doch davor hat er solche Angst, dass er die Verantwortung dafür dem jungen König zuschieben will. Deswegen hat er sich die Sache so zurecht gelegt, dass das *Verhalten des Königs* das Liebesgeständnis unumgänglich machen soll, aber als die Rechnung nicht aufzugehen droht, hilft er nach, weil in Wirklichkeit *er selber* es möchte, sich das aber nicht eingestehen kann, da er gleichzeitig riesige Angst davor hat.

Da Liebe immer gesagt werden möchte, mag man sich fragen, ob es hier nicht einfach um den Wunsch nach dem Geständnis einer unerwiderten Liebe geht, die *zufälligerweise* gleichgeschlechtlich ist. Ich denke nicht. Denn nur bei gleichgeschlechtlich Fühlenden glauben alle, es gehe nur um Sex, und denken gar nicht an Liebe. Es ist daher das *Gleichgeschlechtliche* seiner Liebe, was ihr Geständnis für Johannes so wünschbar macht, weil er zeigen will, dass auch er echt liebt. Gleichzeitig verabscheuen alle Leute den Gedanken an gleichgeschlechtlichen Sex, sodass Johannes mit einer total negativen Reaktion des Geliebten rechnet. Es ist daher auch nur das *Gleichgeschlechtliche*, was das Liebesgeständnis für Johannes so schwierig macht. Und diese Schwierigkeiten sind das Thema des Märchens.

Es wird hier also sehr wohl der Anfang eines schwulen Coming Outs problematisiert. Doch wie es sich für einen Anfang gehört, geht es noch nicht um ein Coming Out gegenüber der ganzen Welt, sondern erst gegenüber *einem* Menschen, dem insgeheim Geliebten, der ja wohl der am ehesten gewünschte Adressat eines ersten Coming Outs ist.

Johannes provoziert also erfolgreich das Misstrauen des Königs, das für ihn wie eine Hinrichtung ist. Vielleicht soll damit symbolisiert werden, dass sich der junge König von ihm trennen will. Um dies zu verhindern, sollte nun nach seinem Plan sein Liebes-Coming Out notwendig werden und folgen. Doch der Plan verläuft nicht nach Drehbuch: Sobald Johannes dem jungen König erklärt, er habe die ganze Beratung inklusive Tête-à-tête mit der Braut nur aus „Treue" zu ihm gemacht, ist das Vertrauen des Königs wieder hergestellt und Johannes wird nicht hingerichtet. Dies, ohne das Johannes erklärt hat, was er mit dem Wort „Treue" eigentlich meint. Weder hat Johannes das geplante Liebes-Coming gewagt, noch war es für die Wiederherstellung des königlichen Vertrauens nötig.

Trotzdem fällt er in eine Depression (er versteinert), doch offenbar nicht aus dem vorgesehenen Grund: nicht, weil er die Liebe gestand, sondern, weil er sie *nicht* gestand. Johannes verzweifelt nicht an einer Zurückweisung durch den König, sondern an seiner eigenen Unfähigkeit, seine gleichgeschlechtlichen Gefühle zu sagen. Es ist eben einfacher, die Probleme anderer Menschen zu lösen, als die eigenen.

Von nun an entwickelt sich immer mehr der junge König zum geheimen Helden des Märchens. Er wünscht sich den Johannes wieder so, wie er war („wieder lebendig"), das heisst als unterstützenden Ersatzvater. So bringt er nach langer Zeit den Stein endlich zum Reden. Johannes bringt es aber wiederum nicht fertig, direkt zu sagen: „Ich liebe dich, und darum war dein Misstrauen über meine Absichten gegenüber deiner Frau ungerechtfertigt." Er bringt das Liebesgeständnis nur indirekt zustande, indem er dem jungen König sagt, was er tun müsste, wenn er ihm, Johannes, genauso seine „Treue" beweisen würde wie er ihm seine Treue bewies. Auf diese Art kann der junge König merken, was sich unter Johannes' Code-Wort „Treue" verbirgt. Gleichzeitig ist dies die Schlüsselstelle des Märchens, die den Begriff auch dem Leser erklärt: Der junge König muss sein „Liebstes" daran „wenden", indem er seine Kinder köpft und Johannes mit ihrem Blute bestreicht. Letzteres ist eine Sühnehandlung, Johannes gibt damit dem König die Schuld für sein eigenes Versagen (für sein eigenes bisheriges Unvermögen, seine Liebe zu gestehen). Das stimmt zwar nicht, aber der König hält sich nicht darüber auf, er will nicht einen Streit über die Schuld, sondern eine Lösung. Die Zwillinge sind das Ergebnis von Geschlechtsverkehr, ihre Enthauptung erinnert an den Verlust eines anderen Körperteils, ist darum ein Kastrationssymbol und steht daher einerseits für die Beendigung des Geschlechtsverkehrs mit dem liebsten Menschen des Königs, seiner Frau, daher die Forderung, sein „Liebstes" daran zu „wenden". Doch diese Formulierung ist doppeldeutig. Sein „Liebstes" ist auch seine Männlichkeit. Was mit deren Opferung gemeint ist, wird mit dem Wort „wenden" verdeutlicht und ist in der Kastrationssymbolik mit enthalten: die passive, „unmännliche" Rolle beim Geschlechtsverkehr.

Johannes sagt also zum jungen König: „Du beweisest mir deine Treue, indem du auf den Geschlechtsverkehr mit dem dir liebsten Menschen, deiner Frau, verzichtest, und dich dafür bumsen lässt." Daraus kann der König schliessen, was Johannes mit seiner „Treue" zu ihm meint: den Verzicht auf den Geschlechtsverkehr mit dem ihm liebsten Menschen, der somit der junge König ist, und die Bereitschaft, sich aus Liebe von diesem Menschen bumsen zu lassen. Das verkappte Liebes-Coming Out enthüllt dem jungen König gleichzeitig auch die Partnerschaft, die Johannes mit seinem Vater führte, denn der Diener war auch ihm „treu".

Johannes verlangt also vom König, dass er als Sühne für sein vergangenes Misstrauen den Geschlechtsverkehr mit seiner Frau aufgibt und sich stattdessen von ihm, Johannes, bumsen lässt, und teilt ihm damit indirekt auch seine Liebe mit.

Der König erschrickt zwar zuerst, ist dann aber zum verlangten Treuebeweis bereit, allerdings nicht aus Liebe zu Johannes, sondern, um ihn zu heilen. Dazu wäre auch heute kaum ein Hetero bereit. Der junge König erweist sich hier als der wahrhaft Selbstlose der beiden Männer. Aber dadurch rettet er alles, denn Johannes wollte nur sehen, ob er zum verlangten Sex/Treuebeweis bereit wäre. Dass er es ist, genügt ihm, der König muss das Versprechen nicht vollziehen (Johannes erweckt die beiden Kinder wieder zum Leben).

Das Coming Out ging somit viel besser als von Johannes ursprünglich befürchtet. Der junge König akzeptiert ihn mit seinen wahren Gefühlen und ist „voll Freude", dass er wieder geheilt ist, und dass er ihn somit wieder als Ersatzvater hat.

Das Märchen will aber nicht sagen, es gehe immer so gut: Der junge König ist ein Ausnahmemann, der nur seinem Herzen und nicht patriarchalen Männlichkeitsvorstellungen folgt, wie ja auch schon sein Vater nicht zu ihnen gepasst hatte. Ausserdem fand die Aussprache zwischen den beiden Männern nicht zufällig während des Kirchenbesuchs der Königin statt. Der junge König ist anscheinend kein Kirchgänger und daher auch nicht von der kirchlichen Verdammung der Homosexualität beeinflusst. Die Botschaft: Ein Hetero, der ohne Scham die eigenen wahren (Liebes-)Gefühle zulässt und danach lebt und der nicht streng kirchlich-religiös ist, hat nichts gegen Schwule.

Aber viele solche gab es damals kaum. Das homosexuelle Liebes-Coming Out fand nämlich noch aus einem weiteren Grund in Abwesenheit der zur Kirche gegangenen Königin statt: Sie ist – vielleicht wegen Schuldgefühlen über ihr eigenes, nicht ins damalige Frauenbild passendes früheres unabhängiges Leben – kirchlich beeinflusst und kann darum nur sehr teilweise in die heikle Sache einbezogen werden. Nach ihrer Rückkehr nach Hause sagt ihr daher der König nur, sie müssten zur Heilung des Johannes auf Geschlechtsverkehr verzichten (die Buben köpfen). Die Wörter „Treue", „Liebstes" und „wenden" nimmt er dabei nicht in den Mund. Er sagt also nichts davon, was Johannes mit seiner „Treue" meint, und erst recht nichts von dem von Johannes als Treuebeweis verlangten Sex. Die Homosexualität und die Liebe des Dieners zum König bleiben das Geheimnis der beiden Männer, weil die Königin Johannes wegen des Sexes, an den sie dabei denken müsste, verurteilen würde. Sie denkt vermutlich, die Aufgabe des Geschlechtsverkehrs mit ihrem Mann sei als Sühne für die falsche Verdächtigung gedacht, dass Johannes dasselbe mit ihr wolle. Immerhin ist auch sie zum verlangten Verzicht bereit.

Damit steht dem Einbezug des wieder gesunden Johannes als Ersatzvater bzw. –grossvater in die junge Familie nichts mehr im Wege.

Erst jetzt, dank schonungsloser Offenheit, kann er jenes Vertrauensverhältnis und damit jene echte Freundschaft mit dem jungen König haben, die er sich wünscht. Dass dasselbe mit dessen Frau nicht möglich ist, ist für ihn nicht so schlimm, denn es ging ihm immer um *ihn* und nicht um *sie*.

Dies ist damit eines der wenigen Grimm'schen Märchen zur Homosexualität mit einem echten Happy End. Möglich ist es nur nach einer anstrengenden Auseinandersetzung des Johannes mit sich selber und dank der Ermunterung und positiven Reaktion eines Ausnahme-Heteros. Gerade dies zeigt, wie schwierig und in den allermeisten Fällen unmöglich bzw. nicht ratsam früher ein solches Coming Out war.

Aber das Märchen zeigt auch die negativen Folgen des Schweigezwangs für alle Beteiligten: Nicht nur Johannes leidet an seiner Versteinerung, auch die ganze Umgebung leidet darunter, und Johannes kann im versteinerten Zustand den anderen Menschen mit seinen Talenten nicht mehr nützlich sein. Dazu zeigt das Märchen, dass auch die gleichgeschlechtliche Liebe so echt sein kann wie die gegengeschlechtliche. Das alles kann man nur als Aufforderung an die heterosexuelle Mehrheit verstehen, auch jene Liebe zur Kenntnis zu nehmen und den jungen König als Vorbild zu nehmen, wenn ein Schwuler seine Liebe oder seine Neigung gesteht. Das Märchen ist somit insgesamt ein Plädoyer für erste Schritte zu einem schwulen Coming Out, auch wenn es gleichzeitig darauf hinweist, dass es erst gegenüber wenigen Heteros möglich ist.

Allerdings versteht man die Passagen über das Coming Out erst, wenn man darüber nachgedacht hat, wozu man den Text vor sich haben muss. Sie wirken so konstruiert, dass sie nur von einem sehr gebildeten Autor und kaum von einer Volkserzählerin stammen können. Das lässt mich vermuten, dass sie auf die Grimms selber zurückgehen könnten, dass also sie es waren, die das ganze Thema der Homosexualität in den alten Märchenstoff einfügten. Aber nachweisen kann man das nicht.

Noch ein Zusatz zur Figur des Johannes: Auffällig ist deren grosse Ähnlichkeit mit dem „Dritten Geschlecht", das es in vielen Stammesgesellschaften, z.B. vielen Indianerstämmen, gab[15]: Das waren Männer und Frauen, die Elemente beider Geschlechter in sich vereinigten, wie das auch Johannes tut, denn die Raben, die Stimmen aus seinem Inneren sind, sind hier weiblich. Die männlichen Angehörigen jenes Dritten Geschlechtes führten eheähnliche Partnerschaften mit „richtigen" Männern, in denen sie beim Sex die „weibliche" Rolle wahrnahmen, so wie wahrscheinlich Johannes in seiner Partnerschaft mit dem alten König. Sie waren ausserdem, wie Johannes, Musiker, Ehevermittler, psychologische Berater und Adoptiveltern. Darüber hinaus waren sie auch Schamanen, waren also für den Bezug zur spirituellen Welt zuständig, denn man übertrug diese Aufgabe gerne Menschen, die Elemente beider Geschlechter in sich vereinigten, weil man die spirituelle Welt ebenfalls als Verbindung von Männlichem und Weiblichem sah. Da das Christentum Gott aber als männlich sieht, war in ihm für solche Geistlichen kein Platz mehr, passend dazu findet man bei Johannes keine Priester-Aufgaben.

Den Grund für die Ähnlichkeit zwischen Johannes und jenem „Dritten Geschlecht" kenne ich nicht. Vielleicht beruht sie darauf, dass Homosexualität ein universales Phänomen ist und die Schwulen in allen Gesellschaft, auch bei uns heute, immer wieder mehrheitlich in denselben Tätigkeiten anzutreffen sind. Vielleicht gab es jenes Dritte Geschlecht aber auch bei uns in vorchristlicher Zeit, und vielleicht leben in Gestalt des Johannes Erinnerungen daran fort oder wieder auf.

---

[15] Zu jenem „Dritten Geschlecht" bei den Indianern, wo man seine Angehörigen zusammenfassend als „Berdachen" bezeichnet: vgl. Williams 1986.

KHM 8: Der wunderliche Spielmann
Oder: Die schlimmen Folgen schwuler Selbstunterdrückung

Das Märchen beruht auf einer unbekannten mündlichen Quelle[16]. Nach der Erstveröffentlichung (1819) brachten die Grimms am Text nur noch kleinere Änderungen an, die keine Auswirkungen auf den Inhalt hatten.

Jakob Grimm hielt das Märchen für unvollständig, da ein Grund angegeben werden müsse, weswegen der Spielmann die Tiere so hinterlistig behandle.[17] Diese Meinung teilt auch Uther in seinem Handbuch.[18] Das Fehlen eines Grundes kann man jedoch erklären. Da die Tiere für das Animalische im Spielmann und damit für seine Sexualität stehen, unterdrückt er mit ihnen seine Sexualität. Warum, sagt das Märchen meiner Meinung nach absichtlich nicht. Es will vor einer solchen Selbstunterdrückung nicht durch Beschäftigung mit den Gründen warnen, sondern, indem es (im letzten Abschnitt) die schlimmen Folgen vorführt. Dies gemäss der Erkenntnis, dass man einen Fehler auch erkennen kann, indem man sich seine Folgen überlegt, und nicht nur, indem man sich mit den Gründen auseinandersetzt.

Aus meiner Sicht ist die Erzählung daher ein abgeschlossenes Stück, dem nichts fehlt. Ich versuche das im Folgenden genauer zu zeigen.

Ein wandernder Spielmann wünscht sich einen „Gesellen", d.h. Begleiter, und beginnt zu fiedeln. Aber er zieht zunächst nacheinander nur drei Tiere an: einen Wolf, einen Fuchs und einen Hasen, nach denen er kein Verlangen trägt und die er darum alle irgendwo festmacht, um ohne sie weiterzuziehen. Sie stehen für die animalischen, sexuellen Lüste, die sich in ihm bemerkbar machen, wenn er seine Gefühle zulässt (Musik macht) und an einen Begleiter denkt. Der Zustand, in dem er sie festmacht, lässt erraten, um was für sexuelle Lüste es geht:

- Die Pfoten des Wolfes keilt er in der Spalte eines Eichenstammes ein. Die Pfoten in der Spalte sind ein klares Bild für den Geschlechtsverkehr, die stämmige Eiche steht für einen Mann als Gebumsten.

- Die Pfoten des Fuchs bindet er an zwei herunter gebogenen Haselgerten an, die er danach hinaufschnellen lässt, ein Bild für den Spannungszustand, in dem er sich befindet, wenn er eine Erektion hat, ohne sich das Abspritzen zu erlauben.

- Dem „Häschen" bindet er einen Faden um den Hals, das andere Ende knüpft er an einen Espenbaum, um den er dann das Häslein zwanzig Mal laufen lässt, bis es so gefangen ist, dass es sich in den Hals schneidet, wenn es sich befreien will. Das hilflose Ausgeliefertsein um einen vor Erregung (Espenlaub) zitternden phallusähnlichen Baumstamm herum, mit der Gefahr, sich bei Bewegung in die zarte Haut zu schneiden, ist ein Bild für die passive Rolle beim Analverkehr, bei dem die zarte Darmschleimhaut verletzt werden kann.

Der Spielmann spürt also Lust auf Sex mit einem Mann in der aktiven und passiven Rolle, will diese Lust aber festmachen und zurücklassen, d.h. aus der gewünschten Begegnung mit einem Begleiter fernhalten. Er unterdrückt seine gleichgeschlechtlichen Neigungen und wünscht sich eine Freundschaft ohne Sex.

Was ihn an seiner Homosexualität am meisten stört, deutet die Symbolik der Tiere an: Das Häschen ist im Vergleich zu den Horrorsymbolen, die man in anderen Märchen für die passive Rolle des Mannes findet (Gefressen-Werden, Blendung, Enthauptung), harmlos, es steht nur für Schwäche. Der Wolf hingegen ist, z.B. im „Rotkäppchen" oder in „Daumesdick", ein schlimmer Mann, ein rücksichtsloser Schürzenjäger, der junge Mädchen bzw. Knaben vergewaltigt. Als ein solcher käme sich der Spielmann vor, würde er einen

---

[16] Uther 2013, S. 20.
[17] Grimm/Rölleke 1980/2001, Bd. 3, S. 19.
[18] Uther 2013, S. 20.

Mann bumsen. Sein Hauptproblem ist also nicht, dass er sich selber beim Sex zur Frau machen lassen könnte, sondern, dass er fürchtet, er könnte dies anderen Männern antun. Das Schlimmste ist für ihn, wenn er anderen Menschen etwas Böses antut. Er wird also vor allem deswegen zum Selbstunterdrücker, weil er ein sensibler Mensch mit hohen moralischen Ansprüchen an sich selber ist.

Erst nachdem er seine Sexualität, wie er glaubt, ausgeschaltet hat, ist er bereit für den ersehnten „Gesellen". Und wirklich: Ein „armer Holzhauer" wird durch die „schöne und liebliche" Musik angezogen, „er mochte wollen oder nicht". Die dem eigenen Willen nicht gehorchende Anziehung durch das Schöne, Liebliche, das vom Spielmann ausgeht, verrät aufkommende Liebesgefühle.

Der Holzhauer hat eine Axt. Sie ist mit ihrem Stiel, der in eine auf beiden Seiten gerundete Schneide mündet, ein Symbol für den Geschlechtsverkehr. Auch der Holzhauer hat also Lust auf Sex mit einem Mann. Aber als er sich nun dem Spielmann nähert, nimmt er die Axt unter die Arme, wo sie nicht einsatzfähig ist. Auch er will also nicht, dass seine Sexualität in der Begegnung mit einem Mann dazwischenfunkt.

Dem Spielmann ist das Recht, denn er sagt zu sich: „Endlich kommt doch der rechte Geselle". Es kommt daher nun zu einer kurzen Anfreundung zwischen den beiden Männern, die ideal zueinander passen würden: Proletarier und Künstler, Liebender und Geliebter, und beide wollen eine Freundschaft ohne Sex. Aber genau das wird nun den beiden auch zum Verhängnis. Denn die Tiere haben sich inzwischen befreit und kommen heran. Der Spielmann wird also, gerade *weil* ihm der Holzhauer sympathisch ist, gegen seinen Willen doch von Lust erfasst. Sexuelle Neigungen lassen sich eben nicht einfach so verabschieden, wie es der Spielmann gerne hätte. Desgleichen beim Holzhauer, von dem zweimal betont wird, er stehe da, ein versteckter Hinweis auf eine Erektion. Ausserdem stellt er sich vor den Spielmann und erhebt seine „blinkende Axt" gegen die Tiere, eine Stellung, welche seine Lust auf beide Rollen symbolisiert: der dem Spielmann zugewandte Rücken lässt seine Lust auf die passive Rolle ahnen, die erhobene Axt jene auf die aktive.

Doch der Holzhauer will seine Lust nicht, und er will auch jene des Spielmanns nicht. Darum erhebt er seine Axt gegen die Tiere, „als wollte er sagen: Wer an ihn will, der hüte sich, der hat es mit mir zu tun." Das ist doppeldeutig: „Wer an ihn will" sind die Tiere und damit die Lust des Spielmanns, ist aber auch der Holzhauer selber. Er droht also unverhüllt, dreinzuschlagen, sollte der Spielmann oder er selber tatsächlich eine Penetration versuchen. Darüber vergeht beiden die Lust, denn die Tiere entfernen sich. Beide Männer schliessen also erfolgreich ihre sexuellen Anwandlungen aus der sich anbahnenden Beziehung aus.

Damit hätte der Spielmann genau das, was er sich wünscht: Einen Gesellen, mit dem ihn eine Sympathie, vielleicht sogar Liebe, verbindet, und eine Beziehung, aus welcher der Sex erfolgreich verdrängt worden ist. Doch ausgerechnet jetzt verlässt er den Holzhauer: Er spielt ihm noch ein Dankeslied und zieht dann weiter. Warum? Weil der Andere seine sexuelle Lust gemerkt hat, und darüber schämt er sich gewaltig. Und weil er gesehen hat, dass auch der Andere dieselbe Lust hat, die er ablehnt. Das macht ihn für ihn gefährlich. Dem Holzhauer dürfte es gleich gehen. Da sie beide ihre Sexualität nicht annehmen können, ertragen sie gerade den idealen Partner, mit dem sie sexuell erregt würden, am wenigsten.

So bleibt der Spielmann ein Leben lang derjenige, als der er uns am Anfang des Märchens begegnet: Ein vereinsamter, innerlich ruheloser Wanderer, der „hin und her" denkt, um immer seinen Kopf eingeschaltet zu haben, damit die wahren Gefühle nicht hochkommen können. Die Art und Weise, wie er die Tiere festmacht, verrät ausserdem eine Lust an der Unterdrückung, einen psycho-sadistischen Zug, der durch die Unterdrückung der eigenen Sexualität entstanden ist, sich aber vermutlich auch im Umgang mit anderen Menschen zeigen wird (dafür gibt es aber im Märchen kein Beispiel). Das ist besonders schade, da er eigentlich ein sehr sensibler Mensch wäre, wie seine Gewissensbisse über den Sex, den er Anderen antun könnte, aber auch seine Musik zeigen. Das Geigenspiel drückt ja, im Unterschied etwa zum Trommeln, Sensibilität aus.

Auch mit dem Holzhauer wird es gleich wie bisher weitergehen. Er bleibt „arm", d.h. er führt weiter ein armseliges, da einsames Leben ohne Partner. Sein durch die Selbstunterdrückung entstandener Sadismus drückt sich, passend zu seinem Proletarier-Beruf, eher in einer Neigung zu körperlicher statt psychischer Gewalt aus, wie sich in der Begegnung mit dem Spielmann ja auch abzeichnete.

Beide Männer möchten ihre sexuellen Gefühle aus der Männerfreundschaft fernhalten, doch das Märchen zeigt: Es ist zwar möglich, (Homo-)Sexualität nicht auszuleben, aber es ist nicht möglich, die entsprechenden Gefühle und die daraus folgende Lust nicht zu haben. An dieser Wahrheit scheitert die von beiden Männern eigentlich gewünschte Freundschaft.

Aber das Märchen zeigt auch, dass ihre Lust eigentlich ungefährlich wäre: Die Tiere, die für die gleichgeschlechtlichen Neigungen des Spielmanns stehen, bedrohen ihn erst, nachdem er sie betrogen und brutal behandelt hat, vorher geht nicht einmal vom Wolf etwas Gefährliches aus. Die Botschaft: Nicht die gleichgeschlechtliche Neigung, sondern ihre Unterdrückung ist gefährlich, weil man sich damit selber Gewalt antut und sich selber betrügt.

Dazu kommt, dass die Tiere gewillt wären, das Geigenspiel zu lernen. Das bedeutet: Der Spielmann könnte lernen, das Animalische seiner gleichgeschlechtlichen Neigung auf eine sensible, d.h. rücksichtsvolle, partnerverträgliche Art auszuleben, so wie das auch Mann und Frau mit dem Animalischen ihrer Sexualität lernen müssen. Vollständige Unterdrückung wäre daher nicht nötig. Wenn beide Männer dies lernen würden, könnten sie miteinander eine schöne Partnerschaft führen, deutet das Märchen an. Diese Chance können sie als Folge ihrer sexuellen Selbstunterdrückung nicht wahrnehmen.

Das Märchen ist eine an gleichgeschlechtlich fühlende Männer gerichtete Warnung vor der Selbstunterdrückung und somit eine Ermunterung, damit aufzuhören. Es tut dies, indem es sich mit den Folgen dieser Selbstunterdrückung auseinandersetzt. Es will mit seiner Geschichte Männern wie dem Spielmann und dem Holzhauer die Augen öffnen: „Schaut einmal, was Ihr Euch selber für einen Schaden zufügt, wenn ihr eure gleichgeschlechtlichen Neigungen weiter zu unterdrücken versucht!"

Man kann das verallgemeinern: Wir tun oft etwas nicht aus Angst vor dem, was geschehen könnte, wenn wir es täten, und fragen uns zu wenig, was *sicher* geschehen wird, wenn wir es *nicht* tun.

Eine Frage bleibt, bei diesem wie bei anderen Märchen: Wenn das Problem die Penetration ist, warum versuchen es die beiden Männer nicht mit einer alternativen Sexualpraktik?

Ich denke, diese Möglichkeit wird nicht angedacht, weil in den patriarchalen Gesellschaften der Sex die angeblich natürliche Herrschaft des Mannes über die Frau spiegeln muss, was nur der Geschlechtsverkehr zwischen Mann und Frau tut. So geht man in solchen Gesellschaften davon aus, dass der Hetero-Sex immer als Geschlechtsverkehr stattfindet. Dieses Vorbild wird dann auf den gleichgeschlechtlichen Sex übertragen, sodass man unterstellt, er finde immer als Hardware in Software statt.

KHM 9: Die zwölf Brüder

Oder: Vom Unsinn, Schwule umpolen zu wollen

Dieses Märchen ist die von den Grimms erweiterte Fassung einer ihnen vermutlich von den Pfarrerstöchtern Ramus vermittelten mündlichen Erzählung[19]. Die handschriftliche Grimm'sche Urfassung liegt vor[20]. Ich interpretiere im Folgenden die Fassung letzter Hand und gehe danach auf die Unterschiede zur Urfassung ein.

Die titelgebenden zwölf Brüder sind nicht als biologische Brüder zu verstehen, sondern als zwölf Jugendliche, die als Brüder dargestellt werden, weil sie dasselbe Lebensthema haben und weil sie sich durch einen Eid zu einer Bruderschaft verbinden. Zu Letzterem werden sie veranlasst, weil sie als Folge der Geburt einer kleinen Schwester auf Beschluss des Vaters sterben sollen. Die Särge stehen in einer verschlossenen Kammer schon bereit.

Die Schwester ist hier ebenfalls nicht als biologische Schwester gemeint, sondern steht für das Thema Mädchen, das die Jungs von jetzt an wie ein Geschwister durchs Leben begleitet. Ihre Geburt bedeutet daher, dass die Aufgabe, sich auf Mädchen einzulassen, nun in ihr Leben tritt. Sie stehen also am Anfang ihrer Jugendzeit. Die Kammer steht, wie in anderen Märchen, für die weiblichen Geschlechtsorgane. Verschlossen ist sie, weil die Jungs das Gefühl haben, der Geschlechtsverkehr mit Mädchen sei ihnen nicht möglich. Von Angst als Grund steht nichts, es fehlt ihnen einfach die Lust auf das andere Geschlecht. Das ist ihr Lebensproblem, vor dem sie sich in die Gründung einer Bruderschaft flüchten.

Der Bruderschafts-Eid lautet allerdings, dass sie jedes Mädchen, das ihnen zu nahe tritt, gewaltsam entjungfern wollen („wo wir ein Mädchen finden, soll sein rotes Blut fliessen."), aber das erweist sich später als das, was es von Anfang an ist: ein reiner Bluff. Die Jungs haben dazu weder Lust, noch können sie es, noch tun sie es je. Da der Eid normalen Sex mit Mädchen ausschliesst, läuft er daher praktisch auf eine Verpflichtung hinaus, keinen Sex mit Mädchen zu haben, ohne dass die Jungs einander dies sowie den Grund dafür – ihren eigenen Unwillen – eingestehen müssen. Sie können einander die Wahrheit nicht eingestehen, weil sie sich diese offenbar auch selber nicht eingestehen können. Das aber bedeutet, dass sie später, wenn sie das Erwachsenenalter erreicht haben, dem dannzumal noch viel grösseren gesellschaftlichen Druck, sich auf das andere Geschlecht einzulassen, nicht werden länger widerstehen können. Der Eid und die Bruderschaft werden daher nur für die Zeit der Jugend bestehen können.

In dieser Zeit „wohnen" die Jungs zehn Jahre lang in einem Waldhäuschen. Tagsüber gehen die elf älteren auf die Jagd, und Benjamin, der „jüngste und schwächste", muss zu Hause bleiben und haushalten. Er ist also der Frauenersatz in dieser Bruderschaft. Das ist auch sexuell gemeint, genauso wie das Jagen, das für die Lust auf die aktive Rolle steht. Das Essen, d.h. der Sex, findet jeweils nachts im Waldhäuschen statt, wo Benjamin das von den Jägern gelieferte Essen zurechtmachen muss. Noch etwas weist darauf, dass hier ein zarter Junge an Stelle von Mädchen penetriert wird: Unter den gejagten Tieren werden auch „Täuberiche" genannt. Warum wird hier nicht die übliche weibliche Form „Tauben" verwendet? Um versteckt darauf hinzuweisen, dass es hier um Jungs geht, wo Mädchen zu erwarten wären.

Die zwölf „Brüder" haben sich also zu einer nach aussen verschlossenen „sodomitischen" Bruderschaft verschworen. Tagsüber gehen sie unauffälligen „männlichen" bzw. „weiblichen" Beschäftigungen nach, nachts treffen sie sich zu Sex-Orgien, wobei die Zahlen symbolisch gemeint sind. Das Zahlenverhältnis 11:1 soll zeigen, dass es weniger Passive als Aktive gibt. Von den Treffen darf aber angesichts der gesellschaftlichen Verurteilung und des

---

[19] Uther 2013, S. 20.
[20] Rölleke 2007, S. 21-24.

gesetzlichen Verbotes der „widernatürlichen Unzucht" („Sodomie") niemand etwas wissen. Die Eltern wissen nicht, wo ihre Jungs sind, und das Waldhäuschen liegt ganz verborgen mitten im Wald, „wo er am dunkelsten war". Das heisst: Es liegt mitten in der Welt, aber so, dass es Uneingeweihte nicht finden. Gemeint sein mag eine städtische Taverne.

Liebe zwischen den Jungs wird nicht angedeutet. Das Gleichgeschlechtliche beschränkt sich auf den Sex, der hier ausserdem die Folge einer starken körperlichen Abneigung gegen das andere Geschlecht und damit eine sexuelle Ersatzhandlung ist. Die Jungs sind eher nicht-heterosexuell als homosexuell, beides im wörtlichen, auf den Sex beschränkten Sinne.

Die am Anfang des Märchens dargestellte Elternkonstellation lässt vermuten, weswegen sie so geworden sind: Die Mutter liebt ihre Söhne und unterstützt sie beim Vorhaben, der Tötung durch den Vater zu entgehen, entscheidend. Doch nicht nur das: Als ihr Mann ihr den Schlüssel zur Verwahrung der Kammer mit den für die Jungs bestimmten Särgen gibt und sie beauftragt, niemandem etwas davon zu sagen, bricht sie das Gebot, ohne dass dies für sie je irgendwelche Konsequenzen hat. Die Jungs haben also eine sie sehr liebende, aber auch sehr starke, dominante Mutter, die einen aussergewöhnlich starken Einfluss auf sie hat, neben einem sie nicht liebenden, schwachen Vater, der für sie nicht als Vorbild taugt. Diese Erklärung für die Entstehung ihrer Nicht-Heterosexualität gleicht sehr stark jener, die später Freud für die Entstehung der Homosexualität fand. Wobei die Elternkonstellation auf den Jüngsten am stärksten zutrifft, denn er war in seiner Kindheit „immer" bei der Mutter. Das soll wohl erklären, warum er der Passive ist: Weil er sozusagen doppelt nicht-heterosexuell ist. Er wird also zur passiven Rolle nicht nur gezwungen, sie passt ihm auch, darum wehrt er sich nie dagegen.

Doch obwohl der gleichgeschlechtliche Sex als Ersatzverhalten entstand, wird mehr daraus: Die Jungs geniessen ihn echt, denn es heisst, die Zeit werde „ihnen nicht lang"; und sie fühlen sich nur unter sich so richtig heimisch, denn es heisst, sie „wohnen" im Waldhäuschen, obwohl sie sich dort nur nachts treffen. Ausserdem wird mit der Zwölfer-Zahl und dem Namen des Jüngsten eine Parallele zu den zwölf Söhnen Jakobs, deren jüngster Benjamin war, sowie dem daraus hervorgegangenen biblischen Volk Israel mit seinen zwölf Stämmen gezogen. Unter den Mitgliedern dieser „sodomitischen" Bruderschaft entsteht also ein familien-ähnliches „Wir"-Gefühl, das ans heutige „we are family" der Schwulen und Lesben erinnert. Bemerkenswert ist, dass auch Benjamin in dieses Wir-Gefühl einbezogen wird, dass er also nicht, wie die Passiven in einigen anderen Grimm'schen Märchen, von den Aktiven verachtet und ausgegrenzt wird.

Aber wie erwähnt: Als die Jungs das Erwachsenenalter erreichen, wird der aus der Gesellschaft stammende und von ihnen verinnerlichte Druck, sich auf ein Mädchen einzulassen und zu heiraten, immer grösser. Symbolisiert wird er von ihrer mittlerweile herangewachsenen Schwester, die von der (für das Denken der Jungs einflussreichen) Mutter loszieht, ihre Brüder sucht und in ihr Leben tritt. Sie ist mit ihren königlichen Kleidern und dem Stern auf der Stirn eine Maria-Figur. Die Jungs beginnen also an eine Partnerin zu denken, aber eine, welche ganz dem von der biblischen Maria vorgelebten traditionellen Frauenbild entspricht: Ehefrau, Mutter und Dienerin Gottes bzw. ihres Ehemannes. Sie wollen auf jeden Fall keine Ehefrau, die sexuelle Ansprüche stellt.

Als die Schwester im Waldhäuschen ankommt, ist nur Benjamin dort. Das bedeutet: Er denkt als erster daran, aus der Bruderschaft auszusteigen und sich auf eine Frau einzulassen. Dies, weil er die für einen erwachsenen Mann verbotene passive Rolle wahrnimmt. Für ihn ist die Fortführung der „sodomitischen" Bruderschaft daher am schwierigsten.

Als ersten Schritt erreicht er von seinen „Brüdern" die Aufhebung des Bruderschafts-Eides: Sie versprechen, er gelte für das erste Mädchen, das ihnen begegne, nicht, was praktisch bedeutet, dass er nicht mehr gilt, denn sie wollen sich sowieso nur auf *eine* Frau einlassen. Danach fahren die Jungs aber trotzdem eine Zeit lang mit ihren Sex-Orgien weiter: Benjamin bleibt weiter zu Hause, und die elf Älteren jagen weiter „Täuberiche". Aber die Schwester ist nun auch bei Benjamin und hält „die Bettlein...rein". Sex mit einem Mädchen haben die Jungs also zwar noch nicht, aber das Thema ist in ihren Köpfen (die Schwester ist gedanklich anwesend.). Die jungen Männer sind sich also bewusst, dass es nur noch eine Frage der Zeit ist, bis sich Benjamin weigern wird, weiter die passive Rolle wahrzunehmen, und so das Ende der Bruderschaft erzwingen wird.

Und so kommt es auch: Symbolisiert wird es dadurch, dass die Schwester (weiterhin als in den Jungs vorhandenes Frauen-Bild) eines Tages für jeden „Bruder" zum Essen eine Lilie abbricht, Symbole der weiblichen Geschlechtsorgane, und darauf das Häuschen und mit ihm die nächtlichen Treffen der Jungs verschwinden. Die Bruderschafts-Treffen hören also auf und die Jungs sehen sich mit der Aufgabe konfrontiert, sich stattdessen auf Sex und Ehe mit einer Frau einzulassen.

Dass die Lilien auch „Studentenblumen" heissen, verdeutlicht, dass sie den Geschlechtsverkehr mit dem anderen Geschlecht erst noch lernen müssen. Im Gegensatz dazu mussten sie im Waldhäuschen nichts lernen. Der Sex miteinander lief anscheinend wie von alleine. Das bestätigt: Obwohl er nur als Ersatzverhalten entstand, war er für sie natürlicher als der Geschlechtsverkehr mit Frauen. Dass sie diesen schaffen, glauben sie nicht, darum werden sie nun in Raben verwandelt, die in Märchen Unheils-Boten sind. Das Problem, vor dem sie ganz am Anfang flüchteten und das dort von der Einsargung in der Kammer symbolisiert wurde, kehrt nun also zurück, nur ist der Druck, sich ihm zu stellen, inzwischen viel grösser geworden.

In diesem Moment taucht eine alte Frau auf, wohl eine Verkörperung der Weisheit der Mutter Natur, und fragt die Schwester: „Warum hast du die zwölf weissen Blumen nicht stehen lassen?" Dies ist der Schlüsselsatz zum Verständnis des ganzen Märchens. Es will im Namen der Natur und der Weisheit das von den „Brüdern" verinnerlichte gesellschaftliche Ziel, Männersexliebhaber zu Sex und Ehe mit einer Frau zu bewegen, in Frage stellen.

Das Märchen hat dies schon vorher mit einer Reihe leiser Hinweise getan:

- Die Schwester suchte ihre Brüder, um ihnen ihre inzwischen *viel zu kleinen* Kinderhemden zu bringen, Symbole des Korsetts, in das die Gesellschaft sie zwängen will. Die Botschaft: Indem die Gesellschaft von Männersexliebhabern Ehe und Sex mit einer Frau erwartet, behandelt sie sie wie Kinder und nicht wie erwachsene, selbstbestimmte Menschen.
- Die Mutter erklärte ihrer Tochter, ihre Brüder irrten „in der Welt umher", weswegen die Tochter sie „erlösen" will. Das Märchen zeigt aber: Sie fühlten sich im Waldhäuschen zu Hause, und es ging ihnen dort gut. Verirrt und erlösungsbedürftig werden sie erst durch die Verwandlung in Raben, d.h. weil sie meinen, sich auf eine Frau einlassen zu müssen. Die Ansicht, Männer, die Sex mit Männern haben, seien verirrt und müssten erlöst werden, erinnert stark an die Behauptungen heutiger religiöser Fundamentalisten, Homosexualität mache unglücklich und sie würden den Schwulen durch ihren Glauben das Glück bringen.
- Die Schwester erklärte, sie wolle „gehen, soweit der Himmel blau" sei, bis sie ihre Brüder finde. Der Himmel ist überall blau. Die Aussage zeigt den Fanatismus und die Intoleranz, mit denen damals die ganze Gesellschaft das Ziel der Umpolung von Männersexliebhabern auf Frauen verfolgte. Sie liess ihnen nirgendwo Raum zur Selbstentfaltung.

Die alte Frau bestätigt die Kritik mit der Warnung, es gebe zwar ein Mittel, mit dem das Mädchen ihre Brüder vom Rabendasein erlösen könne, aber das sei so schwierig, dass es dies nicht schaffen werde: Es dürfe sieben Jahre lang weder sprechen noch lachen. Mehr noch: Wenn das Mädchen es versuche, aber scheitere, stürben ihre Brüder.

Die Prophezeiung des Misserfolgs ist ein Mittel, von etwas abzuraten. Sterben, d.h. sich wie ein Niemand fühlen, würden die Brüder, wenn sie das schier Unmögliche versuchten und es *nicht* klappte, weil sie dann den *Beweis* ihres Scheiterns hätten.

Trotz diesen trüben Aussichten will das Mädchen, immer noch als in den Jungs vorhandenes Frauenbild und damit als Stimme in ihnen, es versuchen. Das heisst: Die Jungs wollen heiraten und versuchen, den Geschlechtsverkehr mit einer Frau zustande zu bringen.

Das Märchen schildert von da an im letzten Teil einen jener gemäss Mitteilung der alten Frau ausserordentlich seltenen Fälle, wo einem Männersexliebhaber solcher Geschlechtsverkehr gelingt. Der Übergang zu diesem letzten Abschnitt ist auch für die Interpretation des Märchens ein Schnitt. Die Schwester ist von da an auch als Mädchen in Fleisch und Blut, das der Vorstellung der Jungs von einer passenden Partnerin ganz entspricht, zu verstehen, und die Respektfigur des Königs ist die auf gesellschaftliches Ansehen abzielende Seite von einem der zwölf Jungs.

Er begegnet auf der Jagd – gemeint ist: auf der Suche nach einer geeigneten Ehefrau – dem Mädchen, dem er sofort, als er es noch weit oben auf einem Baum sitzen sieht, einen Heiratsantrag macht. Er kann es also nicht näher kennen gelernt haben, tiefere Gefühle können nicht dahinter stehen. Was den König so anzieht, ist offenbar, dass dieses Mädchen weder redet noch lacht, also keine eigenen Ansprüche anmeldet oder Gefühle äussert. Darum scheint es ihm die passende Partnerin zu sein, denn sein Verhalten lässt – wie sich nachher herausstellt: zu Recht – vermuten, dass es sich auch beim Sex so verhalten wird. Und das ist, was der Männersexliebhaber hier und auch in zwei anderen Märchen (KHM 85 und 93) braucht, damit der Geschlechtsverkehr mit einer Frau eventuell klappt: eine Frau, die beim Sex vollständig passiv, d.h. bewegungslos, hinhält.

Die dahinter stehende (patriarchale) Vorstellung: Geschlechtsverkehr hat grundsätzlich nicht mit Liebe, sondern mit Macht zu tun. Der Mann war bisher mit einer Frau unfähig dazu, weil er von der Mutter her ein Bild der starken Frau in sich trägt, welches seiner männlichen Rolle, die beim Geschlechtsverkehr die dominante sein sollte, in die Quere kommt. Abhilfe kann daher nur eine Frau schaffen, die sich beim Geschlechtsverkehr ganz schwach, d.h. völlig passiv und somit sozusagen doppelt „weiblich" verhält.

So kommt es auch: als sich der König nach Jahren nicht vollzogener Ehe endlich ans Werk wagt, kommt ihm seine Frau wie eine an einen Pfahl gebundene Hingerichtete vor. Der Pfahl ist der Phallus, die Bindung daran steht für das völlig hilflose Hinhalten. Derweil vergiesst der hinter dem Fenster stehende König Tränen. Von hinter dem Fenster aus jemandem zuzusehen, der einen nicht sehen kann, ist ein Bild für die Machtposition. Hier ist sie mit (innerer) Distanz verbunden. Der König müht sich also tränenreich und innerlich teilnahmslos ab, während seine Frau gar nichts tut. Keiner von beiden geniesst die Sache, aber sie bringen sie rein technisch über die Runden, darum sind am Ende der Prozedur „zufällig" die sieben Jahre um und die Raben erlöst. Das heisst: Der Mann hat seinen Männlichkeitsbeweis zustande gebracht.

Seine Mutter wollte aber, dass die Frau verbrannt werde. Das bedeutet: Sie wollte, dass es schief geht. Mit der Mutter ist das Bild der Mutter im Mann gemeint. Damit bestätigt sich die obige Feststellung: Das Bild der dominanten Mutter kommt dem Mann beim Sex mit einer Frau in die Quere und droht damit den Erfolg zu verhindern. Aber nun hat er es geschafft, d.h. er hat jenes Mutterbild überwunden. Symbolisiert wird das dadurch, dass nun seine Mutter hingerichtet wird. Dabei wird sie als „Stiefmutter" bezeichnet. Das ist, entgegen dem, was Uther in seinem Handbuch schreibt[21], kein Schreibfehler der Grimms, sondern Absicht:

---

[21] Uther 2013, S. 21.

Indem man die Mutter wie eine böse „Stiefmutter" sieht, kann man sich leichter von ihr lösen. Der Mann erlebt hier also in der Beziehung zu seiner Mutter eine Art verspätete Pubertät.

Da seine körperliche Abneigung gegenüber Frauen durch das Bild dieser dominanten Mutter verursacht worden war, könnte man vermuten, die Hinrichtung der „Stiefmutter" bedeute, dass er nun auch sexuelle und Verliebtheits-Gefühle für das andere Geschlecht entwickle. Dem ist aber nicht so: Er lebt am Ende nur „in Einigkeit" mit seiner Frau. Nichts von „Lust", „Vergnügen", „Freude" usw.. Die beidseitigen Gefühle halten sich in Grenzen.
Andererseits hiess es während des ersten Sexes mit ihr, er sehe ihrer Hinrichtung mit Tränen zu, „weil er sie noch immer liebhatte". Man könnte meinen, dies bedeute, er sei doch in sie verliebt. Aber die Worte „noch immer" zeigen, um was für eine Liebe es geht. Vom König hiess es nämlich vorher nie, er liebe seine Frau. Es kann daher nur jene Liebe gemeint sein, welche er noch früher, im Waldhäuschen, als „Bruder" für seine „Schwester" empfand. Dort hiess es, die Brüder hätten die ankommende Schwester „von Herzen lieb". Es ging und geht weiterhin also nur um jene rein geschwisterliche Liebe, zu der Männersexliebhaber gegenüber Frauen höchstens fähig sind. Der König hat zwar seine Geschlechtsverkehrs-Blockade gegenüber seiner Frau überwunden, aber an seinen Liebes-Gefühlen hat das nichts geändert. Er ist ihr gegenüber nach wie vor nur zu geschwisterlicher Liebe fähig, eine körperlich-sexuelle Anziehung oder Verliebtheitsgefühle fehlen weiterhin.
Dabei ist zu berücksichtigen, dass selbst dieses bescheidene Ergebnis äusserst selten ist. Im Normalfall würde gemäss der alten Frau der Geschlechtsverkehrsversuch scheitern. Damit kann das Ende die schon weiter oben festgestellte Infragestellung der Versuche, Männersexliebhaber zu Sex und Ehe mit einer Frau zu bewegen, nur bestätigen. Das Märchen will den Betroffenen und der Gesellschaft im Namen von Natur und Weisheit davon abraten mit den Argumenten: Solche Männer können allerhöchstens rein technisch den Geschlechtsverkehr mit einer Frau schaffen, an ihren Gefühlen kann sich aber auch dann nichts ändern. Beim Sex mit ihresgleichen fühlen sie sich glücklicher und heimischer.

Kann man die Botschaft in die heutige Zeit übertragen, obwohl das Märchen Homosexualität nur als Ersatzverhalten sieht, das sich aufs Sexuelle beschränkt? Ich denke: Ja, unbedingt, denn wieviel mehr müssen die Argumente gelten, wenn Homosexualität eine tiefer gehende Neigung ist und die Liebe mit umfasst! Man kann dieses Märchen also ohne Weiteres als top-aktuelle Warnung vor allen Versuchen lesen, Schwule und Lesben aufs andere Geschlecht umzupolen.

Zum Schluss noch ein Vergleich mit der handschriftlichen Urfassung. Dort fehlt noch vieles:
- Es fehlt alles, was auf Sex zwischen Männern weist: Das auf die Notwendigkeit des Sich-Versteckens weisende Häuschen mitten im Wald, die gejagten Tiere mit den „Täuberichen" und die Sonderrolle Benjamins sind Ergänzungen der Grimms.
- Die alte Frau stellt zwar den Sinn des Sich-Einlassens auf Sex und Ehe mit einer Frau auch in der Urfassung in Frage, aber weniger stark (es ist nur „schwer", nicht praktisch unmöglich), und alle vorangegangenen Hinweise auf den Unsinn des Vorhabens fehlen.
- Am Ende wird die Mutter des Königs auch in der Urfassung hingerichtet, aber alle Hinweise, dass sich die Gefühle der Jungs *nicht* geändert haben (z.B. dass das Ehepaar nun lediglich „in Einigkeit" lebt), sind Ergänzungen der Grimms. Daher muss man in der Urfassung annehmen, dass die Jungs mit der Überwindung des Bildes der dominanten Mutter auch neue Gefühle für Frauen entwickeln.

In der Urfassung geht es somit um eine Jagdgesellschaft aus zwölf Jugendlichen, die sich nicht vor den Blicken der Öffentlichkeit verstecken müssen und asexuell leben, weil sie eine sexuelle und Gefühlsblockade gegenüber Frauen haben. Erwachsen geworden, überwinden sie

sie aber trotz Schwierigkeiten. Sex miteinander haben sie nie, und das Märchen endet mit einem echten Happy End.

Das Thema der Homosexualität und die ganze Botschaft der Warnung vor der Umpolung von Männersexliebhabern auf Frauen stammen also von den Grimms. Es ist das einzige Märchen, in welches die Grimms *nachweisbar* das Thema der männlichen Homosexualität neu einführten. Das erklärt auch, weswegen diese hier nur als Ersatzhandlung für eine tiefsitzende körperliche Abneigung gegenüber Frauen dargestellt werden kann, und weswegen am Ende ein kleiner Widerspruch aufscheint zwischen der aus der Urfassung stammenden Tötung der Mutter, die auf die Überwindung der Gefühlsblockade gegenüber Frauen schliessen liesse, und den übrigen, von den Grimms eingefügten gegenteiligen Hinweisen.

KHM 37: Daumesdick
Oder: Wie kleinwüchsige Menschen von der Gesellschaft geringgeschätzt werden, und wie sich dies besonders deutlich beim Sex zeigt

Die Vorlage zu diesem Märchen wurde den Grimms von dem an der deutschen Vergangenheit interessierten Juristen Friedrich Wilhelm Carové geschickt.[22] Seine handschriftliche Fassung ist erhalten.[23] Die Brüder Grimm hielten sich inhaltlich ganz daran, verunklärten aber die sexuellen Anspielungen und gestalteten das Ende versöhnlicher, was aber weniger gut zur ganzen Geschichte, auch in der Grimm'schen Version, passt. Darum finde ich bei diesem Märchen die Vorlage gelungener als die Grimm'sche Fassung, die ich im Folgenden – bei Bedarf mit einem Vergleich mit der Vorlage – interpretiere.

Das Märchen handelt vom Erwachsen-Werden eines kleinwüchsigen Jungen namens „Daumesdick". Kleinwuchs dürfte früher aufgrund der schlechteren Ernährung und häufigeren Krankheiten eine verbreitetere Behinderung gewesen sein als heute. Das Märchen thematisiert also ein früher nicht so seltenes Lebensproblem.

Obwohl Daumesdick „ein kluges und behendes Ding" ist und somit genauso verständig wie andere Menschen, wird er schon mit seinem Namen auf seinen kleinen Wuchs reduziert. Dieser bestimmt sein Identitätsgefühl und sein Schicksal.

Von seinen Eltern bekommt er viel Liebe, wie seine Mutter schon vor der Geburt des Wunschkindes versprach („wir hätten's doch von Herzen lieb"), andererseits aber kein Vertrauen, auf sich alleine gestellt durchs Leben gehen zu können. Das sieht man, als ihn der Vater auslacht, weil er ihm die Pferde ins Holz nachbringen will („Wie sollte das zugehen, du bist viel zu klein."). Dass ein Kleinwüchsiger in der damaligen Gesellschaft alleine nicht bestehen konnte, ist realistisch, wie sich bald zeigen wird, aber es scheint bei Daumesdick auch dem geheimen Wunsch der Eltern zu entsprechen, denn die Mutter sprach schon vor der Geburt vom möglichen Kleinwuchs des Kindes („und wenn's nur daumengross wäre"). Der Verdacht drängt sich auf, dass die lange Zeit kinderlosen Eltern insgeheim ganz froh sind, ein Kind zu haben, das immer von ihnen abhängig bleiben wird und darum immer bei ihnen wird wohnen müssen.

Doch als Daumesdick das Jugendalter erreicht, hat er dieselben Wünsche wie andere Jugendliche: Er möchte aus der Enge des elterlichen Hauses ausbrechen und etwas von der Welt sehen. Das zeichnet sich zuerst ab, als es ihm, entgegen der oben erwähnten Voraussage des Vaters, eines Tages gelingt, dem Vater die Pferde ins Holz nachzubringen. Allerdings ist

---

[22] Uther 2013, S. 90.
[23] Staatsbibliothek Berlin, Preussischer Kulturbesitz, Nachlass Grimm 1756, V, 6r-11v. Abgedruckt in: Carové/Petzoldt 1816/1997, S. 151-155.

dies nur möglich, dank dem ihn die Eltern hoch- bzw. hinunterheben, womit die für ihn bestehenden Grenzen bereits klar werden: Er kann aus rein körperlichen Gründen nicht ohne Hilfe Normalwüchsiger durchs Leben.

Den nun folgenden Versuch eines Ausflugs in die Welt glaubt er darum nicht alleine unternehmen zu können und bittet deshalb den Vater, ihn zwei vorbeiziehenden Männern, die ihn abkaufen und mitnehmen wollen, mitzugeben. Gleichzeitig verspricht er, er werde sowieso wieder zurückkommen. Er beabsichtigt also keinen dauerhaften Ausbruch von zu Hause. Er denkt, er könne selbstständig nicht durchs Leben gehen, und rechnet offensichtlich auch nicht mit einer Partnerschaft oder einer Berufsausbildung, denn entsprechende Hinweise fehlen.

Der Vater stimmt zu, ihn an die beiden Männer zu verkaufen. Dass Kinder armen Eltern als Arbeitssklaven abgekauft wurden, gab es damals. Doch Daumesdick wird dem Vater nur wegen seines Kleinwuchses abgekauft. Die Käufer beabsichtigen, ihn in der Stadt gegen Geld sehen zu lassen und so mit ihm ein Geschäft zu machen. Daumesdick ist für sie offensichtlich kein vollwertiger Mensch, sondern ein Besitz, den man kaufen, verkaufen und in einer Freak Show ausstellen kann, ähnlich wie man in der ersten Hälfte des 19. Jahrhunderts begann, Tiere in Zoos auszustellen. Die rein körperlich bedingten Einschränkungen sind daher keineswegs Daumesdicks einziges Problem bei seinem Ausflug in die Welt. Viel schlimmer ist, was sich hier bereits abzeichnet: dass ihn die Gesellschaft wegen seines Kleinwuchses nicht als vollwertigen Menschen behandelt.

Vorläufig macht er sich jedoch nichts daraus und lässt sich von den beiden Männern auf dem Hut mittragen. Der Ort symbolisiert sein anfängliches Gefühl, über allem zu stehen, und zeigt damit seinen Optimismus und sein Selbstvertrauen, und ist als Gegensatz zu jenem Ort zu sehen, an dem er später zu den Eltern zurückkehren wird.

Die erste Ernüchterung folgt bereits am ersten Abend: Mit der Begründung, es sei „nötig", lässt sich Daumesdick auf einen Acker herunter heben und verschwindet dann in einem Mausloch. Die Männer stechen vergeblich mit Stöcken nach ihm. Zunächst meint man, hier sei lediglich ein glückliches Entkommen gemeint. Doch die Vorlage Carovés macht deutlicher, dass sich dahinter mehr verbirgt: Dort sagt Daumesdick, er müsse seine „Nothdurft" verrichten. Es ist also ein Bedürfnis hinten gemeint, wozu er sich halb ausziehen muss. Die Männer stossen dann mit den Stecken vergeblich „in die Hölung". Das lässt erraten, was hier geschieht: Die Männer versuchen die Tatsache, dass der Kleine ausgezogen ist, dazu auszunützen, ihn zu vergewaltigen, aber er entwischt ihnen im Schutz der Dunkelheit. Er erlebt hier zum ersten Mal, womit er wohl nicht gerechnet hat: Dass ihn Männer wegen seines Kleinwuchses als Frauenersatz begehren. Dies kaum als Ausdruck der Zuneigung, sondern als äusserster Ausdruck ihrer Verachtung und Geringschätzung kleinwüchsiger Menschen. Da sie Daumesdick als ihren Besitz ansehen, denken die Männer, sie können mit ihm tun, was sie wollen, auch sexuell.

Wie bitter die Erfahrung für Daumesdick ist, zeigt sich bei dem, was er als Nächstes tut: Er lässt sich erneut von zwei Männern mitnehmen, weil er gehört hat, dass sie die Schatzkammer des Pfarrers ausrauben wollen. Daumesdick bietet seine Hilfe an, da er durch die Gitterstäbe in die Kammer kriechen könne. Mit dem Schatz, der einem Mann geraubt wird, ist dasselbe gemeint wie in einigen anderen KHM (besonders deutlich wird die Symbolik in KHM 191a): die Männlichkeit.

Die beiden Männer haben also vor, den Pfarrer zu bumsen. Warum gerade ihn? Erstens können auch Geistliche jung und attraktiv sein, und zweitens können auch sie (oft zu Recht) im Ruf stehen, es mit Männern zu tun. Dieser Pfarrer ist ein katholischer Geistlicher, denn in der Vorlage Carovés heisst es am folgenden Morgen, er sei am Ankleiden für die Frühmesse. Dass das Zölibat viele Schwule in den Beruf des Geistlichen trieb und treibt, ist bekannt. Sie können dann aus ihrer Not eine Tugend machen, mindestens nach aussen. Dass Leute von diesem Pfarrer annehmen, er lasse sich bumsen, ist angesichts der gesellschaftlichen Verachtung und kirchlichen Verurteilung der passiven Rolle des Mannes wohl auch als Seitenhieb gegen die Doppelmoral der Katholischen Kirche gedacht.

Daumesdick verspricht den beiden Männern also, ihnen den gewünschten Sex zu vermitteln. Weswegen er als Sex-Mittelsmann tätig werden will, merkt man erst, wenn man schaut, was er dann *tatsächlich* tut: Er schreit aus Leibeskräften, ob die Diebe alles haben wollen. Dadurch erwacht die Köchin, die in der „Stube daran" schlief, wodurch die Diebe so erschrecken, dass sie weglaufen „als wäre der wilde Jäger hinter ihnen".

Auch hier ist die Vorlage Carovés etwas deutlicher. Dort schläft die Köchin, die wohl für die zuwendungsbedürftige Seite des Pfarrers steht, „im hinteren Zimmer", eine Anspielung auf die hinten gespürte Lust des Pfarrers, und die beiden Diebe laufen fort, als sei „ihnen der Teufel auf den Fersen", wohl eine Anspielung auf ihre Angst, sie könnten sich beim angestrebten Sex selber in der teuflischen passiven Rolle finden. Weiter ist mit dem Schlafen wohl die passive Rolle und mit dem Erwachen die Erregung des Pfarrers und damit seine erwachende Lust auf die aktive Rolle gemeint ist.

Das Ganze bedeutet daher: Daumesdick schildert dem Pfarrer, der zunächst nur Lust auf die passive Rolle hat, in den drastischsten Worten, was die zwei Männer mit ihm tun möchten. Das erregt den Pfarrer, was zur Angst der in der Nähe stehenden beiden Männer führt, er könnte die Rollen umkehren wollen, und sie laufen weg. Das ist genau, was Daumesdick wollte: Die zwei erinnerten ihn an jene beiden Männer, die ihn bumsen wollten, und er möchte sich für die demütigende Absicht rächen, indem er solchen Männern zeigt, wie es ist, wenn man als Frauenersatz begehrt wird. Seine Wut darüber, von anderen Männern nicht für voll genommen zu werden, steht also hinter seinem Verhalten gegenüber dem Pfarrer.

Doch er hat nicht mit allem gerechnet, was er auslöste. Denn die erwachte Köchin rennt nicht den Dieben nach, sondern kommt in die Kammer, in der *er* sich befindet und woher sie das Rufen hörte. Mit anderen Worten: Der Pfarrer ist gar nicht erregt, weil er die zwei Männer bumsen möchte, sondern weil auch er es auf den kleinen Daumesdick abgesehen hat. Das war gewiss nicht Daumesdicks Absicht. Er entwischt zwar, doch er muss lernen: Sogar Männer, die bei anderen Männern nur die Passiven sein wollen, und sogar Respektspersonen wie dieser Pfarrer haben es auf ihn abgesehen.

Angesichts dieser noch bittereren Erkenntnis hat er genug und beschliesst, bereits am folgenden Morgen zu seinen Eltern zurückzukehren. Er hat erfahren müssen, dass für kleinwüchsige Jungs wie ihn das eigentlich gewünschte Kennenlernen der Welt gar nicht möglich ist, weil ihm zu viele Männer nachstellen. Unrealistisch ist das nicht: Vor ein paar Jahren las ich in einer Schwulenzeitschrift, wie ein in Deutschland aufgewachsener, wohl etwas zierlich gebauter 16jähriger Türke seine Heimat kennenlernen und darum dort für ein paar Wochen alleine herumreisen wollte. Nach wenigen Tagen kehrte er zurück, weil er von zu vielen Männern angemacht wurde. Oder ein anderes Beispiel: Ein schwuler iranischer Asylbewerber, der nicht so männlich wirkt (wobei Körpergrösse immer als Zeichen von Männlichkeit gilt) und dem man sein Anderssein irgendwie schon früh anmerkte, erzählt, wie er bereits als Kind und dann als Jugendlicher regelmässig von Männern vergewaltigt wurde, sobald die Eltern ausser Hauses waren.[24] Das ist die andere Seite der extrem antischwulen patriarchalen Gesellschaften, in denen Frauen den Männern für nicht- und vorehelichen Sex fast nur als Prostituierte zur Verfügung stehen.

Aber bevor er zu den Eltern zurückkehren kann, muss Daumesdick noch weitere Erlebnisse durchmachen. Damit beginnt der zweite Teil des Märchens. Er wird durch Daumesdicks

---

[24] DISPLAY, Nr. 88 (Juni 2017), S. 16.

Einschlafen eingeleitet und wirkt märchenhafter als der erste Teil, weil darin Daumesdick von Tieren verschlungen wird. Die nachfolgend genauer entschlüsselte Symbolik zeigt, worum es geht: Der zweite Teil schildert Daumesdicks gedankliche Verarbeitung all dessen, was er im ersten Teil erlebte. Es ist nochmals dieselbe Geschichte, aber nun aus Daumesdicks Perspektive erzählt. Wir erfahren damit das, was die Leute sonst nie interessiert, weil sie (abgesehen von den Eltern) Daumesdick nie als wirklichen Menschen behandeln: die Sicht des Betroffenen. Das ist aufklärerisch gemeint und die eigentliche Botschaft des Märchens: Wir sollen merken, dass auch Kleinwüchsige Menschen sind, die Gefühle wie wir haben. Auf dieses Anliegen weist auch der in der Vorlage nicht enthaltene und von den Grimms nicht zufällig genau hier, an der Nahtstelle zwischen dem ersten und dem zweiten Teil, eingefügte Schlüsselsatz: „Ja, es gibt viel Trübsal und Not auf der Welt!" Gemeint ist: Für Kleinwüchsige gibt es viel Not und Trübsal, wie uns im Folgenden ihre Sicht der Dinge bewusst machen soll.

Wie also erlebte Daumesdick all das bisher Berichtete? Zunächst landet er am folgenden Morgen mit dem Haufen Heu, in dem er schlief, im Magen einer Kuh. Da immer mehr Heu hereinkommt, wird ihm „der Platz immer enger", bis er wiederholt ruft: „Bringt mir kein frisch Futter mehr."
Die Kuh ist ein Muttersymbol. Daumesdicks Erinnerung an sein bisheriges Leben beginnt also mit der Erinnerung an seine Kindheit zu Hause unter dem Schutz der Mutter. Sie gab ihm – wohl gerade, weil er als Kleinwüchsiger besonders schutzbedürftig ist – besonders viel Liebe, aber er empfand dies mit der Zeit als immer erdrückender, was mit erklärt, warum er zur Abwechslung von zu Hause weg wollte.

Als die melkende Magd die Kuh sprechen hört, erschrickt sie, genauso wie nach ihr der Pfarrer, der meint, ein böser Geist wäre in die Kuh gefahren, und sie darum schlachten lässt. Hier erfahren wir, wie die weitere Umgebung (nicht die Eltern) reagierte, als Daumesdick älter wurde und begann, eigene Gefühle und Bedürfnisse zu äussern: mit vollständigem Unverständnis und Angst, die zur Anschuldigung führt, er sei böse. Mit dem Unverständnis wird Daumesdicks Anspruch, wie jeder andere Mensch behandelt zu werden, zurückgewiesen; die Anschuldigung, er sei böse, dient der Rechtfertigung der herabwürdigenden Behandlung vor dem eigenen Gewissen.
Wie sich Daumesdick angesichts dessen fühlt, zeigt das nächste bildhafte Ereignis: Nachdem die Kuh geschlachtet ist, wird ihr Magen samt Daumesdick auf den Mist geworfen. Das bedeutet: Daumesdick fühlt sich wie der letzte Dreck behandelt, als ob er auf den Mist geworfen würde. Konkret erinnert er sich hier wohl beispielsweise an die Absicht der ersten beiden Männer, ihn als Publikumsattraktion auszustellen.

Gerade als sich Daumesdick etwas Platz geschaffen hat, verschlingt ihn aber ein Wolf. Mit dem Platz ist wohl das Stück kurzfristiger Freiheit gemeint, das er auf dem Hut der ersten beiden Männer genoss, die ihn mitnahmen. Dieses Gefühl wurde jäh beendet, als er merkte, dass ihn jene beiden Männer bumsen wollten. Das Bild mit dem Wolf, der ihn verschlingt, dürfte sich darauf beziehen. Auch im „Rotkäppchen" ist das Gefressen-Werdens durch den Wolf ein Gleichnis für eine Vergewaltigung durch einen Schürzenjäger.[25] In jenem Märchen ist das Opfer ein Mädchen, aber es gibt keinen Grund, weswegen nicht dasselbe gemeint sein soll, wenn ein männlicher Jugendlicher das Opfer ist. Daumesdick erinnert sich hier also daran, dass ihn Männer immer wieder von hinten vergewaltigen wollten. Das empfand er als Versuch, ihn zu vernichten, und es veranlasste ihn zum Entschluss, vorzeitig wieder nach Hause zurückzukehren, so wie er jetzt den Wolf zu seinem Elternhause steuert.

---

[25] Diese Interpretation ist heute allgemein akzeptiert. Vgl. Uther 2013, S. 66.

Diese Rückkehr ist nicht mehr nur als inneres Erleben zu verstehen, sondern gleichzeitig auch als stattfindendes Ereignis: Daumesdick kehrt zu seinem Elternhause zurück und denkt dabei an die Gründe, die ihn dazu veranlassten.

Am Ziel angekommen, muss der Wolf durch die Gosse in die elterliche Speisekammer hineinkriechen. Das Bild zeigt einerseits, wo Daumesdick seine Möchte-gern-Vergewaltiger gerne sähe, ist also eine Art vorgestellte Rache für die Nichtbeachtung seiner Bedürfnisse. Er befindet sich aber auch selber im Bauche des Wolfes und muss daher mit durch den Dreck. Er hat also das Gefühl, die Gesellschaft ziehe ihn durch die Gosse, und wünscht sich, die Leute sollten einmal dasselbe erleben.

Auf sein Rufen hin erkennen ihn die Eltern und töten den Wolf so, dass ihrem Sohn nichts geschieht. Ihr Verhalten ist als Gegensatz zur Reaktion der Magd und des Pfarrers zu sehen, als der Kleine aus dem Bauch der Kuh rief: Die Eltern sind die Einzigen, die Daumesdick als vollwertigen Menschen ernst nehmen, nur dank ihnen und bei ihnen kann er sich vor den Gefahren der Welt schützen. Darum bleibt ihm gar nichts Anderes mehr übrig, als von nun an zu Hause zu bleiben.

Dieses Ende schmückten die Grimms etwas aus. Bei Carové bleibt Daumesdick stumm, nur die Eltern sagen noch, dass sie ihren Sohn nicht mehr verkaufen wollen. In der Grimm'schen Fassung dagegen erzählt Daumesdick seine Erlebnisse und erklärt danach, dass er jetzt zu Hause bleibe. Das Grimm'sche Ende wirkt versöhnlich, es tönt, als ob es Daumesdick nichts ausmache, von nun an unter der Obhut der Eltern zu leben. Das aber steht im Widerspruch zu allem, was man vorher über ihn erfuhr: Er hätte, wie jeder Mensch, sehr gerne etwas Freiheit und Unabhängigkeit genossen, musste aber unter dem Zwang der Umstände in den elterlichen Schutz zurückkehren. Sein Schweigen, wie es das Original Carovés berichtet, passt daher besser zum Rest der Geschichte: Daumesdicks wahre Bedürfnisse können in dieser Welt nicht befriedigt werden, er hat nichts zu bestimmen, auch nicht über sich selber. Es ist daher in Wirklichkeit für ihn kein so glückliches Ende. Die vorzeitige Rückkehr zu den Eltern bietet ihm angesichts der Behandlung durch die damalige Gesellschaft nur das *grösstmögliche* Glück. Es hätte schlimmer kommen können, wenn er weniger liebevolle Eltern hätte oder tatsächlich vergewaltigt worden wäre. Und man fragt sich auch, ob es nicht in Zukunft schlimmer kommen wird, wenn die Eltern einmal gestorben sind.

Für diese hat die Geschichte dagegen ein echtes Happy End: Ihnen wird für den Rest ihres Lebens jene Einsamkeit erspart, die sie am Anfang des Märchens bedauerten und wegen der sie sich ein Kind wünschten.

Das Märchen möchte für Verständnis für kleinwüchsige Menschen werben und dafür, die Angst vor ihnen abzubauen und sie als gleichwertige Menschen zu sehen und zu behandeln. Denn sie sind Menschen mit denselben Bedürfnissen wie alle Anderen, nur eben mit kleinem Wuchs.

Dies ist somit nicht ein Märchen über Homosexualität, sondern über Kleinwüchsige und ihr Schicksal. Das Thema Sex zwischen Männern nimmt nur deswegen einen so breiten Raum ein, weil das Bumsen eines Mannes in einer patriarchalen Gesellschaft der äusserste Ausdruck von dessen Geringschätzung und Verachtung ist, und um diese Geringschätzung Kleinwüchsiger geht es.

KHM 42: Der Herr Gevatter
Oder: Warum sich ein „Herr" nicht ficken lässt

Das kurze Märchen wurde den Brüdern Grimm von Amalie Hassenpflug mündlich vermittelt[26]. Die Grimms brachten nach ihrer ersten Fassung (1812) nur wenige Änderungen am Text an, die keine Auswirkungen auf den Inhalt hatten.

Das Märchen berichtet von einem erwachsenen Mann, der offenbar keine Frau hat, jedenfalls wird nie eine erwähnt. Trotzdem hat er „Kinder", mit denen daher seine eigenen emotionalen Bedürfnisse gemeint sind, denn auf die eigenen Kinder konzentriert man diese üblicherweise. Für viele dieser Bedürfnisse hat er einen „Gevatter", also einen Paten, gefunden. Der Pate ist jene Person, die dem Kind im Notfall Unterstützung gibt. Er steht daher hier für die innere Kraftquelle im Mann, die ihn befähigt, die betreffenden emotionalen Bedürfnisse zu erfüllen. Obwohl er sich also bisher viele Bedürfnisse erfüllt hat, ist dieser Mann arm, das heisst: Er führt ein armseliges Leben. Denn *ein* wichtiges Bedürfnis hat er bisher verdrängt. Doch schliesslich meldet es sich, symbolisiert vom letzten Kind, das er noch bekommt. Zwar weiss er zuerst nicht, wie er einen Paten finden soll, das heisst: Er weiss zunächst nicht, wie er dieses Bedürfnis befriedigen kann. Aber dann findet er den Weg dazu aufgrund eines Traums, also indem er seiner Seele bzw. Natur folgt, die sich im Traum ausdrückt. Er ist offenbar kein Intellektueller, der sich mit Hilfe des Verstandes mit seinen Problemen auseinandersetzt. Er findet mit der Zeit in sich einfach die Kraft, dem wachsenden Druck nachzugeben und zu tun, was sein Innerstes will. Dazu muss er frühmorgens vor die Tore der nachts geschlossenen Stadt, dem Symbol der Zivilisation mit ihrer Moral, gehen. Die Befriedigung des letzten Bedürfnisses erfordert also den Mut, sich ausserhalb des gesellschaftlich Akzeptierten zu begeben, und diesen Mut hatte er lange Zeit nicht.

Dort, vor den Toren der Stadt, begegnet er dem Mann, den er zu Gevatter bittet. Dass dieser später als „sein" Gevatter bezeichnet wird und nicht als jener seines Kindes, bestätigt, dass es um die Befriedigung eines Bedürfnisses *des Mannes* geht. Um was für eines, zeigt das Geschenk des Gevatters, das wiederum ein Geschenk für den Mann und nicht für das Kind ist: ein nie versiegendes Heilwasser. In anderen Märchen (KHM 97 und 121) wird heilendes Wasser das „Wasser des Lebens" genannt, weil damit dort der beim Geschlechtsverkehr *mit einer Frau* vergossene Samen gemeint ist, aus dem Leben entstehen kann. Hier jedoch ist das einzige genannte Beispiel eines Geheilten ein Mann. Es geht hier also um den beim Geschlechtsverkehr von hinten mit einem Mann vergossenen Samen. Da daraus kein Leben entstehen kann, wird das Heilwasser hier nicht „Wasser des Lebens" genannt.

Das bisher verdrängte Bedürfnis des Mannes ist also seine Homosexualität, die er nun, mit dem Heilwasser, in der aktiven Rolle befriedigt. Dass er die passive Rolle für sich ablehnt, wird noch durch eine weitere Symbolik bestätigt: Das Wasser heilt nur, wenn der Mann den Tod am Kopf des Kranken sieht. Steht er am Fuss, muss der Kranke sterben. Der Tod ist dabei der „kleine Tod", also der Sex, der, wie der Tod, auch eine Grenzerfahrung ist, wobei beim Sex die Grenze nur berührt, beim Tod aber überschritten wird. Der am Kopf, also oben, stehende Tod bedeutet daher, dass der Mann die aktive Rolle wahrnehmen kann. Dann kann er heilen, der Sex kann also stattfinden. Der am Fuss, also unten, stehende Tod bedeutet dagegen, dass der Mann die passive Rolle wahrnehmen soll. Dann heilt der Mann nicht, d.h. es kommt nicht zum Sex, weil der Mann die passive Rolle für sich nicht will.

Der Mann wird nun dank seinem Wasser berühmt, d.h. er erlebt, wie auch heute häufig junge Schwule nach der Annahme ihrer Neigung, eine Phase mit viel Sex mit wechselnden Partnern und wird in der Szene zum Geheimtipp. Zwar verdient er auf diese Weise „viel Geld", d.h. er

---

[26] Uther 2013, S. 99.

fühlt sich dank dem Sex innerlich reich, aber dann folgt der Kontakt mit dem „König", der in eine Krise mündet und ihm damit zeigt, dass ihm doch noch etwas fehlt.

Der Mann trifft den König mehrmals zur Heilung von dessen „Kind". Die wiederholten Begegnungen mit demselben Partner zeigen, dass der Mann nach einer gewissen Zeit genug hat vom schnellen Sex mit anonymen Männern und sich nach einer Beziehung sehnt. Der „König" ist offenbar *sein* „König", d.h. Traumprinz, mit dem sich eine Partnerschaft anbahnt. Die beiden ersten Begegnungen mit ihm gehen gut: Der Mann heilt das Kind des Königs, weil der Tod am Kopf steht. Der Partner/König lässt sich also vom Mann bumsen. Beim dritten Mal steht der Tod jedoch am Fuss, das Kind muss sterben. Das bedeutet: Der Partner/König möchte auch einmal einen Rollenwechsel, was der Mann aber verweigert, wodurch es zum Ende der regelmässigen Treffen kommt. Die sich abzeichnende Beziehung ist gescheitert.

Das stürzt den Mann in eine tiefe Krise, denn er sucht erneut Hilfe von seinem Gevatter, also bei seiner inneren Kraftquelle. Aber diesmal geht es um ein viel schwierigeres Problem als beim ersten Mal. Damals ging es um Sex mit Männern in der aktiven Rolle, jetzt um die gesellschaftlich *viel verpöntere* passive Rolle. Darum kann er diesmal nicht einfach einem Traum folgen, sondern muss „erzählen, wie es mit dem Wasser gegangen war". Das heisst: Er muss sich mit Hilfe seines Verstandes mit dem Geschehenen auseinandersetzen. Es ist wohl das erste Mal, dass sich der Mann auf diese Weise mit sich selber auseinandersetzt.

Er besucht nun den Gevatter in dessen Haus, das für sein eigenes Inneres steht. Dort steigt er zuerst die Treppen empor, was die schrittweise Bewusstmachung des Problems symbolisiert. Wo der Gevatter wohnt, weiss er zuerst nicht, er muss auf jeder Treppe fragen. Das bedeutet: Er wird sich erst am Ende, als er merkt, dass der Gevatter im fünften Stock wohnt, bewusst, was er eigentlich möchte. Und das wird von der Zahl Fünf symbolisiert. Sie steht im Christentum für die Ehe, da die Hand fünf Finger hat und zweimal fünf die komplette Zahl Finger sind. Dem Mann wird also bewusst: Ich möchte eine ehegleiche Partnerschaft mit einem Mann, also dasselbe, was die Heteros mit einer Ehefrau auch haben.

Damit erhält das Wort „Gevatter" hier noch eine zweite Bedeutung: Es ist das Code-Wort für einen gleichgeschlechtlichen Freund und Lebenspartner. Mit der schon festgestellten Bedeutung „Pate"/„innere Kraftquelle" hängt dies zusammen: Da der Pate durch seine Aufgabe eine enge Beziehung zum Kind hat, wird er auch zu dessen Freund und zum Freund der Eltern. Und eine Partnerschaft kann Stabilität geben und das Selbstvertrauen stärken und somit eine Kraftquelle sein.

Was der Mann auf der ersten bis vierten Treppe sieht, symbolisiert die Bewusstmachung jenes Problems, an dem die gewünschte eheähnliche Partnerschaft mit dem König scheiterte:

Auf der ersten Treppe zanken sich Schippe (Schaufel) und Besen. Mit einem Besen wischt man etwas in eine Schaufel hinein, schon dies erinnert an Geschlechtsverkehr. Hier ist solcher von hinten gemeint, denn die beiden „schmissen gewaltig aufeinander los". „Schmeissen" bedeutet nicht nur „werfen", sondern auch „mit Kot beschmutzen". Der Mann erinnert sich also, dass er mit dem König in einen Streit darüber geriet, wer welche Rolle beim Geschlechtsverkehr wahrnehmen sollte.

Auf den folgenden drei Treppen erinnert er sich, was es für ihn bedeutet hätte, wenn er sich auf den vom König verlangten Rollentausch eingelassen hätte: Auf der zweiten Treppe sieht er tote Finger, die an tote Phalli erinnern. Er hätte also das Gefühl gehabt, seine Männlichkeit zu verlieren. Auf der dritten Treppe sieht er Totenköpfe. Er wäre sich also als Mensch vernichtet vorgekommen. Auf der vierten Treppe backen sich Fische, ebenfalls Phallus-Symbole, selber. Er hätte sich also als Vernichter seiner Männlichkeit und als Folge wie ein Selbstmörder gefühlt, wobei Selbsttötung damals von der Kirche streng verurteilt wurde. Schliesslich guckt er auf der fünften Treppe durchs Schlüsselloch, ein Symbol fürs anale Loch, und erblickt den Gevatter mit zwei Hörnern, die eine doppelte Bedeutung haben: Einerseits stehen sie für die Penetration, andererseits hatte nach früherer Auffassung der

Teufel Hörner. Der Mann hätte also gedacht, in die Hölle zu kommen, wenn er sich bumsen liesse.

Trotz diesen recht mulmig stimmenden Bildern öffnet er nun die Türe zur Stube des Gevatters, um mit ihm zu reden. Er möchte also versuchen, in sich die Kraft zur Lösung seines Problems zu finden. Dazu müsste er diesmal mit Hilfe seines Verstandes Argumente zur Überwindung der bewusst gemachten Bedenken gegen die passive Rolle finden.

Aber alles, was ihm in den Sinn kommt, sind plumpe Ausreden und Leugnungen: Schippe und Besen seien Knecht und Magd gewesen, d.h. der Geschlechtsverkehr zwischen Männern sei dasselbe wie zwischen Mann und Frau, und die Finger seien „Skorzenerwurzel"[27] und die Totenköpfe Krautköpfe, somit seien die Bedenken, ein Mann, der sich bumsen lasse, sei kein richtiger Mann und Mensch mehr, gegenstandlos.

Im Grunde glaubt er das natürlich nicht. Daher überrascht es nicht, dass bei dem, was er auf der vierten Treppe sah, eine ähnliche Leugnung nicht mehr funktioniert, denn bevor der Gevatter (als Stimme in ihm) eine neue Ausrede bringen kann, tragen sich die Fische selber auf, die Wahrheit drängt sich dem Mann also auf: Hätte ich mich bumsen lassen, hätte ich mich als Mann und Mensch selber vernichtet.

Beim nächsten Bedenken, der von den Hörnern des Gevatters symbolisierten Höllenangst, versucht er es trotzdem zuerst wieder mit plumper Leugnung („Ei, das ist nicht wahr"), doch er weiss, dass das Gegenteil stimmt, denn er hat gesehen, wie der Gevatter sich und seine Teufels-Hörner zudeckte. Diese Wahrheit, gegen die er kein stichhaltiges Argument hat, führt bei ihm zu einem Panikanfall, sodass er fortläuft.

Da man die Wiederholung von Panikanfällen vermeiden will, wird er sich kaum nochmals mit dem Thema auseinandersetzen. Sein Versuch, Argumente zur Rechtfertigung der passiven Rolle zu finden, ist ein für alle Mal gescheitert. Er wird weiter zum Rollentausch nicht bereit sein und darum für den Rest des Lebens alleine, ohne die gewünschte Partnerschaft, bleiben.

Gescheitert ist er unmittelbar am Panikanfall, durch welchen der Verstand ausser Kraft gesetzt wird. Das verunmöglichte es dem Mann, weiter über die Gründe nachzudenken, warum er sich nicht bumsen lassen möchte.

Die Panik wurde von der Höllenangst ausgelöst. So war es dem Mann auch nicht möglich, vernünftig darüber nachzudenken, was hinter jener Höllenangst steht. Doch dem Leser zeigt es das Märchen: Der Mann bekommt nämlich nicht vor dem „Gevatter", sondern vor dem „Herrn Gevatter" dermassen Angst. Der Gevatter ist auch im Titel der „Herr Gevatter", und der Mann spricht ihn so an, als er in seine Stube tritt. Der Begriff ist also zentral für das Verständnis des Märchens.

Der Gevatter ist für den Mann ein „Herr", weil er (der Mann) die beiden Dinge miteinander verbinden möchte, die vom „Herrn" und vom „Gevatter" symbolisiert werden. Ein „Herr" ist ein Mann, der „Herr"schaft ausübt, also ein Mann, der das damals übliche patriarchale Selbstverständnis von Männlichkeit als Machtausübung teilt. Mit anderen Worten: Der Mann möchte ein „Herr" sein *und* einen Freund und Partner (einen „Gevatter") haben bzw. selber ein „Gevatter" sein. Er möchte eine eheähnliche Partnerschaft mit einem Mann *und gleichzeitig* am patriarchalen Selbstverständnis von Männlichkeit als Machtausübung festhalten.

Aber das Märchen zeigt mit dem „Herrn" Gevatter, vor dem der Mann am Ende flieht, dass das nicht möglich ist. Der Wunsch, ein „Herr" zu sein, und der Wunsch, ein „Gevatter" zu sein bzw. einen zu haben, passen nicht zusammen: Denn gerade weil der Mann ein „Herr",

---

[27] Das bedeutet „Schwarzwurzel". Die Einzahl ist ein grammatikalischer Fehler, der wohl Absicht ist und anzeigen soll, das damit etwas symbolisiert werden soll, was es am Mann nur in der Einzahl gibt, nämlich der Penis.

also ein Mann, der Macht ausübt, sein möchte, will er sich beim Sex nicht zur „Frau" machen lassen, was die Partnerschaft verunmöglicht. Und damit wird auch die Entstehung einer echten inneren Kraftquelle (weitere Bedeutung des Wortes „Gevatter") verunmöglicht.

Der Mann scheitert also mit seinem Wunsch nach einer eheähnlichen Partnerschaft daran, dass er nicht daran denkt, sein patriarchales Männerbild aufzugeben. Der Zusammenhang mit der Höllenangst, an welcher er *unmittelbar* scheitert, liegt darin, dass die Kirche das patriarchale Passivverbot für Männer und damit das patriarchale Männerbild religiös überhöht: Ein Mann, der sich bumsen lässt, komme in die Hölle, behauptet sie. Damit bewirkt sie beim Mann jenen Panikanfall, der verhindert, dass er über die Hintergründe des patriarchalen Passivverbotes für Männer nachdenken kann. Er gelangt darum nie zum Punkt, wo er erkennen würde, dass er sich mit seinem Selbstverständnis als „Herr" bei seinem Wunsch nach einer Lebenspartnerschaft mit einem Mann selber im Wege steht, und dass er daher jenes Selbstverständnis in Frage stellen müsste. Mit der Warnung vor der Hölle für den Fall, dass er sich bumsen liesse, versetzt also die Kirche dem Mann den k.o.-Schlag bei seinem Versuch, zu einer eheähnlichen Partnerschaft zu gelangen. Sie stützt so das patriarchale Männerbild entscheidend. Das liegt auch in ihrem eigenen machtpolitischen Interesse, denn sie ist selber eine Einrichtung patriarchaler Macht.

Der Leser kann das aber mit Hilfe des Märchens durchschauen. Gelingt ihm dies, dann kann er im ersten Teil des Märchens sehen, was die passive Rolle bei Männern, die sich ohne Schuldgefühle bumsen lassen, bewirkt: Heilung. Die *sexual*revolutionäre Botschaft: Sex tut gut, sogar dem Mann in der passiven Rolle, sofern er sich von den Schuldgefühlen befreit hat, die ihm die Kirche und die patriarchale Gesellschaft deswegen einreden. Da das patriarchale Passivverbot für Männer letztlich der Aufrechterhaltung ihrer Stellung als „Herren" der Gesellschaft dient, erschüttert diese Botschaft die sexuelle Grundlage des Patriarchates und wird damit auch zur *sozial*revolutionären Botschaft.

Nur in ein paar wenigen anderen Grimm'schen Märchen versuchen gleichgeschlechtlich fühlende Hauptfiguren, sich mit dem patriarchalen Passivverbot für Männer zu konfrontieren. Sie scheitern aber schon ganz am Anfang, so das Goldkind in KHM 85 bei der Begegnung mit der Hexe und die beiden Freunde in KHM 44a, als sie kurz versuchen, die Katze zu streicheln. In keinem anderen Märchen hält die Hauptfigur die Konfrontation so lange durch wie in diesem, aber eben: auch hier bleibt sie oberflächlich. Das zeigt, wie selbstverständlich für patriarchale Gesellschaften das Passivverbot für Männer ist. Das erklärt, weswegen heute sehr patriarchale Gesellschaften wie die islamische und die afrikanische die Schwulen, denen sie pauschal unterstellen, sich ficken zu lassen, als letzten Abschaum behandeln.

Daher ist es umso mutiger von diesem Märchen, dass es mit dem Symbol des Heilwassers für Männer so deutlich wie kein anderes Grimm'sches Märchen die sexuell passive Rolle des Mannes rechtfertigt. Ein wirklich sexual- und damit sozialrevolutionäres Märchen.

KHM 45: Daumerlings Wanderschaft

Oder: Wie die Bedürfnisse kleinwüchsiger Menschen, insbesondere ihre sexuellen Bedürfnisse, von der Gesellschaft übergangen werden

Der Kern dieses Märchens beruht auf einer den Grimms von Marie Hassenpflug vermittelten Erzählung.[28] Die handschriftliche Grimm'sche Urfassung liegt vor.[29] Die Grimms erweiterten sie, unter Berücksichtigung weiterer Fassungen der Erzählung[30], mehrmals. Ich interpretiere im Folgenden ihre Fassung letzter Hand und vergleiche dabei jeweils mit KHM 37 „Daumesdick", denn die beiden Märchen weisen grosse strukturelle und inhaltliche Ähnlichkeiten auf.

In beiden Märchen geht es um einen sehr kleinwüchsigen Jungen, der in seiner Jugendzeit in die Welt hinauszieht und Abenteuer erlebt. Beide erhalten viel Liebe von ihren Eltern, doch während Daumesdicks Eltern im Grunde nicht wollen, dass ihr Sohn sich von ihnen löst, wird Daumerling von seinen Eltern optimal auf ein selbstständiges Leben vorbereitet: Als er erklärt, er solle und müsse in die Welt hinaus, ermuntert ihn der Vater dazu („Recht, mein Sohn") und gibt ihm damit das Gefühl, er könne das trotz seinem Kleinwuchs; Daumesdicks Vater hingegen ist skeptisch, der Sohn muss ihn dazu überreden, ihn gehen zu lassen; auch hat Daumerling vom Vater das Schneiderhandwerk gelernt, das er auch als Kleinwüchsiger ausüben kann, während der Bauernsohn Daumesdick nichts hat lernen können; und Daumerling traut sich sogar zu, sexuell ein „richtiger" Mann zu werden durch Geschlechtsverkehr und wohl auch eine Partnerschaft, darauf weist der an einen Phallus erinnernde Degen, den ihm der Vater aus einer Stopfnadel herstellt und auf die Reise mitgibt. Bei Daumesdick findet sich solches nicht.

Seinen ersten Arbeitgeber verlässt Daumerling, weil ihm das Essen nicht gut genug ist. Er wehrt sich damit noch ganz selbstbewusst gegen ihm ungenügend scheinende Wertschätzung. Das ist als Gegensatz dazu zu sehen, dass er am Ende seines Ausflugs in die Welt der Fast-Vergewaltigung nur noch durch die Flucht nach Hause wird entgehen können.
Ähnlich glaubt Daumesdick am Anfang, er könne über allem stehen (er reist auf dem Hut der Männer), und kehrt am Ende durch die Gosse heim.

In beiden Märchen folgt eine Episode, in welcher der Kleinwüchsige Räubern helfen soll, eine Schatzkammer auszurauben: Daumesdick jene des Pfarrers, Daumerling jene des Königs. In beiden Märchen ist dasselbe gemeint: die Vermittlung eines Sexkontaktes, bei welchem einem gesellschaftlich geachteten Mann seine Männlichkeit geraubt werden soll; er soll also gebumst werden. Doch während Daumesdick das Vorhaben sabotiert, unterstützt es Daumerling, sodass die Räuber ihr Ziel erreichen (der Schatz des Königs geht dank Daumerlings Hilfe tatsächlich an die Räuber). Er erlebt also eine Zeit als erfolgreicher Mittelsmann für Sex-Kontakte zwischen Männern.
Gleich ist in beiden Märchen, wie die im Auftrag der Räuber angepeilten Männer auf den Kleinwüchsigen reagieren: Obwohl der Pfarrer bzw. der König normalerweise die passive Rolle bevorzugen, bekommen sie Lust, ihn zu bumsen. Das wird bei Daumerling dadurch symbolisiert, dass die Schildwache, die als Seite des Königs zu verstehen ist, ihn jagt, d.h. begehrt. Allerdings erwischt sie ihn nicht, auch Daumerling will sich nicht bumsen lassen. Was für ein Denken über kleinwüchsige Menschen hinter dem Versuch steht, sie zu vergewaltigen, zeigen die Bemerkungen der Schildwachen über Daumerling: Die eine erklärt,

---

[28] Uther 2013, S. 106.
[29] Grimm/Rölleke 2007, S. 28-30. Dort noch unter dem Titel „Vom Schneiderlein Däumling".
[30] Uther 2013, S. 106.

die „hässliche Spinne" tottreten zu wollen, worauf die andere entgegnet: „Lass das arme Tier gehen,..., es hat dir ja nichts getan." Kleinwüchsige werden also sprachlich auf die Ebene von Tieren herabgewürdigt, ein Mittel, sie nicht als Menschen wie alle anderen behandeln zu müssen. Die Einstellung zu den „Tieren" schwankt dann zwischen Vernichtungslust und Mitleid. Daumerling erlebt also die Absicht anderer Männer, ihn zu vergewaltigen, genauso wie Daumesdick: als Ausdruck äusserster Geringschätzung durch die Normalwüchsigen.

Daumesdick beschliesst angesichts wiederholter solcher Erfahrungen, vorzeitig nach Hause zurückzukehren. Nicht so der selbstbewusstere Daumerling. Er gibt zwar seine Arbeit als Vermittler von Sex-Kontakten zwischen Männern auf, aber dafür verdingt er sich bald als Hausknecht in einem Gasthof. Wörtlich kann das nicht gemeint sein, denn viele Arbeiten eines Knechtes kann er aus körperlichen Gründen kaum verrichten (Fenster öffnen, etwas aus einem höher liegenden Gestell oder Tablar nehmen usw.).
Die Tätigkeit ist also, genauso wie der Gasthof selber, symbolisch zu verstehen. In einem Gasthof erhält man gegen Geld Essen, das für Zuwendung bis zu Sex stehen kann. Weiter werden „Mägde" genannt, und später stellt sich Daumerling vor, wie er selber einem Gast vorgesetzt werden könnte. Das alles lässt vermuten: Dieser Gasthof ist ein Bordell, und Daumerling arbeitet darin als Mittelsmann für Sex-Kontakte. Das erklärt auch, weswegen er alles sieht, was die Mägde tun, und es dann der Herrschaft meldet, ohne dass sie sehen, was er tut: Er erfährt es von den Kunden. Er verrichtet also dieselbe Arbeit wie früher, nur damals zwischen sexwilligen Männern und jetzt zwischen weiblichen Prostituierten und männlichen Kunden. Vermutlich hofft er, von solchen Männern selber weniger begehrt zu werden.

Als er aber eines Tages an den Kräutern auf- und abkriecht, wird er mit dem Gras gemäht und der Kuh verfüttert. Auch Daumesdick erlebt Letzteres. Bei ihm leitet dies eine Phase des Nachdenkens über das eigene vergangene Leben, symbolisiert von märchenhafteren Ereignissen, ein. So auch hier. Anlass für das Nachdenken ist bei Daumesdick die Erfahrung, dass er sogar vom Pfarrer begehrt wurde. Bei Daumerling beginnt das Nachdenken beim Auf- und Abkriechen an den Kräutern, wahrscheinlich ein Bild für die Masturbation. Dahinter steht aber ein sexuelles Leiden: Er brach ja von zu Hause auf mit einem Degen, d.h. in der Absicht, seine Männlichkeit unter Beweis zu stellen. Er möchte offensichtlich dasselbe wie die meisten Jungen in seinem Alter: eine Frau und eine Partnerschaft. Aber wegen seines Kleinwuchses will ihn keine, darum bleibt ihm nur die Masturbation. Was ihn zum Nachdenken über sein bisheriges Leben veranlasst, ist daher die Erkenntnis: „Was ich eigentlich möchte, konnte ich bisher wegen meines Kleinwuchses nicht haben. Die Leute wollen mich nur zur Vermittlung von Sex für *ihre* Bedürfnisse. Dass auch *ich* eigene sexuelle Bedürfnisse habe, kommt ihnen nicht in den Sinn, sodass mir nur die Selbstbefriedigung bleibt."
Was er sich, symbolisiert durch die folgenden Ereignisse, über sein Leben nun überlegt, ist ähnlich wie bei Daumesdick:
Aus dem Magen der Kuh ruft er wiederholt, aber die Leute hören oder verstehen ihn nicht. Er vergegenwärtigt sich damit, dass diese Welt für seine Anliegen kein Ohr hat.
Als die Kuh geschlachtet wird, wird er, zusammen mit Fleisch, in eine Wurst gepresst, wo es ihm gewaltig langweilig ist. Dies dürfte ein Bild sein dafür, wie er sich bei seiner Arbeit im „Gasthof"/Bordell fühlt: als in eine Rolle gepresst und gelangweilt, weil es eben nie um die Befriedigung *seiner* sexuellen Bedürfnisse geht.
Eines Tages soll die Wurst einem Gast vorgesetzt werden. Daumerling stellt sich hier vor, was geschehen könnte, vielleicht auch schon einmal gedroht hat: dass einer der Kunden zur Abwechslung *ihn* statt einer Prostituierten will. Unrealistisch ist das nicht: Einst erzählte mir ein junger Mann, den in einem armen Land ein reicher Mann zur Vermittlung sexueller Kontakte mit Frauen bezahlte, wie der Geldgeber eines Tages ihn wollte. Die Bisexualität ist verbreiteter, als man meint.

Doch, wie schon gesehen, will Daumerling nicht gebumst werden. Der Gedanke ist für ihn der Anlass, den Gasthof zu verlassen. Damit ist die Phase des Nachdenkens über sich und sein bisheriges Leben abgeschlossen und er geht wieder auf Wanderschaft. Er gibt also noch nicht auf.

Doch bald begegnet ihm „auf dem offenem Feld" ein Fuchs, der ihn „in Gedanken" aufschnappt und fast verschlingt. Bei Daumesdick ist es ein Wolf, der den Kleinwüchsigen ganz verschlingt, allerdings ist nur die *Vorstellung* einer Vergewaltigung gemeint. Hier wird ein tatsächlich stattfindendes Ereignis geschildert, dafür ist es „nur" eine Fast-Vergewaltigung: Der Fuchs hat Daumesdick schon im Hals, d.h. wohl im Würgegriff, doch der Kleine rettet sich, indem er ihm die Hühner seines Vaters verspricht. Diese sind weibliche Tiere. Gemeint ist wohl, dass Daumesdick dem Möchtegern-Vergewaltiger in Erinnerung ruft, dass er doch eigentlich lieber Frauen bumsen würde, worauf dieser eingestehen muss: „Du hast recht", und ihn loslässt. Das erinnert daran, wie kleinwüchsige Jungs für viele Männer nur Ersatz für die Mädchen sind, die damals weniger leicht zur Verfügung standen. Zum Beispiel gingen sie nicht, wie Daumerling und andere Jungen, alleine auf die Walz.
Der Fuchs trägt Daumerling nun nach Hause, um dort die versprochenen Hühner des Vaters zu erhalten. Das ist ein Bild dafür, dass Daumerling nur dann sicher vor Nachstellungen von Männern wie dem Fuchs ist, wenn er nach Hause zurückkehrt. Erst dann werden sich die Fuchs-Männer an die eigentlich bevorzugten, aber schwieriger zu erhaschenden Mädchen halten.
Daumerling kehrt also am Ende aus demselben Grund nach Hause zurück wie Daumesdick: Weil zu viele Männer ihn vergewaltigen wollen. Allerdings war er schon vorher desillusioniert über seinen Versuch, die Welt zu sehen, weil sie ihm keine Möglichkeit gibt, seine (sexuellen) Bedürfnisse zu erfüllen. Die Begegnung mit dem Fuchs-Mann hat ihm nur noch den Rest gegeben.

Hinter dem scheinbaren Happy End steht also in beiden Märchen eine für Kleinwüchsige traurige Bilanz. Daumerlings Erfahrungen zeigen, dass es sogar einem durch die Eltern optimal auf ein selbstständiges Leben vorbereiteten kleinwüchsigen Jugendlichen in der damaligen Gesellschaft nicht möglich ist, seine grundlegendsten Bedürfnisse zu erfüllen oder auch nur sicher durch die Welt zu gelangen. Denn keine Frau will ihn; stattdessen wird er von zu vielen Männern begehrt, sei es als Frauenersatz oder, weil sie Lust auf Jungs oder auf beide Geschlechter haben; auf jeden Fall aber betrachten diese Männer kleinwüchsige Jungs als Jagdbeute ohne eigene Rechte, die man nach eigenem Gutdünken zum Sex brauchen kann.

Darauf, weswegen eine Vergewaltigung für einen Jungen besonders schlimm ist, nehmen die bereits in der handschriftlichen Urfassung vorhandenen letzten Worte des Märchens Bezug: „„Warum hat aber der Fuchs die armen Piephühner zu fressen kriegt?" – „Ei, du Narr, deinem Vater wird ja wohl sein Kind lieber sein als die Hühner auf dem Hof."" Der Vater steht hier auch stellvertretend für alle Autoritäten der patriarchalen Gesellschaft. In ihrer Sicht ist die Vergewaltigung eines Mannes oder Jungen schlimmer als jene eines Mädchens, weil beim Jungen zur Demütigung noch die Vernichtung als Mann hinzukommt.

Trotz diesen letzten Worten ist dieses Märchen, wie „Daumesdick", kein Märchen über Homosexualität, sondern über Menschen mit Kleinwuchs. Die Versuche von Männern, Daumerling zu bumsen, sind nur der äusserste Ausdruck dessen, dass sich diese Gesellschaft für die wahren Bedürfnisse Kleinwüchsiger, inklusive ihre sexuellen Bedürfnissen, die sie wie jeder Andere auch haben, überhaupt nicht interessiert und sie vollständig übergeht.

KHM 47: Von dem Machandelboom
Oder: Jesus starb für alle

Dieses Märchen stammt in der vorliegenden plattdeutschen Fassung von Philipp Otto Runge (1777-1810), dem bekannten norddeutschen Maler der Romantik. Die Brüder Grimm sahen es, zusammen mit dem ebenfalls von Runge stammenden Märchen „Von dem Fischer un syner Fru" (KHM 19), als formal vorbildlich an[31] und änderten darum selber nichts am Text.

Es beschreibt die Lebensgeschichte eines Jungen von der Empfängnis im Bauche der Mutter bis zur Eingliederung in die Erwachsenenwelt. Im Mittelpunkt steht die schwere Lebenskrise, in die er am Anfang seiner Jugendzeit fällt und auf deren Tiefpunkt er vom Vater bis auf die Knochen verspeist wird.

Das erinnert daran, dass im „Rotkäppchen" ein Mädchen und in „Daumesdick" ein Junge von einem Wolf gefressen werden. In meiner Interpretation von KHM 37 („Daumesdick") habe ich erklärt, dass in beiden Fällen dasselbe gemeint ist: die Vorstellung einer Vergewaltigung, beim Mädchen von vorne, beim Jungen von hinten. Hier ist zwar der Fressende nicht ein Wolf, sondern der Vater, aber das ändert nichts an der symbolischen Bedeutung des Gefressen-Werdens.

Das Horrormahl beschreibt allerdings keine tatsächlich stattfindende Vergewaltigung, denn der Vater ist für den Jungen im ganzen Märchen eine positive Gestalt, die ihn gern hat. Zum Beispiel bedauert er bei seiner Heimkehr zum Mittagessen, dass ihm der abwesende Sohn nicht Lebewohl gesagt hat. Ausserdem weiss er gar nicht, wessen Überreste er verspeist. Gemeint ist mit seinem Mittagsmahl daher die *Vorstellung* des Jungen, wie ihn der Vater von hinten drannehmen könnte, was für ihn *wie* eine Vergewaltigung, das heisst ganz schlimm, wäre.

Aber wenn die Gefahr, dass ihn der Vater bumst, gar nicht besteht, warum stellt er es sich dann vor? Weil er es (von Seiten des Vaters oder eines väterlichen Mannes) möchte, denn er entdeckt hier seine Sexualität. Seine sexuell passiven Wünsche auszuleben, kommt aber für ihn – im Unterschied zu einigen Hauptfiguren anderer Märchen (z.B. in KHM 1, 126, 44a) – auch im Jugendalter nicht in Frage, und darum ist ihre Entdeckung für ihn ein Horror.

Dieser begann aber schon vorher, in einer Begegnung mit der Stiefmutter, die, wie ich weiter unten erkläre, in Wirklichkeit seine biologische Mutter ist: Sie fragt ihn, ob er nicht einen Apfel aus der Kiste haben wolle, aber als er sich einen nehmen will, schlägt sie den Deckel zu, sodass ihm der Kopf abgeschlagen wird.

Der Apfel ist in der christlichen Symbolik die Frucht des verbotenen Baumes im Paradies und steht darum hier (wie auch ganz am Anfang des Märchens, wo es um die Empfängnis der Mutter geht) für die Fruchtbarkeit. Der abgeschlagene Kopf steht, auch in anderen Märchen (z.B. in KHM 42 und 126), für die Angst, einen anderen Körperteil zu verlieren, also für eine Kastrationsangst, und diese wiederum für die Angst, kein richtiger Mann zu sein. Der Junge denkt hier also an Geschlechtsverkehr mit einem Mädchen und merkt, dass er das weder kann noch will. Den Grund lassen seine kurz zuvor an die Mutter gerichteten Worte ahnen, sie sei so „gräsig", d.h. abstossend-hässlich (schweizerdeutsch „gruusig"): Er liebt seine Mutter nicht, darum gibt es bei ihm keinen Oedipus-Komplex so wie im griechischen Mythos, und darum findet er Mädchen körperlich nicht anziehend. (Der Oedipus-Komplex ist im ganzen Märchen ein wichtiges Thema, auf das ich weiter unten zurückkomme).

Er entdeckt also zuerst, dass er keine Lust auf Mädchen hat, was bei ihm bereits die Angst weckt, kein richtiger Mann zu sein (Kopfverlust-/Kastrationsängste). Aber dann wird es noch schlimmer, als er sich bewusst wird, dass er gerne Geschlechtsverkehr in der „weiblichen"

---

[31] Rölleke 2004b, S. 58 und Uther 2013, S. 108/110.

Rolle mit seinem Vater bzw. einem väterlichen Mann hätte. Das entsetzt ihn noch mehr. Er fühlt sich bei der Vorstellung wie zerstört und wie der letzte Dreck behandelt, was dadurch symbolisiert wird, dass der Vater die Knochen unter den Tisch wirft, wie man Hunden Knochen zum Frass hinwirft.

Rettung kommt mit dem nächsten Gedanken, der vom Prachtvogel symbolisiert wird, der aus den Knochen des Jungen hervorgeht: Der Vogel steht für die aktive, „männliche" Rolle beim Geschlechtsverkehr (vgl. den Ausdruck „vögeln") und daher für den Stolz des Jungen, ein „richtiger" Mann zu sein, was er bei den vorangegangenen Vorstellungen ja anzuzweifeln begann. Der Vogel entsteht aus einem Feuer, das aus dem titelgebenden Machandelbaum heraus brennt, unter welchen vorher die Knochen des Jungen gelegt wurden. Den Machandelbaum (Wacholderbaum) gibt es heute in vielen, meist aus anderen Kontinenten importierten Formen, aber heimisch ist er in Europa nur säulenförmig. In dieser Form ist er hier sicher gemeint und erinnert damit an einen Phallus. Der für den Jungen rettende Gedanke ist also: Ich bin ja rein biologisch ein Mann und kann daher Geschlechtsverkehr in der „männlichen" Rolle haben.

Aber das ist noch nicht alles: Der Prachtvogel singt nämlich auch ein wunderschönes Lied, in dem jedoch vier grammatikalische Fehler eingebaut sind. Viermal wird die männliche Form verwendet, wo die weibliche für die Frau bzw. die sächliche für das Mädchen korrekt wären („*Mein* Mutter, *der* mich schlacht, ..., *mein* Schwester, *der* Marlenichen,...."). Diese Fehler sind nur auf Hochdeutsch, nicht aber in Runges plattdeutscher Mundart möglich.[32] Dass das Lied als einziger Teil des Märchens auf Hochdeutsch ist, dient daher dazu, diese Fehler machen zu können. Sie sind also Absicht, weil damit etwas vorsichtig verraten werden soll, was in der damaligen Gesellschaft nicht offen gesagt werden durfte: Wenn der Junge vögeln möchte, dann denkt er dort, wo man üblicherweise Frauen und Mädchen erwarten würde, an Männer. Das Lied ist also sein verkapptes Coming Out als Mann, der *Männer* bumsen möchte.

Er sagt sich also: „Ich bin biologisch ein Mann und kann daher Geschlechtsverkehr in der aktiven Rolle haben. Darum kann ich ja, wenn ich Sex mit Männern will, Männer bumsen, dann bin ich immer noch ein Mann." Das Rettende dabei ist für ihn der Gedanke: Ich kann Männer begehren und *trotzdem* ein Mann sein, nämlich indem ich nur die aktive Rolle wahrnehme.

Das macht auch vollends klar, was für ihn vorher das Problem war: nicht die Entdeckung, dass er auf Männer statt auf Frauen steht, sondern die Angst, deswegen kein Mann zu sein. Indem er sich nun vornimmt, Sex mit Männern nur in der aktiven Rolle zu suchen, überwindet er diese Angst. Der Stolz, den er, symbolisiert durch den wunderschönen Vogel, zur Schau stellt, ist daher nicht ein Stolz auf seine Homosexualität, sondern auf seine Männlichkeit.

Angesichts der Tatsache, dass sich Jugendliche in einigen anderen Märchen bumsen lassen, kann man sich fragen, warum es für diesen jungen Mann dermassen wichtig ist, bereits im Jugendalter ein „richtiger" Mann zu sein.

---

[32] Ich spreche nicht Plattdeutsch, aber man kann Runges Mundart aus dem vorliegenden sowie dem ebenfalls von ihm stammenden Märchen „Von dem Fischer un syner Frau" (KHM 19) erschliessen. In beiden Märchen lautet das hochdeutsche Relativpronomen „der", „die", „das" in allen Formen „de". Ein Geschlechts-Fehler könnte damit also nicht gemacht werden. Das männliche hochdeutsche besitzanzeigende Fürwort „mein" lautet „myn", das weibliche „meine" „myn" oder „myne". So heisst es in KHM 19 für das hochdeutsche „meine Frau" manchmal „myne Frau" und manchmal „myn Frau". Desgleichen heisst es „syne Frau" oder „syn Frau". Das bedeutet, dass (jedenfalls bei Runge) das plattdeutsche Pronomen „myn" – im Unterschied zum hochdeutschen „mein" – weiblich oder männlich sein könnte, womit nicht auf einen Fehler zu schliessen wäre.

Einerseits gibt es individuelle Unterschiede zwischen Menschen. Aber bei diesem Jungen hat das ausgeprägte Männlichkeitsbedürfnis auch mit seiner sozialen Herkunft aus der bürgerlichen Mittelschicht zu tun. Dass er jener Schicht angehört, zeigt sich darin, dass seine Mutter Hausfrau ist und der Vater jeweils über Mittag heimkehrt, beides Zeichen der im Bürgertum am deutlichsten gelebten Rollenverteilung zwischen den Geschlechtern.

Schon darum ist in der bürgerlichen Mittelschicht das Männlichkeitsbedürfnis der Männer besonders ausgeprägt. Aber es gibt noch einen wichtigeren Grund. Um ihn zu verstehen, muss man die ganze Bedeutung des patriarchalen Männerbildes ansehen: Es setzt Männlichkeit mit Macht und Herrschaft gleich und begründet dies mit der angeblichen Natur, die sich beim Geschlechtsverkehr zeige. Wo sich ein „richtiger" Mann als „Herr" zu fühlen hat, möchte er aber ganz allgemein ein „Herr"schender sein. Das heisst: Er möchte nicht nur über die Frauen, sondern auch über andere Männer herrschen. Jede patriarchale Gesellschaft beruht darum auf Ungleichheit und gesellschaftlichen Hierarchien, die nicht mit unserem heutigen Verständnis der Menschenrechte vereinbar sind: Die sozial Höherstehenden unterdrücken die niedriger Gestellten, die Älteren die Jüngeren usw.. Darum bedeutet „Patriarchat" auch nicht „Männerherrschaft", sondern „Väterherrschaft".

Auf die Anerkennung als „Herren" legen die Angehörigen der mittleren Schichten am meisten Wert, denn sie verdanken ihre Stellung nur der eigenen Arbeit und Leistung und haben daher die unsicherste Position in der Gesellschaft. Ihre Angehörigen entwickeln daher nicht nur eine ausgesprochene Arbeits- und Leistungsethik, sondern auch ein besonderes Bedürfnis nach Anerkennung als „Herren", mit entsprechender Auswirkung auf die Sexualität. Sie wollen die „Herren" beim Sex sein, und meinen damit eigentlich, dass sie die Herren über die Unterschichten sein wollen. Die passive Rolle lehnen sie daher noch konsequenter ab als Männer aus dem Adel oder den Unterschichten. Denn die Adeligen verdanken ihre Stellung der Geburt und müssen sich daher nicht verunsichert fühlen, müssen sich also ihre „Herren"stellung nicht beweisen, während die sozial unten Stehenden wenig zu verlieren haben.

Wie sehr der Junge dieses Märchens darauf Wert legt, als „Herr" anerkannt zu werden, lässt das Märchen durchschimmern, indem es den Gesang des Prachtvogels zweimal als „herrlich" beschreibt (einmal bei der Geburt des Vogels und dann wieder bei seiner Rückkehr nach Hause).

Allerdings: Gerade der *zur Schau getragene* Stolz auf seine Männlichkeit verrät eine weiter bestehende Unsicherheit. Sie beruht einerseits darauf, dass er Männer und nicht Frauen bumsen möchte. Wer Frauen bumst, ist gemäss patriarchalen Vorstellungen halt doch ein *noch* „richtigerer" Mann als einer, der es mit Männern tun möchte. Und zweitens hat dieser Junge seine Männlichkeit noch nie bewiesen.

Doch das soll sich jetzt ändern. Als Prachtvogel geht er auf Männerpirsch und sucht einen Partner für die passive Rolle. Nur an solche ist sein Coming Out-Lied gerichtet, er singt es nur ausgewählten Männern vor. Gemeint ist wohl eine Kontaktaufnahme über Cruising (Vorbeischlendern und Augenkontakt), wobei die drei nun folgenden Begegnungen stellvertretend für viele stehen.

Mit dem ersten Angepeilten, einem alleinstehenden Goldschmied, kommt es nicht zum Sex, weil sich beide frontal gegenüberstehen. Keiner ist bereit, dem Anderen das Hinterteil zuzuwenden, da beide demselben patriarchalen Männerbild nachleben, das dem Mann die passive Rolle verbietet.

Mit dem zweiten, einem beruflich erfolgreichen Schuster, klappt es ebenfalls nicht, weil dieser zwar Jungs nachblickt, aber verheiratet ist, d.h. seine Neigungen unterdrückt. Sein Verzicht auf Lebensgenuss zeigt sich auch darin, dass er rote Tanzschuhe besitzt, die er nicht mehr braucht. Das heisst: Er geht nicht mehr mit Leidenschaft (rot) tanzend, das heisst geniessend, durchs Leben, muss das aber früher einmal getan haben, sonst hätte er die Schuhe nicht. Er hat also den Lebensgenuss der Arbeit und der Gründung einer Familie geopfert.

Erst der dritte Kandidat, ein Müllerbursche, lässt sich penetrieren, was durch den von ihm und seinen Kollegen (Symbole seiner inneren Kraft und seines Mutes) gelieferten ringförmigen Mühlstein symbolisiert wird, den sich der Junge wie einen Kragen aufhalst. Die Begegnung beschränkt sich auf reinen Sex, denn die Mühle symbolisiert, wie auch in KHM 90, die Männersexszene, heute genannt „Schwulenszene", wo es um nichts Anderes geht. Die Mühle eignet sich für die Symbolik, weil in ihr Nahrung umgeformt wird, genau wie im menschlichen Verdauungstrakt, an dessen Ende der hier gemeinte Sex stattfindet.

Die Begegnungen mit den drei Männern sind auch als Konfrontation des erwachsen werdenden Jugendlichen mit den damaligen schwulen Lebensmöglichkeiten zu sehen: Alleinstehend bleiben, heiraten mit Verzicht auf Sex mit Männern, oder versteckter Sex in der Szene. Was es nicht gibt, jedenfalls der Junge nicht sieht oder erlebt: Partnerschaft, Liebe und erwachsene Männer, die sich penetrieren lassen.

Was er am meisten wollte, hat er nun aber erreicht: Er hat sich bewiesen, dass er ein „Mann" ist, obwohl er Männer begehrt.

Hierauf richtet er sich im letzten Abschnitt im Erwachsenenleben ein. Der Prachtvogel verwandelt sich zurück, d.h. der jugendliche Überschwang weicht einem zurückhaltenderen Auftreten, wie es für erwachsene Schwule früher wegen der feindlichen Umgebung nötig und üblich war.

Mit dem Mühlstein zerquetscht der Junge hierauf die Mutter, die für seine Schuldgefühle über seine Unfähigkeit zu Sex mit Frauen steht. Er überwindet also jenes schlechte Gewissen. Heiraten wird er daher nie, es wird auch nichts in dieser Richtung angedeutet.

Der Schwester wirft er die vom Schuster erhaltenen und für den Lebensgenuss stehenden roten Tanzschuhe zu. Die ihn liebende Schwester steht für sein Gefühl, liebenswert zu sein, und darum auch für seine Liebe zum Leben. Er will also nicht so werden wie der Schuster, er will nicht seine Neigungen ganz unterdrücken, sondern weiter das Leben geniessen, wohl so, wie er das mit dem Müllerburschen tat. Das heisst: Er wird weiter Sex mit Männern suchen, aber nur in der aktiven Rolle.

Darauf weist auch die Tatsache, dass er dem Vater die Kette zuwirft. Der Vater steht dabei für seine eigenen, vom Vater stammenden patriarchalen Vorstellungen, die Kette für seine lebenslange Verbindung mit diesen. Er wird sich also ein Leben lang die passive Rolle verbieten, um ein „richtiger" Mann zu sein.

Der junge Mann wird so ein Leben lang als Alleinstehender ein typisch bürgerliches Doppelleben führen: Tagsüber wird er den Anschein der Seriosität wahren, nachts wird er in der Szene Sexpartner zum Bumsen suchen.

Er wird somit so enden wie der ihm sozial ebenbürtige Goldschmied, der vermutlich ebenfalls versteckt Männer bumst, der somit auch sein Spiegelbild als Erwachsener ist und der bei der Suche nach einem Partner seine erste Wahl gewesen wäre.

Beide werden immer alleine bleiben, weil sie „richtige" Männer sein wollen, sich darum selber mit ihrer weiblichen Seite nicht annehmen können und sich deswegen nie penetrieren lassen. Damit stehen sie einer Partnerschaft selber im Wege, denn dafür müssten sie beim Sex auch mal zum Rollentausch bereit sein. Dass der Junge, wie auch der Goldschmied, eine solche Partnerschaft mit einem Mann aber eigentlich wünschen würde, ist in der Symbolik der Goldkette, die er vom Goldschmied erhielt, mit enthalten. Dass er jene Kette am Ende seinem Vater gibt, bedeutet daher auch, dass die enge Anlehnung ans patriarchale Männerbild zum Ersatz für jene eigentlich gewünschte Lebens-Partnerschaft wird, die durch ebenjenes Männerbild verunmöglicht wird.

Der Junge hat somit eine halbe Selbstannahme geschafft: Seiner Neigung zu Männern lebt er nach, seinen passiven Neigungen nicht. Und er hat sich so ein halbes Lebensglück ermöglicht: Sex mit anonymen Partnern ja, Partnerschaft nein.

Was das Märchen von einem solchen Leben hält, verrät es mit einem erneut absichtlichen Fehler im letzten Satz, wo der junge Mann als „lütje", d.h. „kleiner" Bruder der Schwester bezeichnet wird. Er ist aber der grosse Bruder, denn er ist der Erstgeborene. „Klein" bedeutet daher hier nicht „jünger", sondern „Kind geblieben", also nicht richtig erwachsen geworden, weil er sich nicht mit allen seinen Neigungen annehmen kann. Das Märchen fordert damit Männer wie ihn indirekt zur vollständigen Selbstannahme auf, wodurch auch die passive Rolle, damit eine Partnerschaft und damit ein vollständiges statt ein halbes Happy End möglich würden. Etwas versteckt wird diese Aufforderung, weil sie dem damals herrschenden patriarchalen Männerbild zuwider läuft.

Das Märchen hat aber noch weitere Bedeutungsebenen:

Da ist einmal das Thema des Oedipus-Komplexes: Oben erwähnte ich, dass bei diesem Jungen der Oedipus-Komplex nicht so eintritt wie im griechischen Mythos. Dafür seitenverkehrt: Der Junge tötet seine Mutter und heiratet (– von der verbindenden Kette mit-symbolisiert –) seinen Vater. Damit soll, in Anlehnung an die Erklärung der Heterosexualität durch den Mythos, die Entstehung der gleichgeschlechtlichen Orientierung erklärt werden: Der Junge hat bereits als Kind ein schlechtes Verhältnis zur ihn nicht liebenden Mutter, vor der er „immer in Angst war", aber er hat auch einen liebenden Vater. Dass dies zur Homosexualität des Sohnes führen soll, ist eine originelle Idee, die heute überholt ist und auch nur noch von einem einzigen weiteren Grimm'schen angetönt wird (KHM 126). Andere Märchen erklären die gleichgeschlechtliche Neigung, ähnlich wie später Freud, eher mit einem besonders engen Verhältnis zur Mutter.

Das Märchen liefert aber noch einen zweiten Einfluss, der zur Entstehung der Homosexualität des Jungen beiträgt: Die Mutter wünscht sich am Anfang ein Kind „so rot wie Blut und so weiss wie Schnee". Das steht, wie im Märchen von „Sneewittchen", für den Wunsch nach einem Mädchen, denn das aufs Weiss treffende Rot steht für die erste Monatsblutung, die auf die Reinheit der Kindheit trifft. Als es dann doch ein Junge ist, stirbt die Mutter aus Gram, was symbolisch zu verstehen ist als Ende ihrer Freude am Kind. Die biologische, erste Mutter und die angebliche zweite Frau des Vaters sind also dieselbe Person. Das erklärt auch, warum der Junge Letztere immer als „Mutter" anspricht.

Aber wenn der Ausdruck „so rot wie Blut und so weiss wie Schnee" für ein Mädchen steht, warum heisst es dann, der neugeborene *Junge* sei ein Kind „so rot wie Blut und so weiss wie Schnee"? Weil damit gesagt werden soll, dass hier ein Junge geboren wird, der körperlich ein Junge, aber als Folge des Geschlechtswunsches seiner Mutter während der Schwangerschaft innen wie ein Mädchen ist. Und das ist die zweite Erklärung des Märchens für die Entstehung der Homosexualität des Sohnes. Genauer ist es wohl eher gemeint als Erklärung für seine sexuell „männlichen" und „weiblichen" Neigungen. Die männlichen kommen von seinem männlichen Körper, die weiblichen von seinem weiblichen Inneren. Die Kombination wird dann in der Kindheit durch den seitenverkehrten Oedipus-Komplex zur Homosexualität mit Lust auf die aktive und die passive Rolle verfestigt. Auch diese zweite Erklärung der Entstehung der Homosexualität findet sich in keinem anderen Grimm'schen Märchen.

Das Märchen liefert also eine einmalige Doppel-Erklärung für die Entstehung der männlichen Homosexualität. Einzelnes ist dabei überholt, aber das Grundsätzliche, dass sie nämlich auf eine Verbindung von angeborener Natur mit einem Einfluss der Eltern während der (frühesten) Kindheit zurückgehe, entspricht heutigen Erkenntnissen.

Eine weitere Bedeutungsebene des Märchens ergibt sich aus den Parallelen zur biblischen Geschichte Jesu, zu welcher bereits die Zeitangabe im Eingangssatz („Das ist nun lange her, wohl 2000 Jahre") führt. Es wird als eine Art neues Evangelium erzählt. Das beginnt mit der Empfängnis der Mutter, die Mariae Empfängnis entspricht. Das Schwergewicht liegt dann auf den Parallelen zur Passionsgeschichte: Das Aufgefressen-Werden durch den Vater entspricht der Kreuzigung Jesu, der Prachtvogel dem auferstandenen Jesus, die von oben herabgeworfenen Geschenke am Schluss der Ausgiessung des Heiligen Geistes usw..

Damit ergeben sich einige brisante Schlussfolgerungen: Genauso, wie Jesus das Opfer der damaligen religiösen und politischen Autoritäten war (Kreuzigung), sind die gleichgeschlechtlich fühlenden Männer das Opfer des von den gesellschaftlichen und kirchlichen Autoritäten gepredigten patriarchalen Männerbildes, das ihnen die passive Rolle verbietet (denn dieses Verbot ist verantwortlich für die der Kreuzigung entsprechende Horrorvorstellung des Jungen vom väterlichen Mittagsmahl). Und der auferstandene Jesus ruft sie in Gestalt des Prachtvogels zum sexuellen Genuss auf. Gemeint ist damit sicher die aktive Rolle. Aber wer die Evangelien kennt, weiss, dass Jesus niemals dazu aufruft, anderen etwas Böses anzutun. Wenn es gut ist, andere Männer zu bumsen, dann kann es also nicht böse sein, sich als Mann bumsen zu lassen. Das wird nicht ausdrücklich gesagt, sondern ist die logische Schlussfolgerung daraus, aber es entspricht auch der in den Parallelen zwischen der Kreuzigung und dem Horror-Mittagsmahl liegenden Aussage sowie der mit dem „kleinen" Bruder ausgedrückten Botschaft.

Noch eine Bedeutungsebene ergibt sich mit der Figur der Schwester des Jungen. Sie fühlt sich schuldig, als der Junge an seinem abgeschlagenen Kopf leidet. Dies entspricht dem damaligen patriarchalen Frauenbild, wonach die Aufgabe der Frau die emotionale Befriedigung des Mannes sei. Die Schwester kann man daher nicht nur als Seite des Jungen verstehen, sondern auch als Bild für jede Frau in der patriarchalen Gesellschaft.

Die Schwester weint ständig über ihre angebliche Schuld. Damit und mit ihrem Namen Marlenchen entsteht eine Parallele zur biblischen Sünderin Maria Magdalena, die Jesus mit ihren Tränen die Füsse trocknete (Lk. 7, 36-50)[33] und die nach kirchlicher Tradition eine Prostituierte war. Das führt zur ebenfalls sehr brisanten Schlussfolgerung, dass eine Frau, die ihre Erfüllung in der Befriedigung des Mannes sieht, wie eine Prostituierte und somit die patriarchale Ehe wie eine institutionalisierte Beziehung zwischen einem Herrn und einer Prostituierten ist. Denn die Frau muss die emotional-sexuellen Bedürfnisse des Mannes zufriedenstellen, dafür bringt er das Geld nach Hause.

Die roten Tanzschuhe des Prachtvogels für Marlenchen werden durch diese Parallelen auch zur Aufforderung des Auferstandenen an alle Frauen, ihre Erfüllung nicht weiter in der Befriedigung der Männer, sondern im eigenen Lebensgenuss zu suchen, auch sexuell.

Das Märchen ist also auch eine „frohe Botschaft" („Evangelium") an die Opfer des Patriarchates, nämlich die gleichgeschlechtlich fühlenden Männer und die Frauen, sich mit *allen* ihren Neigungen anzunehmen und ihr Leben zu geniessen, auch sexuell. Dass Jesus als Auferstandener, das heisst durch seinen Tod, ihnen das Recht zu dieser Lebensfreude gegeben habe, ist die kirchenferne, eigenwillige Interpretation der Bibel durch dieses Märchen.

Der Aufruf an die gleichgeschlechtlich fühlenden Männer, auch die passive Rolle zu geniessen, und an die Frauen, ihre eigene sexuelle Erfüllung zu suchen, sind auch ein Aufruf an die Opfer des Patriarchates, sich aus dessen Geschlechterbildern innerlich zu verabschieden. Hinweise auf einen Umsturz der patriarchalen Machtverhältnisse fehlen jedoch, dies hält das Märchen offenbar für unmöglich. Dasselbe zeigen auch alle anderen der schwulenfreundlichsten Grimm'schen Märchen: Sie sind sich bewusst, dass der Grund für die (Selbst-)Unterdrückung der gleichgeschlechtlich fühlenden Männer beim (verinnerlichten)

---

[33] Wobei die Gleichsetzung jener Sünderin mit Maria Magdalena spätere kirchliche Tradition ist. In der Bibel findet sich kein Name.

patriarchalen Männerbild liegt, aber sie halten höchstens eine innerliche Verabschiedung daraus und somit nur ein privates Glück für möglich.

Der Titel des Märchens spielt bereits auf die Thematisierung der Unterdrückung durch das Patriarchat an: Der Machandelbaum symbolisiert, wie erwähnt, den Phallus, aber er ist ein in Märchen sehr unübliches, einmaliges Symbol dafür. Man muss sich daher fragen, warum hier gerade er in dieser symbolischen Bedeutung verwendet wird? Weil im Wort auf raffinierte Art noch eine zweite Bedeutung enthalten ist. Es enthält nämlich auch die Buchstabenfolge „Mann" und will damit auch auf etwas grundsätzlich Zentrales im Zusammenhang mit Männern hinweisen. Was das ist, zeigt dann der erste Abschnitt des Märchens, wo es zweimal heisst, die Frau stehe „unter dem Machandelbaum". Damit wird auf eine doppelte Unterordnung angespielt: auf jene beim Geschlechtsverkehr und auf jene in der Gesellschaft. Denn es geht im ersten Abschnitt einerseits um die Empfängnis des Kindes, andererseits darum, dass die Frau (vergeblich) eine Tochter wünscht, welche durch das Erbe des väterlichen Reichtums ein selbstständiges Leben führen soll.
Der Titel des Märchens spielt also raffiniert auf den Zusammenhang zwischen der aktiven Rolle des Mannes beim Geschlechtsverkehr und der Unterdrückung durch die Männerherrschaft an, welche, wie erklärt, eigentlich eine „Väterherrschaft" ist.
Die unterdrückten Opfer sind die Frauen und – im Mittelpunkt des Märchens stehend – die gleichgeschlechtlich fühlenden Männer. Allerdings merkt der Junge gar nicht, wie er sich durch die Übernahme des patriarchalen Männerbildes selber unterdrückt. Er denkt nie darüber nach, weil es für ihn nicht in Frage kommt, jenes Männerbild in Frage zu stellen, und weil er als Mann auch davon profitiert. Das ist ein Grundproblem aller Männer im Patriarchat: Als Gefühlsmenschen sind sie – am stärksten die Schwulen – dessen Opfer, aber das merken sie meist nicht, weil sie als Männer auch von der Herrschaft ihres Geschlechtes profitieren.

Das Märchen will den gleichgeschlechtlich fühlenden Männern und den Frauen nicht nur die Augen über ihre Lage im Patriarchat öffnen und ihnen einen Rat geben. Es versucht auch, anhand des Lebens der Hauptfigur möglichst gedrängt einen Überblick über das Thema der männlichen Homosexualität aus schwulenfreundlicher Sicht zu liefern: Gründe für deren Entstehung, Gründe für das Leiden der gleichgeschlechtlich fühlenden Männer, ein Überblick über ihre damaligen Lebensmöglichkeiten (Goldschmied, Schuster, Müllerbursche), das halbe Glück mit der bürgerlichen Doppelmoral, der Zusammenhang mit der Unterdrückung der Frau, schliesslich der in den Parallelen zur biblischen Passionsgeschichte versteckte Rat zu einem vollständigen privaten Glück. Mit dieser Themenfülle und den absichtlich eingebauten Fehlern ist das Märchen das wohl genialste und raffinierteste der ganzen Grimm'schen Sammlung, mit seiner Botschaft der innerlichen Verabschiedung aus den patriarchalen Geschlechterbildern ausserdem ungeheuer radikal und seiner Zeit weit voraus, auch wenn sie, passend zur deutschen Romantik, mit einem alternativ verstandenen Christentum und nicht mit den Menschenrechten begründet wird.

KHM 54: Der Ranzen, das Hütlein und das Hörnlein
Oder: Der erste selbstbewusste Schwule mit schwulem Identitätsgefühl

Dieses Märchen geht auf eine den Brüdern Grimm von Dragonerwachtmeister Krause vermittelte knappe Erzählung zurück[34], die in Krauses Handschrift erhalten ist[35] und von den Brüdern Grimm schrittweise stark erweitert wurde. Ich interpretiere im Folgenden ihre Fassung letzter Hand und vergleiche danach mit der Vorlage.

Das Märchen berichtet von drei Jugendlichen, die als „Brüder" dargestellt werden, weil sie dasselbe Lebensproblem und daher dasselbe Lebensziel haben: Sie leiden Hunger und Not und brechen darum auf, um ihr „Glück" zu suchen.
Der erste und der zweite Bruder glauben es alsbald gefunden zu haben, indem sie sich mit Silber bzw. Gold beladen, und sie kehren heim. Eine Partnerschaft oder Ehe wird nicht erwähnt, sie scheinen ohne durchs Leben zu gehen. Ihr „Glück" besteht also im materiellen Reichtum und dem dadurch möglichen Genuss (später heisst es, sie lebten in „Saus und Braus").

Der dritte Bruder, die Hauptfigur, ist als vorbildliches Gegenbeispiel gedacht. Ihn rühren nach eigenem Bekunden Silber und Gold nicht, ein erstes Zeichen, dass er sein Glück nicht in äusseren Dingen sucht, sondern in sich. Langfristig ist das der lohnendere Weg, aber kurzfristig ist er anstrengender, wie sich bald zeigt, denn der dritte Bruder „verschmachtet" fast. Zur Abhilfe steigt er auf einen hohen Baum, ein Bild für das Reiben des Penis zwecks Masturbation. Mit dem Verschmachten dürfte daher der ungestillte sexuelle Hunger gemeint sein.
Vom Baum oben sieht er aber nur Baumgipfel, d.h. Phalli. Bei sexueller Erregung kommen ihm also Bilder nackter Männer. Damit ist klar, welches Problem die drei „Brüder" verbindet und sie am Anfang so unglücklich machte: Sie finden Männer und nicht Frauen attraktiv. Sie mussten am Anfang ihrer Pubertät feststellen, dass ihre Sexualität nicht so ist, wie man von Jungs erwartet. Damit ist auch klar, was mit ihrer Suche nach dem Glück gemeint ist: die Frage, wie gleichgeschlechtlich begehrende Jugendliche trotz gesellschaftlicher Ablehnung das Glück finden können. Die Antwort der ersten beiden Brüder: durch ein Ersatz-Glück in äusseren Dingen.
Die Antwort des dritten Bruders, die sich durch das Zulassen der Bilder nackter Männer abzeichnet: durch ein Leben nach seiner innersten Natur, also durch eine Reise zu sich selber.
Sie geht gleich weiter: Nachdem er vom Baum herabgestiegen ist, erblickt er einen reichlich gedeckten Tisch mit einem Tüchlein, das bei jeder Ausbreitung die Speisen erneuert, ein Bild für seine eigene, sich immer wieder erneuernde sexuelle Energie und Lust. „Ohne zu fragen", sättigt er sich, d.h. er beginnt, seine Sexualität einfach auszuleben, ohne darüber nachzudenken. So funkt ihm der Kopf beim Genuss nicht dazwischen.

Zuerst geniesst er den Sex alleine, aber bald mit drei Köhlern, denen er nacheinander und stellvertretend für viele Männer begegnet.
Dabei verdeutlicht allerlei Symbolik, worum es geht. In einem Kohlenmeiler wird Holz unter Hitze zu Kohle umgewandelt, ähnlich wie im warmen menschlichen Verdauungstrakt Nahrung umgewandelt wird. Darum steht in manchen Märchen die (heisse) Kohle für den Analverkehr. Hier wird er vom Essen, das bei einem Köhler genossen wird, symbolisiert.

---

[34] Uther 2013, S. 130. Vgl. dort auch zu älteren Wurzeln des Märchens.
[35] Staatsbibliothek Berlin, Preussischer Kulturbesitz, Nachlass Grimm, C1,3,16-19. Einen von mir verfassten Abdruck stellte ich der Staatsbibliothek zur Verfügung. Er ist auch veröffentlicht in der ausführlicheren Fassung meines Buches: Leuthold 2017, Band 2, Anhang 1.

Dabei ermöglicht derjenige, der die Nahrung liefert, beiden Partnern den Genuss, er ist also der Aktive. Das ist hier jeweils der Junge, weil er mit seinem Wundertüchlein die üppigere Mahlzeit liefert. Die älteren Köhler lassen sich also von ihm bumsen, weil er als der Jüngere mehr sexuelle Energie hat. Auf die Stellung, die der erste Köhler dabei einnimmt, weist die Bemerkung, er schiebe „immer grössere Bissen in sein schwarzes Maul hinein". Das „schwarze Maul" ist sein Anus, der nicht ausdrücklich genannt werden darf, da sonst die sexuelle Anspielung zu deutlich wäre. Mit seinem ersten Sexpartner macht es der Junge also in der Reiterstellung mit dem erfahreneren Köhler oben.

Der Junge erhält von den Köhlern drei Geschenke, die symbolisieren, wie sich sein sexuelles Repertoire durch die vielen Erfahrungen erweitert:

Vom ersten Köhler erhält er einen Ranzen, aus dem Soldaten mit Gewehren kommen, wenn er drauf klopft. Die Gewehre sind der Phallus, das Klopfen mit der Hand steht für die Stimulierung durch die eigene Hand zur Vorbereitung der Penetration.

Vom zweiten Köhler erhält er ein Hütlein, aus dem Feldschlangen kommen, wenn „einer" es auf dem Kopf dreht. Die Feldschlangen sind wiederum der Phallus, das sich auf dem Kopf drehende Hütlein steht daher für die orale Stimulierung durch den Partner, wiederum mit dem Ziel der Vorbereitung auf die Penetration.

Vom dritten Köhler erhält er ein Hörnlein. Wenn man darauf bläst, fallen alle Mauern, Festungswerke, Städte und Dörfer „über den Haufen". Das Wort „blasen" hat heute noch dieselbe Bedeutung, jedenfalls dann, wenn es um das „Blasen" eines „Hörnleins" mit umwerfender Wirkung geht. Der Junge lernt also auch, den Partner zu blasen bis zu dessen Abspritzen.

Doch etwas lernt er nicht: wie man sich bumsen lässt. Seine meist älteren Partner müssen sich von ihm oral befriedigen lassen, während er sie bumst. Der Tischtüchlein-Tausch, der nach jeder Begegnung mit den Köhlern vorübergehend stattfindet, steht zwar für den Rollentausch beim Analverkehr, aber dabei sind die Partner nicht mehr beieinander. Er ist daher nur gedanklich gemeint, und das sofortige Zurückholen des Tüchleins zeigt: Der Junge will das nicht. Sein Männlichkeitsgefühl ist noch zu wenig gefestigt, als dass er bereit ist, sich, wie die erfahrenen Köhler, zur „Frau" machen zu lassen.

Sein Selbstbewusstsein ist somit noch nicht so stark, wie es aufgrund der kämpferischen Wirkung der drei Geschenke aussieht. Gerade diese kämpferische Wirkung verrät das aber im Grunde auch: Wer es nötig hat, so aufbrausend aufzutreten, verrät auch seine Unreife. Zwar hat das Ausleben seiner Sexualität so, wie es seine Natur wünscht, dem jungen Mann ein ungeheures Gefühl von Stärke gegeben, aber es ist innerlich noch nicht gefestigt.

Was ihm fehlt, zeigt sich, als er nach den jugendlichen Jahren des sexuellen Sich-Austobens nach Hause zurückkehrt, das heisst: Als er versucht, sich in die Gesellschaft der Erwachsenen einzugliedern: Er redet sich zwar ein, er sei jetzt „ein gemachter Mann", erwartet also Anerkennung, aber er tritt im „halb zerrissenen" Rock, dem „schäbigen" Hütlein und dem „alten" Ranzen auf, alles Symbole für seinen in Wirklichkeit fehlenden Selbst-Respekt. Er denkt über sich in Wirklichkeit wohl dasselbe, was er über den ersten Köhler dachte, als er ihn antraf, denn er tat nachher ja dasselbe, was dieser ein Leben lang getan hatte. Was er über ihn dachte, zeigte er, indem er ihn als „Schwarzamsel" ansprach, was wörtlich etwa „Dunkelvögler" bedeutet. Im Dunkeln, versteckt vor den verachtenden Blicken der Öffentlichkeit, mussten damals Männer wie er ihrer sexuellen Befriedigung nachgehen, weil sie Männer und nicht Frauen „vögeln" und man ihnen darum pauschal unterstellte, sie würden sich auch selber vögeln lassen. Man nannte solche Männer damals abwertend „Sodomiten". „Schwarzamsel" ist daher die Übersetzung der Bezeichnung „Sodomit" in die Märchensprache. Der Junge fühlt sich also wegen seines Sexlebens in Wirklichkeit nicht als „gemachter Mann", sondern als verachteter „Sodomit". Ihm fehlt ein Selbstwertgefühl, und *darum* ist sein Selbstbewusstsein oberflächlich. Bewusst ist ihm das allerdings noch nicht, denn er hat seinen Sex einfach ausgelebt, ohne darüber nachzudenken.

Seine Brüder, deren Anerkennung er bei seiner Heimkehr zuerst sucht, verstehen die im mangelnden Selbstrespekt wurzelnde schäbige Aufmachung des Heimkehrers als mangelnden Respekt ihnen gegenüber, jagen ihn weg und werden darin bald von der ganzen Nachbarschaft unterstützt. Es gelingt dem jungen Mann also nicht, sich als anerkanntes Mitglied in die Gesellschaft der Erwachsenen einzugliedern. Dass die Zurückweisung von seinen Brüdern ausgeht, die im Grunde gleich sind wie er, ist nicht erstaunlich. Sie mögen etwas von der Wahrheit spüren, und man bekämpft immer jene Leute am stärksten, die so sind, wie man es an sich selber ablehnt. Die grössten Schwulenfeinde waren immer jene, die selber schwul sind, es aber nicht sein wollen.

Der junge Mann will nun seinen Brüdern „die Haut weichgerben, „bis sie wüssten, wer er wäre". Damit ist das Ziel angesagt: Er will Respekt als derjenige, der er ist. Dazu muss er aber auch sich selber respektieren und wertschätzen als denjenigen, der er ist. Gerade das tat er aber bisher nicht, er verachtet sich in Wirklichkeit ja als „Sodomiten". Wenn er nun lernen will, sich selber wertzuschätzen, muss er sich ein neues und positiv besetztes Identitätsgefühl erarbeiten. Dazu wiederum ist jenes Nachdenken über sich selber erforderlich, das er bisher unterliess. Es wird von den nun folgenden Auseinandersetzungen mit seinen Brüdern, den ihnen zu Hilfe eilenden Leuten, dem König und einer hypothetischen Ehefrau symbolisiert. Diese Kämpfe sind also nicht als tatsächliche oder verbale Kämpfe mit anderen Menschen zu verstehen, sondern als Auseinandersetzung mit sich selber im Kopf des jungen Mannes. Dabei steht der König als oberste Autorität über die ganze Gesellschaft für die Fremdbestimmung, seine Überwindung daher für ein selbstbestimmtes Leben.

Die Zurückweisung durch seine Brüder setzt also im jungen Mann ein Nachdenken über sich selber in Gang mit den Zielen Identitätsfindung, Selbstwertgefühl, Selbstbestimmung und Akzeptanz durch die Gesellschaft als derjenige, der er ist. Das Schlüssel-Ziel ist dabei die Identitätsfindung, das heisst das Finden einer positiv besetzten Identität als derjenige, der er wirklich ist. Es ist die Voraussetzung für alles Andere.

Heute würden wir sagen: Ist ja klar, wer er ist, nämlich ein Schwuler, das sah man schon ganz am Anfang, als er auf einen Baum kletterte und nur „Baumwipfel", sprich Phalli, sah. Er muss das nur annehmen. So einfach ist es aber für den Mann im Märchen nicht, denn es gab damals weder positive Begriffe noch positive Vorstellungen über Männer, die Sex mit Männern haben. Es gab nur Schimpfwörter wie den erwähnten „Sodomiten", durch den man auf Analverkehrsliebhaberei inklusive passive Rolle reduziert wurde, oder den (im Märchen nirgends symbolisierten) „Päderasten", durch den man mit Kinderschändern gleichgestellt wurde.

Der Mann im Märchen ist also der erste Schwule auf der Suche nach sich selber. Die Kraft dazu gibt ihm das durch das Ausleben seiner sexuellen Neigungen gestärkte Ich, denn in der Auseinandersetzung mit seinen Brüdern, deren Helfern und dem König setzt er den Ranzen und das Hütlein erfolgreich zur Selbstverteidigung ein.

Eine erste Zwischenstufe in seiner Denkarbeit erreicht der Mann, indem er sich nach dem vorgestellten Sieg über den König ein Friedensarrangement mit diesem überlegt. Da der König für Fremdbestimmung und der Sieg über ihn daher für ein selbstbestimmtes Leben steht, bedeutet ein nachfolgendes Friedensarrangement, dass er sich eine Kompromisslösung überlegt: Er würde dabei *im Namen des Königs* das ganze Reich – symbolisch für sein eigenes Leben – beherrschen. Das bedeutet: Er würde das selbstbestimmte Leben nur insgeheim führen, nach aussen aber würde er so tun, als würde er sich an die gesellschaftlichen Erwartungen anpassen. Gemeint ist das damals von vielen Schwulen geführte Doppelleben: nachts Sex mit Männern, nach aussen Ehe mit einer Frau. Daher gehört zum

Friedensarrangement auch die Ehe mit der Königstochter. Das Motiv der Heirat wird mit dem Satz des Königs: „Muss ist eine harte Nuss" angedeutet: die Nuss ist ein Fruchtbarkeitssymbol. Aus der Ehe sollte also Nachwuchs hervorgehen, damit hätte der junge Mann nach aussen den von der Gesellschaft verlangten Männlichkeitsbeweis erbracht und genösse gesellschaftlichen Respekt. Doch er ist sich bewusst: Dieser Respekt gälte nicht seinem wahren Selbst, sondern dem (vom König symbolisierten) fremdbestimmten Bild, das er nach aussen liefert, denn die Krone sässe weiter auf dem Haupt des Königs. Sein eigentliches Ziel, seine wahre Identität und (Selbst-)Respekt *dafür* zu finden, hätte der junge Mann so nicht erreicht. Er spürt darum, dass die Kompromisslösung möglicherweise nicht das ist, was er eigentlich sucht. Darum setzt er die Idee nicht in die Praxis um, sondern denkt sie weiter durch.

Er stellt sich also vor, wie es wäre, wenn er eine Frau heiraten würde. Dabei zeigt sich sofort, wo der springende Punkt ist: beim Sex, der zwecks Produktion von Nachwuchs nötig würde. Als er sich vorstellt, wie eine Frau statt eines Mannes den Ranzen bzw. das Hütlein betätigen würde, d.h. ihn zur Vorbereitung des Geschlechtsverkehrs von Hand bzw. mit dem Mund zu stimulieren versuchen würde, fühlt er sich gefesselt, also unfrei, und aus dem Palast geworfen, d.h. wie der letzte Dreck behandelt. Die Vorstellung erfüllt ihn mit solchem Widerwillen, dass er sie gar nicht weiter durchdenkt. Bis zur Vorstellung des Geschlechtsverkehrs gelangt er so gar nicht. Er merkt nur: Sex mit einer Frau will ich nicht.

Das öffnet ihn dafür, sich die Wahrheit einzugestehen, die von der erstmaligen Betätigung des bisher versteckten Hörnleins symbolisiert wird. Dieses steht ja für einen Phallus, den er bläst, und damit für einen männlichen Partner. Er gesteht sich also ein: „Ich will Sex mit Männern." Und da er die Selbstbefragung mit dem Ziel begonnen hat, herauszufinden, *wer er ist*, bedeutet das auch, dass er sich sagt: „*Ich bin ein Mann, der Sex mit Männern möchte*". Wissenschaftlich gesagt: ein Mann mit gleichgeschlechtlicher sexueller Orientierung. Er hat damit die gesuchte positive Identität, die ihn nicht mehr auf eine Sexpraktik reduziert, sondern das Geschlecht des Gegenübers zum entscheidenden Merkmal macht, gefunden. Seine Identitätssuche ist abgeschlossen.

Dabei stellt das Märchen mit den Vorstellungen von nackten Männern, die ihm während des Masturbierens kamen, und seinem ohne Kopfhemmungen gelebten Sex mit den Köhlern klar, dass er immer schon gleichgeschlechtlich orientiert war. Neu ist nur, dass er daraus ein Identitäts*gefühl* macht. Ausgelöst wurde die Suche danach durch die gesellschaftliche Ausgrenzung. Ausgegrenzt wurde er, weil er Sex mit Männern hatte. So wurde die Ausgrenzung für den Ausgegrenzten identitätsstiftend.

Während der „Sodomit" im Märchen in symbolischer Form als „Schwarzamsel" erscheint, haben weder der Mann noch das Märchen ein Wort für sein neues Identitätsgefühl, auch nicht in symbolischer Form. Die Betätigung des Hörnleins symbolisiert nur eine Umschreibung der Vorstellung („Ich bin ein Mann, der Männer begehrt"). Das hat einen einfachen Grund: Es gab damals noch kein Wort für gleichgeschlechtlich Fühlende. Der Begriff „homosexuell" = „gleichgeschlechtlich" wurde erst 1869 geprägt. Die Ärzte, die damit vom „Homosexuellen" zu reden begannen, schufen diese Identität aber nicht neu, sondern entdeckten sie anhand des Studiums der Autobiographien Betroffener, die sich, wie der Mann dieses Märchens, so fühlten.[36] Er steht also als erster Homosexueller vor der Erfindung eines entsprechenden Begriffs stellvertretend für andere damalige Gleichfühlende, die für sich dieses Identitätsgefühl erarbeiteten oder fanden.

Sein Identitätsgefühl beruht aber nicht ganz auf dem, was die Ärzte später unter „Homosexualität" verstanden. Diese verstanden unter dem Begriff eine psychische Krankheit

---

[36] Müller 1991, S. 119-122.

und setzten damit die Abwertung der Männersexliebhaber, wenn auch mit neuer, medizinischer, statt alter, religiöser, Begründung, fort, während der Mann des Märchens als gesunder und selbstbewusster Mensch beschrieben wird und sich auch so fühlt. Sein neues Identitätsgefühl macht ihn, gerade *weil* es positiv besetzt ist, psychisch sogar stärker und weist damit schon aufs moderne „schwule" Identitätsgefühl. Im Unterschied zu Letzterem ist es aber nur sexuell gemeint. Diese Reduzierung auf die *sexuelle* Orientierung hat es gemeinsam mit dem „Homosexuellen" der Ärzte, durch den die Betroffenen ja schon begrifflich auf ihre Sexualität reduziert wurden und werden. Der Mann des Märchens steht also mit seinem neu gefundenen Identitätsgefühl zwischen dem „Homosexuellen" der Ärzte des 19. Jahrhunderts und einem modernen Schwulen.

Als positiv besetztes Identitätsgefühl gibt es ihm nun jenes Selbstwertgefühl, das ihm bisher fehlte, und als Folge auch ein *echtes* Selbstbewusstsein. Das befähigt ihn, sich von der Idee, eine Ehe einzugehen, zu verabschieden (die Königstochter wird getötet), sich von aller Fremdbestimmung zu befreien (der König wird getötet) und sein Leben nur noch selber zu bestimmen (er macht *sich selber* zum König über das ganze Reich, das heisst über sein Leben, während vorher die Krone auf dem Kopf des Königs blieb). Die Fähigkeit, sich nur noch selber treu zu sein, stärkt sein Selbstbewusstsein weiter, er hat nun das Gefühl, niemand könne ihm mehr etwas anhaben („Da widerstand ihm niemand mehr").

Etwas von dem, was er am Anfang seiner Identitätssuche noch wünschte, kann er allerdings so nicht bekommen: den Respekt der Anderen. Im Gegenteil: Wenn sie wüssten, was für ein Mensch er ist, würden sie ihn verstossen. Das macht ihm aber jetzt nichts mehr aus, denn da er sich nun selber wertschätzt, braucht er die Wertschätzung der Anderen nicht mehr. Er verabschiedet sich darum ganz vom Bedürfnis, ein Mitglied der respektierten Gesellschaft zu sein. Das wird durch den Einsturz der Mauern, Städte und Dörfer symbolisiert.

Angesichts solcher Ausgrenzung könnte man meinen, eine Partnerschaft mit einem Gleichfühlenden werde umso wünschbarer. Aber dazu fehlt jeder Hinweis. Homosexualität ist hier nur das Bedürfnis nach Sex. Liebe und Partnerschaft erscheinen auch als Wunschvorstellung nie. Der Preis der Freiheit ist also ein Alleinsein, das nicht zu stören scheint. Auch eine Behausung sucht der junge Mann, im Unterschied zu seinen Brüdern und zu den meisten an der Schwelle zum Erwachsenenalter stehenden jungen Leuten in Grimm'schen Märchen, am Ende nicht. So bleibt er ein Leben lang der „Reisende", als welcher er bereits dem ersten Köhler begegnete: ohne feste Bindungen und ohne festen Wohnsitz immer auf der Suche nach neuen schönen Sexabenteuern.

Hat er damit das Glück gefunden, das er am Anfang suchte? Ja, jedenfalls als junger Mann, aber es ist nicht dasselbe wie für Heterosexuelle: Während diese es in Liebe, Familie und Partnerschaft finden, können es gleichgeschlechtlich Fühlende gemäss diesem Märchen nur im Sexleben finden, welches allerdings wegen der vielen wechselnden Sexpartner und der fantasievolleren Sexpraktiken (Wichsen und Blasen neben Ficken) abwechslungsreicher und befriedigender ist als bei den Heteros. Allerdings gilt das nur für jüngere, attraktive Männer, denn im Alter finden sie kaum mehr Sexpartner, wie die Klage des ersten Köhlers über seine meist alleine eingenommene eintönige Kartoffel-Mahlzeit zeigt. Wobei auch dies nur eine Klage über einen Mangel an Sexpartnern ist. Dass er ohne Lebenspartner ist, scheint auch den alternden Köhler nicht zu stören.

Das Ziel des Märchens ist es also, gleichgeschlechtlich orientierten Männern mit der als Vorbild zu verstehenden Hauptfigur eine Anleitung zu liefern, wie sie das *für sie mögliche* Glück im Leben erreichen können: Indem sie ihre natürliche Sexualität im gegenseitigen Einvernehmen mit ihren Partnern ausleben und sich selber als das, was sie sind, erkennen und annehmen. Die einfache Botschaft dahinter, die grundsätzlich jedem Menschen zu empfehlen ist: Um glücklich zu sein, musst du dein wahres Selbst erkennen, annehmen und danach leben. Wobei die Reihenfolge im Märchen ist: Zuerst danach leben, dann das Erkennen und die Selbstannahme. Also zuerst einfach der eigenen Natur folgen, danach die Kopfarbeit. Heute würde wohl die umgekehrte Reihenfolge empfohlen.

Der gleichgeschlechtlichen Orientierung zu folgen und sich darüber wertzuschätzen, ist aber in einer Schwulen nur feindlich gesinnten Gesellschaft nicht einfach. Es ist nicht einfach, auf sämtliche Anerkennung durch andere Leute zu verzichten und nur sich selber zu folgen. Auch im Märchen schafft das ja nur der dritte Bruder. Der erste und der zweite Bruder kommen nicht einmal auf die Idee, es zu versuchen, ihnen fehlt wohl eine Ur-Stärke, über die der dritte Bruder aus nicht erklärten Gründen verfügt. Die Menschen sind wohl einfach von Natur aus nicht alle gleich selbstbewusst und stark.

Jenen Männern, denen es gelingt, dem Vorbild der Hauptfigur zu folgen, verspricht das Märchen mit den Symbolen des Ranzens, des Hütleins und des Hörnleins die Kraft, der gesamten feindlich gesinnten Welt zu trotzen. Darin liegt wohl angesichts der Schwierigkeit der Aufgabe einiges an Propaganda. Das Märchen will offensichtlich Mut machen in einer schwierigen Lage, im Kern aber hat es recht: Wer seine Angst vor sich selber überwindet, entwickelt ein viel grösseres Selbstvertrauen, als er vorher selber geahnt hätte.

Das Märchen beabsichtigt damit eine Selbstbefreiung von Männern mit einer gleichgeschlechtlichen Orientierung, nicht eine politisch-gesellschaftliche Befreiung. Die Brüder waren ausgezogen, ihr privates Glück zu finden. Für mehr wäre die Zeit zu früh gewesen.

Zum Schluss vergleiche ich die hier interpretierte Fassung letzter Hand noch mit der Vorlage und den früheren Grimm'schen Fassungen.

Auch in der sehr knapp formulierten Vorlage Krauses erarbeitet sich die Hauptfigur ein Selbstbewusstsein und Selbstwertgefühl, aber es ist nur eines über seine sexuellen Handlungen mit Männern. Alles, was mit darauf beruhender Identitätsfindung und Identitätsgefühl zu tun hat, wurde von den Grimms hinzugefügt. So stammen die „Schwarzamsel" und das Ziel „bis sie wüssten, wer er wäre" von ihnen. Dabei mussten sie auch selber suchen: In der Fassung von 1812 findet der Mann noch eine Identität als positiv gesehener Männerficker. Was damals als „Sodomit" abgewertet wurde, wird also einfach ins Positive umgewertet. In der Fassung von 1819 ist die Hauptfigur dann, ähnlich wie jene von KHM 47, ein vollwertiger Mann trotz Sex mit Männern. Erst in der Fassung von 1837 folgt die oben beschriebene endgültige Lösung mit dem Identitätsgefühl als Mann, der Männer begehrt.

Interessant ist: Die Frage der Identität kann fast nur einen Schwulen selber beschäftigen. Passend dazu, entdeckten, wie oben erwähnt, die Ärzte des 19. Jahrhunderts den „Homosexuellen" in den Autobiographien Betroffener. Dies ist daher eines jener vier Märchen, deren Erweiterungen durch die Brüder Grimm meiner Meinung nach darauf hinweisen, dass sie selber das waren, was wir heute als „schwul" bezeichnen. Ihre verschiedenen Fassungen dieses Märchens würden demnach auch ihre eigene Identitätssuche dokumentieren.

Allerdings glaube ich, dass auch das Original Krauses von einem Insider stammen muss. Denn erstens arbeitet es als eines von nur sehr wenigen Märchen von Anfang bis Ende mit einer positiven, als Vorbild taugenden Identifikationsfigur für Schwule, und erfüllt damit ein Bedürfnis Betroffener. Und zweitens ist es das einzige Grimm'sche Märchen, dass *alle* zwischen Männern übliche Sexpraktiken gleichwertig nebeneinander stellt und nicht, wie üblich, Homosexualität mit Analverkehr gleichsetzt. Das ist sehr wirklichkeitsnah und führt in letzter Konsequenz zu einer Identität, die nicht auf einer Sexpraktik, sondern einer Neigung zum gleichen Geschlecht beruht.

KHM 68: De Gaudeif un sien Meester

Oder: Wie ein Jugendlicher in den sexuellen Missbrauch gerät und wieweit er sich von den Folgen befreien kann

Dieses plattdeutsche Märchen wurde den Grimms durch Jenny von Droste-Hülshoff, die Schwester der berühmten Dichterin Annette von Droste-Hülshoff, vermittelt.[37] An ihrer handschriftlich erhaltenen Fassung[38] änderten die Grimms nur den Titel, der ursprünglich „Jan un sien Sohn" lautete, und korrigierten ein paar Sprachfehler. Bei anderen Märchen, die sie in so knapp formulierten Rohfassungen erhielten, fügten sie meist Ergänzungen ein, die den Sinn verdeutlichen und die Erzählung lebendiger machen. Hier vielleicht wegen der Mundart nicht. Das erschwert die Interpretation. Erleichtert wird sie andererseits dadurch, dass das Märchen viele Symbole enthält, die auch in anderen KHM vorkommen und die hier sehr deutlich dieselbe Bedeutung haben.

Im Mittelpunkt des Märchens steht ein Junge, der zum „Gaudieb" wird. Plattdeutsch „Gaudeif" bedeutet „flinker, behender Dieb".[39] Ein Diebstahl wird aber nie berichtet, dafür erfahren wir einiges über die Beziehung zwischen dem Gaudieb und seinem Meister, die voller sexueller Symbole ist (Genaueres siehe unten). Die Diebe sind daher hier gleich zu verstehen wie in KHM 37 und wie die Räuber in KHM 45, 85, 93 oder 191a: als Männer, die sich durch ihre Sexualität ausserhalb der gesellschaftlichen Normen begeben haben und dabei anderen Männern ihre Männlichkeit rauben. Oder kürzer: Es sind Männer, die andere Männer bumsen. „Gau"diebe sind sie, weil sie in dieser Tätigkeit gut sind, und ein Gaudieb-„Meister" ist einer, der darin viel Erfahrung hat.

Damit kann man die hier erzählte Geschichte verstehen. Sie beginnt, als ein Vater namens Jan – niederdeutsch für „Hans" – in die Kirche geht, um Gott um Rat zu fragen, was für ein „Handwerk" für seinen Sohn „selig" wäre. Die Grimms fügten in Klammern als Erklärung für das Wort „selig" hinzu: „zuträglich". Gemeint ist „zuträglich fürs Seelenheil". Bei einem zu erlernenden „Handwerk" stellt sich aber die Frage, wie gut es fürs Seelenheil sei, in der Regel nicht. Mit dem „Handwerk" ist daher hier dasselbe gemeint wie am Anfang von KHM 124: Der Umgang mit der Sexualität bei einem das Jugendalter erreichenden Jungen. Bei Unsicherheiten über dieses Thema wird er aber selber in die Kirche gehen, um Rat zu suchen; der Vater kann das kaum stellvertretend für ihn tun. Der Vater ist daher im ganzen Märchen als jene Stimme im Jungen selber zu sehen, die ihm das sagt, was er vom Vater und allen (vom Vater mit-symbolisierten) übrigen Autoritäten der patriarchalen Gesellschaft verinnerlicht hat.

Der Anfang des Märchens bedeutet daher: Ein Junge, der die Pubertät erreicht, fragt sich, wie er seine Sexualität leben soll. Selbstverständlich ist für ihn, dass er sie so leben will, wie es sich für einen Mann gehört, daher die Stimme des Vaters als Leitstimme in ihm. Aber er ist völlig unsicher darüber, wie er sie leben muss, damit es Gott gefällt. Um darüber um Rat zu fragen, geht er in die Kirche.

Dort steht der Küster hinter dem Altar, hört ihn und sagt, das „Gaudieben" solle er lernen. Der Küster sagt also, er solle Männer bumsen. Das macht aber so keinen Sinn angesichts der Verurteilung des Analverkehrs, namentlich jenes zwischen Männern, durch die Kirche. Ein Kirchendiener wird kaum wörtlich dazu auffordern. Das „Sagen" ist daher nicht als verbale Aufforderung zu verstehen. Vielmehr tut der Küster etwas, was im Jungen den Wunsch

---

[37] Uther 2013, S. 157.
[38] Abdruck in: Schulte Kemminghausen 1963, S. 45-47.
[39] Uther 2013, S. 157.

entstehen lässt, sich seine Männlichkeit durch Bumsen von Männern statt von Frauen zu beweisen. Mit dem, was der Küster tut, kann daher nur eines gemeint sein: Er nutzt die sexuelle Verunsicherung des Jungen dazu aus, ihn, vermutlich gleich an Ort und Stelle (das gab es durchaus), selber zu bumsen. Nachher will der Junge als „Dieb" Männer bumsen, weil er sich beim Sex in umgekehrten Rollen jene Männlichkeit zurückzuholen hofft, die ihm der Küster geraubt hat, indem er ihn zur Frau machte. Auf der Suche nach jenem Sex leitet ihn weiter der Vater, das heisst die innere Stimme des Vaters, weil es jene Stimme ist, die ihm sagt, was er tun muss, um ein „richtiger" Mann zu werden.

Es geht hier also um den sexuellen Missbrauch eines Jugendlichen durch einen Angestellten der Kirche und seine Folgen für das Opfer. Solche Fälle dürfte es früher viele gegeben haben. Typisch ist, dass das Opfer ein innerlich verunsicherter Junge ist. Typisch ist auch, dass der Küster offenbar den Sex damit rechtfertigt, dass Gott ihn so wolle. Anders kann man die Tatsache kaum verstehen, dass der Junge, wieder mit der Stimme seines Vaters in ihm, nachher denkt, Gott wolle, dass er das „Gaudieben" lerne.

Der Junge möchte nun also Männer bumsen, aber er glaubt, dazu eine Anleitung durch einen erfahrenen Lehrmeister zu brauchen, ein Zeichen, dass er durch den Missbrauch in seiner Sexualität noch stärker verunsichert wurde, als er vorher schon war. Schliesslich findet er einen solchen „Gaudieb-Meister". Doch der Ältere tut mit ihm etwas ganz Anderes, als was er suchte. Symbolisiert wird es durch die Lage, in der er sich ein Jahr später findet: Er sitzt als Vögelchen in einem Körbchen im Rauchfang des Kamins. Das Vögelchen ist mit seiner Verkleinerungsform und seiner Anspielung aufs Vögeln ein Symbol für ein vermindertes Männlichkeitsgefühl, der Kamin spielt mit seiner Öffnung nach unten und dem Rohr nach oben auf den Anus an. Mit anderen Worten: Dem Hilfe suchenden Jungen geschah beim Gaudiebmeister nochmals dasselbe wie mit dem Küster: Der Ältere nutzt die sexuelle Verunsicherung des Jugendlichen aus und bumst ihn. Der Missbrauch wiederholt sich, nur dauert er jetzt länger, ein Jahr lang, doch die Folgen sind ähnlich: Der Junge wird in seiner Männlichkeit weiter verunsichert.

Was ihn trotzdem so lange in der Missbrauchs-Partnerschaft hält, zeigt sich erst, als ihn nach einem Jahr der Vater trotz anfänglicher Zweifel noch erkennt und abholt, d.h. als er schliesslich unter Mobilisierung der letzten Ressourcen, die er in sich vom Vater hat, doch die Kraft findet, sich vom Partner zu trennen. Zum Erkannt-Werden durch den Vater sagt der Gaudieb-Partner nämlich: „Das hat dir der Teufel eingegeben." Um sein jugendliches Opfer gefügig zu machen, wandte der Gaudieb-Meister also denselben Trick an wie der Küster: Er behauptete, nicht mitzumachen, wäre teuflisch. Missbrauch im Namen Gottes also. Wodurch auch der Glaube missbraucht wird.

Aber dank dem Rest an väterlichem Einfluss, den der Junge in sich spürt, bringt er es schliesslich doch fertig, sich aus der Missbrauchs-Beziehung loszureissen. Das Ziel, sich zu beweisen, dass er ein Mann ist, ist für ihn nun umso dringender. Als Nächstes tut er daher den ersten Schritt dazu, ohne Hilfe eines Lehrers, aber zum (finanziellen) Vorteil seines Vaters: Er verwandelt sich in einen Windhund und verkauft sich gegen teures Geld an einen Herrn, der in einer Kutsche gefahren kommt und findet, er sei ein „gewaltig schöner Rüde" („'n eislicke rohren Ruen"). Bald springt er aber durchs Fensterglas aus der Kutsche, worauf er wieder er selber ist.

Wenn man durchs Fenster springt, klirrt es. Das symbolisiert auch in KHM 191 einen Orgasmus, dort jenen einer Frau. Dies sowie die Tatsache, dass der reiche Herr den Hund wegen seiner männlichen Schönheit kauft, zeigt, worum es hier geht: Der Junge beweist sich seine Männlichkeit, indem er gegen Geld einen reichen Herrn fickt. Wobei die eine Erfahrung wohl stellvertretend für eine längere Zeit steht, während der er, ähnlich wie der Barbier in KHM 124, als Stricher arbeitet. Stricher stehen in der Hierarchie der Männer, die Sex mit

Männern haben, zuunterst. Dass der Junge sich ausgerechnet auf diese Weise seine Männlichkeit beweist, ist daher nur ein Ausdruck seines durch den vorangegangenen Missbrauch beschädigten Selbstwertgefühls als Mann. Für mehr als ein Prostituierten-Dasein hält er sich offenbar nicht würdig. Auch der Windhund ist ein Bild, das Folgen jenes Missbrauchs sichtbar macht: Als schnellster aller Hunde steht er hier und in weiteren Märchen (KHM 6 oder 9) für ein Gefühl des Gehetzt-Seins, dieses wiederum spiegelt die weiter bestehende innere Unsicherheit des Jungen.

Doch die Männlichkeits-Beweise mit seinen Sex-Kunden reichen dem Jungen nicht. Um sich ganz als Mann zu fühlen, muss und will er auch seinen früheren Partner ficken, ihm also dasselbe antun, was er einst ihm antat. Mit diesem Ziel lässt er sich als Nächstes als Pferd von ihm kaufen. Das Pferd ist in vielen Märchen ein Symbol für Männlichkeit, weil es damals die schnellste Bewegung ermöglichte und diese Bewegungs-Freiheit nur Männern zustand.
Zwar behält das Pferd zunächst noch den einschränkenden Zaum an, das heisst: Zuerst findet der Junge noch nicht den Mut, an den Ex-Partner den Anspruch zu stellen, sich von ihm bumsen zu lassen. Doch bald wird dem Pferd der Zaum abgenommen. Nun entsteht aber ein Streit über die Rolle, der Gaudiebmeister will offenbar freiwillig nicht die passive einnehmen: Beide Männer verfolgen einander zuerst als Sperling, dann als Fisch, schliesslich verwandelt sich der Meister in ein Huhn und der Junge in einen Fuchs, der dem Huhn den Kopf abbeisst. Der Sperling ist als Vogel hier ein Symbol für den Geschlechtsverkehr in der aktiven Rolle, der Fisch als häufiges Phallussymbol ebenfalls, der Fuchs kann, ähnlich wie der Wolf, für einen Vergewaltiger stehen und ist jedenfalls stärker als das Huhn. Mit anderen Worten: Im längeren Streit darüber, wer wen fickt, setzt sich der Jüngere schliesslich aufgrund seiner stärkeren Körperkraft (Fuchs gegen Huhn) durch und vergewaltigt den Meister. Die psychologischen Tricks helfen diesem also nicht mehr, um den Jungen gefügig zu machen, und dieser erzwingt den Geschlechtsverkehr spiegelbildlich so, wie er ihn jeweils zu empfinden pflegte.

Erst dadurch kann er sich innerlich vom früheren Missbrauchs-Partner verabschieden. Aber sein weiteres Schicksal bleibt offen. Doch gerade diese Offenheit sagt vieles. Denn sie findet sich an jener Stelle, an der im Normalfall die Ehe geschlossen wird, und lässt daher vermuten, dass dieser junge Mann als Folge des Missbrauchs ohne Partnerschaft durchs Leben gehen wird. Stattdessen scheint er Gaudieb zu bleiben. Darauf deutet jedenfalls der Titel, der allerdings nachträglich von den Grimms hinzugefügt wurde. Mindestens sie waren also der Meinung, er werde Gaudieb bleiben. Und das bedeutet: Er wird ein Leben lang seine Männlichkeit beweisen müssen, indem er Männer bumst. Dabei beabsichtigte er das ursprünglich gar nicht. Ursprünglich war ihm nur klar, dass er ein Mann sein, d.h. in der aktiven Rolle bumsen wollte. Erst durch den Missbrauch durch den Küster wurde sein Leben in jene Bahn gelenkt, die ihn zum Gaudieben führte. Sein Sexleben mit Männern ist die Folge eines Missbrauchs.
Auch psychisch scheint er dessen Folgen nie ganz zu überwinden. Darauf weist die Zeitform, in welcher das Märchen erzählt wird. Märchen, auch jene der Grimms, werden fast immer in der Vergangenheitsform erzählt. Auch dieses beginnt so. Doch schon mit dem zweiten Satz wechselt es in die Gegenwartsform und bleibt bis zum Ende dabei. Der Wechsel kommt mit der Erwähnung des Küsters, wahrscheinlich ein Zeichen, dass die Folgen dessen, was er dem Jungen antat, immer noch gegenwärtig sind. Das bedeutet wohl: Das Missbrauchs-Opfer findet nie ganz zu einer inneren Sicherheit.
Der Küster hat also mit dem sexuellen Missbrauch des hilfesuchenden Jungen in diesem eine innere Entwicklung in Gang gesetzt, die mit der nachfolgenden Missbrauchs-Partnerschaft verstärkt wurde und sein ganzes Leben prägt: keine Partnerschaft, dafür innere Unsicherheit und ständige Notwendigkeit, zur Selbstbestätigung Männer zu bumsen.

Damit gleicht dieses Märchen inhaltlich am stärksten KHM 90. Jene Hauptfigur erlebte als Jugendlicher ebenfalls eine Partnerschaft mit sexuellem Missbrauch, der das nachfolgende Erwachsenenleben ähnlich prägt wie hier. Allerdings ist jenes Märchen viel ausführlicher, es schildert daher das Thema leichter nachvollziehbar und eindringlicher.

Es gibt eine ältere Fassung dieses Märchens in einer der ältesten Märchensammlungen Europas, jener des Italieners Straparola aus dem 16. Jahrhundert.[40] Dort wird die homosexuelle Missbrauchs-Beziehung zwischen einem Schneider/Zauberer und seinem Lehrling nur schwach angedeutet (indem sich die beiden als Fische im Wasser verfolgen), der Missbrauch durch den Angestellten der Kirche, der alles in Gang setzt, fehlt, und am Ende findet der Junge zu einer Frau. Die ausdrücklich formulierte Moral ist dort, dass die Natur am Ende jeden dazu bringe, das zu tun, was am besten zu ihm passe. Das ist das Gegenteil der Botschaft der Grimm'schen Fassung, gemäss welcher durch den Missbrauch das Leben des Jungen in eine homosexuelle Richtung gelenkt wird, die sonst nicht gewesen wäre und aus der er sich nur teilweise (bezüglich Männlichkeitsbeweis) befreien kann.

KHM 77: Das kluge Gretel
Oder: Warum Staat und Gesellschaft Schwule milder behandeln sollten

Dieses Märchen ist die Grimm'sche Umarbeitung eines aus dem Jahre 1700 stammenden Predigttextes des österreichischen Landgeistlichen Andreas Strobl.[41] Nach der Erstveröffentlichung ihrer Fassung in der KHM-Ausgabe von 1819 änderten die Grimms den Text kaum mehr. Ich interpretiere ihn im Folgenden und vergleiche am Ende mit der Vorlage.

Zunächst fällt auf: Das Märchen enthält keine übernatürlichen Begebenheiten oder Figuren wie Verwandlungen, Feen, Hexen usw.. Es ist daher in erster Linie die Geschichte eines Essdiebstahls und wird von der Forschung auch so verstanden.[42] Da es aber von Anfang bis Ende von sexueller Symbolik (Hühnchen-Essen, Ohren-Abschneiden, Messer-Wetzen) durchdrungen wird, kann man darin, abgestützt darauf, auch eine symbolische Zweit-Bedeutung erkennen. Nur um diese geht es im Folgenden.
Bei dieser Zweit-Bedeutung sind die Köchin Gretel und ihr Herr zwei Seiten eines Mannes, den ich den „Gretel-Mann" nenne. Das Kochen steht für Zuwendung, auch sexuell. Gretel ist daher die zuwendungsbedürftige, emotionale, natürliche Seite des Gretel-Mannes. Ein „Herr" zu sein, ist, was die Gesellschaft von einem Mann erwartet. Der Herr ist daher die gesellschaftstaugliche, nach aussen gezeigte und von der Vernunft geleitete Seite desselben Gretel-Mannes.

Dieser Gretel-Mann geht manchmal als Gretel, d.h. in Frauenkleidern, aus, und spricht sich dann auch selber als „Mädel" an. Er ist also ein Transvestit. Dabei ist er um seine Attraktivität besorgt („Du bist doch ein schönes Mädel."), weil er, wie sich bald bestätigen wird, auf Männer-Aufriss ist. Solche Transvestiten sind seit dem 18. Jahrhundert für europäische Städte

[40] Abgedruckt in englischer Übersetzung in: Straparola/Beecher, Bd. 2 2012, S. 212-219, unter dem Titel „Maestro Lattanzio and the Secret Arts of Sorcery". (= Buch VIII, Fabel 4 der „Piacevoli Notte" von Straparola).
[41] Andreas Strobl: Oster-Märl. In: Andreas Strobl: Ovum paschale novum oder neu gefärbte Oster-Ayr. Salzburg 1700 (nach anderen Angaben 1710), S. 23-26. Abgedruckt ist der Text Strobls mit synoptischer Gegenüberstellung mit der Fassung Grimms in Rölleke 2004a, S. 102-107.
[42] Uther 2013, S. 172-74.

nachgewiesen.[43] Dass Schwule sich im Fummel einen Frauennamen zulegen, ist noch heute so.

Wenn es hier um einen Mann geht, der in Frauenkleidern Männer zum Sex aufgabeln möchte, könnten die roten Absätze, auf denen sich Gretel unmittelbar vor der Sorge um ihre Attraktivität dreht, für eines der ebenfalls schon seit dem 18. Jahrhundert nachgewiesenen geheimen Erkennungszeichen von Männern, die Sex mit Männern suchen, stehen.[44]

Das Auftreten in Frauenkleidern zeugt für die damalige Zeit von einem ungeheuren Selbstbewusstsein. Denn Weiblichkeit und Verrat am Mann ist gerade das, was man damals den Männersexliebhabern pauschal vorwarf. Dass man betont zur Schau stellt, was einem die Gesellschaft vorwirft, ist ein häufiges Widerstandszeichen benachteiligter gesellschaftlicher Gruppen. Die Schwulen tun das heute mit dem Wort „schwul", das sie, ursprünglich ein Schimpfwort, ins Positive umwerten möchten. Die Christen taten es früher mit dem Kreuz, das sie, bei den Römern das Instrument einer schändlichen Hinrichtungsmethode, zum Siegeszeichen umdeuteten. Und Moslemfrauen tragen heute das Kopftuch oft als Zeichen des Widerstandes gegen Islamfeindlichkeit. Das Auftreten als Transvestit ist daher auch eine Trotzreaktion eines früh selbstbewussten Schwulen auf die gesellschaftliche Verurteilung, ein Signal: „Ich lasse mir meine Neigung zu Männern nicht kaputt machen! Wenn ihr behauptet, ich sei wegen dieser Neigung wie eine Frau, dann soll's so sein!"

Das Selbstbewusstsein des Gretel-Mannes wird auch vom Namen, den sich als Frau gegeben hat, symbolisiert: „Gretel" ist die deutsche Kurzform von „Margarete". Die heilige Margarete tötete einen Drachen, womit die Überwindung von Lebensschwierigkeiten symbolisiert wird. Gretel glänzt auch im Märchen „Hänsel und Gretel" mit einer besonderen Lebenstüchtigkeit, durch welche sie wiederholt sich und ihren Bruder rettet.

Der Gretel-Mann ist der einzige gleichgeschlechtlich veranlagte Transvestit in den Grimm'schen Märchen. Sein Selbstbewusstsein ist nur vergleichbar mit jenem der jugendlichen Hauptfigur in KHM 54, die sich dort eine innere Stärke erarbeitet, während der erwachsene Gretel-Mann sie bereits hat.

Das Märchen schildert dann eine Begegnung zwischen dem Gretel-Mann und einem möglichen Sexpartner. Dabei ist das Haus mit seinen Öffnungen das Symbol für den Körper, die Einladung nach Hause zum Essen somit eine Einladung zum Sex. Der Eingeladene ist ein „Gast", der nach dem Essen wieder gehen soll. Mehr als Sex ist also von beiden Seiten von Anfang an nicht beabsichtigt. Der Gretel-Mann ist ein Szene-Schwuler, der mit seinen anonymen Partnern nicht mehr als das Eine sucht.

Dieser „Gast" wird später „sittig und höflich" an die Türe klopfen, er gehört also wohl dem gesitteten Bürgertum an. Man erhält den Eindruck, dass er es zum ersten Mal mit einem Mann wagen möchte, denn er zögert, darum muss ihn der Gretel-Mann mit seiner „Herren"-Seite einladen und ihm mit seiner „Herren"-Seite entgegen gehen, d.h. er muss mit seiner Vernunft und Seriosität sein Vertrauen wecken. Währenddessen kehrt er Gretel den Rücken zu, d.h. er verbirgt seinen natürlichen Sex-Drang, um den möglichen Partner nicht abzuschrecken. Was Gretel in dieser Zeit tut, symbolisiert daher die nach aussen verborgenen, lustvollen inneren Bilder des Gretel-Mannes vom bevorstehenden Möchte-Gern-Sex.

Und das sind Bilder des Verspeisens zweier Hühnchen. Mit ihrem langen Spalt an der hinteren Seite stehen sie für den menschlichen Anus. Ihre ausführlich beschriebene Zubereitung schildert symbolisch sehr plastisch das bevorstehende Fick-Vergnügen, wie es sich der Gretel-Mann wünschen würde: Das Aufspiessen steht für die aktive Rolle, das Bestreichen mit Butter für das Einreiben mit Gleitcreme, wofür damals womöglich tatsächlich

---

[43] Aldrich 2006, S. 106/107. Und Spencer 1996, S. 188/189.
[44] Guldin 1995, S. 20.

weiche Butter verwendet wurde. Das Schlecken mit den Fingern steht fürs Arschlecken, das Essen von aussen (Flügel) nach innen für das Eindringen, der (Wein-)Trunk im Keller für die Ausschaltung des Verstandes und die zunehmende Hingabe an die Wunschvorstellung.

Gretel verspeist bei dieser Fick-Vision beide Hühnchen, also auch jenes, das vom Herrn für den Gast bestimmt war. Das heisst: Wenn es nur nach den natürlichen Wünschen dieses Gretel-Mannes ginge, würde er trotz seinem Auftreten in Frauenkleidern nur die aktive, „männliche" Rolle wünschen. Er ist also in Wirklichkeit gar nicht so weiblich, wie die Gesellschaft Männern wie ihm unterstellt. Der vom Herrn, d.h. von seiner Verstandes-Seite, geplante Rollentausch (ein Hühnchen für jeden der beiden Sex-Partner) ist nur als Kompromiss gedacht, damit es überhaupt zum Sex kommen kann.

Doch Gretel dürfte eigentlich die Hühnchen nicht verspeisen. Sie muss die Bestrafung fürchten, wenn die Sache entdeckt wird. Damit ist die damalige gesellschaftliche Verstossung und gerichtliche Bestrafung gemeint, wenn Männern Sex miteinander nachgewiesen werden konnte. Der Strafende wäre der Herr, der dabei nicht als andere Seite des Gretel-Mannes interpretiert werden kann. An dieser Stelle klemmt also die symbolische Zweit-Bedeutung des Märchens.

Sie klappt nur, wenn man den Herrn hier als patriarchale Gesellschaft mit ihren „Herren"-Autoritäten auffasst. Sie wären es, die Gretel im Falle der Entdeckung bestrafen würden.

Wenn man den Herrn hier so versteht, dann ist die Verurteilung von Männersexliebhabern durch Staat und Gesellschaft das eigentliche Thema des Märchens, denn es dreht sich von hier an alles nur noch um die Frage, ob es Gretel gelingt, der Entdeckung und Bestrafung zu entgehen. Der Gretel-Mann ist diesbezüglich in besonderer Gefahr wegen seiner Aufmachung in Frauenkleidern, mit welcher er eher Aufmerksamkeit auf sich zieht. Er ist zwar mit sich selber im Reinen, gerade deswegen aber nicht mit der Gesellschaft, die Männer wie ihn nicht will und die „Unkeuschheit wider die Natur" oder „Sodomie" bestraft. Mit dem Begriff war, etwas unscharf, grundsätzlich jeder Sex gemeint, der nicht heterosexueller Geschlechtsverkehr war, aber insbesondere der Analverkehr, und dabei wiederum insbesondere jener zwischen Männern, weil dabei ein Mann zur Frau gemacht wurde. Strafbar waren beide Rollen, gesellschaftlich verachtet war aber vor allem die passive.

Im vorliegenden Fall kommt es aber gar nicht zum Sex. In der symbolischen Sprache des Märchens: Es kommt gar nicht dazu, dass der Gretel-Mann und sein Gast gemeinsam die beiden Hühnchen verspeisen. Der „Gast" erwartete nämlich verständlicherweise von einem in Frauenkleidern auftretenden Mann, dass er Sex in der weiblichen Rolle sucht. Als er jedoch endlich „sittig und höflich" anklopft, d.h. bereit ist zur Penetration, merkt er, als ob Gretel es ihm verbal mitteilen würde, dass der Gretel-Mann sein Messer wetzt, d.h. eine Erektion hat. Er merkt damit, womit er nicht gerechnet hat, dass nämlich auch der Transvestit die aktive Rolle sucht. Das empfände er, als ob ihm die Ohren abgeschnitten würden. Gemeint ist natürlich das Abschneiden eines anderen Körperteils. Der „Gast" fürchtet also, wenn er gebumst würde, wäre er nachher kein Mann mehr. Dabei gilt für ihn offenbar: Einmal die Männlichkeit verloren, immer verloren. Darum kommt auch der vom „Herrn" von Anfang an geplante und nun vorgeschlagene Kompromiss mit dem Rollentausch (ein Hühnchen für jeden der beiden Männer) für diesen „Gast" nicht in Frage und er nimmt Reissaus. So scheitert der erhoffte Sex diesmal daran, dass der angepeilte Partner nicht zur passiven Rolle bereit ist. Aber der Gretel-Mann hat bestimmt schon Männer angetroffen, die zum Rollentausch bereit waren. Seine detaillierten Sex-Vorstellungen zeigen, dass er einschlägige Erfahrungen haben muss. Ein solches Beispiel wird nicht vorgeführt, wie es in Grimm'schen Märchen ganz allgemein keine Beschreibung einer *erwachsenen* männlichen *Haupt*figur gibt, die sich von hinten penetrieren liesse. Das wäre in der damaligen patriarchalen Gesellschaft wohl zu heikel gewesen, sogar, wenn es gut von Symbolik verkleidet wäre.

Der Gretel-Mann entgeht diesmal also der Entdeckung, weil es gar nicht zum Sex kommt. Wie erwähnt, ist die Gefahr des Entdeckt-Werdens und der daraus folgenden Bestrafung aber das Thema des Märchens. Was will es dazu sagen?

Schon mit seinem Titel kündigt es eine positive Einstellung zu Gretel und damit zur Sexualität des Gretel-Mannes an, denn Klugheit ist eine positive Eigenschaft. Man könnte Gretels Verhalten auch, weniger freundlich, als „listig" oder, wegen des Diebstahls, gar als „böse" bezeichnen. Das Verspeisen der Hühnchen wird dann mit viel Verständnis geschildert: Der Herr kommt mit seinem Gast die längste Zeit nicht, die Hühnchen drohen zu verschmoren („Der eine Flügel verbrennt"; „das eine ist doch angegriffen"). Erst unter diesem Druck beginnt Gretel, das erste Hühnchen selber zu verspeisen. Das Weiterfahren dient dann nur noch der eigenen Beruhigung („wenn's all ist, hast du Ruhe"; „Wo das eine ist, muss das andere auch sein"). Der Druck und die Beruhigung stehen wohl für das Nachgeben gegenüber dem natürlichen sexuellen Druck, unter dem ein Mann steht. Der Gretel-Mann hat einen Samenstau, und der kann bei ihm nur mit einem Mann befriedigt werden. Er ist mit seiner Gretel-Seite ein sympathischer Schlingel ohne böse Absichten. So soll im Leser eine Sympathie für Männersexliebhaber, sogar die damals am meisten verachteten unter ihnen, eben die Transvestiten, geschaffen werden.

Gretel hat noch zwei allgemeinere Rechtfertigungen für das Nachgeben gegenüber ihren sexuellen Neigungen. Durch die Sympathie, die für sie geschaffen wird, wird die Leserschaft aufgerufen, diese zu teilen:

Die eine ist religiöser Art: „Gott gesegne's dir, Gretel", sagt Gretel zum Trunk, und die Hühnchen bezeichnet sie als „gute Gottesgabe". In dieser Sicht ist die Sexualität, auch jene zwischen Männern, von Gott, und was von Gott ist, soll man als „Gottesgabe" geniessen. Gott ist hier, völlig unkirchlich, ein Gott der Natur ohne Dogmen. Ein Gott, der den Menschen geschaffen hat, wie er ist, und daher auch möchte, dass er seine Sexualität geniesst, auch wenn sie gleichgeschlechtlich ist.

Das andere Argument betrifft die Männlichkeit: Gretel rechtfertigt das Verspeisen der Hühnchen vor sich selber auch damit, dass dies „recht" und „billig" sei („was dem einen recht ist, das ist dem anderen billig"). Der Erzähler bestätigt dies mit der Bemerkung, Gretels Trunk sei „ehrbar". Gemeint ist, dass der Gretel-Mann ein „richtiger" Mann ist und darum männliche Ehre hat, da seine Natur nur Sex in der „männlichen" Rolle sucht und er sich lediglich aus praktischen Gründen bumsen lässt, weil es sonst zwischen Männern nicht zum Geschlechtsverkehr kommen kann.

Wenn das Thema des Märchens die Bestrafung und gesellschaftliche Verstossung gleichgeschlechtlich fühlender Männer ist, dann sind alle diese Überlegungen als Argumente für eine mildere Beurteilung von gleichgeschlechtlich veranlagten Männern durch die Gesellschaft und den Staat gedacht. Zusammengefasst:

- Die Neigungen dieser Männer beruhten auf ihrer Natur,
- diese sei von Gott und solle darum genossen werden,
- und diese Männer seien ebenfalls „richtige" Männer, denn sie wollten von Natur aus nur Sex in der aktiven Rolle und liessen sich nur aus praktischen Gründen bumsen.

Während die ersten beiden Argumente überzeugen, tut dies das dritte nicht. Es gibt sehr wohl Männersexliebhaber, die sich gerne bumsen lassen. Das dies nicht so sei, ist offensichtlich ein Zweckargument, das den Eindruck hervorrufen soll, Männer mit gleichgeschlechtlicher Neigung würden *von Natur aus* dem patriarchalen Männerbild entsprechen. Die Behauptung dürfte dem Ziel dienen, den Sex zwischen Männern für die patriarchale Gesellschaft akzeptabel zu machen. Aber gerade die Hilflosigkeit des Argumentes verrät, wie schwierig, ja unmöglich dies ist. Patriarchale Gesellschaften ertragen es nun einmal nicht, wenn ein Mann beim Sex die „Frau" ist.

Trotzdem gab es seit der Französischen Revolution Politiker und Fachleute, die für die Entkriminalisierung der „widernatürlichen Unzucht" eintraten. Man kann ihre Argumente vergleichen mit jenen, die das Märchen vorbringt:

- Als erstes Land entkriminalisierte Frankreich während der Revolution die „Sodomie" mit der Begründung, bei Sex im gegenseitigen Einvernehmen zwischen Erwachsenen gäbe es keine Geschädigten, ein aus den Menschenrechten abgeleitetes Argument, das im Grimm'schen Märchen fehlt. Dafür findet sich dort, passend zur deutschen Romantik des beginnenden 19. Jahrhunderts, die alternative Natur-Religiosität, die in der politischen Diskussion in Frankreich keine Rolle spielte.

- Später im 19. Jahrhundert verlangten einige Ärzte die Entkriminalisierung, weil Homosexualität eine vererbbare psychische Degenerationserscheinung sei und Krankheiten nicht zu bestrafen seien. Das Märchen wirbt mit umgekehrten Argumenten: Gerade *weil* Gretel ihre Natur angenommen hat, ist sie kerngesund und lebenstüchtig, und dies macht sie zur Sympathie-Trägerin, die man nicht gerne bestraft sähe.

Mit seinen Argumenten geht es dem Märchen auch um eine gesellschaftliche Besserstellung. Die Philosophen und Ärzte, die für die Entkriminalisierung eintraten, verachteten dagegen, genau wie die ganze Gesellschaft, die Homosexualität weiter abgrundtief aus jenem Grund, den ich oben erwähnte: Eine patriarchale Gesellschaft erträgt es nicht, wenn ein Mann beim Sex die „Frau" ist.

Die gesellschaftliche Besserstellung der Homosexualität wurde daher, ebenso wie in vielen Ländern (z.B. BRD, Grossbritannien, USA) die Entkriminalisierung, erst möglich mit der neuen Frauenbewegung und der damit verbundenen Überwindung des Patriarchates mit seinen Geschlechterbildern. Das Märchen ist also mit seinem Ziel einer gesellschaftlichen Besserstellung und der damit verbundenen Ansicht, die Homosexualität sei von Gott geschaffen und kerngesund, seiner Zeit weit voraus.

Ich vergleiche im Folgenden das Grimm'sche Märchen noch mit dem Original Strobls. In diesem sind die wichtigsten homosexuellen Symbole (Hühnchen-Essen, Messer-Wetzen, Ohren-Abschneiden) bereits enthalten, aber die Geschichte lässt trotzdem keine Interpretation mit homosexueller Zweitbedeutung zu: Der Herr war bei Strobl früher verheiratet, und er lädt „einen seiner Freunde" ein. Dies sowie die umfangreichere Rahmengeschichte verunmöglichen es, ihn als andere Seite Gretels zu verstehen. Erst die Grimms ermöglichten mit ihren Textbearbeitungen die homosexuelle Zweit-Interpretation. So kürzten sie die Einleitung und entfernten den Herrn ganz daraus, während sie die roten Absätze der Gretel einfügten, und bei der Mahlzeit liessen sie den in der Vorlage genannten Salat weg, der bei einer homosexuellen Deutung stören würde.

Inhaltlich kehrten sie die Botschaft der Vorlage in ihr Gegenteil um. Bei Strobl lautet der Titel „Oster-Märl", enthält also keine positive Beurteilung der Gretel. Und in der Geschichte wird sie als negatives Beispiel einer Hausangestellten dargestellt: Sie verfällt dem Alkohol, kann sich beim Verspeisen der Hühnchen „nit mehr enthalten", ihr Ess- und Trinkdiebstahl wird am Ende entdeckt und sie wird dafür vom Herrn weggejagt. Die Moral: Die Herrschaft zu hintergehen ist böse; man tut es, wenn man sich zu wenig im Griff hat; und man wird zu Recht bestraft dafür.

Die ganze homosexuelle Zweitbedeutung des Märchens sowie alles, was auf Sympathie für Gretel angelegt ist, mit dem Ziel, für eine mildere Beurteilung gleichgeschlechtlich veranlagter Männer durch Staat und Gesellschaft zu werben, stammen also von den Grimms. Das erklärt auch, weswegen diese homosexuelle Zweitbedeutung an gewissen Stellen, wo es um die Bedeutung des „Herrn" geht, ein bisschen klemmt: Weil sie in der Vorlage nicht enthalten war.

KHM 85: Die Goldkinder
Oder: Auch ein Schwuler ist Gold wert

Dieses Märchen stammt aus mündlicher Quelle und wurde den Brüdern Grimm durch Friederike Mannel vermittelt[45]. In den KHM wurde es in der ersten Ausgabe (1812) zum ersten Mal veröffentlicht und danach noch etwas erweitert. Ich interpretiere im Folgenden die Fassung letzter Hand und vergleiche sie danach mit den früheren Grimm'schen Fassungen.

Das Märchen besteht aus zwei Teilen. Im Mittelpunkt des zweiten stehen die titelgebenden Zwillinge, die ich als zwei Seiten eines Jungen verstehe. „Golden", d.h. ganz aus Gold und nicht nur nach aussen goldig aussehend, ist sein ganzes Wesen von Geburt an, denn es entstand aus dem zerstückelten goldenen Fisch, den der Vater fing. Der Fisch ist ein Phallussymbol, das auch in anderen Märchen vorkommt (z.B. KHM 19, 126). Er steht hier für den Phallus des Vaters. Das goldene Wesen des Sohnes ist hier also aus dem Samen des Vaters entstanden. Dass der Sohn somit alles vom Vater und nichts von der Mutter geerbt habe, befremdet heute, erklärt sich aber damit, dass die Eizelle erst 1827 entdeckt wurde.[46] Vorher meinte man, der Mensch entstehe aus dem Samen des Vaters und die Mutter sei nur dessen Gefäss.

Von Geburt an golden sind auch die beiden Pferde und Lilien, die den Goldkindern zugeordnet sind. Die Pferde symbolisieren in den Märchen Männlichkeit, die Lilie aufgrund ihrer Blütenform Weiblichkeit, beides ist auch sexuell gemeint. Entsprechend steht die weisse Lilie in der christlichen Symbolik für die Reinheit und Jungfräulichkeit Mariae. Die Pferde und die Lilien symbolisieren also die von Geburt an männliche bzw. weibliche Seite des Goldjungen. Er hat von Geburt an ein androgynes[47] Wesen, aus dem in der Pubertät sexuell männliche und weibliche, d.h. aktive und passive Neigungen entstehen.

Man könnte daher, vor allem wegen der passiven Neigungen, erwarten, dass er auf Männer steht. Aber scheinbar ist das nicht so, denn er sieht auf seiner Reise in die Welt, d.h. ins Erwachsenenleben, ein Mädchen, „das war so schön, dass er nicht glaubte, es könnte ein schöneres auf der Welt sein. Und weil er eine so grosse Liebe zu ihm empfand, so ging er zu ihm und sagte: „Ich habe dich von ganzem Herzen lieb, willst du meine Frau werden?"". Die Stelle scheint zu zeigen, dass er aufs andere Geschlecht steht. Vorsicht ist aber am Platz: Er findet das Mädchen schön und liebt es, *bevor* er zu ihm hingeht, also bevor er es näher kennen gelernt hat, und als er zu ihm geht, folgt bereits der Heiratsantrag. Das wirkt reichlich überstürzt, die erklärte Liebe wirkt eingeredet. Es ist, als flüchte er vor etwas in die Ehe. Wovor, verrät die Formulierung „weil er eine so grosse Liebe zu ihm empfand". Warum heisst es nicht einfach: „Weil er es so sehr liebte"? Weil sich „zu ihm" auch auf einen Mann beziehen kann. Die Formulierung versteckt und enthüllt gleichzeitig, was sich nachher bestätigen wird: Der Goldjunge liebt und begehrt nur Männer. Aber er kann das nicht annehmen und flüchtet vor der Wahrheit über sich selber in eine eingeredete Liebe zu einem Mädchen und in die Ehe.

Seine angeborene androgyne Natur bedeutet also, dass er sexuell aktive und passive Neigungen hat und gleichgeschlechtlich orientiert ist, auch in der Liebe. Heute würden wir sagen: Er ist ein Schwuler, der beim Sex beide Rollen sucht.

Dies ist das einzige KHM, das ausdrücklich sagt, die Homosexualität sei *nur* erbbedingt und angeboren. Es dürfte mindestens zum Teil Recht haben, denn es ist erwiesen, dass Homosexualität in gewissen Familien gehäuft vorkommt. Ausserdem zeigt die praktische Beobachtung, dass die meisten Schwulen nicht weit werfen können, was auf ein „weibliches"

---

[45] Uther 2013, S. 188.
[46] Entdeckung durch Karl Ernst von Baer, vgl. https://de.wikipedia.org/wiki/Karl_Ernst_von_Baer (18.1.2017)
[47] „Androgyn" bedeutet wörtlich „mann-weiblich", von griechisch „andros" = Mann und „gyne" = Frau.

Armgelenk schliessen lässt, das nur ererbt sein kann. Andererseits ist ein „Schwulen-Gen" bis heute nicht gefunden. Es ist daher gut möglich, dass neben einem angeborenen noch weitere Einflüsse dazu kommen.

Aber, wie gesagt: Der Goldjunge kann seine Neigungen nicht annehmen. Der Grund zeigt sich bereits bei seiner Verabschiedung von zu Hause. Er erklärt dem Vater, dieser könne am Zustand der Lilien erkennen, wie es ihm gehe: Seien sie welk, sei er krank, fielen sie um, sei er tot.

Die Lilien symbolisieren im unversehrten Zustand die weibliche Jungfräulichkeit. Dieser unversehrte Zustand wird hier mit Gesundheit gleichgesetzt, das Sich-Einlassen auf die „weibliche" Rolle beim Sex dagegen mit Krankheit und das Sich-Bumsen-Lassen von hinten mit dem Tod. Mit anderen Worten: Der Junge hält es für „krank", wenn er sich auf seine weiblichen Neigungen beim Sex einliesse, und er würde sich wie vernichtet vorkommen, wenn er sich bumsen liesse. Er ist also ganz dem vom Vater vermittelten patriarchalen Männerbild verhaftet, das dem Mann die passive, „weibliche" Rolle beim Sex verbietet, darum sind die entsprechenden Worte an den Vater gerichtet.

Diese Ablehnung der passiven Rolle ist der Grund, weswegen der Goldjunge seine Neigung zu Männern nicht annehmen kann, denn die beiden Dinge sind bei ihm untrennbar miteinander verbunden, da alles angeboren ist.

Nebenbei zeigen die Bemerkungen über den Zustand der Lilien auch, weswegen die Ärzte seit dem 18. Jahrhundert die Theorie entwickelten, die Homosexualität sei eine „Krankheit": Weil die patriarchale Gesellschaft die sexuell „weibliche" Rolle bei einem Mann für „krank" hielt.

Nach den Mitteilungen über den Zustand der Lilien verabschieden sich die „Goldkinder" vom Vater und beginnen ihre Reise ins Erwachsenenleben. Ihre ersten Erfahrungen sammeln sie in einem Wirtshaus, in dem sie Halt machen und von den Leuten verspottet werden, offenbar wegen des Goldes. Die Androgynität des Jungen ist also sichtbar, wahrscheinlich ist er eine Tunte. Auf jeden Fall wird er wegen irgendetwas sichtbar Weiblichem ausgelacht. Da er sich dessen auch selber schämt, kann er sich nicht wehren, und schämt sich erst recht.

Die Goldjungen reagieren auf das Gespött, indem der eine zum Vater zurückkehrt, während der andere zwar weiter reitet, sich jedoch mit einem Bärenfell überzieht, damit das Gold nicht sichtbar ist. Da die beiden Jungs zwei Seiten desselben Menschen sind, bedeutet ihre Trennung, dass eine Trennung zwischen dem Innenleben und dem nach aussen gebotenen Schein beginnt: Innerlich zieht er sich in sich selber zurück, er würde sich eigentlich am liebsten zu Hause vor den Leuten verkriechen, nach aussen spielt er hingegen weiter das funktionstüchtige Mitglied der Gesellschaft, aber er beginnt dabei seine weibliche Körpersprache zu verbergen. Da er nicht mehr ausgelacht werden will, soll niemand mehr seine weibliche Seite sehen. Er beginnt sich einen falschen Schein anzugewöhnen.

Als Nächstes durchreitet er rasch und unversehrt einen Räuberwald. Räuber leben ausserhalb der gesellschaftlichen Normen und staatlichen Gesetze und stehen daher in mehreren Märchen (deutlich z.B. in KHM 191a) für Männer, die Männer bumsen und ihnen damit ihre Männlichkeit rauben. Der Goldjunge vermeidet also während seiner ganzen Jugendzeit den Sex mit Männern, weil er nicht in die Lage kommen möchte, gebumst zu werden. Dabei zeigt der rasche Ritt, dass er damit auf einer Flucht ist. Es ist eine Flucht vor sich selber. Er flüchtet vor seiner Homosexualität, weil er vor den eigenen „weiblichen" Neigungen flüchtet. Die Mitteilung, dass er auf diese Weise „glücklich" durch den Räuberwald gelange, zeigt, was er nun für sein „Glück" hält: Die erfolgreiche Vermeidung jenes Sexes, den seine Natur eigentlich möchte. Das ist kein wahres, sondern ein eingeredetes Glück. Er beginnt sich mit der Flucht vor seinen eigenen wahren Gefühlen auch falsche Gefühle einzureden. Beides führt ihn als Nächstes in die oben bereits erwähnte eingeredete Liebe zu einem Mädchen und in die Ehe mit ihm. Sie dient der Bestätigung des falschen Scheins und entspricht nicht seinen wahren Gefühlen.

Doch der Brautvater ahnt, dass mit seinem Schwiegersohn etwas nicht stimmt, fürchtet in der Hochzeitsnacht, er sei ein „gemeiner... Bettler", und schaut daher am Morgen nach, ist jedoch beruhigt, als er einen „herrlichen, goldenen Mann" im Bette liegen sieht.

Dass sich der Schwiegervater ins Zimmer der Neuvermählten schleicht, um seinen schlafenden Schwiegersohn nackt zu betrachten, ist nicht wörtlich gemeint. Vielmehr ist der Brautvater hier jene Stimme in der Braut, die ihr sagt, wer ein passender Ehemann ist. Sie hat Zweifel, weil sie fürchtet, er sei impotent (ein „Bettler"). Offenbar vollzieht er die Ehe nicht. Aber als sie ihn am Morgen schlafend betrachtet, sieht sie einen „herr"lichen Mann. Damit ist hier gemeint: ein Mann, der beim Sex der „Herr" sein, d.h. die Machtposition wahrnehmen könnte. Sie sieht also seine Erektion und merkt, dass er kann. Gleichzeitig errät sie, warum er es mit ihr nicht tat, denn sie sieht (gemeint wohl: merkt) auch zum ersten Mal, dass er golden ist.

Dass er auf Männer steht, bestätigt sich gleich, denn er träumt von einem „prächtigen Hirsch", den er jagt. Der Traum verursachte offensichtlich die Erektion. Der Hirsch steht für einen schönen Mann, die Jagd für den Penetrationswunsch, der Traum zeigt die echten Gefühle.

Nun geht der Goldjunge erstmals tatsächlich auf Männerpirsch (auf die Hirschjagd). Die Überlegung dahinter scheint zu sein, dass er sich beweisen will, dass er ein Mann bzw. „Herr" ist, damit er es nachher mit seiner Frau wagt. (Dieselbe Überlegung ist bei dem auf Männer stehenden Mann von KHM 93 leicht belegbar, ist also nicht so abwegig).

Es kommt aber anders: Der Hirsch entkommt immer wieder, wenn er auf ihn anlegt, bis er schliesslich ganz verschwindet. Das bedeutet: Vor lauter Bemühen um die Erektion kommt sie ihm immer wieder abhanden. Er will sich seine Männlichkeit aus lauter Angst vor seiner weiblichen Seite zu sehr beweisen, darum klappt es nicht.

Das Scheitern als Mann zwingt ihn, sich erstmals mit seiner weiblichen Seite auseinanderzusetzen. Sie wird von einer „Hexe" und deren Hündchen symbolisiert, denen er sich nun plötzlich gegenüber sieht, wobei er das Hündchen als „böse Kröte" bezeichnet und totschiessen will. Der Hund steht in mehreren Märchen für den Analverkehr (vgl. den Ausdruck „Hundestellung"), die Kröte wegen ihrer Unappetitlichkeit und ihres Aussehens (von hinten gesehen) für eine negative Sicht der weiblichen Geschlechtsorgane[48], mit denen bei einem Mann das Hinterteil gemeint ist. Die Symbole der Hexe und der Kröte zeigen, wie abgrundtief der Goldjunge seine sexuell „weiblichen" Neigungen hasst. Er möchte sie weghaben, daher die Absicht, die „Kröte", d.h. das Hündchen, totzuschiessen, aber die Hexe verhindert dies, indem sie ihn in einen Stein verwandelt. Wenn man sich wie ein Stein fühlt, ist man unfähig, zu handeln oder Gefühle zu äussern. So fühlt man sich in einer tiefen Depression. Der Junge fällt also angesichts der ihm unlösbar scheinenden Aufgabe, als Mann mit einer weiblichen Seite einen Männlichkeitsbeweis zu erbringen, in eine tiefe Depression. Dabei zeigte das Märchen mit der Erektion im Schlaf: Wenn er seine Scham und Angst vor seiner weiblichen Seite überwinden würde, könnte er durchaus, denn er hat ja auch eine männliche Seite und einen männlichen Körper.

Aus der Depression rettet ihn der zum Vater zurückgekehrte Bruder, d.h. er findet Zuflucht im Ziel, nun umso mehr ein „richtiger" Mann zu sein. Demselben patriarchalen Männerbild, das ihn verunsichert, weil es nicht seiner Natur entspricht, eifert er zur Sicherheit nun umso

---

[48] Bei KHM 1 schrieb ich, der Frosch stehe für eine negative Sicht der männlichen Geschlechtsorgane. Soweit ich sehe, gilt die Zuordnung des Frosches zu den männlichen und der Kröte zu den weiblichen Geschlechtsorganen für alle KHM, in denen jene Symbole vorkommen.

stärker nach. Da er ihm aber eben in Wirklichkeit nicht entspricht, verstrickt er sich damit nur umso tiefer in den bereits begonnenen Selbstbetrug. Das wird als Happy End erzählt, aber dem darf man nicht trauen. Wenn wir ihm trauen, fallen wir auf jenen falschen Schein herein, den der Goldjunge verbreitet, und haben das Doppelbödige des Märchens nicht erkannt. Und in der Tat: Erstens lebt er ein Leben, das nicht seinen wahren Gefühlen entspricht, und zweitens bleibt die entscheidende Frage, ob er nun je den ersehnten Männlichkeitsbeweis erbringen wird, am Ende offen.

Doch in Wirklichkeit bleibt sie nicht offen, denn der erste Teil des Märchens ist auch die Fortsetzung des zweiten. Der Goldjunge hat ja seine androgyne Natur wie seine patriarchalen Männlichkeitsvorstellungen vom Vater, darum wiederholen sich das Leben und die Neigungen des Vaters beim Sohn. Das Märchen erzählt daher im Grunde das Leben *eines* Mannes, im zweiten Teil als Leben des Sohnes im Jugendalter, im ersten als Leben des Vaters im Erwachsenenalter.

Im ersten Teil versucht der Mann nie Sex mit einem anderen Mann. Wenn der erste Teil auch die Fortsetzung des zweiten ist, ist klar, warum: Aus Angst vor einer erneuten Konfrontation mit der Wahrheit, d.h. mit seiner eigenen weiblichen Seite.

Und genauso, wie er am Ende des zweiten Teils die Ehe mit seiner Frau nicht vollzogen hat, hat er sie auch am Anfang des ersten Teils nicht vollzogen. Darauf weisen zwei Dinge: Einmal, dass beide Ehepartner arm sind, womit ein armseliges Leben gemeint sein dürfte; vor allem aber die Tatsache, dass beide nur als „Mann" und „Frau" bezeichnet werden, obwohl klar ist, dass sie ein Ehepaar sind.

Doch eines Tages fängt der Mann einen goldenen Fisch, Symbol einer prächtigen Spontanerektion. Wirft er ihn wieder ins Wasser zurück, erhält er dafür ein prächtiges Schloss, das für ein tolles Eheleben steht, mit üppigem Essen, Symbol des nun möglichen erstmaligen Geschlechtsverkehrs. Der Mann merkt also: Wenn ich meiner Sexualität freien Lauf lasse (den Fisch dorthin zurückwerfe, wo er leben kann), statt sie, wie auf der Hirschjagd, krampfhaft herbeiführen zu wollen, könnte es klappen.

So versucht er es zum ersten Mal und danach noch zweimal, denn er fängt den Fisch später noch zweimal. Ein Vergnügen wird es aber nicht, der Mann ejakuliert zu früh (erstes Mal: „bis er in der Ungeduld heraussagte". Zweites Mal: „dass er herausplatzte"), gibt aber der Frau die Schuld dafür. Beim dritten Mal ist noch weniger Genuss dabei, denn das Schloss mit den tollen Speisen fehlt. Dafür gibt's einen Sohn, womit der Männlichkeitsbeweis wenigstens nach aussen endlich erbracht ist, darum wird nun in dieser misslichen Ehe nie mehr kopuliert. So endet die Lebensgeschichte des Goldjungen wirklich: Ohne Happy End für ihn oder seine Frau, aber mit einem mühsam erbrachten scheinbaren Männlichkeitsbeweis in Gestalt eines Nachwuchses.

Der Geschlechtsverkehr verlief ohne Vergnügen für beide, ging also gemessen am Anspruch auf Genuss schief, weil die Frau wissen wollte, woher das Glück des Schlosses und tollen Essens komme, aber dies gemäss der Bedingung des Fisches nicht wissen darf. Zuerst meint man, sie dürfe nicht wissen, dass das Glück vom Fisch komme. Dieser steht, wie erklärt, für die Erektion des Mannes. Dass er eine solche hat, merkt sie aber sowieso. Der Fisch sagt auch nicht: „Du darfst niemandem sagen, dass dein Glück von mir kommt." Er sagt unbestimmter: Du darfst „keinem Menschen auf der Welt, wer es auch immer sein mag", entdecken, „woher dein Glück gekommen ist." Gemeint ist daher, dass niemand wissen darf, *weswegen* er eine so tolle Erektion hat. Niemand darf wissen, was für innere Bilder zur Erektion führten. Was das für Bilder sind, zeigte der ebenfalls von einer Erektion begleitete Traum im zweiten Teil: Bilder von prächtigen Hirschen, d.h. nackten Männern. Mit anderen Worten: Der Geschlechtsverkehr verläuft wenig erhebend, weil der Mann ständig fürchtet, die Frau könnte merken, dass er auf Männer steht, darum kommt er zu früh. Paradox ist: Wenn die Frau dieselbe ist wie im zweiten Teil, dann weiss sie bereits, dass er auf Männer steht, hat das aber für sich behalten, sodass er nicht weiss, dass sie es weiss. Seine Angst ist daher überflüssig und ein Ergebnis der früher gepflegten totalen Tabuisierung der homosexuellen Neigung. Dass das Märchen selber das Verschwiegene erraten lässt, aber nur dank sehr vorsichtigen Hinweisen, spiegelt dieses Tabu und bricht es gleichzeitig ganz vorsichtig.

Doch die Fragen der Frau sind nicht der eigentliche Grund, weswegen der Geschlechtsverkehr mit ihr unbefriedigend verläuft. Der eigentliche Grund liegt tiefer, die Fragen der Frau kratzen nur daran: Zu den „Menschen auf der Welt, wer es auch immer sein mag", die nicht von der Homosexualität des Mannes wissen dürfen, gehört nämlich auch der Mann selber, denn auch er ist ein Mensch auf der Welt. Damit der Geschlechtsverkehr mit der Frau schön sein könnte, müsste er also die Bilder von nackten Männern zulassen, ohne dies zu wissen. Das ist ein unauflösbarer Widerspruch, der den eigentlichen Grund für sein Scheitern enthüllt: Seine Unfähigkeit, sich selber mit seinen natürlichen sexuellen Neigungen anzunehmen. Nur darum hat er eine solche Angst, jemand anders könnte sie erraten.

Für ihn und Männer wie ihn hat dieses Märchen aber eine Botschaft. Gold steht nämlich auch für das Kostbarste, Wertvollste. Dass der Junge, die Pferde und die Lilien aus Gold sind, soll daher auch sagen: „Sei stolz auf Dich als ganzen Menschen, mit allen deinen Seiten, auch der weiblichen, höre also auf, dich darüber zu schämen!" Würde der Goldjunge dem Rat folgen, dann könnte er die Bilder, die ihm beim Sex innerlich kommen, geniessen statt fürchten, dann wäre der Grund für seine sexuellen Hemmungen beseitigt und seine männliche Seite könnte sich beim Sex ungehindert entfalten, dann könnte es sogar mit seiner Frau klappen.

Besonders mutig für eine patriarchale Gesellschaft ist, dass das Märchen die weibliche Seite ausdrücklich in den Selbstwert einbezieht. Kritisieren könnte man dagegen, dass in jedem Stolz auch die Gefahr mitschwingt, dass man auf Andere herabschaut. Aber die Übertreibung ist wohl nötig als vorübergehender Ausgleich für die vorherige gesellschaftliche und Selbstverachtung. Gemeint ist eigentlich: „Du bist wertvoll als ganzer Mensch, mit allen deinen Seiten!"

Diese Botschaft erklärt wohl auch, weswegen das Märchen behauptet, die Homosexualität sei angeboren: Weil sie dann nicht geändert werden kann; die Botschaft der Selbstannahme überzeugt dann mehr.

Dies ist eines von nur zwei KHM, welche ihre schwulenfreundliche Botschaft nicht mit einem alternativen Christentum, sondern mit einem Argument aus dem Umfeld der Aufklärung begründen: Dass man sich mit seiner ganzen Natur annehmen und wertschätzen soll, passt zum grösseren Gewicht, das die Aufklärung dem Individuum beimass. Dass die Homosexualität natürlich sei und angenommen werden solle, sagten die aufklärerischen Philosophen allerdings nicht. Das Märchen ist damit seiner Zeit weit voraus. Es erinnert mit seinem Aufruf zum Stolz auf sich selber, der eigentlich als Aufruf zu einem Selbstwertgefühl gemeint ist, bereits an die heutige „Gay Pride", mit dem Unterschied, dass es ihm nicht um einen politischen Kampf, sondern nur um ein persönliches Selbstwertgefühl geht. Aber auch heute geht es bei den Pride-Umzügen auch darum, sich selber Wert und Mut einzureden.

Dieses Märchen zeigt besonders deutlich das, was ich als „subversive Methode" bezeichne und was man auch bei etlichen weiteren Grimm'schen Märchen zu gesellschaftlich heiklen Themen[49], nicht nur zur Homosexualität, findet: Es erzählt eine Geschichte mit einem Schein-Happy-End und einer Schein-Botschaft, welche es mit seiner versteckten wahren Botschaft unterläuft. Meist wird der Hinweis zu letzterer schon mit dem Titel gegeben, allerdings nicht immer so direkt wie in den „Goldkindern". Ziel der Doppelbödigkeit dürfte sein,

---

[49] Z.B. KHM 110 „Der Jude im Dorn", KHM 52 „König Drosselbart" oder KHM 55 „Rumpelstilzchen", welche ich im Anhang der ausführlichen Fassung meines Buches ebenfalls kurz analysiere.

gesellschaftlich nicht anzuecken, aber auch, den Leser in dieselbe Lage wie in der damaligen Wirklichkeit mit ihren Vorurteilen zu manövrieren, nur um ihm dann zu zeigen, dass er sich irrt. Die Methode diente also auch dazu, die Leserschaft zum Nachdenken über eigene Vorurteile anzuregen.

Zum Schluss noch ein Vergleich mit der ersten Grimm'schen Fassung von 1812, wodurch auch einige Rückschlüsse auf die nicht erhaltene Vorlage möglich sind.

In der Fassung von 1812 fehlt der Satz „weil er eine so grosse Liebe zu ihm empfand", und im ersten Teil sagt der Mann nach seiner Ankunft im Schloss: „Das gefällt mir wohl", ein Satz, den die Grimms später der Frau in den Mund legten. Die versteckten Hinweise, wonach der Goldjunge Männer liebt, fehlten also ursprünglich, dafür hatte er auch Lust auf Frauen. Die erste Fassung und daher wahrscheinlich auch die Vorlage erzählten daher eine etwas andere Geschichte: Ein Mann mit einer starken weiblichen Seite liebt nur seine Frau, hat aber Lust auf Sex mit beiden Geschlechtern, hat jedoch Schwierigkeiten mit der Penetration, weil er wegen seiner ebenfalls vorhandenen Lust auf die „weibliche" Rolle meint, er sei kein richtiger Mann. Mit der durch das Gold symbolisierten Botschaft wird ihm geraten: „Nimm deine „weibliche" Seite innerlich an, dann schaffst du den Geschlechtsverkehr mit deiner Frau." Diese ursprüngliche Botschaft erklärt, weswegen der Teil mit dem Geschlechtsverkehr mit der Frau dem anderen vorangestellt ist: Weil er das ursprüngliche Thema einführte, die Frage, wie der Geschlechtsverkehr mit der Frau für einen Mann mit weiblicher Seite klappen kann. Und die ursprüngliche Botschaft erklärt auch einen (auf den ersten Blick wenig auffallenden) Widerspruch in der Grimm'schen Fassung letzter Hand: Dass die Lilien zu Hause unter der Kontrolle des Vaters mit seinen patriarchalen Vorstellungen bleiben, passt dort nämlich nicht. Damit wird, in Übereinstimmung mit dem vom Vater vertretenen patriarchalen Männerbild, dem Goldjungen geraten, seine Wünsche nach der passiven Rolle nur anzunehmen, aber *nicht* auszuleben. Dies macht in der endgültigen Grimm'schen Fassung wenig Sinn, denn wenn er nur gleichgeschlechtlich liebt und begehrt, müsste er konsequenterweise bei Selbstannahme eine Partnerschaft mit einem Mann eingehen, in welcher er beide Rollen wahrnehmen müsste. Aber in der ursprünglichen Fassung macht der Rat, die passiven Neigungen *nicht* auszuleben, Sinn, weil es dort um die Frage geht, wie der Geschlechtsverkehr *mit der Frau* klappen könnte. Die Grimms wollten dem Märchen offenbar durch ihre Erweiterungen eine klarer homosexuelle Richtung geben und trotzdem nichts daran ändern, dass die Lilien zu Hause bleiben.

Ursprünglich war der Rat der Selbstannahme also an bisexuelle Männer gerichtet, damit der Geschlechtsverkehr mit der Ehefrau klappt und sie heterosexuell leben können. Die Grimms machten daraus eine Botschaft der schwulen Selbstannahme.

KHM 90: Der junge Riese
Oder: Der jahrelange sexuelle Missbrauch eines Jugendlichen und seine Folgen

Dieses Märchen wurde den Brüdern Grimm durch den Pfarrer Goldmann vermittelt[50] und ist bereits in der ersten KHM-Ausgabe enthalten (1815). Die Grimms änderten später am Text nur noch ganz wenig, ohne Auswirkungen auf den Inhalt.

Ein Riese entführt einen kleingewachsenen Buben und säugt ihn, bis er ein grosser, starker Mann ist. Mit dem Säugen soll wohl die Übertragung eines anderen Körpersaftes symbolisiert werden. Darum sehe ich es als Überbleibsel eines vorchristlichen indoeuropäischen Brauches,

---

[50] Uther 2013, S. 198.

der im alten Kreta nachweisbar ist[51] und sich auch im griechischen Ganymed-Mythos[52] erhalten hat: Männer entführten Buben und machten sie durch anale Übertragung ihres Samens und Unterweisung zu Männern.

Die Hauptfigur wird von einem als Riesen dargestellten Mann also während seiner Jugendzeit zu sich genommen und von hinten penetriert mit dem Argument, er werde auf diese Weise zum Mann.

Aber das Märchen stammt aus christlicher Zeit und sieht solchen Sex daher nicht als normale Entwicklungsstufe eines Jugendlichen. Das zeigt sich schon darin, dass der Penetrierte nachher ein Leben lang ein „Riese" ist. Riesen sind in Märchen Kraftprotzer, die sich und der Welt ihre Stärke beweisen müssen, weil sie sich innerlich schwach fühlen. Der Junge ist also zwar körperlich gross und stark geworden, aber innerlich fühlt er sich klein und schwach. Der Grund ist leicht zu erraten: Weil er jahrelang beim Sex wie eine Frau behandelt wurde. Da die Verunsicherung beim Sex entstand, zeigt sich das kompensierende Machtbedürfnis auch am deutlichsten beim Sex: Der junge Riese steht nun unter dem Zwang, starken und mächtigen Männern (Schmied bzw. Amtmann) und schliesslich auch Frauen (Frau des Amtmanns) beängstigend kräftige Fusstritte geben zu müssen. Dass damit unzimperlicher Geschlechtsverkehr von hinten gemeint ist, verdeutlicht verschiedene zusätzliche Symbolik. So bleibt beim Schmied der Amboss ob den Schlägen des jungen Riesen in der Erde stecken, ein Symbol dafür, dass der Phallus des jungen Riesen im Anus des Schmiedes festgehalten wird, weil sich die Schliessmuskeln des Penetrierten vor Schmerz verkrampfen. Weiter ersetzten die Grimms das „Amt", zu dem der junge Riese in der ersten Fassung (1815) nach dem Erlebnis mit dem Schmied gelangt, durch das „Vorwerk", wohl als vorsichtigen Hinweis, dass der Mann beim Amtmann mit etwas werkeln möchte, was an seiner vorderen Seite ist.

Dabei ist er kein böser Mensch: Er vergewaltigt nie, sondern penetriert immer nur nach vorheriger Vereinbarung (gegen Lohnverzicht) und willigt in die Vorschläge des Amtmannes, wie man die Einlösung jenes Versprechens aufschieben könnte, ein. Es scheint, dass er selber gerne von dieser Art Sex-Zwang befreit würde.

Der erste diesbezügliche Vorschlag wird von der Reinigung des Brunnenschachtes symbolisiert. Der Schacht steht wegen seiner röhrenartigen Form für den Ort, an dem der Geschlechtsverkehr stattfindet, die Reinigung steht für dessen Unterlassung. Der Amtmann schlägt also vor, der junge Riese solle während einiger Zeit auf das vereinbarte Bumsen von hinten einfach verzichten. Währenddessen gibt er aber hinter seinem Rücken den Auftrag zu einem Anschlag auf ihn: Ein Mühlstein wird auf ihn hinabgeworfen.

Angesichts der nachher deutlicher werdenden Symbolik des Mühlsteins (vgl. unten) ist damit wohl der Versuch gemeint, den jungen Riesen von hinten zu vergewaltigen, wohl in der damals verbreiteten Annahme, er verliere auf diese Weise seine Männlichkeit und sei danach zu Sex von vorne nicht mehr fähig. Das ist genau das Gegenteil dessen, was der Riese am Anfang des Märchens über die Folgen der Penetration des Jungen dachte: Der Riese glaubte, auf diese Weise Männlichkeit auf den Passiven zu übertragen, der Amtmann glaubt, sie werde ihm genommen. Das Märchen will offenbar die Wirkung solcher Penetrationen thematisieren, auch falsche und archaische Annahmen darüber.

Doch der Anschlag des Amtmanns misslingt: Der Betrogene durchstösst den Mühlstein unbeschadet mit seinem Kopf, ein auch in KHM 47 vorkommendes Bild für die Penetration von hinten. Statt sich penetrieren zu lassen, bumst der junge Riese also den auf ihn Angesetzten.

---

[51] Aldrich 2006, S. 31; Greenberg 1988, S. 106-109.
[52] Der höchste griechische Gott, Zeus, entführte in Gestalt eines Adlers den schönen Hirtenjungen Ganymed zu sich auf den Olymp und machte ihn dort zu seinem Mundschenk, Sex eingeschlossen.

Darum versucht es der Amtmann nun auf eine andere Art: Der junge Riese soll eine Nacht in der Mühle verbringen, welche, wieder wie in KHM 47, für die Männersexszene steht. Der Amtmann hofft anscheinend, dass dort das geschehen werde, was mit dem Anschlag nicht klappte: Dass der junge Riese gebumst wird, danach kein Mann mehr ist und ihn deswegen nicht mehr so, wie vereinbart, dran nehmen kann.

Diesmal wird er tatsächlich gebumst, was von den Ohrfeigen symbolisiert wird, die er erhält. Aber die Folgen sind keineswegs die vom Amtmann erwarteten, denn der junge Riese „nahm nichts umsonst, sondern gab reichlich zurück". Das bedeutet, dass er, *gerade weil er gebumst wird*, dies anderen Männern zurückgibt, jedoch nicht unbedingt denselben, die es ihm antaten, denn es geschieht in der Dunkelheit, wo man, wie in der nächtlichen Männersex-Szene sehr wohl möglich, nicht erkennt, mit wem man Sex hat.

Dies ist die Schlüsselstelle des Märchens, denn sie zeigt, dass sowohl die alte heidnische wie auch die damals verbreitete und vom Amtmann vertretene Vorstellung über die Folgen des Gebumst-Werdens für einen Mann falsch sind. Richtig ist dagegen, dass ein Mann dies wie eine Ohrfeige empfindet, die er weitergeben möchte.

Dass dies hier in der Dunkelheit geschieht, hat noch eine andere Bedeutung, denn die Dunkelheit ist auch die Zeit des In-sich-Hineinhorchens. Dem jungen Riesen wird damit an dieser Stelle auch *bewusst, warum* er unter einem Zwang leidet, Männer ziemlich brutal von hinten penetrieren zu müssen: Weil er weitergeben will, was ihm einst selber angetan wurde. Die Erkenntnis hilft ihm aber nicht, sie befreit ihn nur vom Zwang, unbedingt Männer von hinten zu penetrieren, es können von nun an auch Frauen sein, denn er erkennt, dass es ihm um Dominanz, nicht um Männer geht. Darum ist nachher die Mühle, der Ort des Männersexes, erlöst, und er bumst den Amtmann *und* seine Frau.

Doch alle Bemühungen, ihn von seinem analen Penetrations-Zwang abzubringen, sind gescheitert. Am Ende nimmt er seine Eisenstange, mit der Ähnlichkeit zum Zepter ein Macht- und Stärkesymbol, und zieht weiter, d.h. sein Leben wird wohl so weiter gehen wie bisher. Er wird ein Leben lang zu Zärtlichkeit und Liebe unfähig bleiben, weil Sex für ihn immer nur so sein kann, wie er ihn als Jugendlicher empfand: ein Demütigungs- und Unterwerfungsmittel, allerdings nun mit umgekehrten Rollen. Möglicherweise wird er sogar das, was ihm als Jugendlichem angetan wurde, als Täter mit neuen Jugendlichen wiederholen, denn auch der Mann, der es ihm antat, war ein „Riese".

Die Meinung, ein Mann werde durch die passive Rolle zur Frau, stimmt also nicht, und der Rest des uralten heidnischen Brauches erweist sich als das, als was er auch heute noch gesehen würde: ein schwerer Fall von sexueller Nötigung und Missbrauch eines Jugendlichen mit seinen lebenslangen Folgen.

Dabei wurde dieser Junge nicht zufällig Opfer, sondern, weil er von den Eltern vorgeschädigt war: Nach der Zeit beim Riesen kehrt er nämlich kurz zu ihnen zurück und versucht, von ihnen zu bekommen, was er braucht und sich von ihnen wünscht. Dies ist auch als Erinnerung an seine Kindheit zu sehen. Er erinnert sich hier auch, wie es ging, als er damals versuchte, von seinen Eltern das zu erhalten, was er sich gewünscht hätte.

Dabei zeigt sich: Das von der Mutter zubereitete Essen, symbolisch für Zuwendung, reicht ihm nicht. Er erhält und erhielt von der Mutter also nie genug Liebe. Passend dazu, spricht sie von ihm als Kind ganz unpersönlich als „kleines Ding", als ob er kein Mensch gewesen wäre.

Auch zum Vater war und ist das Verhältnis distanziert, so ist sich der Junge gewohnt, ihn mit „er" anzureden. Üblich wäre von Kind zu Eltern die mehr Nähe ausdrückende Anrede „du" oder allenfalls „ihr". Auch kann der Vater den Wunsch des Sohnes, ihm eine Stange zu bringen, die stark genug ist, nicht erfüllen. Der Junge hätte also gerne einen Vater gehabt, der ein Vorbild an Selbstvertrauen gewesen wäre, aber dieser Vater ist selber schwach und taugt als Vorbild nicht. Passend dazu, kann er „vor Schreck keinen Laut hervorbringen", als er zusieht, wie der Riese seinen Sohn mitnimmt.

Der junge Riese erhielt also als Kind von der Mutter nicht die gewünschte Liebe, vom Vater nicht das gewünschte Selbstvertrauen, und von beiden nicht die gewünschte Nähe. So wurde er Missbrauchsopfer, weil er beim Riesen suchte, was ihm die Eltern nie geben konnten. Allerdings vergeblich, denn die erhoffte Stärke-Stange bringt er auch vom Riesen nicht mit. Er nimmt sie sich erst beim Schmied, seinem ersten Bums-Partner. Aber sie symbolisiert dann keine echte Stärke, sondern eine Ersatz-Stärke, die von der sexuellen Demütigung Anderer lebt. Der junge Riese ist in Wirklichkeit keine starke, sondern eine tragische Figur.

KHM 93: Die Rabe
Oder: Warum Schwule keine Frau heiraten sollten

Das Märchen stammt aus mündlicher Quelle und wurde den Brüdern Grimm, wie KHM 90, durch den Pfarrer Goldmann vermittelt.[53] Nach der Veröffentlichung in der ersten Ausgabe der KHM (1815) änderten die Grimms den Text noch ein wenig, aber inhaltliche Auswirkungen hatte dies nur im zweiten Teil bei den beiden Riesen.

Ich gehe bei meiner folgenden Interpretation von der Fassung letzter Hand aus und vergleiche bei Bedarf mit der Fassung der ersten KHM-Ausgabe von 1815.

Eine junge Frau fühlt sich wie eine Rabe. Ein grammatikalischer Fehler ist das nicht, das Wort „Rabe" konnte früher männlich oder weiblich sein.

Raben galten früher, wohl wegen des schwarzen Gefieders und des Gekrächzes, als Vorboten von Unheil. Vögel stehen ausserdem für Geschlechtsverkehr, aber in der „männlichen" Rolle (vögeln"), welche in der patriarchalen Gesellschaft als Ausdruck der Überordnung in der Ehe und in der ganzen Gesellschaft gesehen wurde.

Diese Frau hat also eine starke männliche Seite und möchte darum beim Geschlechtsverkehr und in der Ehe die erste Geige spielen. Darum befürchtet sie bei diesen Themen Unheil, denn solche Frauen waren in der damaligen, von Männern dominierten Gesellschaft nicht erwünscht. Einen passenden Partner zu finden, war für sie schwierig.

Die Frau wurde schon in frühester Kindheit in eine Rabe verwandelt, weil die Mutter dies wünschte, da sie nicht gehorchte. Das bedeutet: Sie möchte der „Mann" sein, seit sie sich erinnern kann, und zwar als Folge eines distanzierten Verhältnisses zur Mutter, von der sie sich nicht geliebt fühlte und die darum für sie kein Vorbild war. Dafür macht sie aber das eigene Verhalten verantwortlich, ein Zeichen von Schuldgefühlen über ihre männliche Seite. Doch ihr bestrafter Ungehorsam fand statt, als sie „noch auf dem Arm getragen werden" musste. Da ist es normal, dass Babys nicht gehorchen, sie können ja gar nicht verstehen, was gesagt wird. Das Märchen will damit sagen: Die Raben-Frau fühlt sich zu Unrecht schuldig über ihre männliche Seite. Die Schuldgefühle kommen wohl von dem, was sie von der Gesellschaft über Frauen, die auf Macht erpicht sind, verinnerlicht hat. Die Gesellschaft will solche Frauen nicht, sie passen nicht ins patriarchale Bild der demütig dem Mann dienenden Frau, darum wird behauptet, es stimme etwas mit ihnen nicht.

Ein schlechtes Gewissen verhindert die Entstehung eines Selbstwertgefühls. Das erklärt, warum die Raben-Frau in der folgenden Geschichte nie wagt, offen zu sagen, was sie von einem Mann möchte. Womit die Suche nach einem passenden Partner noch schwieriger wird, als sie sonst schon wäre.

---

[53] Uther 2013, S. 205.

Doch schliesslich begegnet sie einem Mann, von dem sie glaubt, er wolle dasselbe wie sie und könne sie daher erlösen, ohne dass sie etwas über sich selber erklären müsse. Er ist die andere Hauptfigur des Märchens. Sie sagt ihm, er könne sie erlösen, indem er zu einem Haus im Wald gehe, dort kein Essen und Trinken von der alten Frau, der er dort begegne, nehme und anschliessend im Garten auf einer Lohhucke (Holzbürde) stehend auf sie warte, bis sie um zwei Uhr mit einem Gespann von Hengsten komme.

Die alte Frau hat, entgegen dem, was Uther in seinem Handbuch schreibt[54], nichts Dämonisches an sich, sondern ist mit ihrer Fürsorge für den Mann, der um die Mittagszeit nichts Essen und Trinken will, eine Mutterfigur und steht darum für die durch eine enge Bindung an die Mutter entstandene weibliche Seite im Mann. Das erklärt, weswegen die Raben-Frau glaubt, er könne sie erlösen: *Sie* ist eine Frau mit starker männlicher Seite, welche durch ein distanziertes Verhältnis zur Mutter entstand; *er* ist ein Mann mit starker weiblicher Seite, welche durch eine enge Bindung an die Mutter entstand. Die Raben-Frau glaubt daher, er sei ihr Gegenstück und wolle darum beim Sex und in der Ehe dasselbe wie sie, auch, wie sie, ohne es sagen zu können. Ein Mann gibt ja, mindestens in einer patriarchalen Gesellschaft, nicht gerne zu, dass er sich gerne von einer Frau dominieren lässt.

Der auf horizontal liegenden Holzstücken im Garten aufrecht stehende Mann ist ein durchsichtiges Symbol für den Geschlechtsverkehr in der Missionarsstellung. Solcher Geschlechtsverkehr symbolisiert die angeblich natürliche Unterordnung der Frau, welche dadurch bestätigt wird, dass die Raben-Frau mit gezügelten Hengsten ankommen will, also ihre männliche Seite bei diesem Sex zügeln will.

Doch hier stutzt man: Ist Geschlechtsverkehr, der ihre Unterordnung ausdrückt, wirklich, was die Raben-Frau will und was sie erlöst? Das wäre ja in vollständigem Widerspruch zu ihrer Dominanz-Willigkeit.

Und darum ist es in Wahrheit auch nicht, was sie will. Deswegen tut sie alles, damit der Mann dabei versagt: Sie kommt um zwei Uhr, der Zeit der grössten Nachmittags-Müdigkeit, und sie sagt ihm voraus, er werde sie nicht erlösen, und entmutigt ihn so gezielt. Er schafft es auch tatsächlich nicht, und zwar wegen seiner weiblichen Seite, denn er trinkt etwas von der alten Frau.

Die Raben-Frau tut nun so, als sei sie nicht erlöst und darum traurig. In Wirklichkeit ist sie erfreut und halb erlöst, *weil er scheiterte*. Das sieht man aber erst später, als der Mann sie erneut trifft und sie eine Jungfrau statt einer Rabe ist. Sie *wollte*, dass er in der Missionarsstellung scheitert, und sie erwartete und erhoffte es wegen seiner weiblichen Seite auch, nur *deswegen* wollte sie gerade ihn als Erlöser. Aber das wagte sie ihm nicht zu sagen.

Nun kann sie ihm mitteilen, was sie von Anfang an wünschte, aber bisher nicht zu sagen wagte, und was sie denkt, wolle er insgeheim selber auch, ohne es eingestehen zu können: Er kann sie erlösen, indem er zu ihr zum goldenen Schloss auf den Stromberg kommt. Mit der Erlösung ist jetzt nur noch die Erlösung vom Jungfrauen-Dasein gemeint. Auf dem Stromberg soll also der Wunsch-Geschlechtsverkehr stattfinden, der die Jungfrau erlösen soll und der ihrer Meinung nach auch der geheime Wunsch-Sex des Mannes ist. Der „Strom" ist hier nicht Elektrizität, denn diese spielte im Leben der Menschen noch kaum eine Rolle. Gemeint ist hinunter strömende Flüssigkeit. Der Berg steht für etwas Aufragendes, das Gold des darauf stehenden Schlosses für das schöne Eheleben. Das Ganze ist ein Symbol für den Geschlechtsverkehr in der Reiterstellung, bei welcher die Frau die Machtstellung hat und bei welcher diese Frau erwartet, erregt zu werden. *Das* ist also, was sie möchte und wovon sie denkt, er wolle es wegen seiner weiblichen Seite insgeheim auch, könne es aber nicht eingestehen, weil es den patriarchalen Bildern vom mächtigen, handelnden Mann und der passiven, hilfsbedürftigen Frau widerspricht.

---

[54] Ebenda, S. 206.

Während sie ihn beim Versuch in der Missionarsstellung entmutigte, tut sie darum nun das Gegenteil. Sie schreibt ihm: „es steht in deiner Macht, das weiss ich gewiss", und gibt ihm Fleisch, Wein und Brot, die nie alle werden, Symbole seiner sich immer wieder erneuernden sexuellen Energie, an die sie ihn erinnert.

Doch die Raben-Frau täuscht sich ganz gewaltig in diesem Mann. Denn er wird im Folgenden mit den nicht alle werdenden Lebensmitteln etwas ganz Anderes tun, als was sie meint. Davon wird sie aber nie etwas erfahren. Sie ist bei dem, was jetzt folgt, nicht dabei, und er wird nie darüber reden.

Was also tut er nun? Es beginnt damit, dass er nicht weiss, wo das Schloss von Stromberg liegt. Er wagt also zunächst keinen neuen Versuch in einer anderen Stellung mit der Frau. Er trennt sich sogar von ihr, denn er geht nun „lange Zeit" alleine in der Welt umher. Der Misserfolg hat ihn offenbar in eine tiefe Krise gestürzt, bis er eines Abends in einem anderen Wald ein „Heulen und Jammern" hört, das ihn am Einschlafen hindert. Es sind Stimmen aus seinem leidenden Innern, denen er nun folgt.

Er gelangt zu einem Haus, vor dem ein Riese steht. Der Riese will ihn zuerst, wie er auch fürchtete, fressen. Das ist, wie in anderen Märchen (z.B. KHM 47), ein Bild für eine Vergewaltigung von hinten, die der Mann wie eine Vernichtung empfände. Wir sind hier also an einem vor den Blicken der Öffentlichkeit versteckten Ort, wo Männer in der Nacht Sex haben miteinander.

Der Mann stellt sofort klar, dass er nicht verschluckt werden möchte, das heisst: dass er die passive Rolle für sich ablehnt. Dafür bietet er dem Riesen sein tolles Essen an, das dieser annimmt. Da das Essen das Vergnügen bereitet, ist derjenige, der es liefert, der Aktive. Ähnlich ist auch in KHM 54 derjenige, der ein ständig sich erneuerndes Essen liefert, der Aktive beim Männerbumsen.

Der Riese lässt sich also – entgegen dem, was er zuerst androhte – bereitwillig vom Mann bumsen. In der ersten Fassung des Märchens ist das deutlicher, denn dort essen sich „beide" von den unerschöpflichen Lebensmitteln des Mannes „recht satt", während in der Fassung letzter Hand, wenig überzeugend, nur der Riese nach Herzenslust isst.

Im Vergleich zum missglückten früheren Sexversuch mit der Raben-Frau fällt auf, wie problemlos und fast wie von selbst der Mann einen anderen Mann bumst, obwohl es für ihn offenbar das erste Mal ist. Das zeigt klar, wo seine Natur dabei ist und wo nicht.

Wir sehen nun, was die Raben-Frau nie erfahren wird: Die starke innere weibliche Seite bedeutet nicht, dass der Mann von einer Frau dominiert werden möchte, sondern dass er Sex mit Männern möchte, und zwar, trotz weiblicher Seite, in der „männlichen", dominierenden Rolle. Er ist also, entgegen dem, was *sie* meint, nicht ihr Gegenstück, das insgeheim dasselbe will wie sie.

Der Riese lebt mit seinem „Bruder" zusammen, der bald heimkehrt und mit dem er ein Kind säugt. Mit Letzterem dürfte dasselbe gemeint sein wie, ausführlicher geschildert, am Anfang von KHM 90: Die beiden Männer bumsen einen männlichen Jugendlichen mit dem Argument, sie würden ihn durch die Übertragung des männlichen Samens zu einem „richtigen" Mann machen. Die beiden Riesen fühlen offenbar gleichgeschlechtlich und leben darum in einer vor den Blicken der Öffentlichkeit (symbolisch: im Wald) versteckten und vom gemeinsamen Haus symbolisierten Lebensgemeinschaft.

Dazu, ob sie auch *miteinander* Sex haben, sagen die erste und die endgültige Fassung des Märchens Unterschiedliches: Gemäss Letzterer isst der zweite Riese nach seiner Heimkehr alleine und sucht danach in „seiner Kammer" nach Landkarten. Die beiden Riesen haben also keinen Sex miteinander und teilen das Schlafzimmer nicht. Sie scheinen daher tatsächlich biologische Brüder zu sein, die aufgrund ihrer gleichgeschlechtlichen Orientierung einen gemeinsamen Haushalt führen.

Gemäss der ersten Fassung essen die Drei dagegen nach der Heimkehr des zweiten Riesen gemeinsam, und der Bruder steigt nachher in „eine" Kammer. Demnach führen die beiden eine gleichgeschlechtliche Partnerschaft und beziehen ab und zu gerne einen Dritten in ihren Sex ein. Dass sie als „Brüder" dargestellt werden, bedeutete daher in der ursprünglichen Fassung nicht, dass sie biologische Brüder sind, sondern dass sie Männer mit demselben Lebensthema sind, das von der Riesen-Gestalt symbolisiert wird. Riesen sind in Märchen Männer, die ein Minderwertigkeitsgefühl durch nach aussen gezeigte Kraftmeierei auszugleichen versuchen. Das Minderwertigkeitsgefühl kommt hier wohl davon her, dass sie sich vom Partner und von Dritt-Männern bumsen lassen.

Die ursprüngliche Fassung überzeugt hier viel mehr. Warum entfernten die Grimms die gleichgeschlechtliche Partnerschaft aus diesem Märchen, während sie sonst Vorlagen nur in schwulenfreundliche Richtung veränderten? Der Grund dürfte nicht die Partnerschaft, sondern der darin stattfindende Sex gewesen sein. Dass erwachsene Männer einander bumsen, ist heikel, offenbar noch heikler, als wenn, wie in anderen Märchen manchmal geschildert (z. B. bei den Köhlern in KHM 54 und beim König in KHM 126), ein Jugendlicher einen Erwachsenen bumst. Das dürfte auch erklären, weswegen die Grimms, wie weiter oben beschrieben, auch den vorangehenden Sex zwischen dem Riesen und dem Mann verunklärten. Dass die Partnerschaft zwischen den beiden Riesen hier sexual-moralischen Bedenken zum Opfer fiel, ist schade. Sie war in der ursprünglichen Fassung die einzige in Grimm'schen Märchen vorkommende Partnerschaft, in der erwachsene Männer einander bumsen. Überdies mutete sie mit dem Einbezug Dritter in den Sex recht modern an. Denn auch heute führen Schwule viel häufiger offene Partnerschaften als Heteros.

Für den Mann des Märchens ist der Sex mit Männern von Anfang an nur als Durchgangsstation gedacht auf dem Weg zur Ehe mit seiner Freundin. Darum fragt er nach dem Sex als Erstes die Riesen nach dem Stromberg. Offenbar wollte er sich beim Sex mit Männern beweisen, dass er bumsen kann, um sich zu ermutigen, es nachher erneut mit der Frau zu wagen.

Der Mann will also nicht dauerhaft gemäss seinen wahren, gleichgeschlechtlichen Neigungen leben, vermutlich, weil er sich darüber zu sehr schämt. Da ist es nur logisch, dass er es auch nicht fertig bringt, mit seiner Freundin oder sonst jemandem darüber zu reden.

Damit zeigen sich gewisse Unterschiede und Gemeinsamkeiten zwischen ihm und der Raben-Frau im Umgang mit der eigenen andersgeschlechtlichen Seite: Beide schämen sich darüber zu sehr, als dass sie darüber zu reden wagen, doch die Frau versucht wenigstens, zu einer Partnerschaft zu gelangen, in welcher sie danach leben kann, während dies für den Mann nicht in Frage kommt. Er schämt sich über seine weibliche Seite offenbar noch viel mehr als sie sich über ihre männliche. Die vermutliche Erklärung: Die andersgeschlechtliche Seite wertet Mann und Frau in der patriarchalen Gesellschaft als Mann bzw. Frau ab, aber als *Menschen* wertet sie die Frau auf und nur den Mann ab. Denn Männer gelten in patriarchalen Gesellschaften als wertvoller. Das erklärt auch, warum bis heute Frauen weniger Probleme mit Lesben als Männer mit Schwulen haben.

Immerhin zeigt das Beispiel der Riesen, dass es auch gleichgeschlechtlich fühlende Männer gibt, die *trotz* Minderwertigkeitsgefühl (versteckt) in einer Partnerschaft leben, die ihren wahren Neigungen entspricht (jedenfalls in der ersten Fassung des Märchens).

Der Stromberg kann mit Hilfe der Riesen schliesslich auf einer Landkarte lokalisiert werden. Der Mann findet also endlich den Mut, zu seiner Freundin zurückzukehren. Doch am Fuss des Berges angelangt, kann er nicht hinauf, er gleitet an den Glaswänden ab. Er bringt also keine Erektion zustande. Ganz anders als bei den Riesen, wird er bei der Frau nicht erregt.

Da dämmert ihm eines Tages, wie der Geschlechtsverkehr klappen könnte: Er muss sich mit einem Zaubermantel unsichtbar machen, d.h. die Augen schliessen, um den Körper der Frau nicht zu sehen, danach mit einem Zauberpferd rasch den Glasberg hinaufreiten, d.h. sich rasch der Frau zuwenden, und dann mit dem Zauberstab die Türe öffnen, d.h. ohne Umschweife einfach eindringen. Gemeint ist wohl, dass es so in Ausnützung einer Spontanerektion, die er irgendwann hat, klappen könnte. Also: Wenn es einmal soweit ist, Augen zu und möglichst schnell die Sache hinter sich bringen.

Vorher muss er aber, wenn er jene Spontanerektion hat, seine dabei auftauchenden Gefühle für Männer verdrängen. Oder in der Symbolsprache des Märchens: Er muss die drei Zauberdinge den drei sich streitenden Räubern, die sie gefunden haben, wegnehmen. Räuber stehen in etlichen Märchen für gleichgeschlechtlich fühlende Männer, weil diese von der Gesellschaft als Verbrecher behandelt werden. Hier stehen sie für die gleichgeschlechtliche Neigung des Mannes. Ihre Symbolik und dass er den Räubern dreimal zuruft: „Gott sei mit euch!" zeigt, wie tief er seine Homosexualität hasst und warum er daher nicht entsprechend leben will: Er hält sie für verbrecherisch und ein Zeichen des Abfalls von Gott, ganz wie es die Kirche und die Gesellschaft damals behaupteten.

Nachdem er den Räubern die drei Gegenstände durch ein falsches, nachher nicht eingelöstes Versprechen (er werde ihnen wertvollere Dinge geben) entwendet und ihnen Stockschläge verabreicht hat, gelingt der Geschlechtsverkehr mit der Frau in der Reiterstellung, wie geplant. Sein Abspritzen und zugleich seine damit bewiesene Ehetauglichkeit werden durch das Klingen des Rings symbolisiert, den er in den Kelch mit Wein wirft, welchen die Partnerin vor sich hat. Er hat es nicht genossen, die drei sich erneuernden tollen Nahrungsmittel fehlen hier, aber er ist stolz auf den vollbrachten Männlichkeitsbeweis, darum setzt er sich nachher aufs Pferd, das Symbol seiner Männlichkeit.

Auch *sie* hat, entgegen ihrer Erwartung, nichts genossen: Er ritt auf den „Glasberg" und nicht auf den „Stromberg", der aufgrund der sexuellen Anspielung mit der fliessenden Flüssigkeit für ihren Genuss steht; sie kam nicht dazu, den vor ihr stehenden Wein, Symbol der beim Sex gefühlten Entgrenzung, zu trinken; am Ende hat sie nicht einmal gemerkt, dass das jetzt ihre Erlösung hätte sein sollen, denn sie ruft aus, der Mann müsse in der Nähe sein, der sie erlösen *werde*. Passend dazu, wird sie auch *nach* seinem Eindringen noch als „Jungfrau" bezeichnet („Er trat ein und ging die Treppe hinauf bis oben in den Saal, da sass die Jungfrau ..."). Das führt zur Frage: Was für merkwürdiger Geschlechtsverkehr war das nun genau? Hat er sie nun entjungfert oder nicht? Die Antwort findet man nur in der ersten Fassung des Märchens. Dort heisst es: Er „schmiss" den Ring in ihren Kelch. Das änderten die Grimms später zu: Er „warf" ihn hinein. „Schmeissen" bedeutet nicht nur „werfen", sondern auch: „mit Kot beschmutzen". Das Verb wird daher, wie auch in KHM 42 und in der Vorlage zu KHM 199, als Anspielung auf Analverkehr verwendet und wurde von den Grimms gerade deswegen hier und in KHM 199 durch das sexuell unverdächtige „werfen" ersetzt, das besser zu anständigen „Kinder- und Hausmärchen" passt.

Der Mann hat die Frau also, wie er das von den Riesen her gewohnt ist, von hinten her penetriert. Das ist bei der Reiterstellung ohne Weiteres möglich. Er hat getan, was sie verlangte, aber es war überhaupt nicht, was sie meinte und wollte. Entjungfert im eigentlichen Sinne (vaginal) wurde sie nicht, und genossen hat sie erst recht nichts.

Auch bezüglich Dominanz hat sich dieser Sex als Gegenteil dessen herausgestellt, was die Königstochter erwartete und erhoffte: *Er* bestimmte trotz Reiterstellung alles, und er nimmt sie nachher in den Arm, ein Bild für die von ihm in der zukünftigen Ehe beabsichtigte Machtverteilung. Er hat sich somit nicht als derjenige herausgestellt, für den sie ihn hielt. Trotzdem macht sie gute Miene zum ungeliebten Spiel, tut hinterher so, als hätte sie erlöst („Jetzt hast du mich erlöst"), und kündigt die Hochzeit an. Warum steigt sie aus dem Vorhaben nicht aus? Wohl, weil sie den Grund für ihren Irrtum nie erfährt. Sie ahnt nicht, dass er auf Männer steht, und glaubt daher weiterhin, es gebe für sie keinen Besseren als ihn. Das ist tragisch, denn ein Heterosexueller könnte sie wenigstens lieben, wodurch auch die

Chance auf für sie schönen Sex grösser wäre, und vielleicht wäre er ihr zuliebe auch zur Reiterstellung bereit. Beispiele in anderen Märchen gibt es (z.B. KHM 127 oder 193).

So landen beide in einer Ehe, die sie scheusslich finden, aber da sie das nicht zu sagen wagen, meinen sie, der Andere sei glücklich. Ein kolossales Missverständnis, das nie geklärt wird. Passend dazu, fehlen am Ende alle Hinweise auf Freude, Glück oder Vergnügen. Wobei diese Ehe für *sie* noch viel schlimmer ist als für *ihn*. Denn erstens bestimmt in der patriarchalen Ehe juristisch *er*, und zweitens hat *er* wenigstens, was er sich in den Kopf setzte, wenn es auch nicht seiner Natur entspricht, während *sie* eigentlich etwas suchte, was ihren Neigungen entsprechen würde.

Zuerst könnte man denken, das Märchen meine diese Geschichte als Aufforderung an Menschen mit einer starken andersgeschlechtlichen Seite, deswegen kein Minderwertigkeitsgefühl zu haben und darüber zu reden. Damit könnte das ganze Missverständnis vermieden werden, und es würde auch der heutigen Mode entsprechen, sich selber toll zu finden und über alle Probleme zu reden. Aber man versucht vergebens nach Hinweisen im Text, wonach das Märchen so gemeint ist. Mit gutem Grund: In der damaligen Gesellschaft gab es keinen Platz für Männer, die Anderen von ihrer Homosexualität erzählen, oder für Frauen, die offen verkünden, sie würden gerne beim Sex und in der Ehe die erste Geige spielen. Entsprechende Coming Outs wären damals einfach nicht möglich oder mindestens äusserst schwierig gewesen.

Es gibt aber zahlreiche Hinweise, dass das Märchen sagen will: „Wenn du eine starke andersgeschlechtliche Seite in dir hast, und wenn du dich darüber schämst, dann versuche trotzdem ehrlich, gemäss deinen wahren Neigungen, zu leben!" Im Märchen tun das die Frau und (in der ersten Fassung deutlicher) die Riesen, nicht aber der Mann. Das Märchen richtet sich daher in erster Linie an Männer mit gleichgeschlechtlicher Neigung. Es ruft sie auf, nicht zu heiraten, sondern ehrlich zu leben.

Was alles auf diese Botschaft weist:

- Der Mann betrügt und schlägt die Räuber, als er ihnen die drei Gegenstände wegnimmt, die er zum Sex mit der Frau braucht. Da die Räuber für seine eigene Homosexualität stehen, heisst das: Ihre Unterdrückung ist ein Selbstbetrug und Gewalt an sich selber. Sie kann daher höchstens verdrängt und nicht überwunden werden, denn die Räuber sind ja noch irgendwo, und der nachfolgende Sex zeigt, dass der Mann Frauenkörper weiterhin nicht attraktiv findet.

- Die beiden Riesen sind als Vorbilder gedacht, am deutlichsten in der ersten Fassung, wo sie eine auch sexuell miteinander gelebte Partnerschaft führen. Passend dazu, sind sie in diesem Märchen keine bösen Figuren, sondern stellen sich als harmlos und hilfsbereit heraus. Sie leben vor, was möglich würde, wenn sich der Mann entschlösse, ehrlich zu leben, selbst bei weiter bestehendem Minderwertigkeitsgefühl, das die Riesen auch haben.

- Das Hauptargument findet sich im Titel. Man kann sich ja fragen, weswegen dort die Frau genannt wird, obwohl die Geschichte nachher viel mehr vom Mann handelt. Ich denke, weil damit auf das Schicksal aufmerksam gemacht werden soll, das der Mann ihr bereitet, indem er nicht ein Leben nach seinen wahren Gefühlen sucht. Die an gleichgeschlechtlich fühlende Männer gerichtete Botschaft: „Schaut mal, was ihr eurer Frau antut, wenn ihr unehrlich mit euch selber seid und heiratet!"

KHM 99: Der Geist im Glas
Oder: Vielleicht ein Aufruf, Jungs zu bumsen

Dieses Märchens geht auf eine Geschichte in der arabischen Märchensammlung „Tausendundeine Nacht" zurück[55], die stark verändert und ganz an abendländische Bedingungen angepasst wurde. Die direkte Vorlage zur Grimm'schen Fassung scheint unbekannt zu sein.[56] Die Grimms selber änderten den Text des Märchens, nachdem sie es in die erste Ausgabe ihrer Sammlung (1815) aufgenommen hatten, nicht mehr entscheidend.

Ob es überhaupt ein Märchen über Homosexualität ist, ist aber nicht klar. Darum kommentiere ich es im Folgenden nur sehr knapp.

Das Leben der Hauptfigur, eines Jugendlichen, wird durch die Begegnung mit einem Geist aus einer Flasche in eine neue Bahn gelenkt. Der Geist steht für die erwachende Sexualität des Jugendlichen. Solange er (der Geist) in der Flasche ist, sieht er aus wie ein Frosch, der, wie im „Froschkönig", für ein sexuell bedingtes, noch schlechtes Selbstwertgefühl als Mann steht, denn der Junge hat seine Männlichkeit noch nicht bewiesen. Der aus der Flasche befreite, in die Grösse wachsende Geist steht für eine Erektion, das Bedrohliche des Riesen-Geistes für die Angst des Jungen, seine Sexualität könnte ihn beherrschen. Aber er bewegt den Geist dazu, in die Flasche zurück zu schrumpfen, nur um ihn darauf erneut zu befreien. Er lernt also, seine Sexualität zu kontrollieren, statt sich von ihr kontrollieren zu lassen. Damit ist er bereit für das Heilpflaster, das ihm der Geist gibt und das ihm zwei Fähigkeiten verleiht:

Erstens die Heilung von Menschen. Da das Heilpflaster das Geschenk des Erektions-Geistes ist, ist damit gemeint, dass der Junge Menschen heilt, indem er sie bumst.

Und zweitens die Umwandlung von Stahl und Eisen in Silber. Der Junge probiert das dann mit der Axtschneide aus. Die Symbolik dieser Umwandlung beruht auf der doppelten Bedeutung der Axt: Sie ist einerseits Instrument für die mühsame Arbeit des Holzhackens, andererseits aber aufgrund ihrer Form (der Stiel führt in eine beidseits gerundete Schneide) auch ein Symbol für den Geschlechtsverkehr. Die erstgenannte Bedeutung hat sie, wenn die Schneide aus Eisen ist. Die zweite, wenn sie aus Silber ist, denn mit einer silbernen Schneide kann man keinen Baum fällen, wie das Märchen zeigt. Die Umwandlung der Axtschneide von Eisen zum kostbareren Silber bedeutet daher: Der Junge ersetzt in seinem Leben die von seinem Vater vertretene Wertschätzung harter Arbeit durch die aus seiner Sicht viel lohnendere Wertschätzung der Lust.

Er führt nun also ein lustvolles Leben, indem er viele Menschen durch Geschlechtsverkehr beglückt und in dieser Kunst auch eine ziemliche Fertigkeit entwickelt, sodass er „der berühmteste Doktor auf der ganzen Welt" wird.

Welchem Geschlecht die Geheilten bzw. Gebumsten angehören, sagt das Märchen nie. Das ist seltsam. Wären es (nur) Mädchen, könnte man es ohne Weiteres berichten. Es könnten also auch andere Jungs sein, vielleicht sogar zur Hauptsache. Noch Weiteres lässt dies vermuten:

Erstens war es für Mädchen damals nicht nur gut, sich einfach zum Vergnügen bumsen zu lassen, es brachte auch die Gefahr einer vorehelichen Schwangerschaft mit all ihren Folgen (gesellschaftliche Verurteilung).

Zweitens ist der Geist, der dem Jungen das Heilpflaster schenkt, „Mercurius", der römische Gott der Reisenden, Handelsleute und eben auch der Sexualität. Bei diesem Jungen ist also die römisch-griechische Sexualmoral wieder erwacht, bei welcher die Sexualität grundsätzlich

---

[55] Uther 2013, S. 215.
[56] Gemäss Uthers Handbuch schrieb Wilhelm Grimm das Märchen ab (Uther 2013, S. 214), doch eine handschriftliche Grimm'sche Urfassung ist, jedenfalls im Nachlass Grimm, nicht vorhanden (Antwort der Staatsbibliothek Berlin, Preussischer Kulturbesitz, auf meine Mail-Anfrage vom 18.7.2016).

positiv gesehen wurde und auch der gleichgeschlechtliche Sex in bestimmten Formen zulässig war (allerdings nicht als *Anal*verkehr, in diesem Punkt würde das Märchen von der Antike abweichen).

Drittens studiert der Junge gemäss der ersten Fassung des Märchens von 1815 unbestimmt an „Schulen", in jener letzter Hand jedoch präziser an „hohen" Schulen, das heisst Universitäten. Für die Zeit nach dem Erhalt des Pflasters dürfte die Präzisierung der Wirklichkeit entsprechen, denn der Junge wurde älter. An höheren Schulen gab es aber keine Mädchen, denn diesen wurde die höhere Schulbildung erst in der zweiten Hälfte des 19. Jahrhunderts zugänglich gemacht. In der Umgebung, in welcher der Junge verkehrte, nachdem er das Heilpflaster erhielt, gibt es also wahrscheinlich nur andere Jungs. Auch dies lässt vermuten, dass er vor allem sie bumst.

Radikal lustfreundlich und damit gegen die kirchliche Lustfeindlichkeit gerichtet, ist das Märchen auf jeden Fall, wenn es sagt, Menschen würden geheilt, wenn sie gebumst werden. Wenn mit den Geheilten auch, vielleicht sogar zur Hauptsache, Männer gemeint sind, ist es dazu auch radikal antipatriarchal, ähnlich wie KHM 42, wo ein Mann mit Hilfe von Heilwasser statt eines Pflasters heilt. Gemeint ist auch dort der Geschlechtsverkehr, aber dort ist eindeutig, dass mit den Geheilten nur Männer gemeint sind. Antipatriarchal ist dies, weil mit der Ansicht, wonach die passive Rolle für Männer heilsam sei, die sexuelle Grundlage der patriarchalen Machtansprüche, nämlich das Passivverbot für Männer, unterlaufen wird. Das ist für eine patriarchale Gesellschaft äusserst mutig und könnte erklären, warum dieses Märchen nicht wagt, das Geschlecht der Gebumsten zu nennen. Damit aber würde es sich, falls es wirklich Männer meint, am Tabu der Homosexualität beteiligen, was dann wieder nicht so fortschrittlich wäre.

KHM 106: Der arme Müllerbursch und das Kätzchen
Oder: Wenn Buben durch ihren Pflegevater sexuell missbraucht wurden

Dieses Märchen wurde den Brüdern Grimm, wie KHM 6, von Dorothea Viehmann, ihrer Lieblings-Märchenerzählerin, vermittelt.[57] Die Grimms fügten nach der Erstveröffentlichung (1815) eine längere Passage am Abend der Ankunft des Müllerburschen beim Kätzchen sowie eine weitere kurze Stelle am Anfang hinzu (auf Letztere verweise ich gegen Ende der folgenden Interpretation). Beides ändert am Inhalt und der Botschaft des Märchens nichts.

Ein Müller beauftragt seine drei Knechte (Burschen), in die Welt hinauszugehen. Wer das beste Pferd zurückbringe, der solle die Mühle erhalten.
Das Pferd ist auch hier ein Männlichkeitssymbol. Es geht also darum, dass die drei möglichst „richtige" Männer werden sollen. Sie befinden sich dementsprechend beim Hinausziehen in die Welt am Anfang ihrer Jugendzeit. Das bestätigt sich später beim dritten, denn ihm werden bis zur Rückkehr die Kleider „überall zu kurz".
Dies bedeutet, dass die Drei vorher, als sie dem Müller „etliche Jahre" lang als Burschen dienten, im Kindesalter waren. Es geht hier also um das Erwachsenwerden von Buben, die bereits als Kinder einem fremden Mann als Knechte dienen mussten. Dies wohl wegen ihrer Armut. Dass der Dritte arm ist, erfahren wir bereits im Titel, dasselbe dürfte auf die beiden Anderen zutreffen. Müller jedoch waren wohlhabend. Dieser Müller nahm also drei Buben zu sich, für welche ihre Eltern nicht sorgen konnten. Er sorgt für sie, dafür müssen sie für ihn arbeiten. In der Schweiz wurden solche armen Kinder früher von den staatlichen Behörden Pflegeeltern, oft Bauern, anvertraut, damit der Staat bei der Armenunterstützung sparen

---

[57] Uther 2013, S. 227.

konnte. Man nannte sie „Verdingkinder", von „verdingen" = „zur Arbeit vermieten". Ob der Müller die drei Buben im Auftrag der Behörden oder auf eigene Initiative bei sich aufnahm, sagt das Märchen allerdings nicht.

Aber der dritte dieser Buben, der „alberne" (d.h. dumme) Hans, hat noch einen weiteren Makel, wie man bald ahnen kann: Als die Drei von der Mühle weggehen, wollen sie ihre erste Nacht in einer Höhle verbringen. Als der dritte eingeschlafen ist, verlassen ihn die beiden „Klugen" und „liessen Hänschen liegen". Am nächsten Morgen „krappelte" er alleine die Höhle hinauf und ruft: „Ich bin hier ganz allein und verlassen, wie soll ich nun zu einem Pferd kommen!"
Die Höhle ist hier ein Symbol der Gebärmutter, das Ganze auch eine Erinnerung, wie es Hans nach der Geburt ging. Darum wird er nur an dieser einen Stelle „Hänschen" genannt, darum auch das Hinaus-„Krappeln" aus der Höhle. Dass er danach sofort alleine und verlassen ist, soll daher zeigen: Er wurde von seinen Eltern schon unmittelbar nach der Geburt verlassen, er ist ein Waisenkind, das der Müller bei sich aufnahm.
Waisenkinder wurden, wie uneheliche Kinder, bis vor nicht allzu langer Zeit, gesellschaftlich verachtet und waren beliebte Opfer von Schikanen anderer Kinder oder auch Erwachsener. Das erklärt, weswegen Hans als „Kleinknecht" in der Knechte-Hierarchie zuunterst stehen muss und von den beiden anderen Knechten als „albern" abgewertet wird: Wer selber unten ist und das Gefühl hat, auf ihm werde herumgetrampelt, hat es gerne, wenn er Andere findet, auf denen er herumtrampeln kann, weil sie noch weiter unten stehen.

Diese drei in ihrer Kindheit vom Leben nicht bevorzugten Buben sollen und möchten nun also in ihrer Jugendzeit „richtige" Männer werden. Aber alle drei haben grosse Schwierigkeiten damit: Der erste und der zweite schaffen es nicht, denn sie kehren mit einem blinden bzw. lahmen Pferd zurück. Das heisst: Sie schaffen den Geschlechtsverkehr in der aktiven, „männlichen" Rolle, das in der patriarchalen Gesellschaft entscheidende Kriterium dafür, ob einer ein „richtiger" Mann ist, nicht.
Der Dritte hingegen bewältigt die Aufgabe. Das Märchen berichtet nur seine Erlebnisse eingehender. Er wird ein richtiger Mann, indem er sieben Jahre lang einem Kätzchen dient. Katzen sind in Märchen Weiblichkeitssymbole. Passend dazu, entpuppt sich dieses Kätzchen schliesslich als Königstochter. Der dritte Müllerbursche dient also einer Frau. Sie gibt ihm Werkzeuge, mit denen er Aufträge erfüllen muss: eine silberne Sense, ein Phallussymbol, mit einem goldenen Wetzstein, Symbol der Herbeiführung einer Erektion; eine silberne Axt, aufgrund ihrer Form (ein Stiel mündet in zwei gerundete Hälften) ein Symbol für den Geschlechtsverkehr; eine silberne Säge, ein Symbol der Stoss- und Zieh-Bewegungen beim Geschlechtsverkehr; und einen silbernen Keil, Symbol der Klitoris, mit einem kupfernen Schläger, symbolisch gemeint zu deren Erregung. Der Bursche lernt also unter Anleitung einer Frau den Sex mit ihr, insbesondere den Geschlechtsverkehr. Am Ende baut er, ebenfalls auf ihre Anweisung hin, ein kleines Häuschen, aus dem nachher ein Schloss wird, das für das gemeinsame Eheleben steht. So bringt er schliesslich ein prächtiges Pferd heim, d.h. er ist ein toller Mann geworden, und der Erzähler kommentiert im letzten Satz: „Darum soll keiner sagen, dass wer albern ist, deshalb nichts Rechtes werden könne."
Doch es ist nur ein „können", es kommt also nicht immer so heraus, und der Erfolg hat einen hohen Preis: Der dritte Bursche ist nur rein technisch beim Geschlechtsverkehr der „Mann". In jeglicher übriger Hinsicht ist die Macht in seiner Partnerschaft bei der Frau: Sie befiehlt, sogar wie der Sex stattzufinden habe, er gehorcht immer wie selbstverständlich ihren Befehlen und verrichtet in ihrem Auftrag Arbeiten. So ist klar: In der auf diese Weise zustande gekommenen Ehe wird sie der wahre „Mann", das heisst die Trägerin der wahren Entscheidungsgewalt, sein. Die sonst in der patriarchalen Gesellschaft herrschenden Machtverhältnisse werden also umgekehrt sein. Dass der Müllerbursche das hinnimmt, als ob

es natürlich wäre, dürfte viel mit seiner Herkunft als Waisenbub zu tun haben: Er gewöhnte sich früh daran, dass immer alle Anderen über ihm sind und über ihn bestimmen. So nimmt er es auch in der Partnerschaft mit einer Frau als selbstverständlich hin, wobei er mit dieser Königstochter Glück hat, denn sie behandelt ihn gut.

Aber das erklärt nicht, weswegen er den Geschlechtsverkehr nur dank umfangreichen Anleitungen erlernt. Und weshalb ihn die beiden „Klugen" gar nie schaffen, bedarf erst recht einer Erklärung. Hinter ihren Schwierigkeiten liegt ein besonderes Problem verborgen, auf das schon die Mühle verweist, denn sie hat neben der wörtlichen noch eine symbolische Bedeutung. In KHM 47, 90 und 113 steht sie für die Orte, an denen Männer Sex miteinander haben (ich erkläre die Symbolik in meiner Interpretation von KHM 47). Hier ist nicht die Männersex-Szene gemeint, sondern ein Wohnort, an dem Sex zwischen dessen männlichen Bewohnern stattfindet. Dazu passt, dass das Märchen schon im ersten Satz mitteilt, der Müller habe „weder Frau noch Kinder". Er war also wohl nie verheiratet.

So kann man erraten, was hier geschah: Der Müller/Pflegevater missbrauchte die drei ihm zur Obhut anvertrauen Buben bereits in ihrer Kindheit sexuell von hinten, wodurch gemäss einer verbreiteten damaligen Auffassung ihre Männlichkeit stark beeinträchtigt wurde. *Darum* haben sie solche Schwierigkeiten, richtige Männer zu werden.

Der Sex zwischen dem Müller und seinen Knecht-Buben wird auch durch den Kommentar des Müllers zum prächtigen Pferd, das der dritte Bursche schliesslich heimbringt, bestätigt: Er sagt dazu, „so eins wär ihm noch nicht auf den Hof gekommen". Dies bedeutet, dass der Müller selber nie ein so vollständiger Mann war, wie der „alberne Hans" nun einer geworden ist. Der Grund: Der Müller tat es zwar auch in der „männlichen" Rolle, aber nur mit Buben, was als weniger „männlich" gilt, als wenn man es mit Frauen tut.

Nun wird auch klar, was es bedeutet hätte, die Mühle zu erben: Es hätte bedeutet, dass die Missbrauchten so werden wie ihr Ersatzvater und als Erwachsene den Missbrauch weitergeben. Das wollten der erste und der zweite auch, aber sie schaffen es nicht, während der dritte die Mühle von Anfang an nicht wollte, weil er nur an Frauen interessiert ist. So tritt keiner der Drei in die Fussstapfen des Müllers, und keiner sorgt als Mühlenerbe für ihn am Lebensabend (für den Müller zu sorgen, wäre gemäss einer der eingangs erwähnten Grimm'schen Ergänzungen eine mit dem Erben der Mühle verbundene Verpflichtung gewesen). Der Missbrauchs-Täter bleibt am Ende allein.

Dass Pflege-Eltern die ihnen anvertrauten Kinder missbrauchten, auch sexuell, geschah früher verbreitet. Auch viele der erwähnten Verdingkinder in der Schweiz wurden missbraucht, da die Behörden nicht kontrollierten, wie sie behandelt wurden. Sie hatten daher keinen Schutz, sodass sie für Missbrauchstäter die gesuchten Opfer waren.

Das Märchen scheint mir daher das frühere Los von Waisenkindern wie dem „albernen Hans" sehr realistisch zu thematisieren: Als Kind zum Arbeiten gezwungen und ausgebeutet, von den anderen Kindern verachtet und schikaniert, vom Pflegevater sexuell missbraucht, kann er es im Leben nur dadurch zu etwas bringen, dass er das Glück hat, eine ihm sozial überlegene und wohl gesonnene Partnerin zu finden, der er aber dann die bestimmende Rolle in der Ehe überlassen muss und, da solches gewohnt, auch bereitwillig überlässt. Waisenbuben sind also in der damaligen Gesellschaft so weit unten, dass dadurch in der Ehe sogar die in der patriarchalen Gesellschaft sehr starren Geschlechterrollen umgekehrt werden, übrigens auch in einem anderen Grimm'schen Märchen (KHM 51). Man kann sich ausmalen, wieviel deutlicher die Unterordnung in der Ehe und anderswo wäre, wenn das Waisenkind ein Mädchen wäre. Es wäre sozusagen doppelt unten, als Mädchen und als Waisenkind. Hinter dem für die Hauptfigur glücklichen Ende der Geschichte verbirgt sich also das üblicherweise traurige Los von Waisenkindern in der damaligen Gesellschaft.

Nicht ganz so wirklichkeitsnah scheint mir zu sein, wie dieses Märchen die Pädosexualität sieht.

Homosexualität und Pädosexualität mit Buben werden hier als grundsätzlich gleichartig dargestellt: Die Mühle, sonst ein Symbol für die Orte, an denen Männer miteinander Sex haben, dient hier als Symbol eines Ortes, an dem ein Mann Buben zum Sex zwingt.

Die Folgen dieses Sexes scheinen mir etwas zu wenig umfassend beschrieben zu werden. Das einzige Schädliche daran ist hier, dass die Buben dabei zu Frauen gemacht werden. Das ist grundsätzlich dasselbe Problem, das gemäss anderen KHM Männer und männliche Jugendliche haben, wenn sie gebumst wurden. Allerdings sind die Folgen in diesem Märchen besonders drastisch: Es ist das einzige Grimm'sche Märchen, das – in Gestalt des ersten und zweiten Knechtes – Beispiele von Männern erwähnt, welchen es *nie* gelingt, die Folgen des Gebumst-Werdens für ihre Männlichkeit zu überwinden und „richtige" Männer zu werden. Der Missbrauch von Buben wirkt sich hier also schon schlimmer aus als der Missbrauch von Jugendlichen oder Männern, aber in der Art doch gleich, als sexuelles Männlichkeitsproblem. Der Vertrauensbruch und die Folgen für die Seele werden dagegen nicht problematisiert. Eindringlicher wird dies spürbar im (allerdings viel längeren) KHM 90, wo es um den sexuellen Missbrauch eines Jugendlichen geht.

KHM 107: Die beiden Wanderer
Oder: Der Schwule als Kains-Figur

Dieses Märchen wurde den Grimms vom Studenten Ludwig Meyn vermittelt.[58] Seine handschriftlich erhaltene plattdeutsche Vorlage ist erhalten.[59] Die Grimms übertrugen sie ins Hochdeutsche und nahmen dabei einige wenige Texteingriffe vor, die am Inhalt und der Botschaft nichts änderten. Ich interpretiere im Folgenden ihre Fassung und vergleiche bei Bedarf mit der Vorlage Meyns.

Zwei wandernde Handwerkergesellen, ein Schneider und ein Schuster, begegnen einander und wandern von da an gemeinsam, bis der Schuster die Notlage des Kollegen ausnützt und ihm die überlebensnotwendige Nahrung nur gibt, wenn er sich von ihm die Augen ausstechen lässt. Uther versteht dieses zentrale Ereignis gemässs seinem Handbuch wörtlich, als Tausch der Augen gegen Nahrung, und urteilt darum, es geschehe „aus nichtigem Grund und einem unverständlichen Sadismus" heraus.[60] Wenn man aber einmal erkannt hat, was das Ausstechen der Augen in diesem und in weiteren KHM (107a, 121 und 191a) symbolisiert, wird es plötzlich sehr leicht verständlich. Es steht für eine Vergewaltigung oder sexuelle Nötigung eines Mannes von hinten. Das Bild soll sagen, dass ein Mann, der gezwungen wird, sich sexuell zur Frau machen zu lassen, seine Orientierung im Leben verliert und somit wie blind ist, weil er sich nicht mehr als Mann fühlen kann. Eine Frau, die vergewaltigt wird, wird erniedrigt und gedemütigt, ein Mann fühlt sich, jedenfalls in patriarchalen Gesellschaften, zusätzlich auch seiner Identität als Mann beraubt. Da er aber aufgrund seines Körpers auch keine Frau ist, weiss er nicht mehr, was er ist, und fühlt sich darum wie blind.

Das Märchen möchte aber, schon gemäss seinem einleitenden Satz, mehr zeigen. Es möchte Gut und Böse einander gegenüber stellen. Der erpresste Sex von hinten ist daher als Beispiel für das Böse gedacht, der Täter als Verkörperung des Bösen, das Opfer als Verkörperung des Guten.

---

[58] Uther 2013, S. 230.
[59] Staatsbibliothek Berlin, Preussischer Kulturbesitz, Nachlass Grimm 1757, 12, 24r-27v.
[60] Uther 2013, S.230.

Der Schneider war schon vor dem einschneidenden Erlebnis ein guter und gewinnender Mensch: Er vertraute auf Gott, war immer lustig und guter Dinge, sodass er leicht Arbeit fand, teilte aber den Lohn mit dem Kollegen, und er tauschte mit einem Mädchen nie mehr als einen Kuss aus. Aber er war zu sorglos, nahm zu wenig Proviant mit, sodass er erpressbar wurde. Was er noch lernen muss, ist daher, Verantwortung für sich selber zu übernehmen. Erst dann wird er wahrhaft erwachsen und ehetauglich sein. Aber sein Weg dorthin ist durch die traumatische sexuelle Erfahrung erschwert worden, und zwar nicht nur, weil er nun daran zweifelt, ein „richtiger" Mann zu sein, sondern auch, weil er sich selber die Schuld gibt („Da erkannte der Schneider sein leichtsinniges Leben, bat den lieben Gott um Verzeihung"). Ein schlechtes Gewissen führt zum Gefühl, man habe eine Bestrafung verdient, und erschwert damit den Erfolg.

Andererseits ist die Einsicht in die eigenen Fehler auch eine Voraussetzung für die Ausmerzung jener Fehler. So wird die sexuelle Nötigung für den Schneider auch zum Auslöser eines Neuanfangs, der ihn noch näher an seinen christlichen Glauben führt: Als Erstes gewinnt er seine Sehkraft – symbolisch für die Orientierung im Leben – zurück, indem er seine Augen mit dem Morgentau benetzt, eine Erinnerung an die Taufe und somit ein Symbol der Wiedergeburt im Glauben. Dazu passt, dass dies am achten Tag nach dem Eintritt in den dunklen Wald geschieht. Die Acht symbolisiert, da auf die abschliessende Sieben (Sechstagewerk und Ruhetag Gottes) folgend, im Christentum den Beginn des neuen Lebens im Glauben.

Danach muss der Schneider vier Proben zur Ehetauglichkeit bestehen. Der Schuster, der dabei auch für die Schuldgefühle des Schneiders über den vergangenen Sex mit dem Kollegen steht, empfiehlt ihn für die unmöglich scheinenden Aufgaben, weil er möchte, dass er scheitert. Doch dank der Hilfe von Tieren, denen er früher half, gelingen sie. Das heisst: Der Schneider überwindet seine Schuldgefühle und Selbstbestrafungsphantasien, indem er sich in Erinnerung ruft, dass er ja auch Gutes tat. Dadurch wird er bereit für die Ehe, was er vor dem einschneidenden Ereignis nicht war. Man erhält so fast den Eindruck, dass er jenes Erlebnis brauchte, um richtig erwachsen zu werden. Es veranlasste ihn zu jener erfolgreichen Auseinandersetzung mit seiner Vergangenheit, die schliesslich, entscheidend unterstützt von seinem Glauben und seiner Güte, zum Eheglück und zur Eingliederung in die Gesellschaft der Erwachsenen als respektiertes Mitglied führt. Mehr noch: Die Beschreibung der Königsstadt, in welcher er die Ehetauglichkeitsproben bestehen muss und in welcher er sich dann niederlässt, erinnert stark ans himmlische Jerusalem, wie es in der Bibel beschrieben wird[61]: „vor ihm in der Ebene lag die grosse Königsstadt mit ihren prächtigen Toren und hundert Türmen, und die goldenen Köpfe und Kreuze, die auf den Spitzen standen, fingen an zu glühen." In der handschriftlichen Vorlage Meyns ist der Bezug noch deutlicher, weil dort die Stadt, wie in der Bibel, auf einem Berg liegt[62]. Gemäss der Bibel werden dort einst jene Menschen leben, denen das ewige Seelenheil zuteil werden wird Der Schneider wird also nicht nur in die menschliche Gemeinschaft als beliebtes Mitglied aufgenommen, sondern auch in jene Gottes, ihm winkt am Ende als Belohnung das ewige Seelenheil.

Umgekehrt der Schuster: Er ist „griesgrämig", „boshaft" und „ohne Barmherzigkeit" und verträgt keinen Spass, ein Menschenfeind, der „Gott aus seinem Herzen vertrieben hatte". Am Ende wird er aus der Stadt ausgewiesen, d.h. für ihn ist weder in der menschlichen Gesellschaft noch in der Gemeinschaft Gottes ein Platz. Das ist auch als Selbstbestrafung zu sehen, denn ihn „peinigte" nach der Tat das Gewissen. Doch ihm kommen keine Tiere zu Hilfe, da er keine guten Taten vollbrachte. So hält er sich auch selber nicht für wert, in der menschlichen Gesellschaft leben zu dürfen oder das ewige Seelenheil verdient zu haben. Es

---

[61] Off. 21, 11-15.
[62] „...seeg he ook bald achter up'n Berg de groten Königsstadt liggen mit de hunnert Toores".

kommt noch schlimmer: Er gelangt zu jenem Galgen, unter dem der Schneider einst den rettenden Tau fand, aber dort hacken ihm zwei Krähen die Augen aus. Er erlebt also irgendwann dasselbe, was er dem Schneider antat, die spiegelbildliche Strafe. Das vollendet sein schlechtes Gewissen und seinen Selbsthass: „Unsinnig rannte er in den Wald und muss darin verschmachtet sein, denn es hat ihn niemand wieder gesehen oder etwas von ihm gehört." Seine Spur verliert sich also irgendwo in der Fremde. Der böse Mensch endet böse und von aller Welt und von Gott verlassen, weil ihn beide nicht wollen und er sich vom eigenen schlechten Gewissen nicht befreien kann.

Diese Darstellung des Schusters spiegelt genau die damals übliche Sicht der Männer, die Sex mit Männern suchen und haben, so, wie sie auch die Kirche sah: Als böse Menschen, die Gott aus ihrem Herzen verbannt haben und die als Folge dieses Abfalls von Gott Sex mit Menschen des eigenen Geschlechtes haben, wobei dieser Sex mit Vergewaltigung und Nötigung gleichgesetzt wird.

Soweit scheint das Märchen also ganz in Schwarz und Weiss zu malen: Hier der Gute, der Sex und Ehe mit einer Frau möchte, dort der Böse, der Sex mit Männern will, und beide erhalten den verdienten Lohn.

Doch der einleitende Satz ist eine Warnung davor, das Märchen nur so zu lesen. Einleitende Sätze, die, wie hier, allgemeine Wahrheiten enthalten, sollen in Grimm'schen Märchen immer auf die Botschaft hinweisen, die auch etwas versteckt sein kann. So auch hier: „Berg und Tal begegnen sich nicht, wohl aber die Menschenkinder, zumal gute und böse." Der zweite Satzteil sagt ausdrücklich, dass man die Menschen nicht so klar in gute und böse trennen kann, denn sie begegnen sich ja; der erste scheint das Gegenteil zu sagen, aber wer darüber nachdenkt, merkt, dass das nicht stimmt. Berg und Tal begegnen sich nämlich sehr wohl, sogar immer, denn sie gehen immer fliessend ineinander über. Darum wohl nannte Wilhelm Grimm den Satz einen „abgegriffenen Witz".[63] Wir liegen also falsch, wenn wir die Welt und die Menschen klar in Gut und Böse trennen. Eine Aufforderung, im Märchen nach Grautönen zu suchen.

Beim Schneider findet man sie nur in seinem anfänglichen Leichtsinn, den er aber erkennt. Nach seinem Neuanfang sehe ich nichts mehr, was seiner Güte entgegenlaufen würde.

Anders beim Schuster. Bei ihm ist etwas seltsam: Als er dem Schneider begegnet, ist *er* es, der den Vorschlag macht, zusammen zu wandern. Angesichts seiner Menschenfeindlichkeit und der offenen Natur des Schneiders hätte man die Idee eher von dessen Seite erwartet. Wenn man berücksichtigt, dass der Schneider schon ganz am Anfang als „klein und hübsch" beschrieben wurde und dass ihn der Schuster bumsen will, kann man erraten, was dahinter steht: Er findet den Schneider sympathisch und attraktiv, und *darum* möchte er mit ihm wandern, darum hat er aber auch Lust auf ihn.

Was ihn zum bösen Menschen gemacht hat, lassen zwei andere Stellen ahnen: Er gesteht gleich am Anfang, dass er zu viel Alkohol trinke, denn nachdem er aus der Flasche des Schneiders getrunken hat, bemerkt er: „Ich habe ihr ordentlich zugesprochen, man sagt wohl vom vielem Trinken, aber nicht vom grossen Durst." Später bezeichnet er sich voller Selbsthass als „unlustig" („Du bist immer so lustig gewesen, da kannst du auch einmal versuchen, wie's tut, wenn man unlustig ist:"). Er ist also ein zutiefst unglücklicher und unzufriedener Mensch. Er leidet an sich selber. Warum, ist nun leicht zu erraten: Weil er sich zu hübschen Jungs hingezogen fühlt und dies hasst. Warum er es nicht annehmen kann, ist ebenfalls leicht zu erraten: Weil er verinnerlicht hat, was die Gesellschaft über Männer wie ihn sagt. Seinen Selbsthass versucht er im Alkohol zu ersäufen. Zum Schneider spürt er eine Hassliebe, weil er sich selber hasst, wenn er liebt. Die sexuelle Nötigung ist ein Ausdruck dieser Hassliebe.

---

[63] Uther 2013, S. 230.

So merkt man, dass der Schuster nicht, wie man zuerst meint, Gott aus seinem Herzen ausgeschlossen hat und *darum* Sex mit Männern sucht, sondern dass die Reihenfolge umgekehrt ist: Er fühlt sich zu Männern hingezogen und glaubt sich *deswegen* von Gott verworfen, darum hat er ihn aus seinem Herzen vertrieben. Der Selbsthass, der ein Spiegel dessen ist, was die Gesellschaft und gemäss dieser Gesellschaft angeblich auch Gott über Männer wie ihn sagt, hat ihn böse gemacht.

So stellt sich bei näherem Hinsehen heraus, dass das Märchen auch um Verständnis werben will, weswegen der Schuster so geworden ist, wie er ist: Weil er gleichgeschlechtlich fühlt und das nicht annehmen kann.

Die dahin weisenden Stellen, auch der einleitende Satz, finden sich bereits in der Vorlage Meyns. Sie stehen aber in einem Spannungsverhältnis zum dominierenden Thema der Gegenüberstellung von Gut und Böse und wirken daher so, als seien sie irgendwann der Erzählung, die es in vielen Varianten gibt und deren Kern auf sehr alte Wurzeln zurückgeht[64], eingefügt worden. Auf jeden Fall bevorzugten die Grimms diese Variante, denn dieses Märchen setzten sie seit der KHM-Ausgabe von 1843 an die Stelle des Märchens „Die Krähen" (KHM 107a), welches dieselbe Thematik *ohne* Verständnis für die Täter abhandelt.

Der wegen seiner Homosexualität von den Menschen verstossene und von Gott verworfene Schuster erinnert stark an den biblischen Kain, dessen Opfer von Gott ohne Angabe eines Grundes nicht beachtet wurde und der darauf seinen Bruder, dessen Opfer von Gott angenommen wurde, ermordete und hierauf von Gott verflucht und weggeschickt und zum ewig Flüchtigen gemacht wurde[65], so wie am Schluss des Märchens niemand weiss, was aus dem Schuster geworden ist.

Schwule haben sich in der Zeit, als gleichgeschlechtlicher Sex gesellschaftlich geächtet war, vielfach mit Kain identifiziert. Ein bekanntes Beispiel ist das Foto „Kain" (um 1902) des (schwulen) Barons Wilhelm von Gloeden. Es zeigt, in enger Anlehnung an das Gemälde „Jeune homme nu assis au bord de la mer" (1835/36)[66] von Hyppolyte Flandrin, einen nackten und in sich gekehrten einsamen jungen Mann auf einem Fels. Das Gemälde wie das Foto wurden zu schwulen Selbstidentifikationsbildern, in schwulen Zeitschriften immer wieder abgebildet.

Mit seiner erpresserischen Tat erinnert der Schuster auch an ein damaliges zeitgenössisches Ereignis: 1817 ermordete der Anwalt Franz Desgouttes in Langenthal (Kanton Bern, Schweiz) aus unterdrückter und unerwiderter Leidenschaft seinen jungen Kanzleigehilfen und wurde dafür hingerichtet. Die Tat erregte grosses Aufsehen und grosse Abscheu, aber der Glarner Damenhutmacher Heinrich Hössli (1784-1864)[67] führte sie auf die vom Täter verinnerlichte gesellschaftliche Unterdrückung und Leugnung der gleichgeschlechtlichen Liebe zurück, was ihn dazu veranlasste, die erste Rechtfertigung jener Liebe zu veröffentlichen (1836/38)[68]. Dass das zweibändige Werk (in wenigen Exemplaren) gedruckt werden konnte, ist eine Folge der vorangegangenen liberalen Umwälzungen in etlichen schweizerischen Kantonen. Trotzdem wurde das Werk bald nach Erscheinen verboten, aber es steht am Beginn der modernen Schwulenrechtsbewegung. So mutig wie Hössli ist dieses Märchen bei Weitem nicht, aber es zeigt vorsichtig in dieselbe Richtung und verrät damit, dass es auch andere Menschen gab, die insgeheim wie Hössli dachten.

---

[64] Uther 2013, S. 231.
[65] 1. Mose 4, 1-16.
[66] Gemalt 1835/36, ausgestellt 1855. Paris, Louvre.
[67] Zu Heinrich Hössli: https://de.wikipedia.org/wiki/Heinrich_Hössli mit weiterführender Literatur (7.7.2016).
[68] Heinrich Hössli: Eros. Die Männerliebe der Griechen. 1. Band: Glarus 1836, 2. Band: St. Gallen: Wartmann 1838.

KHM 113: De beiden Künigeskinner

Oder: Wenn einem Schwulen alle Vorbilder fehlen, macht er sein Leben zur Lüge

Dieses plattdeutsche Märchen wurde den Brüdern Grimm durch Ludowine von Haxthausen vermittelt, deren handschriftliche Fassung erhalten ist.[69] Die Brüder Grimm fügten ihr nur den letzten Satz hinzu.

Die Erzählung beschreibt die Annäherung zwischen einer Königstochter und einem Königssohn, der an der Aufgabe des Geschlechtsverkehrs mit einer Frau fast verzweifelt. Es klappt schliesslich nur, dank dem ihre „Arbeiter" („Arweggers") alle Arbeit erledigen, d.h. dank dem der Mann das sexuelle Handeln weitestgehend der Frau überlässt. Das ist nur in der Reiterstellung möglich, die vom Tun ihrer „Arbeiter" auf dem Berg symbolisiert wird. Nachher fühlt er sich „so frei als ein Vogel in der Luft" („do was he so frau as en Vugel in de Luft."), weil er das Gefühl hat, den Männlichkeitsbeweis endlich geschafft zu haben. Dabei ist der Vogel eine Anspielung auf den vorangegangenen Geschlechtsverkehr.

Die Wurzel seines Problems zeigt sich schon am Märchenanfang: In seinem „Zeichen" (gemeint: Sternzeichen) steht, er werde mit sechzehn Jahren von einem Hirsch getötet werden. Der Hirsch steht für einen schönen Mann, das Töten für die Penetration; im Sternzeichen steht, was angeboren ist. Der Königssohn hat also eine angeborene weibliche Seite, die in seiner Jugendzeit sexuell ausgelebt werden möchte, mit einem Mann.

Doch der Königssohn wird nie von einem Hirsch getötet. Das heisst: Er lebt seine weiblichen Neigungen beim Sex nie aus. Stattdessen versucht er es mit sechzehn Jahren in der umgekehrten Rolle mit einem Mann, denn er jagt selber einen Hirsch, bleibt aber dabei erfolglos, wohl weil er sich zu sehr beweisen will, dass er es kann. Nach dem Misserfolg beginnen seine Versuche, sich auf eine Frau einzulassen.

Die Hirschjagd findet sich mit derselben Symbolik, demselben Ergebnis und demselben Grund auch in KHM 85. Auch jene Hauptfigur hat eine angeborene weibliche Seite mit entsprechenden sexuellen Neigungen. Aber im Unterschied zu KHM 85 erklärt dieses Märchen die Homosexualität des Königssohnes zusätzlich mit der engen Bindung an die Mutter. Das wird aber erst gegen Ende des Märchens klar: Nachdem er den Geschlechtsverkehr mit der Königstochter geschafft hat, gehen die beiden zu seinen Eltern, wo er einen Kuss von der Mutter erhält, ein Symbol seiner engen Bindung an sie. Als Folge vergisst er seine Braut, und sie muss als Magd in der Mühle des Schlosses des Königssohnes Zuber reinigen. Diese stehen aufgrund ihrer Gefäss-Form für ihre Geschlechtsorgane, ihre Reinigung für die sexuelle Enthaltsamkeit. Die Mühle steht hier wieder für die Orte, wo Männer Sex miteinander haben. Hier ist sie allerdings gedanklich gemeint, der Königssohn geht nie dorthin. Die ganze Episode bedeutet daher, dass die Braut nach dem einen, von ihr in der Reiterstellung gewünschten Geschlechtsverkehr auf die Wiederholung verzichten muss, weil der Königssohn als Folge seiner engen Bindung an die Mutter bei sexuellen Vorstellungen an Männer denkt. Er ist durch die erstmalige Erfahrung mit der Frau nicht auf den Geschmack gekommen.

Schliesslich kommt es aber doch zur Heirat. Heisst das, dass die Gefühle des Königssohnes nun auf Frauen umgepolt worden sind? Auskunft gibt der letzte, von den Grimms hinzugefügte Satz: „Un we dat lest vertellt het, den is de Mund noch wärm". Der Satz ist, wie alle solchen von den Grimms hinzugefügten Eingangs- oder Schlussätze, viel mehr als eine reine Ausschmückungsfloskel. „Warm" oder „warmer Bruder" war seit den 1770er Jahren,

---

[69]Staatsbibliothek Berlin, Preussischer Kulturbesitz, Nachlass Grimm, o. Nr., C1, 1, 32-35.

zuerst für Berlin nachweisbar, eine Bezeichnung für Männer, die Sex mit Männern hatten. [70] Ich vermute, die Bezeichnung kommt davon her, dass im Anus die Körpertemperatur erhöht ist und man Männersexliebhabern pauschal unterstellte, sie würden sich von anderen Männern bumsen lassen. Die Grimms müssen als Sammler des deutschen Wortschatzes den Ausdruck gekannt haben. Mit dem „warmen" Mund wiesen sie daher versteckt und unverdächtig darauf hin, dass dieser Königssohn auch nach der Heirat immer noch sexuell weibliche Neigungen hat und, damit verbunden, auf Männer steht.

Mit der Heirat vollendet er daher eine Lebenslüge, die bereits im ersten Abschnitt begann, indem er sich, entgegen seinen angeborenen und darum natürlichen Neigungen (entgegen dem Inhalt seines Sternzeichens), nicht bumsen lässt und nach dem einen missglückten Versuch in der aktiven Rolle auch nie mehr Sex mit einem Mann sucht. Seither durchzieht sein Lügen beim Vorhaben, sich auf Frauen einzulassen, das ganze Märchen. So gibt in den Nächten mit den Königstöchtern der Christoffel statt, wie es der Auftrag wäre, der Königssohn dem König Antwort, und der Königssohn behauptet später fälschlicherweise, *er* habe die Tages-Arbeiten für den König erfüllt. Es ist daher ein Märchen über die Lebenslüge, die darin besteht, dass ein wegen seiner weiblichen Seite nur auf Männer stehender Mann eine Frau heiratet.

Das Märchen liefert auch eine Erklärung, weswegen der Königssohn nicht die Kraft findet, ein seinen natürlichen Neigungen entsprechendes Leben zu führen. Man findet sie durch einen Vergleich mit der Königstochter. Ihre Vorliebe für die Reiterstellung zeigt ihren Willen, beim Sex und in der Ehe zu bestimmen. Als dominanz-willige Frau passt sie genauso wenig zum damals herrschenden patriarchalen Frauenbild wie er zum patriarchalen Männerbild. Das Non-Konforme ihrer Natur haben die beiden gemeinsam. Aber im Unterschied zu ihm, will sie so leben, wie es ihrer Natur entspricht, und setzt das auch durch: Sie findet einen Mann, mit dem sie den gewünschten Geschlechtsverkehr in der Reiterstellung haben kann, und sie setzt am Ende eine Ehe nach ihrem Geschmack durch, denn er bereut die Trennung von ihr und heiratet *sie* statt die von seiner Mutter ausgesuchte Braut, welche für seine von seiner Homosexualität bestimmte Vorstellung, wie seine Frau zu sein hätte (nämlich ohne sexuelle Ansprüche), steht. Im Machtkampf zwischen den beiden über die Ausgestaltung ihres Sex- und Ehelebens setzt also *sie* sich durch.

Was sie so stark macht, ist ihr mütterliches Vorbild: Schon ihre Mutter gab ihrem Mann Befehle (klar wird das beim Versuch, die entlaufene Tochter zurückzuholen), aber wenn sie erkennt, dass sich ihre Tochter nicht vom eigenen Weg abbringen lässt, unterstützt sie sie nach Kräften. So sind es am Ende die von der Mutter geschenkten Nüsse, dank denen die Königstochter die gewünschte Ehe durchsetzt (denn aus jenen Nüssen stammen die schönen Kleider, welche die erste Braut haben möchte). Dies ist der entscheidende Unterschied zum Königssohn: Für ihn gibt es angesichts der damaligen gesellschaftlichen Tabuisierung der Homosexualität kein Vorbild, das ihm vorleben würde, wie er zu seinen Neigungen stehen könnte. Dazu kommt in seinem Fall noch ein schwaches väterliches Vorbild, was es ihm auch erschwert, ein „richtiger", durchsetzungsfähiger Mann zu werden. Sein Vater wird ja nach dem ersten Satz nie mehr genannt, er spielt keine Rolle in seinem Leben.

Der Königssohn müsste daher die Kraft, sich selber zu sein und sich durchzusetzen, ganz aus sich selber holen, und das ist in einer rundherum gegenüber gleichgeschlechtlich fühlenden Menschen feindlich gesinnten Gesellschaft zu viel.

Es ist daher nicht nur ein Märchen über die Lebenslüge von Schwulen, die heiraten, sondern auch darüber, wie das früher vollständige Fehlen irgendwelcher schwuler Vorbilder entscheidend zu jener Lebenslüge beitrug.

---

[70] Zuerst 1772 bei Hamann. Zusammenstellung erster Quellenbelege in http://www.homowiki.de/Nachweis:Warmer_Bruder_(Phrase) (22.5.2016). Siehe auch https://de.wiktionary.org/wiki/schwul (7.5.2016)

KHM 121: Der Königssohn, der sich vor nichts fürchtet

Oder: Rotkäppchen für Männer. Eine Warnung an zu leichtsinnige junge Männer vor einer Vergewaltigung von hinten

Dies ist ein weiteres jener Märchen, die den Grimms von der Familie von Haxthausen vermittelt wurden.[71] Die Vorlage scheint nicht erhalten zu sein, Uther erwähnt sie in seinem Handbuch nicht. Die wenigen Textänderungen, welche die Grimms später gegenüber ihrer ersten Fassung (1819) vornahmen, änderten am Inhalt und der Botschaft nichts.

Das Märchen besteht aus zwei Teilen, die gemäss dem Handbuch Uthers „eigentlich nichts miteinander zu tun haben".[72] Meiner Meinung nach gehören sie aber untrennbar zusammen. Der zweite Teil mit der Jungfrau ist das Gegenstück zum ersten. Um ehetauglich zu werden, geht die Hauptfigur darin Schritt für Schritt jene Erfahrungen gedanklich nochmals durch, die im ersten Teil zur traumatischen Blendung führten. Die Blendung selber steht, wie in anderen KHM (107, 107a und 191a), für die Vergewaltigung oder sexuelle Nötigung eines Mannes von hinten. Hier ist es klar eine Vergewaltigung.

Das Märchen beginnt damit, dass ein Königssohn in die Welt hinaus zieht, um Abenteuer zu erleben. Er hat „keine Furcht", weiss „von Falschheit nichts" und denkt, er könne alles, wozu er Lust habe. Gar keine Angst und gar kein Misstrauen zu haben, ist nicht unbedingt ein Vorteil. Angst bewahrt in bestimmten Situationen vor Dummheiten, Misstrauen davor, sich auf den Falschen einzulassen. Wem beides ganz fehlt, der wird früher oder später auf die Nase fallen. Der Königssohn ist also ein ehrlicher, sympathischer, aber etwas zu selbstbewusster und zu leichtsinniger Naivling, der im Leben noch einiges zu lernen hat.

Eines Tages gelangt er vor eines Riesen Haus, vor dem Kegel liegen. Er stellt sie auf, kegelt und jauchzt und ruft, wenn sie umfallen. Die Kegel stehen für den Phallus, das Aufstellen und wieder Umfallen für die Masturbation und das Rufen und Jauchzen für die akustischen Verlautbarungen beim Abspritzen. Der Königssohn, immer etwas unvorsichtig offen, wird dabei vom Riesen beobachtet, der zwar zuerst über seine Manneskraft spottet („Würmchen"), ihn dann aber auffordert, ihm einen Apfel vom Baum des Lebens zu bringen. Er liege in einem umgitterten Garten und hänge vor einem Ring, durch den hindurch man ihn greifen müsse.

Der Baum des Lebens steht gemäss Bibel im Paradies neben dem Baum mit der verbotenen Frucht, welcher für das Verbot des Geschlechtsverkehrs steht. Der Baum des Lebens steht daher für die Aufhebung jenes Verbotes. Auch sein Name weist darauf, dass aus seiner Frucht Leben entsteht. Der Apfel ist daher ein Symbol für die Fruchtbarkeit, die durch den davor liegenden Ring gestreckte Hand eines für den Geschlechtsverkehr mit einer Frau. Mit anderen Worten: Der Riese fordert den Königssohn auf, ein Mädchen zu bumsen. Er gibt zu, dass er selber das nicht kann (er habe den Apfel nicht gefunden).

Dem Königssohn gelingt es aber leicht. Über die Partnerin erfährt man dabei nichts, es geht ihm anscheinend nur um den Sex. Er geht also mit seiner Sexualität und mit Mädchen so um wie mit seinem ganzen Leben: spielerisch-leichtsinnig. Dass er ein Mädchen schwängern und damit ins Elend stürzen könnte, kommt ihm nicht in den Sinn. Aber der Erfolg beim Mädchenbumsen stärkt sein Selbstvertrauen, symbolisiert vom Ring, der ihm am Arm (gemeint ist wohl der Oberarm mit seinen Muskeln) bleibt und ein Stärke-Ring ist; und er weckt seine Natur als Mann, die von einem vorher schlafenden Löwen symbolisiert wird, welcher ihn von nun an begleitet.

---

[71] Uther 2013, S. 257.

[72] Ebenda.

Der Riese hatte von Anfang an die Idee, der Königssohn solle den Apfel ihm geben, für seine Braut. Auch den Ring möchte er für seine Braut. Er möchte also vom Königssohn die Fähigkeit, eine Frau zu bumsen, erhalten. Aus heutiger Sicht ist das unverständlich: Wie soll diese Fähigkeit vom einen auf den anderen Mann übergehen? Dahinter steht die archaische Vorstellung, wonach ein Mann, indem er einen anderen Mann bumse, nicht nur dessen Männlichkeit zerstöre, sondern sie ihm auch raube. Das ist auch einer der Gründe, weswegen in manchen Märchen Männer, die andere Männer penetrieren, als Räuber dargestellt werden (KHM 85, 93, 191a).[73] Der Riese hatte also von Anfang an die Absicht, den Königssohn nach dessen Geschlechtsverkehr mit einem Mädchen von hinten zu penetrieren, um ihm so seine neu gewonnene Manneskraft zu rauben, in der Erwartung, danach den Geschlechtsverkehr mit seiner Braut zu schaffen.

Aber der Königssohn will sich nicht penetrieren lassen (er will dem Riesen den Ring nicht geben). Doch als er nach einem Bade daran ist, seine Kleider wieder anzuziehen und darum nackt ist, aber die Hände nicht frei hat, vergewaltigt der Riese den Arglosen (er sticht ihm die Augen aus).

Zwar gewinnt der Riese dadurch die Fähigkeit, seine Braut zu bumsen, nicht (er kann dem Königssohn den Ring nicht entwenden), aber der Königssohn fällt in eine tiefe Krise: Er verliert, symbolisiert vom Verlust seines Augenlichtes, die Orientierung im Leben, wohl weil er halb selber glaubt, nun kein Mann mehr zu sein. Als Folge gelangt er an den Rand einer Felswand und stürzt fast ab, was seine Verderbnis wäre, denn der Riese sagt dazu: „Ist denn ein so schwaches Menschenkind nicht zu verderben!" Der Königssohn ist also in grosser Gefahr, vor lauter Verlust seines Selbstwertgefühls sich ganz gehen zu lassen – das heisst wohl, sich weiter bumsen zu lassen – und so moralisch zu verderben.

Aber sein Löwe, das heisst seine Natur als richtiger Mann, bewahrt ihn davor, leitet ihn an einen Bach und spritzt ihm etwas Wasser ins Gesicht, sodass er wieder ein wenig sehen kann. Er sieht ein Vöglein herabfliegen, an einem Baumstamm anstossen, darauf ein Bad nehmen und dann zielgenau durch die Zweige wegfliegen, ohne anzustossen. Das ist für ihn ein Fingerzeig Gottes, er benetzt sich die Augen und sieht dann wieder klar.

Das Vöglein symbolisiert den Geschlechtsverkehr („vögeln"), die Benetzung mit Wasser erinnert an die Taufe und steht daher für die Wiedergeburt im christlichen Glauben. Mit anderen Worten: Der Königssohn sieht ein, dass ihn sein leichtsinniger und gedankenloser Umgang mit seiner Sexualität in die falsche Gesellschaft und in die traumatische Vergewaltigung führte, und beschliesst, mit dem Sex nur noch im christlichen Sinne umzugehen. Später wird man sehen, dass mit dem Christlichen der von der Kirche bestimmte Glaube und nicht etwa, wie in einigen schwulenfreundlichen Märchen, ein alternativer Jesus-Glaube gemeint ist. Der Königssohn beschliesst also, mit seinem Leben und insbesondere mit seiner Sexualität nur noch im kirchlich-christlichen Sinne umzugehen. Pikant ist, dass der Anstoss dazu vom Löwen, also seiner Natur als Mann, ausging. Damit behauptet das Märchen, das von der Kirche gepredigte Männerbild mit der dazugehörigen Sexualmoral entspreche auch der Natur des Mannes. Die Katholische Kirche behauptet dies bis heute.

Im zweiten Teil des Märchens setzt der Königssohn dann seinen Entschluss zu einem im christlichen Sinne geänderten Leben in die Praxis um. Er begegnet einer Jungfrau, mit welcher er ganz Anderes im Sinne hat als bisher mit Mädchen. Bisher waren sie für ihn nur Sexobjekte, die Jungfrau möchte er heiraten. Symbolisiert wird das erhoffte gemeinsame Eheleben vom Schloss, in deren Tor die Jungfrau steht. Aber es ist verwünscht, ebenso die Jungfrau. Der Königssohn kann beide nur gewinnen, wenn er drei Nächte im grossen Saal aushält. Was er dort erlebt, symbolisiert seine Auseinandersetzung mit seinem vergangenen

---

[73] Eine andere Erklärung, die wohl vor allem in KHM 199 zutrifft, liegt darin, dass sich die Räuber, genau wie Männer, die Sex miteinander haben, ausserhalb von Gesetz und herrschender Ordnung begeben.

Leben und findet daher Punkt für Punkt seine Entsprechung in den im ersten Teil des Märchens geschilderten Erlebnissen: Zuerst erklärt er, er werde *versuchen, mit Gottes Hilfe* die bevorstehenden Proben zu bestehen. Das kontrastiert mit seinem früheren grenzenlosen Vertrauen in seine *eigenen* Fähigkeiten. Die Teufel, die in der Nacht spielen, stehen für seine frühere Einstellung zum Leben als Spiel, die hält er jetzt für gottlos. Dass ihn die Teufel nach einiger Zeit zwicken, schlagen und stechen, erinnert an die Vergewaltigung, die er als ähnlichen Schlag erlebt haben muss und nun als Folge seines vorangegangenen spielerischen Leichtsinns sieht. Er gibt sich also selber die Schuld dafür, dass er zum Opfer des Riesen wurde. Doch die Jungfrau (als Stimme in ihm, genauer als Stimme seines eigenen Zieles, sie zu gewinnen) versichert ihm: „Das Leben dürfen sie dir nicht nehmen". Er sagt sich also: „Jenes Erlebnis hat mich als Mensch nicht vernichten können"; ein wichtiger Trost, wenn man bedenkt, dass sich im Patriarchat die meisten Männer zerstört vorkommen, wenn sie sexuell zur Frau gemacht wurden, was in zahlreichen Grimm'schen Märchen durch Vernichtungssymbole ausgedrückt wird (Aufgefressen-Werden usw.). Aber elend fühlte er sich nach jenem Erlebnis. Daran erinnert ihn nun der halbtote Zustand, in dem er sich nach den nächtlichen Angriffen der Teufel befindet. Doch die Jungfrau heilt ihn mit dem „Wasser des Lebens". Es symbolisiert die Samenflüssigkeit, die nur noch zu Fruchtbarkeit (Leben) führen soll, und erinnert damit an die Benetzung seiner Augen aus dem Bach. Er ruft sich also hier seinen heilenden Entschluss in Erinnerung, mit seiner Sexualität nur noch so umzugehen, wie es die Kirche verlangt und wie es ihr gemäss natürlich sei, und das bedeutet: Geschlechtsverkehr nur noch zur Fortpflanzung.

Damit bleibt nur noch etwas zu tun: Der Königssohn muss das Schwert dreimal über der Schlosstreppe schwingen. Das Schwert ist ein Phallussymbol, sein kontrolliertes Schwingen ohne Gegner steht für Selbstkontrolle und Enthaltsamkeit. Der Königssohn muss also lernen, seine Lust zurückzuhalten, wenn und solange kein Kind gemacht werden soll. Damit sind Schloss und Jungfrau erlöst, er kann heiraten.

Mit seiner Botschaft ist dieses Märchen das Gegenstück zum „Rotkäppchen", eine Art Rotkäppchen für Männer: Dort werden junge *Mädchen* vor einem leichtsinnigem Umgang mit Männern gewarnt, da sie sonst vergewaltigt (von einem „Wolf" gefressen) würden. Hier werden junge *Männer* vor einem leichtsinnigen Umgang mit ihrer Sexualität und mit zweifelhaften Männern gewarnt, ebenfalls mit der Begründung, dass sie sonst vergewaltigt würden. Im „Rotkäppchen" wird stattdessen das traditionelle, von Mutter und Grossmutter bereits vorgelebte Frauenbild empfohlen (Rotkäppchen sollte ja im Auftrag der Mutter zur Grossmutter gehen). Hier wird das von der Kirche vertretene Männerbild mit seiner Forderung nach Sex nur zwecks Fortpflanzung empfohlen, inklusive der Theorie, wonach eine solche sexuelle Selbstkontrolle der Natur des Mannes angeblich entspreche.

Zum Schluss noch zur Frage, wie in diesem Märchen der Sex zwischen Männern gesehen wird.
Der Königssohn neigt nicht zu Männern. Er sucht nie Sex mit ihnen und will ihn nic. Anders der Riese. Er hat keine Probleme, einen Mann zu vergewaltigen, aber seine Braut kann er nicht bumsen. Tun möchte er Letzteres trotzdem, aber nur, weil *sie* es will (er möchte den Apfel, weil seine Braut danach verlange). Dazu kommt, dass er sich als zu einer anderen Kategorie als die „Menschen" gehörend betrachtet, denn er spricht zweimal von den „Menschenkindern", zu denen er sich selber nicht zählt. Das Märchen bestätigt das, indem es ihn als Riesen darstellt. Sie sind in Märchen Männer, die ein schlechtes Selbstwertgefühl durch grossspuriges Auftreten und Prahlen zu kompensieren versuchen. Dieser Riese hat es insbesondere nötig, andere Männer wegen deren Sexualität zu verspotten („Würmchen"). Der Grund ist leicht zu erraten: Weil er selber mit Frauen nicht kann. Man könnte daher denken, er sei als Schwuler gemeint, der sich entgegen der eigenen Natur zu Ehe und Sex mit einer

Frau zwingen will und ein Minderwertigkeitsgefühl aus mangelnder Selbstannahme hat. In diesem Falle wäre das Märchen versteckt schwulenfreundlich.

Doch ein Märchen, das den jungen Männern das kirchliche Männerbild und den von der Kirche geforderten Umgang mit ihrer Sexualität als *natürlich* empfiehlt, will kaum sagen, es gebe eine Kategorie von Männern, die von Natur aus Männern zuneigen. Ein solches Märchen meint, es gebe nur *eine* Natur des Mannes, nämlich die von der Kirche behauptete. Das Märchen will daher mit der Gestalt des Riesen wahrscheinlich sagen: Männer, die Sex mit Männern suchen, sind unreife Kindsköpfe, die den natürlichen Sex mit Frauen nicht schaffen und es darum auf sogenannt „unnatürliche" Weise (von hinten) mit Männern tun. Doch auch jenen Sex bringen sie nur als Vergewaltigung fertig, weil es ihnen zum Ausgleich ihres eigenen sexuellen Minderwertigkeitsgefühls immer nur um Unterwerfung gehen kann. Mit echter Anziehung oder gar Liebe kann in dieser Sicht der Sex zwischen Männern nichts zu tun haben. Dazu passt, dass das Märchen jene, die solchen Sex suchen, als Riesen darstellt, die nicht zu den „Menschenkindern" gehören. Die damit verbreitete Botschaft: Männer, die Sex mit Männern haben, sind keine richtigen Menschen.

Damit bietet dieses Märchen von den aus der Sammlung *nicht* ausgeschiedenen Grimm'schen Märchen die negativste Sicht der männlichen Homosexualität.

KHM 124: Die drei Brüder
Oder: Der Traum von der gesellschaftlichen Akzeptanz schwuler Partnerschaften

Das Märchen besteht aus zwei Teilen: Der längere erste Teil mit den Meisterproben ist die etwas ausgebaute Grimm'sche Version eines aus dem 16. Jahrhundert stammenden und auch in Deutschland sehr verbreiteten Lügenmärchens des Franzosen Philippe d'Alcripe[74], das seinerseits auf mittelalterliche Wurzeln zurückgeht[75]; der kürzere letzte Abschnitt mit dem Zusammenleben im gleichen Haus fehlt bei d'Alcripe, wurde der Geschichte also irgendwann aufgesetzt. Von wem und wann, ist unklar, wie man allgemein nicht sagen kann, welcher Anteil an der KHM-Fassung auf die Grimms zurückgeht, da man nicht weiss, von welcher Vorlage sie ausgingen.[76]

Es geht um drei junge Männer, die, obwohl in Wirklichkeit keine biologischen Brüder, als solche dargestellt werden, weil sie dasselbe Lebensthema haben. Symbolisiert wird es durch die Aufgabe, die ihnen am Anfang des Märchens der Vater stellt: Sie sollen in die Welt hinausziehen und einen Beruf lernen; wer nach seiner Rückkehr das beste Meisterstück vorlege, solle das väterliche Haus erhalten. Urteilsinstanz ist der Vater.

Da die Drei nicht biologische Brüder sind, sind sie am Anfang des Märchens nicht wirklich beieinander. Sie begegnen einander also erstmals als junge Erwachsene und liefern dann ihre Meisterproben. Die Berufe und Meisterproben sind voller sexueller Symbolik; die Berufe stehen daher für das Sexleben, das die Drei als Jugendliche bisher führten; die Meisterproben bedeuten nicht, dass sie einander eine Probe ihrer sexuellen Erfahrungen vorführen, sondern stehen für eine Diskussion darüber (denn die Meisterproben beginnen, als die Drei zusammensitzen und „ratschlagten"); das Haus symbolisiert das Erwachsenenleben der Drei; der Vater ist die in ihnen vorhandene Stimme des Vaters, die auch die Stimme aller traditioneller Autoritäten der patriarchalen Gesellschaft ist, denn der Vater hat das Haus selber schon von seinen Voreltern erhalten.

---

[74] „De trois freres, excellens ouvriers dans leurs mestiers". In: D'Alcripe 1579/1853, S. 17-19.
[75] Uther 2013, S. 261.
[76] Ebenda.

Das Ganze bedeutet daher: Drei junge Männer sind bisher, als Jugendliche, einem unterschiedlichen Umgang mit ihrer Sexualität gefolgt (sie erlernten unterschiedliche Berufe). Als junge Männer begegnen sie einander und diskutieren darüber, wessen Umgang mit der Sexualität am ehesten den patriarchalen Vorstellungen entspricht (wer die in den Augen des Vaters beste Meisterprobe liefert). Als Erwachsene wollen sie sich in Zukunft beim Umgang mit ihrer Sexualität nach demjenigen richten, der sich in der Diskussion durchsetzt (derjenige, dem der Vater den Sieg zuspricht, soll das Haus erhalten).

Es bleibt nun noch zu erklären, *was für* ein Umgang mit der Sexualität von den Berufen und Meisterstücken symbolisiert wird, worum es also *genau* geht in dieser Diskussion.

Sie beginnt mit dem Meisterstück des Barbiers. Er rasierte als Jugendlicher „lauter vornehme Herren" und rasiert nun zum Beweis seines Könnens einem Hasen im Laufen ein Stutzbärtchen. Die Haare sind die Männlichkeits-Zierde, das Rasieren steht daher für die Entfernung der Männlichkeit, somit für die aktive Rolle beim Sex von hinten. Die beim Rasieren eines laufenden Hasen notwendigen körperlichen Verrenkungen stehen für die Körper-Akrobatik, die den analen Sex begleitet. Dass der Barbier dem Hasen „an keinem Haare weh" tut, bedeutet, dass er gelernt hat, Männer gekonnt zu bumsen, ohne sie dabei am empfindlichen Darm zu verletzen. Hasen sind aber schwache, ängstliche Tiere, und das Stutzbärtchen trägt angeblich der Teufel. Der Barbier verachtet seine gefickten Partner also als schwache Männer und hält die passive Rolle für böse. Dazu passt, dass die verachteten Gefickten, die er als Jugendlicher bumste, „lauter vornehme Herren" waren, während er selber, wie alle drei jungen Männer, der Unterschicht angehört, denn der Vater besitzt nichts als das Haus. Das lässt den Verdacht aufkommen, dass er es bisher gegen Geld tat und dass er Vornehme fickte, um sich selber ein Argument zu verschaffen, sie zu verachten.

Zusammengefasst sagt also der Barbier: „Ich bumste Männer und tat es dabei immer nur in der aktiven Rolle, denn ein „richtiger" Mann nimmt beim Sex nur die aktive Rolle wahr."

Dem Vater „gefällt" das, das heisst: Die Drei stimmen zu.

Die Diskussion geht aber weiter. Als zweiter legt der (Huf-) Schmied seine Meisterprobe vor. Er musste als Jugendlicher des Königs Pferde beschlagen und wechselt nun einem Pferd, das einen Wagen mit einem „Herrn" zieht, im Jagen die Hufeisen aus. Das Pferd ist ein Männlichkeits-Symbol. Mit den Hufeisen ist ein Pferd funktionstüchtig. Das Abnehmen und Neuanschlagen der Hufeisen steht daher für den Geschlechtsverkehr mit einem „Herrn" mit Rollenwechsel.

Der Schmied sagt also: „Ich habe Erfahrung in beiden Rollen und bin doch ein „richtiger" Mann." Offenbar geht er davon aus, dass er ein „richtiger „Mann" ist, weil er bumst, und sagt sich dann: Wenn ich mich daneben noch selber bumsen lasse, ändert das nichts daran.

Er geht also vom selben Männerbild aus wie der Barbier (ein Mann ist einer, der fickt), aber zieht daraus eine andere Schlussfolgerung, nämlich die, dass ein „richtiger" Mann sich auch bumsen lassen könne, sofern er es daneben noch in der aktiven Rolle tue. Womit der Geschlechtsverkehr mit einem Mann mit Rollentausch genauso männlich ist, wie wenn man nur die aktive Rolle wahrnähme.

Erstaunlich ist die Reaktion des Vaters darauf: „du machst deine Sache so gut wie dein Bruder." Die Brüder geben also dem Schmied Recht. Das widerspricht natürlich dem patriarchalen Männerbild, und darum geht die Diskussion auch weiter.

Als letzter liefert nun nämlich der dritte Bruder seine Meisterprobe. Er wurde Fechtmeister, „kriegte manchen Hieb, biss aber die Zähne zusammen" und schwenkt nun, als es zu regnen anfängt, den Degen so geschickt über seinem Kopf, dass er keinen Tropfen abkriegt. Das steht für die Vermeidung der passiven Rolle, das vorangegangene Abwehren der Hiebe- und Zusammenbeissen der Zähne für die Abwehr entsprechender eigener Neigungen.

Der Fechtmeister sagt also: „Ein „richtiger" Mann ist einer, der sich unter keinen Umständen ficken lässt, so wie ich das gewohnt bin." Wobei er selber anscheinend nur Lust auf die passive Rolle hätte. Er hat darum bisher offenbar auf Sex verzichtet.

Der vom Schmied propagierte Geschlechtsverkehr mit Rollentausch ist bei dem vom Fechtmeister vertretenen absoluten Passivverbot für den Mann nicht möglich. Der dahinter stehende Unterschied: Der Schmied hat ein positiv formuliertes Männerbild: Ein Mann ist einer, der fickt. Bei diesem Männerbild kommt es nicht darauf an, ob er sich daneben auch noch bumsen lässt, es ändert an seiner Männlichkeit nichts. Der Fechtmeister hingegen formuliert sein Männerbild negativ: Ein Mann ist einer, der sich unter keinen Umständen bumsen lässt.

Als der Vater das Meisterstück des Fechtmeisters sieht, spricht er ohne weitere Umschweife und ohne Begründung sofort ihm den Sieg und das Haus zu. Die drei jungen Männer gelangen also mit ihrer Diskussion zum Schluss, dass sie sich als Erwachsene nicht ficken lassen sollen/wollen, weil sie richtige Männer sein wollen. Das entspricht ganz dem damals und auch heute herrschenden Männerbild: Männer definieren sich negativ als Menschen, die sich beim Sex nicht zur Frau machen lassen. Daher werden Schwule nicht als „richtige" Männer angesehen und in patriarchalen Gesellschaften zutiefst verachtet.

Aber die praktische Beobachtung der Meisterproben steht im Widerspruch zum Urteil des Vaters: Einem Pferd im Laufen die Hufeisen auszuwechseln oder einen Hasen im Laufen zu rasieren, ist viel kunstvoller, als den Degen ohne Gegner über sich zu schwingen. Letzteres wirkt wie eine lächerliche Spiegelfechterei, denn es ist ein Kampf ohne Gegner, nur gegen eigene Neigungen. Und das damit erreichte Ziel, sich nicht verregnen zu lassen, ist überhaupt nicht männlich. Ein richtiger Mann setzt sich, ohne mit der Wimper zu zucken, den Elementen der Natur aus.

So stellt sich heraus, dass nicht die fantastisch tönenden Meisterproben, sondern das Urteil des Vaters der eigentliche Witz des ersten Teils dieses Lügen- und Scherzmärchens ist. Und das Märchen stellt sich als eines der zahlreichen doppelbödigen Grimm'schen Märchen zur Homosexualität heraus: Das Urteil des Vaters beruht lediglich auf traditionellen Vorurteilen, darum kam es am Ende so plötzlich, ohne Überlegung. Die praktische Beobachtung und damit das selbstständige Denken hätte hingegen dem Schmied oder allenfalls dem Barbier den Sieg zusprechen müssen. Beides käme auf dasselbe heraus, denn beide gehen von einem positiv formulierten Männerbild aus, in dessen logischer Konsequenz die Möglichkeit des vom Schmied vertretenen Rollentausches liegt, was auch die drei Männer sehen, indem der Vater in ihnen sagt, der Schmied habe seine Sache so gut gemacht wie der Barbier. Die Botschaft: Man sollte das Männerbild nicht mehr negativ, sondern positiv formulieren. Ein richtiger Mann sollte nicht mehr einer sein, der sich nicht ficken lässt, sondern einer, der fickt. Der Rollentausch würde dadurch möglich, weil er nichts daran ändert.

Soweit der längere erste Teil des Märchens. Er stellt auf subversive Weise das herrschende patriarchale Männerbild in Frage, indem er versteckt vorschlägt, es positiv umzuformulieren. Patriarchal ist es damit immer noch, denn die passive Rolle wird auf diese Weise nicht an sich gerechtfertigt, sondern nur, wenn der Passive daneben auch die aktive Rolle wahrnimmt.

Ich schalte an dieser Stelle einen kurzen Vergleich mit dem eingangs erwähnten Märchen d'Alcripes ein, denn es endet hier. Es stehen dort die genau gleichen Meisterproben im Mittelpunkt, mit demselben Ziel: des Vaters Haus zugesprochen zu erhalten. Die symbolische Bedeutung der Meisterstücke und des Hauses dürfte daher dieselbe sein wie in der Grimm'schen Fassung. Es geht also bereits bei d'Alcripe um die Frage, wann Sex zwischen Männern „männlich" ist.

Bei d'Alcripe wird nur die dritte Probe – vom Erzähler – als „männlich" bezeichnet.[77] Dies könnte zur Annahme verleiten, sie sei dort tatsächlich als beste Probe gemeint, und das Märchen wolle das patriarchale Männerbild stützen. Doch Vorsicht scheint mir angebracht: d'Alcripe sagt nie, wer als Sieger aus dem Meisterproben-Wettbewerb hervorgeht, und lädt damit zum selbstständigen Nachdenken darüber ein. Was aus meiner Sicht aus den oben genannten Überlegungen zur Infragestellung der automatischen Annahme führen muss, der Dritte sei der Sieger. Dass seine Probe „männlich" sei, wäre demnach ironisch zu verstehen, und die Änderung des negativ formulierten Männerbildes ins Positive wäre bereits das Anliegen der d'Alcripe'schen Fassung.

Die Märchenforschung hat bisher die Ironie der Geschichte d'Alcripes und auch der Grimm'schen Fassung nicht verstanden. Sie scheint, wohl aus Gründen der Dramatik, automatisch davon auszugehen, dass der Dritte der echte Sieger ist.[78] Damit aber macht sie sich selber zum Opfer jener vorgefassten Meinungen, die das Märchen subtil hinterfragen möchte.

In der Grimm'schen Fassung folgt nun noch der letzte Abschnitt, der bei d'Alcripe fehlt. Demnach beschliessen die drei Männer, das Haus nun gemeinsam zu bewohnen, weil sie „sich einander so liebhatten". Wären das Märchen und damit das Haus wörtlich gemeint, würde dieser Abschnitt keinen Sinn machen, denn dann hätte der Vater das Haus allen dreien gemeinsam vermachen können, und die Meisterproben wären überflüssig. Hat der erste Teil jedoch die oben beschriebene symbolische Bedeutung, dann machen die Meisterproben sehr wohl einen Sinn. Es geht dann um drei junge Männer, die sich begegnen, einander zu lieben beginnen, darum eine Partnerschaft eingehen möchten und deswegen vorher klären müssen, was für ein Sexleben in dieser Partnerschaft möglich ist, wenn sie gleichzeitig richtige Männer sein wollen. Und sie gelangen zum Schluss: Da sich ein Mann nicht bumsen lassen darf, müssen wir auf Geschlechtsverkehr verzichten.

Dies bedeutet aber nicht, dass sie nun ganz auf Sex miteinander verzichten. Es heisst nämlich: „Weil sie einander so liebhatten,...trieben sie ihr Handwerk." Wäre das Handwerk wörtlich gemeint, würden sie es kaum aus Liebe zueinander treiben. Gemeint ist daher, dass sie einander gegenseitig von Hand befriedigen. Das bringt „viel Geld" ein, womit der innere Reichtum gemeint ist, den auch diese Sexpraktik bringt.

Aber nicht nur das Ausweichen auf eine alternative Sexpraktik ist sehr speziell an der hier beschriebenen gleichgeschlechtlichen Partnerschaft:

- Die Liebe der drei zueinander ist aussergewöhnlich tief, wie sich zeigt, als beim Tod des einen die anderen beiden vor Gram ebenfalls sterben, obwohl sie ja noch einander hätten. In den meisten Grimm'schen Märchen, in denen die homosexuelle Liebe überhaupt erwähnt wird, wird sie, wie hier, idealisiert, was wohl emanzipatorisch gemeint ist, um der Gesellschaft klar zu machen, dass es auch diese, im Normalfall nicht einmal zur Kenntnis genommene Liebe gibt. Andererseits verhüllt mit der Bruder-Symbolik auch das Märchen sie, sodass nur der aufmerksame Leser merkt, welcher Natur sie hier wirklich ist.

- Mit der Bruder-Symbolik wird aber auch ausgedrückt, dass die gleichgeschlechtliche Liebe von *anderer Art* sei als jene zwischen Mann und Frau: Sie ähnele der Geschwisterliebe. Damit kann jedoch nicht gemeint sein, dass sie asexuell sei, denn, wie oben erklärt, haben die Drei ja Sex miteinander. Gemeint ist daher, dass es sei, als ob man einen alten Bekannten liebe. Warum? Weil man dabei jemanden liebt, der grundsätzlich denselben Körper hat wie der eigene, den man kennt. Dies schliesst das Sexuelle nicht aus, sondern vereinfacht es, denn man weiss von sich selber, was ein Mensch des eigenen

---

[77] „...se couvroit de tous costez si virillement et par telle dexterité...".

[78] Uther schreibt in seinem Handbuch von der „dritten und überzeugenden Probe" und bezieht sich damit auf alle Fassungen (Uther 2013, S. 261).

Geschlechtes wo empfindet. Sex und Zärtlichkeiten mit einem Menschen des eigenen Geschlechtes sind daher, als ob man es sich selber antäte. Lange vor Freud wies dieses Märchen also auf das Autoerotische in der homosexuellen Anziehung hin. Die Nachfolger Freuds zogen daraus den Schluss, die Schwulen und Lesben liebten im Anderen nur sich selber, liebten also *sich selber statt den Anderen* und seien somit „narzisstisch" gestört[79], das heisst in der Selbstliebe gefangen und unfähig zur Liebe zu einem anderen Menschen. Das Märchen zieht daraus den gegenteiligen Schluss, wie die tiefe Liebe zwischen den drei Brüdern und die Formulierung, die drei Brüder liebten „sich einander", zeigen. Die Formulierung ist für Grimm'sche Märchen sehr selten, vielleicht sogar einmalig. Normalerweise formulieren die Grimms nämlich „sich lieben", was doppeldeutig ist und auch die Eigenliebe meinen kann und in einigen Märchen auch so gemeint ist.[80] „Sich einander lieben" betont dagegen, dass diese Brüder wirklich einander lieben, wenn sie auch sich selber lieben. Das Nebeneinander der beiden Wörter scheint sogar zu sagen, dass sie einander lieben *wie sich selber*. Das Autoerotische der gleichgeschlechtlichen Liebe führt hier also nicht dazu, dass die Männer sich selber *statt* den Anderen lieben, sondern dazu, dass sie den Anderen besonders echt, wie sich selber, lieben. Die gleichgeschlechtliche Liebe ist somit in diesem Märchen gerade *wegen* ihres autoerotischen Gehaltes besonders tief und echt und daher das Gegenteil der Selbstliebe.

- Aussergewöhnlich sind auch die Dreier-Liebe und die daraus folgende Dreier-Partnerschaft. Die unkonventionelle Idee mag ihrem Erfinder gerade deswegen gekommen sein, weil es damals kaum praktisch beobachtbare gleichgeschlechtliche Partnerschaften gab, die man als Vorbilder hätte nehmen können. Abwegig ist sie aber nicht: Man kann sich bei der gleichgeschlechtlichen Liebe tatsächlich vorstellen, dass sie eine Dreier-Liebe ist, weil es theoretisch tatsächlich möglich ist, dass drei oder mehr gleichgeschlechtlich fühlende Menschen je einander lieben. Denn sie alle lieben ja Menschen mit dem Körper desselben Geschlechtes. Für Heteros ist das nicht möglich, ausser sie tun sich mit zwei Bisexuellen des anderen Geschlechtes zusammen.

- Anders als an der damaligen Ehe zwischen Mann und Frau ist auch, dass es hier um eine Partnerschaft zwischen sexuell, wirtschaftlich/beruflich und altersmässig Gleichgestellten geht. Die patriarchale Ehe war dagegen immer eine Beziehung zwischen zwei Ungleichen: Die Frau war sexuell, juristisch (als Bevormundete) und wirtschaftlich dem Mann unterstellt und normalerweise auch jünger. Viele Märchen übertragen dieses Muster auch auf gleichgeschlechtliche Partnerschaften, auch dieses Märchen tut das im ersten Teil mit der zeitlich befristeten Partnerschaft zwischen dem jugendlichem Schmied und dem sozial höhergestellten „König". Aber wenn sozial *gleichgestellte* Angehörige *desselben* Geschlechtes eine Partnerschaft eingehen, dann wird auch eine für patriarchale Verhältnisse völlig neuartige Partnerschaft zwischen Gleichgestellten möglich, wie sie im letzten Abschnitt beschrieben wird.

Worauf das Märchen mit all diesen besonderen Eigenschaften dieser gleichgeschlechtlichen Partnerschaft hinaus will, wird erst im letzten Satz klar: „weil sie so geschickt gewesen waren, und sich so liebgehabt hatten", wurden sie alle in dasselbe Grab gelegt. Mit dem Geschickt-Sein muss hier erneut der Sex von Hand gemeint sein, denn man legt Menschen nicht ins gleiche Grab, weil sie handwerklich geschickt waren. Die Leute legten also die drei Verstorbenen ins gleiche Grab, weil sie eine mit Hand-Sex gelebte homosexuelle Liebes-Partnerschaft geführt hatten.

---

[79] Narziss verliebte sich im griechischen Mythos in sein eigenes Spiegelbild, das er im Wasser sah, und starb darüber (entweder, weil er sich nicht mit ihm vereinigen konnte, oder weil er es versuchte und dabei ertrank).
[80] So am Anfang von KHM 47 oder KHM 198.

Das zeugt von einer Toleranz, ja aktiven Unterstützung der gleichgeschlechtlichen Partnerschaft durch die Gesellschaft. War dies möglich in der damaligen Zeit? Die klare Antwort lautet: Nein. Wenn die Umgebung hätte sicher sein können, dass der Sex zwischen den Dreien nur von Hand erfolgt, dann wäre es vielleicht möglich gewesen. Da sie diese Sicherheit aber nicht haben konnte, hätte sie angenommen oder befürchtet, dass in dieser Partnerschaft Männer gefickt werden, und darum hätte sie sie niemals geduldet. Die Ablehnung wäre übrigens auch für den Fall geschehen, dass die Gesellschaft ein positiv formuliertes Männerbild gehabt und den Rollentausch beim Sex von hinten akzeptiert hätte und sich die drei Männer dies ebenfalls erlaubt hätten, denn dann wären die Leute immer noch nicht sicher gewesen, ob nicht immer derselbe Mann die „Frau" ist.

Der letzte Satz ist also eine Lüge. Der erste wirkliche Witz dieses Scherz- und Lügenmärchens war der nicht nachvollziehbare Entscheid des Vaters am Ende des ersten Teils, der zweite folgt am Schluss.

Die vorangegangene, sehr positive Darstellung der Partnerschaft zwischen den drei Männern verrät aber das Bedauern des Märchens darüber, dass solche Partnerschaften gesellschaftlich nicht akzeptiert sind. Sein Anliegen ist es daher, für Toleranz gegenüber solchen Partnerschaften zu werben, nur um am Ende feststellen zu müssen, dass dies in der damaligen patriarchalen Gesellschaft nicht realistisch ist.

Damit wird klar, wozu die Beschreibung der Besonderheiten gleichgeschlechtlicher Partnerschaften dient: um der Gesellschaft Argumente zu liefern für die Unterstützung solcher Partnerschaften. Diese Argumente zusammengefasst: Auch Menschen desselben Geschlechtes können einander sehr tief lieben, und ihre Partnerschaften sind grundsätzlich anders als Ehen zwischen Mann und Frau (Dreier-Liebe, Gleichgestellte, Verzicht auf Geschlechtsverkehr), womit wohl gesagt werden soll: Sie sind keine Konkurrenz oder Gefahr für die patriarchale Ehe.

Es fällt auf, wie sehr diese Argumente jenen Argumenten ähneln, die 2005 im schweizerischen Abstimmungskampf für die eingetragene Partnerschaft für gleichgeschlechtliche Paare vorgebracht wurden: Es gehe um Liebe, und diese Partnerschaften seien keine Konkurrenz für die heterosexuelle Ehe.

Auch andere Aussagen des kurzen Märchens haben bis heute nichts von ihrer Aktualität eingebüsst:

- Die Geschlechterbilder sind zwar heute weit weniger stereotyp als früher. Aber der sexuelle Kern des Männerbildes ist heute immer noch gleich. Auch heute ist ein Mann einer, der keine Frau und nicht schwul ist, weil auch heute der Kern des Männerbildes negativ gedacht, wenn auch vielleicht nicht immer so formuliert wird: Ein Mann ist einer, der sich nicht ficken lässt. Eine Umformulierung ins Positive wäre daher auch heute noch zu empfehlen und würde der Toleranz gegenüber den Schwulen sicher nützen.

- Die homosexuelle Liebe hat etwas Autoerotisches, was die Schwulen und Lesben nicht gerne zugeben wegen der Nähe zur Masturbation. Aber das Märchen dreht es ins Positive, indem es sagt: Es führt nicht dazu, dass man sich selber *statt den Anderen* liebt, sondern dazu, dass man den Anderen *wie sich selber* liebt. Gerade das Autoerotische an der homosexuellen Liebe kann also zu einer besonders tiefen Liebe führen. Dass dies tatsächlich so ist, sieht man daran, dass es sehr langjährige gleichgeschlechtliche Partnerschaften mit gegenseitiger tiefer Liebe gibt, in denen sich die beiden Partner optisch von Anfang an stark gleichen.

- Die Idee der Dreier-Partnerschaft könnte auch heute für Schwule und Lesben Ansporn sein, partnerschaftlich Alternatives zu versuchen. Stattdessen versuchen sie, mit der schwul-lesbischen Ehe die heterosexuelle Zweierkiste zu kopieren.

Leider ist das Märchen auch weitsichtig mit seiner Einschätzung, wonach Partnerschaften zwischen Männern von der Gesellschaft nicht akzeptiert werden, solange diese patriarchal ist. Die Geschichte sollte dies bestätigen: Die Gleichstellung der Schwulen und Lesben und mit ihr die rechtliche Absicherung gleichgeschlechtlicher Partnerschaften wurden erst in der jüngsten Zeit als Folge der Gleichstellung der Frau und der damit einher gehenden weitgehenden Überwindung des Patriarchates in den westlichen Gesellschaften möglich.

KHM 126: Ferenand getrü un Ferenand ungetrü
Oder: In der Jugend das Vergnügen, im Erwachsenenalter das Ansehen

Dieses plattdeutsche Märchen wurde den Grimms, wie KHM 113 und 121, von der Familie von Haxthausen vermittelt.[81] Die handschriftliche Fassung eines Mitgliedes jener Familie ist erhalten.[82] Die Grimms verdeutlichten an ein paar Stellen die Formulierungen sprachlich; inhaltlich fügten sie nur einen Satz kurz vor dem Ende hinzu.

Das Märchen erzählt das Heranwachsen eines Jungen namens „Ferdinand getreu" (plattdeusch „Ferenand getrü"), dessen Namensverwandter „Ferdinand ungetreu" seine zunächst verdrängte und nicht sichtbare Schattenseite ist. Wenn ich ihn als ganzen Menschen meine, nenne ich ihn daher im Folgenden einfach „Ferdinand".
Der Name „Ferdinand" setzt sich zusammen aus gotisch „frith" = „Schutz, Sicherheit" (vgl. „Friede") und „nanth" = „Kühnheit", bedeutet also „der kühne Beschützer" und bezeichnet somit einen heldenhaften Kämpfer für die Schwachen. Da dies die Aufgabe eines vorbildlichen Mannes ist, ist „Ferdinand" also „der vorbildliche Mann" oder „der vollkommene Mann". Der Zusatz „getreu" verstärkt dies, während „Ferdinand ungetreu" das Gegenteil ist. Da der Name Identität verleiht, bedeutet das: Dieser Junge fühlt sich als echt männlicher Mann, aber zu seiner ganzen Identität gehört auch eine zunächst noch verdrängte weibliche Schattenseite. Er entspricht somit in Wirklichkeit den patriarchalen Männlichkeitsvorstellungen nicht so ganz.
Was „männlich" und „weiblich" hier heissen, sieht man, als der Junge später in die Dienste eines „Königs" eintritt: Als „Ferdinand getreu" ist er dessen „Vorreiter", als „Ferdinand ungetreu" dessen „Bedienter", d.h. Diener. Beides sind durchsichtige Symbole für die aktive bzw. passive Rolle beim Geschlechtsverkehr. Bestätigt wird das durch die Bemerkung, Ferdinand ungetreu sei dem Ferdinand getreu „immer aufsässig". Damit wird auf etwas, was hinten am Gesäss stattfindet, angespielt. Dazu kommt, dass Ferdinand getreu auf Frauenliebe nicht anspricht, wie man merkt, als sich ein Mädchen in ihn verliebt und er ausweichend-desinteressiert reagiert (er wolle „so herumreisen"). Das Gegenteil von Liebe und Anziehung ist genau diese Gleichgültigkeit und nicht Hass.
Ferdinand ist also ein nur auf Männer stehender Junge mit einer männlichen und einer zunächst verdrängten weiblichen Seite, wobei sich diese beiden Seiten beim Sex in der Lust auf die aktive „männliche" bzw. die passive „weibliche" Rolle zeigen. Nach heutigen Begriffen ist er also ein Schwuler, der beim Sex beide Rollen wahrnehmen möchte, aber das Märchen sieht ihn einfach als Mann mit einer weiblichen Seite, der als Begleiterscheinung seiner beiden Seiten nur auf Männer orientiert ist. Seine Identität würde aus heutiger Sicht auf seiner Homosexualität beruhen, im Märchen beruht sie auf der Mischung aus Männlichkeit und Weiblichkeit.

---

[81] Uther 2013, S. 264.
[82] Staatsbibliothek Berlin, Preussischer Kulturbesitz, Nachlass Grimm 1800, C1, 1, 12-15.

Warum er so ist, kann man nur vermuten: Der Name wurde ihm vom Paten gegeben, den wiederum sein Vater aussuchte, und als Kind geht er zum Vater, wenn er weint. Der Vater ist also schon seit frühester Kindheit die bestimmende Bezugsperson und nimmt auch jene Funktionen war, die normalerweise die Mutter für ein Kind wahrnimmt. Die enge Bindung an den Vater dürfte als Erklärung gemeint sein, weswegen der Junge, ähnlich wie die Hauptfigur in KHM 47, durch einen seitenverkehrten Oedipus-Komplex innerlich Merkmale einer Frau (Lust auf die passive Rolle und auf Männer gerichtetes Begehren) entwickelt hat. Passend dazu, ist sein König-Partner älter, ein Vater-Ersatz.

Aber der bestimmende Einfluss des Vaters hat noch andere Folgen: Von dem vom Vater ausgesuchten Paten erhält Ferdinand getreu nämlich als einziges Geschenk einen Schlüssel. Bis zu seiner Pubertät wird dieser vom Vater aufbewahrt, am Anfang der Pubertät erhält ihn der Junge. Er kann damit auf der Heide ein Schloss öffnen, in dem sich nichts befindet ausser einem Schimmel, über den sich der Junge riesig freut.
Der Pate ist die letzte Zuflucht, wenn das Kind Unterstützung braucht. Das Pferd ist in den Märchen ein Männlichkeits-Symbol. Das Weiss steht für Reinheit, hier gemeint als „Reinheit" beim Thema Männlichkeit. Der Schimmel steht daher für „Männlichkeit" ohne Abstriche.
Der Schimmel als einziges Geschenk des vom Vater ausgesuchten Paten bedeutet daher: Aufgrund seiner engen Beziehung zum Vater und des somit starken väterlichen Vorbildes hat Ferdinand auch das Ziel und die Fähigkeit, ein nach dem damaligen Verständnis „richtiger" Mann ohne Einschränkungen zu werden; überdies ist dies auch das Einzige, was ihm in der Not helfen kann. Gemeint ist damit wohl, dass es das Einzige ist, was ihm Selbstrespekt und gesellschaftlichen Respekt bringt, da er aus ärmsten Verhältnissen stammt (dass die Eltern arm sind, als sie ihr Kind bekommen, erfahren wir schon im ersten Satz). Für Männer aus den untersten Schichten ist die Tatsache, dass sie ein Mann sind, das Einzige, was ihnen Ansehen geben kann, denn in allen patriarchalen Gesellschaften werden Männer nur schon deswegen, weil sie Männer sind, für wertvoller gehalten als Frauen.

Damit wird das Grunddilemma klar, das Ferdinands Jugendzeit und sein Erwachsen-Werden bestimmt: Grundsätzlich ist es das verbreitete Dilemma zwischen menschlicher Natur und patriarchalem Geschlechterbild. Aber bei Ferdinand tritt es besonders ausgeprägt auf, weil er einerseits, vermutlich als Folge einer sehr engen Vaterbindung, eine gesellschaftlich bei Männern nicht akzeptierte weibliche (Schatten-)Seite hat, oder mit heutigen Worten: weil er einerseits schwul ist; und weil er andererseits als Folge seines starken väterlichen Vorbildes das Ziel hat, unbedingt ein „richtiger" Mann nach den damaligen patriarchalen Vorstellungen und ohne Abstriche zu werden. Seine Armut verstärkt das Dilemma weiter: Sex ist für arme Leute das einzige Vergnügen, die Tatsache, dass sie ein Mann sind, das Einzige, was armen Männern (Selbst-)Respekt verschaffen kann.
Immerhin gibt es auch etwas, was Ferdinand die Sache im Vergleich zu anderen Männern erleichtert, und auch das hat er vom Vater: Dieser blieb nämlich bei der kirchlichen Taufe des Sohnes zu Hause (der Taufpate gab bei der Taufe den Schlüssel zur Männlichkeit der Mutter und beauftragte sie, ihn zu Hause dem Vater zu geben, also war der Vater bei der Taufe nicht dabei). Er steht der Kirche also gleichgültig gegenüber und dürfte den Sohn entsprechend beeinflusst haben. Passend dazu, findet er den Schimmel auf der Heide, dem Ort der von der kirchlichen Moral nicht zurechtgestutzten Natur (vgl. den Ausdruck „Heiden" für Nichtchristen). Ferdinand wird daher von der kirchlichen Lustfeindlichkeit nicht belastet.

Nachdem er den Schimmel erhalten hat, reitet er in die Welt hinaus, was symbolisch gemeint ist als Weg des Jugendlichen ins selbstständige Leben. Als Erstes sieht er eine Schreibfeder, ein Phallussymbol, am Boden liegen. Wie sich später zeigt, gehören dazu die Schriften einer Frau. Beides zusammen symbolisiert daher Geschlechtsverkehr und Ehe mit einer Frau.

Ferdinand getreu nimmt die Feder auf Geheiss einer unbekannten Stimme mit. Die Stimme kann nur vom Schimmel kommen, denn später merkt man, dass dieser sprechen kann. Auf Anraten seines Schimmels denkt also Ferdinand getreu daran, zu heiraten und Sex nur als Geschlechtsverkehr mit seiner Ehefrau zu haben. Das ist, was mit der vom Schimmel symbolisierten „richtigen" Männlichkeit ohne Abstriche gemeint ist.

Allerdings hat Ferdinand getreu auch das Gefühl, die Feder nicht sofort zu brauchen, darum wollte er sie ursprünglich liegen lassen. Er sagte sich (vor dem Rat des Schimmels), er finde ja wohl auch dort eine, wohin er komme. Ehe und Sex mit einer Frau sind also zwar seine Ziele, aber es sind angesichts seines jugendlichen Alters noch keine vordringlichen Ziele.

Als Nächstes sieht er einen Fisch, ein weiteres in Märchen häufiges Phallussymbol, an Land liegen und wirft ihn zurück ins Wasser, worauf der Fisch dankend seine Hilfe im Falle zukünftiger Not verspricht. Ein Fisch kann sich nur im Wasser frei bewegen. Ferdinand lässt also seine Sexualität sich frei entfalten, ohne Behinderung durch Kopfwillen und Kopfängste. Das kann er, weil er von der kirchlichen Lustfeindlichkeit nicht vorbelastet ist und als Jugendlicher das patriarchale Männerbild mit dem Ziel, zu heiraten, noch nicht erfüllen muss/will.

Damit zeichnet sich bereits ab, wie Ferdinand den Gegensatz zwischen seiner Natur und dem patriarchalen Männerbild zu lösen gedenkt: In seiner Jugend will er nur der Natur folgen, aber später, als Erwachsener, gedenkt er, ein „richtiger", respektierter Mann ohne Abstriche zu werden, das heisst zu heiraten und Sex dann nur noch mit seiner Ehefrau zu haben.

Gemäss dem Ziel, zunächst seiner Natur zu folgen, begegnet er als Nächstem Ferdinand ungetreu. Er lässt also seine weibliche Schattenseite an sich herankommen, weil sie zu seiner Natur gehört. Zwar scheint sie ihm nicht ganz geheuer zu sein, denn Ferdinand ungetreu beherrscht allerhand „so schlimme Künste", aber Ferdinand getreu folgt von Anfang an der Strategie der Anfreundung, die später das in ihn verliebte Mädchen, die dabei eine Stimme in ihm ist, so formuliert: „Den musst du dir als Freund bewahren, denn dem ist nicht zu trauen." Die Überlegung dahinter: Man muss seine Sexualität so annehmen, wie sie von Natur aus ist, auch wenn sie nicht dem entspricht, was man mit dem Kopf möchte, denn sonst wird sie zum Störfaktor. So wandern die beiden Ferdinande miteinander weiter.

Als sich darauf ein Mädchen in Ferdinand getreu verliebt, reagiert er, wie oben vorweggenommen, nicht. Er wird sich also bewusst, dass ihm Frauen emotional und sexuell nichts sagen. Das veranlasst ihn, eine Beziehung mit einem reiferen und gut situierten Mann, einem „König", einzugehen, in welcher er, wie oben ebenfalls schon vorweggenommen, die aktive *und* passive Rolle wahrnimmt (*beide* Ferdinande treten in die Dienste des Königs). Mit Letzterem setzt er die Strategie der Anfreundung mit Ferdinand ungetreu fort. So entsteht eine der ganz wenigen in Grimm'schen Märchen vorkommenden gleichgeschlechtlichen Partnerschaften *mit Rollentausch* beim analen Sex. Üblich ist sonst, dass immer derselbe der Aktive bzw. Passive ist, wenn überhaupt Partnerschaften erwähnt werden. Die hier geschilderte erinnert auch stark an heutige Beziehungen zwischen wohlhabenden älteren Herren in der westlichen Welt und jungen, gut aussehenden, aber unbemittelten Männern aus der Dritten Welt oder Osteuropa.

Ferdinand hat seine Partnerschaft von Anfang an als bis zum Heiratsalter befristet angelegt. So will er sie eines Tages beenden und sich dafür auf eine Frau einlassen. Zwar wird das erzählt, als ob er für den König dessen „Liebste" herbeischaffen soll, aber das Märchen beschreibt von hier an bis zum Ende mit Hilfe der an die Träume angelehnten Symbolsprache die innere Entwicklung Ferdinands. Nur an zwei Stellen (bei der Heirat und beim ersten Geschlechtsverkehr mit seiner Frau) beschreibt es *auch* ein tatsächlich stattfindendes Ereignis, aber auch dies ganz so, wie es von Ferdinand erlebt wird. Von hier an sind daher alle Figuren

Stimmen in Ferdinand bzw. Seiten Ferdinands. Der König ist dabei Ferdinand selber als Partner des Königs. Wenn der König spricht, spricht also Ferdinand selber als Partner des Königs. Dass der König Ferdinand getreu befiehlt, seine „Liebste" herbeizuschaffen, bedeutet daher: Ferdinand will mit Hilfe seiner eigenen männlichen Seite seine Partnerschaft mit dem König durch die Ehe mit seiner „Liebsten" ersetzen, an die er sich aber zuerst annähern muss. Die „Liebste" ist also Ferdinands „Liebste". Gemeint ist aber nicht ein Mädchen, das *er* liebt, denn dazu fehlt jede Vorgeschichte, sondern jenes Mädchen, das sich einst *in ihn* verliebte.

Mit dem Einlassen auf eine Frau muss Ferdinand getreu auch die Strategie der Anfreundung mit seiner weiblichen Seite aufgeben. Erst jetzt wird Ferdinand ungetreu zum Störfaktor, vorher ging nie etwas Schädliches von ihm aus. Jetzt aber will er, dass Ferdinand getreu scheitert, und dieser hat auch entsprechende Ängste. Symbolisiert werden sie dadurch, dass auf dem Weg zur „Liebsten" Riesen und Vögel drohen, ihn aufzufressen bzw. ihm die Augen auszuhacken. Es sind dieselben Vernichtungs- und Blendungssymbole, die in vielen Grimm'schen Märchen für die männliche Angst stehen, als Folge der passiven Rolle kein „richtiger" Mann mehr zu sein. Ferdinand getreu befürchtet also, er könnte wegen seiner in der Beziehung mit dem König ausgelebten weiblichen Seite beim Geschlechtsverkehr mit einer Frau versagen. Interessant ist, dass er beim König, den er ja auch bumst, nie solche Versagensängste hatte, ein klares Zeichen, dass seine weibliche Seite, die für seine Lust auf die passive Rolle steht, auch untrennbar mit Lust auf Männer verbunden ist. Sex mit Männern entspricht Ferdinands Neigungen, solcher mit Frauen nicht.

Der Schimmel rät ihm, wie er die Ängste überwinden kann: Er muss sie, ähnlich wie bisher seine Sexualität, an sich herankommen lassen (die Ungeheuer füttern) und nicht zu unterdrücken versuchen.

Zusätzlich ruft er sich – symbolisiert vom Fisch, der ihm die ins Wasser gefallenen Schriften der Frau bringt – in Erinnerung: Ich muss die Erektion sich frei entwickeln lassen, ich darf darum nicht mit dem Kopf zu sehr wollen. Man mag sich fragen, wie er bei einer Frau überhaupt eine Erektion bekommen kann, aber gemeint ist wohl die manuelle Stimulierung des Penis, die auch ohne attraktives Gegenüber klappen kann.

Im Kopf Loslassen und die Versagensängste annehmen statt verscheuchen, sind also die Devisen, dank denen es ihm gelingt, die „Liebste" herbeizuschaffen, was aber erst als mentale Vorbereitung auf den Geschlechtsverkehr mit ihr gemeint ist. Doch das reicht fürs Heiraten. In der Symbolsprache des Märchens ist es allerdings zuerst der König, der die Prinzessin heiratet, aber gemeint ist, wie oben erklärt, Ferdinand getreu als Partner des Königs. Das heisst: Ferdinand heiratet die Frau, aber mit seinen Gefühlen hängt er noch am früheren Partner.

Der erste eheliche Geschlechtsverkehr klappt dann dank der vorangegangenen inneren Vorbereitung trotzdem, bezeichnenderweise, als „die Herren vom Hofe zusammen" sind. Letztere stehen dabei für Ferdinand getreu als gesellschaftlich bewunderter Mann. Gemeint ist also nicht, dass der Sex in der Öffentlichkeit stattfindet, sondern, dass es Ferdinand getreu dabei um das gesellschaftliche Ansehen als Mann geht.

Symbolisiert wird der Geschlechtsverkehr dadurch, dass die Königin Ferdinand getreu den Kopf abhackt und wieder aufsetzt. Sie steht dabei für Ferdinand getreu als Ehepartner. Zuerst zweifelt er, ob es klappt, denn das Kopf-Abhacken symbolisiert hier und in anderen Märchen das Abhacken eines anderen Körperteils und daher den Männlichkeits-Verlust, also das Versagen beim Geschlechtsverkehr. Aber dann beweist er sich das Gegenteil (der Kopf wird wieder aufgesetzt). Zurück bleibt ein roter Faden um den Hals, der an ein Hinrichtungs-Urteil erinnert, also wohl als Symbol von Rest- Schuldgefühlen wegen seines früheren Sexes mit dem König zu verstehen ist.

Die Königin will dasselbe Kunststück danach auch mit dem König versuchen, tut aber so, als ob sie den Kopf nicht mehr aufsetzen könne. Das Tun-als-ob bedeutet, dass sie könnte, aber nicht will. Gemeint ist kaum ein zweiter, aber missglückter Geschlechtsverkehrs-Versuch, sondern eine Vorstellung Ferdinand getreus. Die Königin ist dabei wieder er selber als respektierter Ehemann, der König wieder er selber als Partner seines früheren Mannes (oder irgendeines Mannes). Die ganze Episode bedeutet demnach: Ferdinand stellt sich vor, wie er den Geschlechtsverkehr in der Ehe vollzöge mit gleichzeitig im Hinterkopf weiter bestehen homosexuellen Gefühlen. Er denkt, das wäre möglich, aber er *will* es nicht.

Zusammengefasst: Ferdinand bringt den ersten Geschlechtsverkehr mit seiner Ehefrau trotz anfänglichen Zweifeln erfolgreich zustande, während er seine Gefühle für Männer verdrängt. Nachher überlegt er sich, ob es auch klappen könnte, wenn er die Gefühle für Männer nicht verdrängen würde. Er denkt, es wäre möglich, aber er will es nicht.

Und so wird der König begraben, durch eine Willensanstrengung. Die Frage ist, was damit gemeint ist: Eine Überwindung oder nur ein erfolgreiches Verdrängen der gleichgeschlechtlichen Gefühle? Ich denke, das Zweite, denn Ferdinand ungetreu, das Symbol der mit den gleichgeschlechtlichen Gefühlen untrennbar verbundenen weiblichen Seite, wird nicht getötet und begraben, sondern verschwindet einfach, so wie er einst scheinbar aus dem Nichts, in Wirklichkeit aus dem verborgenen Inneren Ferdinands, kam. Das heisst: Ferdinand getreu gelingt es durch eine Willensanstrengung, seine weibliche Seite und alles, was damit verbunden ist, einfach nicht mehr zur Kenntnis zu nehmen, sie ist aber verborgen weiter irgendwo in ihm vorhanden.

Das bedeutet, dass nun ein (Selbst-)Betrug über seine Gefühle einsetzt. Er tut nun so, als habe er keine Gefühle für Männer und keine „weibliche" Seite, aber irgendwo tief in ihm ist beides noch vorhanden. Dass die Grimms das Märchen auch so verstanden haben wollten, zeigt der einzige inhaltliche Zusatz, den sie der Haxthausen'schen Text-Vorlage hinzufügten: Nach dem erfolgreichen ersten Geschlechtsverkehr sagt die Königin, wieder als Stimme in Ferdinand getreu: „Ja, die Kunst versteh ich." Ferdinand tut damit so, als hätte er eine grosse Erfahrung im Frauen-Bumsen. Das ist eine Lüge, mit welcher er seine homosexuelle Vergangenheit leugnet. Wo aber kein Platz mehr ist für die Wahrheit über die eigene homosexuelle Vergangenheit, kann erst recht keiner mehr sein für eine Wahrheit über eine entsprechende Gegenwart. Die Grimms verdeutlichten also mit den paar wenigen Worten, dass Ferdinand seine wahren Gefühle nicht mehr zugibt, wohl auch nicht mehr gegenüber sich selber. Er schaut einfach weg von der Wahrheit. Doch es steht am Schluss auch nichts über Freude oder Vergnügen mit seiner Frau oder Liebe zu ihr. Es heisst einfach lapidar: „Sie aber heiratete den Ferdinand getreu." Er verdrängt also zwar erfolgreich seine wahren Gefühle, aber er kann keine anderen an ihre Stelle setzen.

Was als Folge aus ihm wird, zeigt der kurze letzte Abschnitt. Er ist nicht, wie Uther in seinem Handbuch schreibt[83], „ohne Bedeutung und recht unmotiviert" dem Märchen hinzugefügt worden, sondern er ist, im Gegenteil, der logische Abschluss der bisherigen Entwicklung Ferdinands: Dass Ferdinand getreu „immer" seinen Schimmel reite, bedeutet, dass er den Geschlechtsverkehr mit seiner Frau immer wieder vollzieht, aber nicht aus Lust, sondern um sich immer wieder seine reine (weisse), d.h. vollständige Männlichkeit zu beweisen.

Schliesslich reitet der Schimmel dreimal im Kreis und steht dann darin auf die Hinterbeine. Das aufrechte Männlichkeitssymbol in einem Kreis ist ein deutliches Bild für den Geschlechtsverkehr. Aus dieser Position verwandelt sich der Schimmel in einen Königssohn, ein Symbol des Stolzes, den Ferdinand nun auf sich selber als erwachsener, verheirateter und sexuell erfolgreicher Ehemann empfindet.

In der Jugend lebte Ferdinand also gemäss seinen wahren Gefühlen, als Erwachsener verdrängt er diese erfolgreich, kann sie aber nicht durch Liebe zu seiner Frau, sondern nur

---

[83] Uther 2013, S. 265.

durch einen zur Schau gestellten Männlichkeits-Stolz ersetzen, der das von seinem verdrängten früheren Leben her stammende Minderwertigkeitsgefühl ahnen lässt.

Das Märchen beschreibt mit seiner Geschichte die wenig beneidenswerte Wahl, die ein armer, gleichgeschlechtlich fühlender Mann in der damaligen patriarchalen Gesellschaft hatte, wenn er gesellschaftliches Ansehen und Selbstrespekt wollte: Der Sex ist das einzige für ihn mögliche Vergnügen, die Tatsache, dass er ein Mann ist, ist das Einzige, was ihm (Selbst-) Respekt verleihen kann. Beides zugleich kann er aber nicht haben. Darum kann er seine Sexualität höchstens als Jugendlicher gemäss seinen wahren Gefühlen leben, wenn er noch zu jung ist, um ein „richtiger" Mann sein zu müssen. Aber nachher muss er, wenn er gesellschaftlichen und (Selbst-) Respekt möchte, versuchen, ein solcher „richtiger" Mann zu werden. Und das ist als Mann mit gleichgeschlechtlichen Gefühlen nicht möglich, denn ein vollkommener Mann hat in einer patriarchalen Gesellschaft eine Frau zu heiraten und Sex nur als Geschlechtsverkehr mit ihr zu haben.

Das Märchen wertet nicht, ob Ferdinand mit seinen Lebensentscheiden das Richtige tut. Es rät mit seinem Vorbild nur, was Männer wie er tun müssen, *wenn* sie sich so entscheiden:

- Wenn sie als Jugendliche ihre Sexualität ausleben möchten, sollen sie ihre wahren Neigungen möglichst unverfälscht an sich herankommen lassen, auch die sexuell passiven (!), dann stören sie nicht. Dass das Märchen dies ganz offen und ausdrücklich sagt, ist für die damalige Zeit recht mutig. In den anderen Grimm'schen Märchen wird das Okay zur passiven Rolle des Mannes meistens in einer doppelbödige Botschaft versteckt.
- Wenn sie später gegenüber Frauen sexuelle Versagensängste haben, sollen sie sie nicht verdrängen, sondern ebenfalls an sich herankommen lassen, dann werden sie kleiner und überwindbar.
- Für eine gute Erektion sollen sie gefühlsmässig loslassen und nicht versuchen, sie mit dem vom Kopf kommenden Willen herbeizuführen.

Dies sind weise und zeitlos gültige Ratschläge zum Umgang mit der eigenen Sexualität und mit eigenen Ängsten auch in anderen Lagen und für Nichtschwule.

Der Schluss des Märchens steht allerdings im Widerspruch zu diesen Ratschlägen, weil es dort Ferdinand gelingt, durch eine reine Willensanstrengung seine weibliche Seite und seine Gefühle für Männer erfolgreich zu verdrängen. Zwar zeigen Beispiele (katholische Priester oder verheiratete Schwule früher), dass es möglich ist, ein Leben lang die eigene Homosexualität zu verdrängen und nie zu leben, aber zu *diesem* Märchen scheint mir dieses Ende nicht recht zu passen, weil die vorangegangenen sehr lebensnahen Ratschlägen darauf hinauslaufen, dass bei den Themen Sex und Ängste Willensanstrengungen, die vom Kopf kommen, nicht funktionieren. Bezeichnend ist auch, dass die erfolgreiche Gefühlsverdrängung am Ende nicht problematisiert wird. Sie wird nur kurz berichtet. Eventuell ist die Meinung, dass sie funktioniert, weil die Neigungen vorher ausgelebt wurden. Aber wenn man seine wahren, natürlichen sexuellen Neigungen auslebt, überwindet man sie nicht, sondern kommt eher auf den Geschmack. So bleibt nach einer vorher überzeugenden Geschichte der Eindruck eines Endes, dessen Leichtigkeit nicht überzeugt.

KHM 146: Die Rübe

Oder: Eine Warnung aus dem Mittelalter an fahrende Schüler: Lasst euch nicht bumsen

Dieses Märchen beruht auf einem lateinischen Gedicht aus dem 15. Jahrhundert.[84] Die Grimms setzten die Vorlage in deutsche Prosa, strafften sie dabei stark und gestalteten das Ende versöhnlicher, indem sie die Befreiung des Schülers aus seiner misslichen Lage hinzufügten.

Die Geschichte besteht aus zwei Teilen. In jedem steht ein markantes Symbol im Mittelpunkt: im ersten eine übergrosse Rübe, im zweiten ein Mann in einem oben offenen Sack des angeblichen Wissens. Ich verstehe beides als sexuelle Symbole. Allerdings sind beide für Grimm'sche Märchen auch fast bzw. ganz einmalig. Man kann ihre Bedeutung daher nicht durch Vergleiche mit anderen Märchen bestätigen. Daher ist die homosexuelle Interpretation dieses Märchens nicht so gut durch Textvergleiche mit anderen KHM abgestützt wie jene der anderen hier analysierten Märchen.

Die titelgebende, immer grösser werdende Rübe sehe ich als Symbol für den stärker werdenden sexuellen Druck in der Hose des Mannes, der eintritt, wenn er sich eine Zeit lang enthalten hat.
Dass der Bauer die Rübe dem König gibt, dürfte daher bedeuten, dass er ihn bumst und dadurch reich belohnt wird, was sich sowohl auf das (aufgrund des vorangegangenen Samenstaus) tolle sexuelle Erleben wie auf die materielle Belohnung beziehen dürfte. Könige und andere Vornehme lassen sich auch in anderen Märchen von Untergebenen oder armen Männern von hinten befriedigen, manchmal gegen Geld (so in KHM 68), was angesichts der gesellschaftlichen Verachtung der passiven Rolle des Mannes auch als Seitenhieb gegen jene Vornehmen zu verstehen ist.

Die Belohnung des armen Bauern ruft die Gier und den Neid seines reichen Bruders hervor, der Soldat und gemäss einer Bemerkung des armen Bauern dem König „wohl bekannt" ist. Das könnte ein Hinweis sein, dass der Reiche schon bisher den König zu bumsen pflegte und nun neidisch wird, weil sein armer Bruder eine grössere Belohnung für denselben Dienst erhielt. Das würde erklären, warum er sich (gemäss einer Grimm'schen Textergänzung) nun überlegt, „wie er sich auch ein solches Glück zuwenden könnte". Das Wort „zuwenden" ist ein vorsichtiger Hinweis, dass der Soldat, der, aus seinem Beruf für harte Männer zu schliessen, bisher auf seine Männlichkeit Wert legt, nun erstmals bereit ist, sich vom König bumsen zu lassen. Dies in der Meinung, die passive Rolle sei eine Steigerung gegenüber bisher, und in der Hoffnung, er werde daher ein noch grossartigeres Gefühl erleben, und der König werde ihn noch reicher beschenken als den armen Bruder. Das Motiv ist also die Gier nach immer noch tollerem Sex und immer noch mehr Geld.
Aber weder das eine noch das Andere trifft ein: Alles, was er einhandelt, ist der von der Rübe symbolisierte Samenstau, weil er es nicht in der aktiven Rolle tat. In seiner Wut möchte er, dass seinem Bruder dasselbe geschieht wie ihm. Er möchte also auch den Bruder dazu bringen, sich einmal bumsen zu lassen, damit er denselben Reinfall erlebt wie er selber. Mit dem Versprechen eines Schatzes weckt er daher ebenfalls dessen Gier nach immer mehr, was wieder materiell und sexuell verstanden werden kann. Er lockt ihn damit an einen Ort, an dem er in einem Sack, der oben offen ist, an einen Ast gehängt wird. Das ist ein Bild für die passive Rolle, aber auch für das Gefühl, ein Gefangener zu sein. Der Reiche erreicht also sein

---

[84] Uther 2013, S. 292. Das lateinische Gedicht mit dem Titel „Raparius" (Rübenbauer) ist abgedruckt mit synoptischem Vergleich mit dem KHM-Text in: Rölleke 2004a, S. 186-205.

Ziel weitgehend: Er kann die Gier seines Bruders wecken, dieser lässt sich bumsen, und das Ergebnis fällt auch für ihn ziemlich ernüchternd aus, der versprochene Genuss bleibt aus. Immerhin fühlt er sich nicht, wie der reiche Bruder zuerst hoffte, völlig vernichtet (er wird, entgegen der ursprünglichen Absicht seines Bruders, nicht ermordet).

Nun möchte auch der arme Bruder eine Befriedigung darin finden, einen weiteren Mann dazu zu bringen, in dieselbe Falle zu tappen wie er. Er verspricht darum einem vorbeikommenden Schüler, der Sack sei ein „Sack der Weisheit", und wer darin sei, werde „weiser sein als alle Menschen". Wissen ist schon in der Bibel in der Geschichte vom Sündenfall ein Bild für den sexuellen Genuss, weil beides befreit. Der Mann verspricht dem Schüler also, die passive Rolle beim Geschlechtsverkehr sei der grösste Genuss, worauf der Schüler sie unbedingt ausprobieren will (symbolisch: in den Sack will), damit aber nur auf dieselbe Art hereinfällt wie vor ihm der reiche und dann der arme Bruder.

Das Märchen ist eine aus dem Mittelalter stammende, an Männer gerichtete Warnung davor, sich sexuell zur Frau machen zu lassen. Speziell ist die Warnung an fahrende junge Studenten höherer Schulen gerichtet, die das Latein beherrschen und darum das Gedicht im Original verstanden. Frauen standen zur sexuellen Befriedigung damals weniger zur Verfügung, ausser als Prostituierte, aber solche konnten sich die meist armen Schüler kaum leisten. So blieb der Sex mit Männern. Dazu sagt das Märchen: „Lasst euch nicht durch die Gier nach immer grösserem Genuss und entsprechenden Versprechungen zur passiven Rolle verführen. Sie ist in Wirklichkeit kein Genuss, ihr werdet es nachher bereuen. Jene, die Euch das Gegenteil versprechen, tun dies nur, weil sie selber darauf hereinfielen und nun weitere Opfer suchen, damit sie nicht die einzigen sind."
Dass die passive Rolle für einen Mann keinen Genuss biete, stimmt natürlich nicht oder höchstens für einen Anfänger, der sich verkrampft. Die Warnung funktioniert daher nur, solange sie die Gewarnten tatsächlich davon abhält, sich bumsen zu lassen, sodass sie nicht wissen, wie es wirklich ist. Auffällig ist auch, dass das Märchen nur vor der passiven und nicht vor der zugehörigen aktiven Rolle warnt. Dieser scheint es gleichgültig gegenüber zu stehen. Die Verführungsgefahr, der ein Mann entgehen soll, betrifft hier nur die passive Rolle.

KHM 182: Die Geschenke des kleinen Volkes
Oder: Eine kurze Phase mit Sex zwischen Jungs im Jugendalter ist okay, aber mehr wird man bitter bereuen

Dieses Märchen ist die von Wilhelm Grimm etwas veränderte Fassung eines 1846 vom Sprachforscher Emil Sommer veröffentlichten Märchens.[85]

Zwei wandernde Handwerker-Kollegen, ein Schneider und ein Goldschmied, vernehmen eines Abends nach Einbruch der Dunkelheit in freier Natur von Ferne eine Musik, die so „anmutig" tönt, dass sie ihr nachgehen. Der Mond – Begleiterscheinung romantischer Gefühle – ist schon aufgegangen, als sie ein „kleines Volk" erblicken, das für ihre eigene Jugend steht, „mit grösster Lust und Freudigkeit" tanzt und dazu „auf das lieblichste" singt.
Die verschiedenen Anspielungen machen klar: Die beiden jungen Männer werden, wohl in einer warmen Sommernacht, von romantisch-lustvollen Gefühlen füreinander erfasst. Zum

---

[85] Emil Sommer: „Der Berggeister Geschenke. Mündlich aus Halle". In: Emil Sommer: Sagen, Märchen und Gebräuche aus Sachsen und Thüringen. Halle 1846. Bd. 1, S. 82-86. Abgedruckt mit synoptischem Vergleich mit dem KHM-Text in: Rölleke 2004a, S. 418-423. Vgl. auch Uther 2013, S. 356.

Sex kommt es folgerichtig alsbald: In der Mitte eines vom kleinen Volk gebildeten Kreises schert ihnen ein Alter mit eisgrauem Bart mit einem Messer, einem Phallussymbol, ihre Kopf- und Barthaare, d.h. ihre Männlichkeitszierde, und fordert sie auf, dafür Kohle mitzunehmen. Diese ist in etlichen Grimm'schen Märchen ein Symbol für den Analverkehr, vor allem für die passive Rolle, am deutlichsten in KHM 189. Der Kreis mit dem Phallussymbol in der Mitte verdeutlicht die Symbolik des Geschlechtsverkehrs weiter. Der Alte ist wohl nicht als dritte anwesende Person zu verstehen, sondern als eine Verkörperung der väterlichen Alters-Weisheit.

Mit anderen Worten: Die beiden Freunde bumsen einander, und die väterliche Alters-Weisheit billigt das nicht nur, sondern lädt sogar dazu ein. Das bestätigt sich am folgenden Morgen, als die beiden Jungs feststellen, dass die mitgenommene Kohle zu Gold geworden ist. Damit soll gesagt werden: Eine solche Gelegenheits-Erfahrung Jugendlicher ist nicht nur okay, sie ist sogar wertvoll.

Aber dann ändert die Botschaft in ihr Gegenteil: Der Goldschmied geht am folgenden Abend alleine und aus „Habgier" – womit hier die sexuelle Gier gemeint ist – wieder zum kleinen Volk, um soviel Kohle wie möglich einzupacken. Das heisst: Er fährt mit den gleichgeschlechtlichen Erfahrungen weiter, wohl mit anderen Jungs. Doch er wird dafür bitter bestraft: Die weitere Kohle wird nicht zu Gold, das in der ersten Nacht erhaltene Gold wird sogar zurück in Kohle verwandelt. Er geniesst es also nicht mehr wirklich, und die Erinnerung daran wird dadurch auch getrübt. Zudem wachsen ihm die Haare nie mehr nach. Er hat also ein Leben lang das Gefühl, kein richtiger Mann mehr zu sein. Und es wächst ihm sogar ein zweiter Höcker auf der Brust neben jenem auf dem Rücken, den er vorher schon hatte. Körperliche Verunstaltungen galten früher als Ausdruck innerer Verfehlungen, Buckel als Ausdruck von Bosheit. Der Goldschmied fühlt sich also ein Leben lang als böser Mensch, er leidet ein Leben lang an Schuldgefühlen über sein Sexleben, wie auch die Bemerkung bestätigt, dass er „die Strafe für seine Habgier" erkenne.

Der Schneider hingegen heiratet, statt mit dem gleichgeschlechtlichen Sex weiterzufahren, und bleibt damit glücklich, nimmt aber seinen unglücklichen Wander-Gesellen für den Rest des Lebens bei sich auf.

Die Botschaft: Homosexuelle Geschlechtsverkehrs-Erfahrungen sind okay, sogar gut, sofern sie sich auf Episoden zwischen Kollegen im Jugendalter beschränken. Mehr ist aber falsch, man schädigt sich damit selber und wird es nachher ein Leben lang bitter bereuen. Erwachsene Männer sollen also heiraten und auf Sex mit anderen Männern verzichten.

Das Märchen verbindet so eine schwulenfreundliche Botschaft im ersten Teil mit einer extrem schwulenfeindlichen im zweiten Teil. Man fragt sich, wie es auf diese für Grimm'sche Märchen einmalige Kombination kommt. Eine mögliche Erklärung wäre, dass es in erster Linie vor dem Sex zwischen Männern warnen möchte, aber einen Kompromiss mit einer damals wahrscheinlich unter männlichen Jugendlichen, zum Beispiel wandernden Handwerkergesellen, verbreiteten Realität machen möchte, um nicht alle Jungs, die wegen des damals schwierigeren Zugangs zu Mädchen Sex miteinander hatten, verurteilen zu müssen.

Interessant sind die Änderungen, die Wilhelm Grimm an Sommers Vorlage zu diesem Märchen anbrachte: Sommer berichtete noch *vor* dem Sex zwischen den beiden Kollegen, aber während sie bereits die Musik vernehmen: „Und der Schneider dachte an seine liebe Braut, die er daheim gelassen hatte, und seufzte, dass er so arm sei und die Spielleute noch lange nicht zu ihrem Hochzeitstanze aufspielen würden." Der Schneider denkt also in Sommers Fassung zuerst an seine Braut, als in ihm romantisch-sexuelle Gefühle aufkommen, aber die Braut ist nicht da. Die Grimms liessen diese Passage weg. Sie erwähnen die Braut des Schneiders nur später einmal und ergänzen dort, der Schneider nenne seine „Liebste" seinen „angenehmen Gegenstand", was kaum ein schmeichelhafter Kosename ist und nichts von der tiefen Sehnsucht ahnen lässt, die er in der Vorlage nach ihr hat. Weiter liessen die Grimms am Ende den Hinweis weg, dass der Schneider den Goldschmied ein Leben lang pflegt.

Das bedeutet: Bei Sommer liebt der Schneider seine Braut, der Sex mit dem Kollegen ist nur Ersatz für das eigentlich gewünschte Vergnügen mit ihr, und die lebenslange Wohngemeinschaft zwischen den beiden Kollegen ist rein karitativ motiviert. Bei Grimm liebt er seine Braut nicht und die Lebensgemeinschaft mit dem Goldschmied ist nicht karitativ motiviert. Dadurch entsteht, auch wenn es nicht ausdrücklich gesagt wird, der Eindruck, der Schneider sei dem Goldschmied gefühlsmässig enger zugetan als seiner Frau, und der Sex und die Lebensgemeinschaft mit seinem Wanderkollegen beruhten daher auf einer bleibenden tiefen gegenseitigen Zuneigung.

Die Botschaft des Märchens bleibt trotzdem dieselbe. Allerdings überzeugt sie mit den in der *Vorlage* berichteten Gefühlen des Schneiders viel mehr. Denn wenn der Schneider den Goldschmied statt seiner Braut liebt, dann müsste seine Heirat und das Ende des Sexes mit dem Kollegen etwas problematisiert werden. Das wird es aber nicht, weil es in der Vorlage nicht nötig ist.

Die Grimms schwulisierten also den Schneider und störten damit den Gesamtzusammenhang. Ein Heterosexueller käme in der damaligen Zeit kaum auf die Idee, dies zu tun. Dies ist daher eines jener vier Märchen, die mich vermuten lassen, dass die Brüder Grimm das waren, was wir heute als „schwul bezeichnen.

KHM 189: Der Bauer und der Teufel
Oder: Das Unten-Liegen bei der Reiterstellung als Ersatz für die passive Rolle des Mannes

Das Märchen ist die um einen Abschnitt gekürzte und sonst nur leicht veränderte Grimm'sche Fassung einer 1834 von Ludwig Aurbacher veröffentlichten Geschichte.[86]

Ein Bauer erblickt eines Abends auf seinem Acker einen Teufel, der auf einem Schatz feuriger Kohlen sitzt. Die Kohle steht, auch in etlichen weiteren Märchen, für den Analverkehr, wohl weil sie durch Hitze und Umwandlung entsteht und auch im Anus die Körpertemperatur erhöht ist und sich darin etwas Umgewandeltes (umgewandelte Nahrung) befindet. Das Sitzen auf einem Schatz feuriger Kohlen symbolisiert daher den Genuss der passiven Rolle, die der Bauer jedoch für teuflisch hält.

Er möchte den Schatz an sich bringen, muss aber zu diesem Zweck den Teufel überlisten. Das bedeutet: Er möchte gerne den Genuss erleben, den man bei der passiven Rolle haben kann, aber ohne das Teuflische jener Rolle. Das scheint zunächst ein Widerspruch zu sein, aber das Märchen zeigt im Folgenden, wie er aus seiner Sicht gelöst werden kann (wie der Teufel überlistet werden kann):

Denn der Bauer vereinbart nun mit dem Teufel als Preis für den Schatz die Teilung der Ernte seines Ackers. Im ersten Jahr soll er alles erhalten, was im Boden ist, der Teufel alles, was darüber ist, im zweiten Jahr umgekehrt. Der Bauer sät aber im ersten Jahr Rüben und im zweiten Weizen, sodass er in beiden Jahren alles erhält, der Teufel leer ausgeht und ihm am Ende den Schatz doch überlassen muss. Die Rüben sowie die Weizenähren sind Phallussymbole und stehen daher für die aktive Rolle. Die Rüben bedeuten daher: Der Bauer

---

[86] Ludwig Aurbacher: „Der Teufel und der Bauer". In: Büchlein für die Jugend. München 1834, S. 249-252. Der Text ist abgedruckt mit synoptischem Vergleich mit dem Grimm'schen Text in: Rölleke 2004a, S. 472-475. Vgl. auch Uther 2013, S. 367.

ist beim Geschlechtsverkehr unten, aber in der aktiven Rolle. Also Reiterstellung. Der Weizen dagegen steht für die Missionarsstellung. Dass der Bauer auf diese Art den Schatz des Teufels erhält, bedeutet, dass er sich sagt, der Wechsel der Stellung bringe einen gleichwertigen Genuss wie die passive Rolle, ohne dass er dabei etwas Teuflisches tue. Denn teuflisch ist für einen Mann nur die Rolle der Frau, nicht die Reiterstellung, bei welcher er immer noch die aktive, „männliche" Rolle wahrnimmt.

Das Märchen empfiehlt also den Wechsel der Stellung als Ersatz für die den Männern verbotene passive Rolle. Andere Grimm'sche Märchen behandeln die gleiche Thematik: Wie kann ein Mann seine Lust auf die passive Rolle durch anderen, möglichst gleichwertigen Sex ersetzen? Sie empfehlen als Ausweg aber meist eine nichtanale Praktik (KHM 124, 195, 82a), eines die Masturbation von hinten (18a/104a).
Der Vorschlag dieses Märchens überzeugt nur beschränkt. Denn gleichwertig wie bei der passiven Rolle ist der Genuss in der aktiven Rolle mit der Reiterstellung höchstens dann, wenn es dem Bauern nur um die Unterwerfung und die Abgabe der Macht und nicht um die anale Erregung geht.

In der Vorlage Aurbachers überzeugt der Schluss dagegen mehr. Dort geht der Wettstreit mit dem Teufel nämlich weiter, denn dieser verlangt zusätzlich, dass derjenige den Schatz erhalten solle, der in der Schwitzstube mehr Hitze aushalte. Der Teufel hält dann mehr aus, der Bauer aber tut vom halb geöffneten Fenster aus so, als reiche es ihm noch nicht. Der Teufel merkt den Bluff nicht und fährt im Glauben, verloren zu haben, davon.
Das Aushalten der grösseren Wärme steht für den grösseren Genuss. Bei Aurbacher ist sich der Bauer also bewusst, dass in Wirklichkeit die (vom Teufel symbolisierte) passive Rolle mehr Genuss liefert als die Reiterstellung und dass er sich betrügt, wenn er das Gegenteil behauptet. Dementsprechend lässt der Erzähler bei Aurbacher am Ende offen, ob der Bauer den Schatz wirklich gekriegt hat, das heisst, ob der Selbstbetrug funktioniert.
Die Grimms übernahmen diesen letzten Abschnitt vielleicht deswegen nicht, weil er sexuell zu verdächtig gewesen sein könnte. In Schwitzstuben fand schon damals, wie heute in gewissen Saunen, auch Sex zwischen Männern statt.

Die Grimms übernahmen auch zwei ganz eindeutig auf Sex hinweisende Begriffe nicht, mit denen in der Aurbacher'schen Vorlage der Teufel den Bauern beschimpft:
Zum Einen „Kujon", das bedeutet „Schurke", wörtlich aber „Hodensack" (von lateinisch „coleus" für „Hodensack") und bestätigt somit, dass der Bauer der Penetrierende sein möchte.
Zum Anderen „Kalfakter", d.h. „Warmmacher" (von lateinisch „caleo" = warm und „factor" = Macher). Ein „Warmer" war schon damals ein Mann, der sich von hinten penetrieren liess (siehe dazu meine Bemerkungen zur Interpretation von KHM 113). Das Wort „Kalfakter" belegt also, dass der Bauer einen Mann *anal* penetrieren möchte, und bestätigt, dass es in diesem Märchen um analen Sex zwischen Männern geht.
Damit wird auch eindeutig und unmissverständlich klar, dass mit dem Schatz feuriger Kohlen, auf dem der Teufel sitzt, die passive Rolle gemeint ist. Der Wert dieses inhaltlich nicht sehr belangvollen Märchens liegt daher darin, dass man mit Hilfe der Vorlage unmissverständlich die Bedeutung der Kohle als Märchensymbol für den Analverkehr und insbesondere für die passive Rolle nachweisen kann. Wichtig ist das, weil, wie erwähnt, die Kohle bzw. der „Kohlenbrenner" oder „Köhler" in derselben Bedeutung auch in diversen weiteren Märchen vorkommt (homosexueller Analverkehr in KHM 54, 182, 195; heterosexueller in KHM 76).

KHM 195: Der Grabhügel
Oder: Wie ein Christentum der Nächstenliebe schwule Partnerschaften verlangt

Dies ist die von Wilhelm Grimm überarbeitete und stark erweiterte Fassung eines 1847 von Pfarrer Philipp Hoffmeister veröffentlichten Märchens.[87] Der Vergleich der beiden Fassungen zeigt neben den Gemeinsamkeiten auch bedeutende inhaltliche Unterschiede.

In beiden Fassungen geht es um einen reichen und einen armen Mann (Hoffmeister) bzw. Bauern (Grimm), die ich als zwei Seiten eines Menschen verstehe. Der Reiche steht für sein Streben nach materiellem Reichtum, das er bisher erfolgreich befriedigt hat. Der Arme steht für emotionale Bedürfnisse, die er bisher vernachlässigt hat.

Der Reiche ist hartherzig, bekommt deswegen aber schliesslich ein schlechtes Gewissen und schenkt dem notleidenden Armen acht Metzen bzw. Malter Getreide. Die Acht ist hier, wie in anderen Märchen (z.B. KHM 1 oder 107), die christliche Zahl für den Neuanfang. Der Mann/Bauer beschliesst also in beiden Fassungen, sein Leben im christlichen Sinne neu zu beginnen und so sein Gewissen und damit auch seine bisher vernachlässigten emotionalen Bedürfnisse zufriedenzustellen.

Was das bei Hoffmeister bedeutet, sieht man am Schluss: Er nimmt einen alten Krieger, der keine Angehörigen hat, bei sich auf und pflegt ihn bis zum Tod. Möglich wurde dies, nachdem er in einer nächtlichen Wache am Grab des Reichen zusammen mit dem Krieger den Teufel, der den Reichen holen wollte, überlistet und damit abgewehrt hat. Gemeint sein dürfte damit das, was später Grimm in seiner Fassung verdeutlichte: Die beiden Männer wehren ihre Anwandlung, den anderen Mann zu bumsen, ab. Um mehr als Gelegenheits-Homosexualität geht es dabei bei Hoffmeister nicht, nichts deutet auf tiefere gleichgeschlechtliche Neigungen. Passend dazu, hat der Mann offenbar noch eine Familie, denn es heisst am Schluss: „sie lebten Alle zusammen...". Mit der Aufnahme des alten Kriegers hat er sich somit nach der Überwindung teuflischer homosexueller Bums-Versuchungen der christlichen Nächstenliebe geöffnet und damit sein Gewissen beruhigt und sein Leben erfolgreich im christlichen Sinne geändert.

Bei Sommer ersetzt also karitatives Tun den früheren Geiz, und Sex zwischen Männern ist nichts mehr als eine Versuchung durch die Gelegenheit, die es abzuwehren gilt.

Durch seine Erweiterungen gibt Grimm dieser Geschichte eine ganz andere Richtung.
Das beginnt bereits im ersten Teil mit dem reichen Bauern. Bei Hoffmeister heisst es nur knapp: „Der reiche Bauer mochte wohl fühlen, dass nicht alles so mit ihm wäre wie es sein sollte und fürchtete sich gewaltig vor dem Tode; dabei aber blieb er hartherzig und gab niemandem etwas". Grimm machte daraus eine längere und unerbittliche Selbstbefragung, die erkennen lässt, wie sehr sich dieser Bauer vor Gott verantwortlich fühlt für seine Lebensführung. Typisch ist ein solches persönliches religiöses Verantwortungsgefühl für die protestantische Frömmigkeit, wie sie auch bei den aus einem reformierten Pfarrhaus stammenden Brüdern Grimm zu finden war.
Die Selbstbefragung beginnt damit, dass der Bauer seine unsinnige Ansammlung von Reichtümern überblickt. Unsinnig, weil das Getreide vom letzten Jahr noch in so mächtigen Haufen auf dem Boden liegt, dass die Balken es kaum tragen können, obwohl bereits das Korn des jetzigen Jahres kräftig heranwächst. Die Habgier des Bauern wird so überdeutlich,

---

[87] Philipp Hoffmeister: „Das Mährchen vom dummen Teufel". In: Zeitschrift für hessische Geschichte und Landeskunde 4, 1847, S. 115-118. Abgedruckt mit synoptischem Vergleich mit dem KHM-Text in: Rölleke 2004a, S. 504-511. Vgl. auch Uther 2013, S. 377.

später erkennt er sie auch selber: „Wäre alles mein gewesen, was der Himmel bedeckte, dennoch hätte ich nicht genug gehabt."

Unter seinen Besitztümern befinden sich auch die „gemästeten Ochsen" und „spiegelglatten Pferde". Und diese verraten noch etwas ganz Anderes über ihn. Denn Ochsen sind kastrierte Stiere und Pferde stehen für Männlichkeit, auch sexuell, aber hier werden sie offenbar nicht gebraucht. Der Bauer hat also bisher seine Sexualität nicht gelebt.

Weswegen er sie unterdrückte, enthüllt und verhüllt gleichzeitig seine an ihn selber gerichtete Frage bzw. Antwort: „Hast du den Deinigen...wohlgetan?" „Ich...habe den Meinigen niemals etwas Gutes erzeigt." Die „Deinigen"/„Meinigen" müssten sich auf etwas bereits Gesagtes beziehen, aber dieses fehlt. So fragt man sich, wer oder was damit gemeint ist. Am nächsten läge die Annahme, es seien Familienmitglieder des reichen Bauern gemeint, aber solche werden nie genannt. Was mit den „Meinigen"/„Deinigen" wirklich gemeint ist, wird also verschwiegen, es darf nicht ausgesprochen werden. Später, in der Begegnung mit dem Soldaten, wird klar, dass das, was der Bauer den Menschen und sich selber gegenüber nicht ausspricht, seine gleichgeschlechtlichen Gefühle sind. Er spürt sie, wagt aber nicht einmal in einem Selbstgespräch, sie *ausdrücklich* anzusprechen, ein Spiegel der gesellschaftlichen Tabuisierung des Themas, und wohl, bei einem tief gläubigen Menschen wie diesem Bauern, auch eine Folge der kirchlichen Verurteilung.

Wenn die „Meinigen"/"Deinigen" seine unausgesprochenen, aber gespürten gleichgeschlechtlichen Gefühle sind und er nun erkennt, dass er ihnen bisher nicht „wohl getan" hat, dann bedeutet das: Der Bauer wagte bisher nicht, seine Sexualität zu leben, weil sie gleichgeschlechtlich ist.

Das auf den ersten Blick Erstaunliche ist, dass er nun erkennt, dass genau dies auch der Grund für seine Habgier war. Habgier/Geiz gilt im Christentum als Wurzel aller anderen Übel[88], da sie als deutlichster Ausdruck des Egoismus gesehen wird. Habgierige schauen nur für sich selber und leben daher nicht nach Christi Gebot der Nächstenliebe. Auch der Bauer erkennt, wie unchristlich er mit seiner Habgier lebte („Ich habe mich um Gott nicht bekümmert, sondern nur an die Mehrung meines Reichtums gedacht."). Er erkennt also einen Zusammenhang zwischen der Unterdrückung der eigenen Liebes- und sexuellen Gefühle sowie seinem bisherigen unchristlichen Leben in Habgier. Die Überlegung dahinter: Wer sich gegenüber dem eigenen wahren Ich verschliesst, verschliesst sich auch gegenüber den Mitmenschen und schaut darum nur für sich, aber eben nicht fürs wahre Ich, sondern für Ersatzbefriedigungen wie zum Beispiel die habgierige Erfüllung materiellen Ehrgeizes.

Man fragt sich, warum der Bauer, der mit sich so unerbittlich ins Gericht geht und daher schon bisher von einem starken christlichen Glauben geleitet gewesen sein muss, diese Zusammenhänge erst jetzt erkennt. Die Antwort kann nur lauten: Weil er unter Christentum bisher etwas Anderes verstand. Bisher war es offenbar eine Ansammlung von Gesetzen, denen man folgen muss, also das, was wir heute unter „christlichem Fundamentalismus" verstehen. Zu diesen Gesetzen gehört auch das Verbot des Sexes zwischen Männern und, wenn es ein reformiert-protestantisches Christentum ist, die Wertschätzung der Arbeit und Leistung ohne Erlaubnis des Genusses. Das passt gut zum materiellen Erfolg und Reichtum des Bauern.

Aber wenn der Bauer nun erkennt, dass ein Leben der sexuellen Selbstunterdrückung einem wahrhaft christlichen Leben widerspricht, weil es zu Habgier führt, dann denkt er nicht mehr an ein Christentum der Gesetze, sondern an ein solches der Nächstenliebe, wie es Jesus verlangte. Mit seiner Selbstbefragung erkennt der Bauer also auch, dass sein bisheriges

---

[88] Dies geht auf Paulus im 1. Tim. 6, 10 zurück: „Die Wurzel allen Übels ist die Habgier": Zwar gibt es Bibelausgaben, welche übersetzen: „Eine Wurzel...". Aber im Originalwortlaut verwendet Paulus den bestimmten Artikel.

Christentum der Gesetze wegen der damit verbundenen sexuellen Selbstunterdrückung einem Christentum der Nächstenliebe widerspricht. Für einen Schwulen sind diese beiden Auffassungen von Christentum eben nicht in Übereinstimmung zu bringen.

Doch Sex zwischen Männern akzeptierte damals keine Kirche. Die Erkenntnis, dass die Unterdrückung homosexueller Neigungen unchristlich sei, läuft also der damals von allen Kirchen gepredigten Lehre entgegen. Folgerichtig läuft auch die Schlussfolgerung daraus der damaligen kirchlichen Sexuallehre, und zwar der protestantischen und erst recht der katholischen, völlig entgegen und ist mithin für die damalige Zeit sensationell: Um ein wahrer Christ im Sinne christlicher Nächstenliebe zu sein, muss man seine Sexualität irgendwie leben, *auch wenn sie gleichgeschlechtlich ist*. Die Frage ist, wie.

In der Grimm'schen Fassung geht es beim Neuanfang des Lebens im christlichen Sinne, den der Bauer nun beschliesst, daher um die Frage: Wie vereinbart ein gleichgeschlechtlich fühlender Mann seine Neigungen mit einem *wahrhaft* christlichen Glauben? *Wahrhaft* im Sinne von Jesu Botschaft der Nächstenliebe.

Bei Hoffmeister geht es um viel weniger. Hoffmeister erwähnt nur die Habgier des Mannes, ohne irgendwelche Gründe. Dementsprechend geht es bei ihm nur um die Überwindung der Habgier, ohne Hintergründe, welche zu jener Habgier führten. Der Mann hat bei ihm keine tieferen gleichgeschlechtlichen Gefühle. Er muss in der nun folgenden nächtlichen Grabwache daher nur sicherstellen, dass er seine (analen) gleichgeschlechtlichen Versuchungen überwindet. Bei den Grimms dagegen hat der Bauer tief gehende, unveränderbare gleichgeschlechtliche Neigungen, die er in der Grabwache mit einem Leben in christlicher Nächstenliebe zu verbinden lernen muss.

Dabei ist die entscheidende Nacht der Grabwache die dritte Nacht. Da begegnet der Bauer einem Mann, der dasselbe zu wollen scheint wie er, einem abgedankten Soldaten. Zwei Hinweise zeigen, *was* er will: Zum Einen redet er (nur in Grimms Fassung) den Bauern einmal als „Gevatter" an, was sowohl „Pate" wie „enger Freund" bedeuten kann und daher in KHM 42 als Code-Wort für einen gleichgeschlechtlichen Partner verwendet wird. So dürfte es auch hier gemeint sein, die Grimms dürften das Wort in dieser Bedeutung also aus dem älteren KHM 42 übernommen haben. Zum Anderen antwortet der Ex-Soldat auf den Vorschlag des Bauern zur gemeinsamen Grabwache mit Worten, die an ein Eheversprechen erinnern („was uns hier begegnet, Gutes oder Böses, das wollen wir gemeinschaftlich tragen"). In Hoffmeisters Formulierung dreht sich seine Antwort hingegen ums Teilen und nicht ums gemeinsame Tragen und klingt daher eher wie ein normales Freundschaftsversprechen („Topp, Freund, ich bleibe bei dir, und wenn es was zu verdienen gibt, oder was zu leiden ist, Halb Part.").

Der Soldat sucht also (in der Grimm'schen Fassung) eine eheähnliche Partnerschaft mit einem Mann, und gerade darum ist er offenbar der Richtige für den Bauern. Damit ist ein erster Teil der Antwort auf die Frage gegeben, wie Homosexualität und wahres Christentum der Nächstenliebe miteinander vereinbar sind: Indem man eine eheähnliche Partnerschaft eingeht, und nicht durch schnellen nächtlichen Sex mit anonymen Partnern, wie es viele gleichgeschlechtlich fühlende Männer taten und tun.

Doch damit wird die Frage, wie zwei Männer miteinander Sex haben können, der aus wahrhaft christlicher Sicht okay ist, nur umso dringender. Passend dazu, greift als Nächstes der Teufel ein. Dass damit die Lust der beiden Männer, den Anderen zu bumsen, gemeint ist, verdeutlicht Grimm, indem er den Teufel als „Kohlenbrenner" und „Schornsteinfeger" bezeichnet. Die Kohlenbrennerei ist ein aus KHM 54 übernommenes Symbol für den Analverkehr, der „Schornsteinfeger" ist mit der hier recht offensichtlichen Symbolik eine Schöpfung Grimms.

Die Anfechtung durch den Teufel übernahmen die Grimms aus der Vorlage Hoffmeisters. Analsexuelle Lust aufeinander haben die beiden Männer also in beiden Fassungen, und in beiden ist sie unchristlich und muss daher überwunden werden. Aber dahinter steht eine in den beiden Fassungen völlig unterschiedliche Sicht der männlichen Homosexualität: Bei Hoffmeister ist sie nur eine Versuchung durch die Gelegenheit, daher ist das Thema nach der Überwindung der teuflischen Versuchung abgehakt. Bei den Grimms jedoch ist sie eine tiefe, unveränderbare Neigung, die darum bei einem Christentum der Nächstenliebe irgendwie gelebt werden muss. Und wenn das anal nicht gestattet bzw. unchristlich ist, dann muss sie anders gelebt werden.

Diese Alternative zur analen Versuchung wird vom sexuell offenbar erfahrenen Soldaten eingeführt. Symbolisiert wird sie vom linken Stiefel, den er auszieht und dem er mit dem Messer des Bauern die Sohle herausschneidet. Damit mündet der Stiefel am einen Ende in eine erweiterte Höhlung mit Ausgang, ein Symbol für die Mundhöhle. Das die Höhlung herausschneidende Messer des Bauern steht für den Phallus. Der Soldat beginnt also den Bauern zu blasen, um ihm dies als Ersatz für den unmöglichen Analverkehr schmackhaft zu machen. Bei Hoffmeister ist das nicht gemeint, denn dort nimmt er „ein" Messer und schneidet damit den ganzen Schuh des Stiefels ab.
Der Soldat muss nun dem Bauern zeigen, dass das Blasen eine genügend befriedigende Alternative zum Bumsen ist. Das wird durch den nun folgenden Wettstreit mit dem Teufel symbolisiert, der dabei für die Vorstellung der beiden Männer vom Bumsen (genauer: wie es wäre, wenn sie einander bumsen würden,) steht. Der Teufel kann gemäss dem Soldaten die Seele des begrabenen reichen Bauern haben, sofern er den Stiefel vom anderen, für den Anus stehenden Ende her mit Gold, dem Symbol des Kostbarsten, füllen kann. Das gelingt dem Teufel jedoch nicht, weil der Stiefel unten offen ist. Mit anderen Worten: Der Soldat führt dem unerfahrenen Bauern vor, dass der Analverkehr ihre Erfordernisse nicht erfüllt, weil es da noch den Oralverkehr gibt. Entschieden ist die Sache, als „der erste Strahl der aufgehenden Sonne am Himmel herauf"dringt und der Teufel „mit lautem Geschrei" entweicht. Beides sind Grimm'sche Formulierungen. Die erste steht für den Beginn des Abspritzens, die zweite für die den Orgasmus begleitenden akustischen Verlautbarungen. Damit, dass beide Männer oral bis zum Orgasmus gebracht werden, ist also entschieden, dass sie einander von nun an nur noch auf diese Weise befriedigen werden. Damit ist die Seele des reichen Bauern gerettet, womit gemeint ist: Die Seele des Bauern ist gerettet, weil er nun gelernt hat, seine Neigungen in Übereinstimmung mit seiner Auffassung eines Christentums der Nächstenliebe, das heisst in einer Partnerschaft und ohne den unchristlichen Analverkehr, zu leben.

Für Sex, der mit einem Christentum der Nächstenliebe und mit einer Partnerschaft vereinbar ist, eignet sich also nur der Oralverkehr, nicht aber der Analverkehr. Warum? Höchsten Genuss (Gold) bieten beide Praktiken, denn die Männer erhalten ja das Gold so oder so. Aber wer einen Mann bumst, macht ihn zur Frau und tut ihm darum etwas Böses an. Beim Oralverkehr ist dies nicht der Fall, er ist daher nicht böse und ermöglicht auch den in einer Partnerschaft wünschbaren Rollentausch.
Auf die Unterlegenheit des Analverkehrs beim Thema des Rollentausches wird vom Märchen durch zwei Dinge angespielt: Einmal dadurch, dass beim symbolisch, aber detailliert beschriebenen Blas-Vergnügen nur schwer erkennbar ist, welcher der beiden Männer gerade welche Rolle wahrnimmt. Anscheinend tauschen sie sie mehrmals problemlos. Zweitens symbolisch auch dadurch, dass der Teufel sein (nicht genügendes) Gold immer wieder beim „Wechsler" in der Stadt holen muss, auch dies eine Einfügung Grimms.
Warum aber sind beim Blasen *beide* Rollen für einen Mann in Ordnung, obwohl auch dort, wie beim Bumsen, der Eine den Anderen befriedigt bzw. bedient? Weil der Bedienende dabei nicht in einer machtlosen „Frauen"-Rolle ist, denn er könnte zubeissen. Beim Analverkehr

gibt es eine machtausübende „männliche" und eine ohnmächtige „weibliche" Rolle, beim Oralverkehr dagegen im Grunde nur zwei männliche, denn beide Rollen stehen für Macht (Abspritzen bzw. Zubeissen). Darum ist der Oralverkehr zwischen zwei Männern mit dem patriarchalen Bild des Mannes als Machtträger vereinbar, der Analverkehr aber nicht.

Angesichts dieser Tatsache erstaunt es, dass das Blasen nur in diesem Märchen als Alternative zum Bumsen empfohlen wird, wenn dieses nicht möglich ist. Das dürfte mit den früher schlechten hygienischen Verhältnissen zu tun haben. Im 19. Jh. wurden sie langsam besser. Es ist daher wohl kein Zufall, dass die Blas-Empfehlung nur in diesem erst Mitte des 19. Jhs. entstandenen Märchen auftaucht.

Eine weitere Beobachtung bestätigt, dass diese Empfehlung hier gemeint ist: Das diesem Märchen folgende KHM 196 empfiehlt ebenfalls die orale Befriedigung des Mannes, allerdings durch die Frau und aus anderen Motiven. Es geht dort nicht um die Einhaltung einer wahrhaft christlichen Moral, sondern darum, der Frau die Angst vor dem Ausgeliefertsein beim Sex zu nehmen.[89] Trotzdem ist es das heterosexuelle Gegenstück zu diesem Märchen. Das dürfte erklären, weswegen die Grimms die beiden Märchen nacheinander einordneten.

Mit einer Sexpraktik, bei welcher niemand Schuldgefühle haben muss und welche den Rollentausch ermöglicht, ist der Weg frei für die beabsichtigte eheähnliche Partnerschaft der beiden Männer. Dass es in der Grimm'schen Fassung darum und nicht, wie bei Hoffmeister, um eine karitativ motivierte Aufnahme eines alten Kriegers durch den Bauern geht, verdeutlicht Grimm dadurch, dass er alle Hinweise Hoffmeisters auf das Alter und die Pflegebedürftigkeit des Soldaten weglässt. Auch dass sie „Alle zusammen" lebten, lässt er weg. Zwar wurden dort, wo der Reiche dem Armen Getreide gibt, dessen Kinder beiläufig erwähnt, aber es bleibt die einzige Erwähnung, und sie dürften symbolisch, als seine bisher nicht befriedigten Bedürfnisse, zu verstehen sein. Der Bauer hat also bei Grimm keine Familie, die beiden Männer gründen am Ende eine Lebensgemeinschaft, die nur aus ihnen beiden besteht.

Der Bauer hat damit seine Aufgabe gelöst, die er sich für sein neues Leben stellte: Er hat seine homosexuellen Neigungen mit seinem tief sitzenden christlichen Glauben verbunden, indem er eine eheähnliche Partnerschaft begründet, die auch sexuell gelebt wird, allerdings oral und nicht anal. Das für die damalige Zeit Erstaunliche ist die Erkenntnis, die ihn zu dieser Partnerschaft führte: dass er seine gleichgeschlechtlichen Neigungen sexuell leben *muss*, wenn er ein wahrhafter Christ sein und sich den Menschen gegenüber öffnen und ihnen gegenüber freigebiger sein will. Die Freigebigkeit beginnt beim Bauern allerdings erst zaghaft, das sieht man daran, dass er am Ende dem Soldaten die Hälfte des Goldes anbietet, obwohl dieser die Hauptarbeit bei der Überwindung des Teufels leistete. Der sexuell erfahrenere Soldat ist da weiter, denn er will seinen Teil den Armen geben. Damit wird die Botschaft bestätigt: Nur wer die eigenen wahren Liebes- und sexuellen Gefühle, und seien sie gleichgeschlechtlich, zulässt und (in einer Partnerschaft und nicht-anal) lebt, kann ein wahrer Christ im Sinne eines Christentums der Nächstenliebe sein.

Ganz konsequent sind die beiden Männer beim neuen Leben nach dieser Erkenntnis jedoch nicht, denn sie übernehmen die kirchliche Verdammung des Analverkehrs. Sie durchbrechen die kirchliche Sexuallehre nur soweit, als sie damit das patriarchale Männerbild mit dem

---

[89] Die Frau fürchtet, dass sie dem Mann beim Geschlechtsverkehr ausgeliefert ist. Als Ausweg denkt sie zuerst an die Reiterstellung, die, wie in anderen Märchen, von der Tätigkeit des Paares auf einem Glasberg symbolisiert wird. Das nimmt ihre Angst aber nicht, sie fällt in den Berg. Der zweite und sie zufriedenstellende Ausweg besteht darin, dass sie den Bart, die Männlichkeitszierde des Mannes, die dabei für ein anderes Organ steht, im Fenster einklemmt, ein Bild für die orale Befriedigung, bei der sie zubeissen könnte.

Passivverbot für Männer weiter respektieren können. Die Inkonsequenz kommt davon her, dass die Grimms eine Vorlage, welche den Sex zwischen Männern mit Gelegenheits-Analverkehr gleichsetzte und vollständig ablehnte, ins Schwulenfreundliche wendeten, indem sie die Homosexualität zur tiefsitzenden, unveränderbaren Neigung machten, die sexuell irgendwie gelebt werden muss. Aber als Folge der Vorlage durfte das eben nicht anal sein.

Dass die eigenen Grundsätze nicht konsequent durchdacht werden, ist nicht völlig realitätsfern. Menschen können widersprüchlich sein. Die Ablehnung der passiven Rolle ist in jeder patriarchalen Gesellschaft dermassen tief verwurzelt, dass es leicht vorstellbar ist, wie ein Mann trotz entgegenlaufenden Grundsätzen daran festhält.

So ist ein Märchen entstanden, das, ähnlich wie KHM 47 und KHM 77, versucht, die Homosexualität mit Berufung auf ein alternatives, wahres Christentum in einer weiterhin patriarchalen Gesellschaft zu rechtfertigen. Allerdings ist die Antwort auf das Problem etwas weniger mutig als in KHM 47 und 77, denn jene beiden Märchen versuchen, auch den Analverkehr zu rechtfertigen.

Die Kirche wird in allen drei Märchen kritisiert, am deutlichsten in diesem. Aus der Erkenntnis des Bauern, dass er bisher unchristlich lebte, weil er seine Homosexualität unterdrückte, spricht eine ungeheure Wut darüber, dass die Kirche von Liebe und Ehe redet, beides aber gleichgeschlechtlich fühlenden Menschen verbietet; eine Wut, die fast nur von einem Betroffenen selber stammen kann. Da der ganze Zusammenhang zwischen der Unterdrückung der Sexualität und der unchristlichen Habgier sowie die daraus folgende Forderung nach einer eheähnlichen gleichgeschlechtlichen Partnerschaft von den Grimms stammt, ist dies eines jener vier Märchen, die mich vermuten lassen, die Brüder Grimm könnten schwul gewesen sein. Umso mehr, als sie ähnlich tief reformiert-protestantisch gläubig waren wie der Bauer dieses Märchens.

KHM 199: Der Stiefel von Büffelleder
Oder: Der erste Aufruf zu schwuler Solidarität

Dies ist die von Wilhelm Grimm umgearbeitete Fassung eines 1844 von Friedmund von Arnim[90] veröffentlichten Märchens. Der Vergleich der beiden Fassungen zeigt auch hier interessante Unterschiede.

In beiden Fassungen begegnen sich ein verabschiedeter Soldat und ein als Jäger gekleideter Herr, der sich am Ende der Geschichte als der König herausstellt. Auf der gemeinsamen Suche nach Essen und einem Nachtlager gelangen sie in ein Räuberhaus, wo sich der Soldat als treuer Diener seiner Obrigkeit bewährt, indem er die Mitglieder der Räuberbande durch einen „Gesundheits"spruch erstarren lässt, sodass sie nicht fliehen können, und sie dann dank Unterstützung durch herbeigeholte Helfer an die Behörden ausliefert.

Wer hier mit den Räubern gemeint ist, zeigt Arnims Fassung besser: Als sie der Besucher gewahr werden, „schmissen" sie Messer und Gabel weg. Grimm ersetzte, wie auch gegen Ende von KHM 93, „schmissen" durch „warfen", in beiden Fällen wohl aus dem gleichen Grund: Weil „schmeissen" nicht nur „werfen", sondern auch „mit Kot beschmutzen" bedeuten kann und damit auf den Analverkehr anspielt. In KHM 93 ist die Anspielung aufgrund der vorangegangenen Ereignisse unmissverständlich, hier wird sie durch die Symbolik der Messer und Gabeln, mit denen die Räuber essen, bestätigt: Das Messer ist ein Phallussymbol, die Gabel steht mit ihren Rundungen und den Öffnungen dazwischen für das

---

[90] Friedmund von Arnim: Hundert neue Mährchen im Gebirge gesammelt. Hg. Von Heinz Rölleke. Frankfurt am Main 1991 (Erstausgabe 1844), S. 51-54. Abgedruckt mit synoptischem Vergleich mit dem KHM-Text in Rölleke 2004a, S. 538-45. Vgl. dazu auch Uther 2013, S. 383/84.

Hinterteil. Messer und Gabel stehen auch in der Mühle-Episode von KHM 90 sowie am Anfang von KHM 44a, welches eine gleichgeschlechtliche Liebe thematisiert, für die aktive bzw. passive Rolle beim Geschlechtsverkehr zwischen Männern bzw. Jungs. In KHM 90 wird die Symbolik dadurch bestätigt, dass die Mühle, in der mit Messern und Gabeln hantiert wird, für die Männersex-Szene steht.

Grimm ersetzte hier nur das „schmeissen", nicht aber die Messer und Gabeln. Er wollte also nur die allzu direkte analsexuelle Anspielung weghaben, nicht aber das Thema.

Das Haus, in dem sich die Räuber treffen, ist daher in beiden Fassungen ein Treffpunkt für Männer, die Sex mit Männern suchen, vermutlich eine städtische Taverne. Und die Räuberbande ist eine „sodomitische"[91] Bruderschaft, die sich nachts in jener Taverne zu Sexorgien trifft[92] und sich damit ausserhalb der Gesetze und der gesellschaftlichen Regeln begibt. Wegen Letzterem wird sie als Räuberbande dargestellt.

Damit wird auch die Bedeutung des zentralen „Gesundheits"spruchs klar, der in beiden Fassungen nahezu identisch lautet (Grimm: „Ihr sollt alle leben, aber das Maul auf und die rechte Hand in die Höhe". Arnim: „Lebt alle mit offenem Maule und den rechten Arm in die Höhe."). Er besagt, dass das „Leben" – mit dem an diesem Ort das sexuelle Leben gemeint sein dürfte – bis zur Handbewegung und zum Öffnen des Mundes gehen dürfe, danach folgt die Erstarrung. In beiden Fassungen bezeichnet der Soldat dies als „Gesundheit". Er erinnert die Räuber damit an die patriarchale Sexualmoral und das Gesetz: Hand- und Oralverkehr zwischen Männern sind erlaubt; was darüber hinausgeht, das heisst der in der Bruderschaft gelebte Analverkehr, ist aber für einen Mann ungesund und führt ins Gefängnis. Die Räuber verstehen das richtigerweise als Ankündigung des Verrates, darum erstarren sie, das heisst sie sind gelähmt vor Angst. Warum sie nicht fliehen, erklärt keine der beiden Fassungen, aber man kann es erraten: Weil die meisten Männer, die Sex mit Männern suchen und haben, damals eine Familie und eine bürgerliche Existenz hatten, die sie nicht einfach verlassen konnten.

Zusammengefasst, geht es in beiden Fassungen des Märchens also darum, dass sich ein abgedankter Soldat und der als Jäger verkleidete König zufällig treffen und auf der Suche nach Essen und einem Nachtlager in eine Absteige gelangen, in der eine „sodomitische" Bruderschaft ihre regelmässigen Sex-Treffen abhält. Der Soldat bewährt sich am heiklen Ort als furchtloser Diener seiner Obrigkeit und verrät die Bruderschaft an sie.

Soweit die Gemeinsamkeiten zwischen den beiden Fassungen. Im Übrigen unterscheiden sie sich aber stark.

Der Soldat und der Jäger sind in Arnims Fassung nie an Sex mit Männern interessiert und haben auch keinen. Der König wollte offenbar unerkannt sein Volk kennen lernen und wird dabei zufällig Zeuge, wie ein treuer Untertan dafür sorgt, dass eine der damals als staatsgefährdend gefürchteten geheimen gleichgeschlechtlichen Verbindungen unschädlich gemacht wird. Damit ist die Welt wieder in Ordnung, und der König belohnt den treuen Ex-Soldaten-und-immer-noch-Diener am Ende mit einer lebenslangen Freundschaft („Der König schliesst ihn aber freudig in die Arme und sagte, dass er nie wieder von ihm fort solle."). Arnims Fassung ist somit ein Aufruf, sodomitische Verbindungen zu verraten, mit dem Argument, wer es tue, werde am Schluss von der Obrigkeit belohnt. Die gesellschaftliche Solidarität findet hier vertikal von unten nach oben und zur Belohnung auch von oben nach unten statt.

---

[91] „Sodomie" bedeutet „widernatürliche Unzucht". Der Begriff wurde früher vor allem für den Analverkehr verwendet.

[92] Nachgewiesen sind solche Verbindungen für die westeuropäischen Städte seit anfangs des 18. Jh., vgl. Guldin 1995, S. 25-36.

Grimm gibt dieser Geschichte durch nicht allzu viele Änderungen einen ganz anderen Gehalt. Bei ihm sucht der Soldat im Räuberhaus nicht, wie bei Arnim, „was zu essen", sondern „Unterfutter für den Magen", eine auffällige Wortschöpfung, die auf ein Bedürfnis unterhalb des Magens hinweisen soll. Im Räuberhaus lässt er sich's nicht, wie bei Arnim, „wohl schmecken", sondern er „haut in den Braten ein", was man nach dem „Unterfutter" nur als Hinweis verstehen kann, dass er (einen) Räuber bumst. Diese Interpretation bestätigt sich sogleich, denn unmittelbar bevor er seine „Gesundheit" ausbringt, entkorkt er eine Flasche Wein und schwenkt sie über den Räubern. Dass dabei Flüssigkeit aus der Flasche auf die Köpfe der Räuber sprudelt, wird zwar nicht ausdrücklich gesagt, aber es ist unvermeidlich. Die von Grimm eingefügte Episode ist daher ein recht deutliches Bild für einen Orgasmus des Soldaten.

Alle diese Textänderungen bzw. Ergänzungen Grimms zeigen: In der Grimm'schen Fassung sucht der Soldat im Räuberhaus Sex und bumst einen Räuber, bevor er die Bande verrät.

In dem Fall tut er aber selber auch gesetzlich Verbotenes. Die Frage stellt sich daher (in der Grimm'schen Fassung), wie dies vereinbar ist damit, dass er die Räuber mit dem Gesundheitsspruch ans Gesetz erinnert?

Die Lösung des scheinbaren Widerspruchs liegt in zwei weiteren Textänderungen Grimms: Die erste: Während bei Arnim die beiden Besucher zusammen das Licht des Räuberhauses erblicken, ist es bei Grimm der Soldat alleine. Warum, kann man aufgrund dessen, was nachher folgt, vermuten: Weil er schon vorher von diesem Treffpunkt für Männersexliebhaber gehört hat und nun den Jäger absichtlich dorthin führt. Was er in der Grimm'schen Fassung für ein Typ ist, merkt man dann aufgrund seines Verrates, wenn man dazu berücksichtigt, dass die Räuber die beiden Neuentdeckten mit den bei Arnim fehlenden Worten begrüssen: „Seid ihr als Kundschafter ausgeschickt?" Genau das ist der Soldat bei Grimm: Ein von der Obrigkeit zur Aufspürung und zum Verrat „sodomitischer" Bruderschaften angeheuerter Spitzel. Das erklärt, weswegen er trotz Männerbumsens selber keine Bestrafung befürchten muss: Als Spitzel engagierte die Polizei nämlich Männer aus der Unterschicht, welche die Männersex-Szene kannten, weil sie selber darin verkehrten. Dafür erhielten sie von der Obrigkeit Straffreiheit zugesichert.

Der Soldat ist also bei Grimm ein von der Obrigkeit zur Aufspürung „sodomitischer" Bruderschaften angeheuerter Spitzel, der den Verrat an den Räubern absichtlich und geplant begeht.

Er hätte aufgrund seines Wissens über die Absteige diesen Verrat schon früher durchführen können, aber er tut es jetzt, weil jetzt der Jäger, seine neue Bekanntschaft, dabei ist. Um zu verstehen, was der Soldat damit bezweckt, muss man seinen Charakter ansehen. Bei Arnim ist er nicht mehr als ein der Obrigkeit pflichtbewusst dienender, einfacher Untertan. Grimm jedoch lässt durch einige Ergänzungen eine viel kompliziertere Persönlichkeit erkennen: Bei ihm geniesst er die Demütigung der Räuber und die mit der Entdeckung verbundene Zerstörung ihrer bürgerlichen Existenz („du musst zusehen, wie sie flattern, wenn wir sie an den Füssen packen" usw.). Als sozial zuunterst stehender umherziehender Bettler hat er es offenbar nötig, Menschen zu finden, auf denen sogar er herumtrampeln kann. Und er will damit den, aus seiner guten Kleidung zu schliessen, sozial höher stehenden Jäger beeindrucken („Gib acht, Bruder, du sollst dein blaues Wunder sehen" usw.). Er tritt nach unten und versucht sich nach oben einzuschmeicheln, eine Mentalität wie bei einem Nazi-Schergen.

Aber sein Bettlerdasein alleine reicht als Erklärung für seinen fragwürdigen Charakter nicht. Auf einen noch tieferen Zusammenhang weist raffiniert die Symbolik seiner Stiefel von Büffelleder. Sie wurden mit allen sich auf sie beziehenden Bemerkungen ebenfalls von Grimm eingefügt. Der Soldat sagt über sie, sie hätten „schon lange gedient". Sie symbolisieren also seine Diener-Mentalität, das heisst sein Bedürfnis, sozial Höhergestellten zu gefallen. Mit Stiefeln tritt man aber auch ganz wörtlich nach unten, für dasselbe stehen sie daher auch im übertragenen Sinne. Sie wiederholen also die Speichellecker- und Tret-Mentalität des Soldaten. Ausserdem gehen sie gemäss Auskunft ihres Trägers dank dem Büffelleder „durch dick und dünn", das Material macht sie also widerstandsfähig und unverwüstlich und spielt darum auf die (innere) Abhärtung des Soldaten an. Abhärten musste er sich sicher als Soldat und muss er sich jetzt als Bettler. Hart mit Anderen, sozial unten stehenden Menschen ist er also, weil er hart gegen sich selber ist oder sein muss.

Die Stiefel von Büffelleder geben in der Grimm'schen Fassung dem Märchen aber auch den Titel, allerdings in der Einzahl. Warum? Weil sie auch etwas symbolisieren, was es nur in der Einzahl gibt. Gemeint sein dürfte aufgrund der Form eines Stiefels der Phallus. Die Stiefel stehen damit für die aktive, „männliche" Rolle beim Sex. Wenn sie auch eine sexuelle Anspielung sind, dürfte mit der Abhärtung daher auch die Abwehr der eigenen Lust des Soldaten auf die gesellschaftlich verachtete passive Rolle gemeint sein, die er als ein Mann, der ein „richtiger" Mann (ein Soldat) sein möchte, nicht auslebt, sondern unterdrückt.

Das Bild der von den Grimms in die Erzählung eingefügten Stiefel von Büffelleder erklärt also auf raffinierte Art, weswegen der Soldat seinen Einschmeichel- und Tret-Charakter entwickelt hat: Nicht nur weil er Bettler ist, sondern vor allem, weil er seine eigene homosexuelle Lust auf die passive Rolle verachtet und unterdrückt. Das erklärt, warum gerade die Räuber zu seinen bevorzugten Opfern wurden und warum er sich als Spitzel gegen sie brauchen lässt: Weil er jene am allermeisten hasst, die das ausleben, was er sich selber verbietet.

Bei Arnim hat der Soldat keinen Unterdrücker- und Einschmeichel-Charakter. Er dient dem sozial Höherstehenden ohne Erwartung, erhält aber dafür am Schluss die überraschende Freundschaft. Bei Grimm ist es umgekehrt: Er ersehnt diese Freundschaft, erhält sie aber am Ende nicht: Während der König bei Arnim den Soldaten am Ende umarmt, lässt er ihn bei Grimm auf den Knien, auf die er gefallen ist, als ihm der Jäger seine wahre Identität enthüllte. Womit die Unterordnung sichtbar ausgedrückt wird.

Damit wird klar, dass auch der Jäger/König in den beiden Fassungen sehr unterschiedlich dargestellt wird. Das wird noch viel deutlicher mit dem, was der König am Ende zum Soldaten sagt: Während er bei Arnim einfach zu ihm sagt, er solle nie mehr weggehen von ihm, bietet er ihm bei Grimm bei Bedarf „ein Stück guten Braten..., so gut als in dem Räuberhaus" an, wobei dieses Stück aus der Küche zu holen wäre.

Der Zusatz „so gut als in dem Räuberhaus" hat es in sich, denn im Räuberhaus symbolisierte des Soldaten Braten-Essen Sex in der aktiven Rolle. Mit anderen Worten: Der König bietet dem Soldaten an, sich von ihm von Zeit zu Zeit bumsen zu lassen. Mehr noch: Dass der Soldat nur „ein Stück" des Bratens erhalten soll, lässt die Vermutung aufkommen, dass da noch andere Männer sind, von denen sich der König ab und zu von hinten dran nehmen lässt. Er war wohl nicht zum ersten Mal inkognito nachts unterwegs, und es ging ihm auch gar nicht darum, als besorgter Landesvater sein Volk kennenzulernen, wie bei Arnim. Vielmehr wollte er (in Grimms Fassung) seine Sammlung von Männern aus der Unterschicht erweitern, die ihn hin und wieder bumsen sollen.

Das hat der Soldat überhaupt nicht erwartet. Was es für ihn bedeutet, erkennt man erst, wenn man berücksichtigt, was er bisher über den Jäger/König dachte. Bei Arnim nannte er den vermeintlichen Jäger von Beginn weg „Bruder Stiefelschmeer", d.h. „Stiefelfett", was dort kaum eine sexuelle Anspielung ist. Bei Grimm nannte er ihn, in Anspielung auf seine glänzenden, unbeanspruchten Stiefel, „Bruder Wichsstiefel". Das dürfte aus zwei Gründen als sexuelle Anspielung gemeint sein: Erstens, weil seine eigenen (von Grimm eingefügten) „Stiefel aus Büffelleder" klar so gemeint sind, und zweitens, weil mit dem „Wichsen" wegen der Handbewegungen auf die Masturbation angespielt wird. Ich weiss nicht, ob das Wort „wichsen" bereits damals in gewissen Kreisen als abwertende Bezeichnung für das Masturbieren bekannt war, oder ob Grimm die Symbolik von sich aus erfand. Wenn das Erste zutrifft, dann war die Bedeutung kaum allgemein bekannt, sonst hätte Grimm das Wort, weil zu deutlich auf Sex anspielend, kaum verwendet. Aber es könnte in eingeweihten, d.h. wohl schwulen Kreisen bereits in diesem Sinne in Gebrauch gewesen sein, denn Schwule redeten immer schon offener über Sex als Heteros. In diesem Falle würde der „Wichsstiefel" bedeuten, dass den Grimms jene Bedeutung bekannt war.

Indem der Soldat den Jäger als „Bruder Wichsstiefel" bezeichnet, will er also sagen: „Im Unterschied zu mir bist du im Geschlechtsverkehr unerfahren und machst es darum nur selber."

Dass der gegenüber sozial Höherstehenden so ehrfürchtige Soldat (in der Grimm'schen Fassung) den Jäger von Anfang an mit sexuellen Anzüglichkeiten belegt, mag auf den ersten Blick erstaunen. Es passt aber dazu, dass die beiden Männer schon ganz am Anfang, als sie einander begegnen, durch Anspielungen ihre Suche nach einem Sexpartner durchschimmern lassen. Die Meinung ist daher (nur in der Grimm'schen Fassung) offenbar, dass beide auf der Suche nach Sex mit Männern sind und dies von Anfang an beim Anderen merken. Was der Soldat dabei genau sucht, wird durch die Stiefel aus Büffelleder symbolisiert, die er von sich streckt, als sich neben den Jäger setzt. Er stellt damit von Anfang an klar, dass er nur die aktive Rolle sucht.

Beim Jäger werden die sexuellen Ziele dadurch symbolisiert, dass er auf einem Baumstrunk sitzt. Die Symbolik dieser Haltung ist besonders interessant. Denn das Bild ist eine deutliche Anspielung auf die passive Rolle. Der Jäger/König signalisiert also schon am Anfang deutlich seine Lust auf die passive Rolle, was sich, wie oben erklärt, am Ende völlig bestätigt. Es ist also im Grunde von Anfang an klar, dass er auf der Suche nach Unterschichts-Männern ist, die ihn bumsen sollen. Der Soldat könnte also von Anfang an wissen, was sein vornehmer Bekannter am Ende von ihm wollen wird, doch obwohl er den Hinweis sieht, nimmt er ihn nicht ernst. Indem er den Jäger als „Bruder Wichsstiefel" anspricht, geht er stattdessen stillschweigend davon aus, dass er Sex in der aktiven Rolle sucht, aber darin unerfahren ist.

Warum dieser Irrtum? Weil die aktive Rolle aus der Sicht des Soldaten mit Macht und Ansehen und die passive mit Ohnmacht und Verachtung verbunden ist, beim Sex wie in der Gesellschaft. Darum kann er sich nichts Anderes vorstellen, als dass ein gesellschaftlich angesehener Mann beim Sex die aktive Rolle wahrnimmt. Diese Überzeugung ist die Grundlage seiner patriarchalen Weltanschauung, seines Respektes für die Höherstehenden und für seine Selbstverachtung (weil er selber auch Lust auf die passive Rolle hat), was ihn alles zusammen zum Spitzel gegen die verachteten „sodomitischen" Bruderschaften gemacht hat.

Am Ende kann er aber von der Wahrheit, die er bereits am Anfang hätte erkennen können, nicht mehr wegschauen, denn der König macht ihm nun *ausdrücklich* das erwähnte sexuelle Angebot, während er vorher zum Irrtum des Soldaten nie etwas gesagt hatte. Der Soldat muss also feststellen, dass der im Staat zuoberst Stehende selber sich bumsen lässt. Das wirft alles, was er bisher über sozial Höherstehende und den ihnen geschuldeten Respekt dachte, über den Haufen. Der Schluss des Märchens muss daher für ihn wie eine Bombe sein. Genauso, wie er beim ersten Höhepunkt des Märchens, dem Gesundheitsspruch, den Räubern die Vernichtung ihrer bürgerlichen Existenz ankündigte, genauso verkündet ihm nun der König, allerdings ungewollt, den Bankrott seiner bisherigen Lebensanschauung. Diese zweite Bombe fehlt in der Fassung Arnims, sie stammt ganz von Grimm.

Der Soldat reagiert auf sie genauso sprachlos wie die Räuber auf seinen Gesundheitsspruch. Es wird auch nicht berichtet, was er nun tut, denn das Märchen endet hier. Wir müssen es uns ausmalen. Wenn der Soldat aber den Mut hat, die Konsequenz aus dem Angebot des Königs

118

zu ziehen, bleibt ihm nur eines: Zu erkennen, dass ihm die Solidarität mit den gesellschaftlich Höherstehenden gar nichts gebracht hat, dass diese selber ihre patriarchale Sexualmoral, welche die Grundlage seiner eigenen Spitzeltätigkeit gegen die „sodomitischen" Bruderschaften ist, brechen und daher keinerlei Respekt verdient haben. Zudem könnte er erkennen, dass es auch der König war, der ihn als Soldat ohne Abfindung entliess und daher verantwortlich ist dafür, dass er nun betteln muss und somit auch sozial zuunterst steht.

Die Folge müsste die Aufgabe seines Hasses auf seine eigenen Neigungen zur passiven Rolle und jene anderer Männersexliebhaber sowie die Beendigung seiner Spitzeltätigkeit und überhaupt seines Bemühens sein, sich den Mächtigen anzudienen. Wenn er sich selber mit allen seinen Neigungen annähme, müsste er sich dann in letzter Konsequenz einer jener „sodomitischen" Bruderschaften bzw. "Räuber"banden anschliessen, die er bisher so verachtete.

Man erkennt hier, dass diese „Räuber"banden weit mehr sind als blosse Sex-Bruderschaften: Anschliessen kann sich ihnen nur, wer das patriarchale Denken mit dem Glauben an die Natürlichkeit der gesellschaftlichen Über- und Unterordnung und der daraus folgenden Ablehnung der passiven Rolle des Mannes aufgegeben hat. Sie sind daher eine Art anti-patriarchale Gegenwelt zur patriarchalen Gesellschaft mit ihren Hierarchien.

Die Grimm'sche Fassung des Märchens läuft also auf das genaue Gegenteil der Arnim'schen hinaus: Arnim ermuntert Männer der Unterschichten zur Solidarität mit ihren Obrigkeiten und zur Denunziation der bösen Sodomiten, Grimm ruft letztlich Männersexliebhaber der Unter- und Mittelschichten dazu auf, mit genau jenem Denunziantentum aufzuhören und dafür miteinander solidarisch zu sein. Arnim vertritt eine vertikale gesellschaftliche Solidarität, Grimm eine horizontale der Unter- und Mittelschichtsschwulen. Arnim vertritt die patriarchale Gesellschaft mit ihren Hierarchien, Grimm ein inneres Ausklinken der Unter- und Mittelschichtsschwulen daraus. Dazu passen auch die unterschiedlichen Titel, die zeigen, was in den beiden Fassungen im Mittelpunkt stehen soll: Bei Arnim geht es um den verantwortungsbewussten Herrscher, der unerkannt sein Volk kennenlernen möchte („Vom Bruder Stiefelschmeer"), bei Grimm um den Diener- und Unterdrückungscharakter des Soldaten („Der Stiefel von Büffelleder"). Der von Grimm neu hinzugefügte Eingangssatz weist ausserdem auf den Zusammenhang zwischen diesem Charakter und dem Thema der Solidarität hin: „Ein Soldat, der sich vor nichts fürchtet, kümmert sich auch um nichts" bedeutet: „Ein Mann, der ein richtiger Mann sein will und sich darum (gegen seine eigene weibliche Seite) abgehärtet hat, ist auch nicht zu Solidarität (mit seinesgleichen) fähig".

Mit seinem Versuch, homosexuelle Spitzel zur Aufgabe ihrer Tätigkeit zu bewegen, ist dieses Märchen sehr politisch. Das damit angestrebte Ziel ist aber unpolitisch: Schwule sollen keine Angst vor Verrätern in den eigenen Reihen mehr haben müssen, damit sie ungestört und angstfrei ihrem privaten Glück nachgehen können. Die anti-patriarchale Gegenwelt der Räuber und die Solidarität der Unter- und Mittelschichtsschwulen dienen also dem privaten Glück, nicht der gesellschaftlichen Veränderung oder dem offenen politischen Kampf. Ein Sturz der patriarchalen Gesellschaft wird nicht angestrebt, wohl nicht für möglich gehalten. Trotzdem fällt auf, dass die Brüder Grimm ihre Märchensammlung mit diesem Aufruf zur schwulen Solidarität abschlossen, denn KHM 200 sagt nur noch kurz, dass der Schlüssel zum Verständnis der KHM in deren Text liege. KHM 199 wirkt daher wie ein Blick in die (schwule) Zukunft, in welcher die schwule Solidarität erweiterten Zielen dienen könnte und heute tatsächlich auch dient. Dazu kommt, dass der Aufruf dazu eigentlich nur von einem Schwulen selber stammen kann.

KHM 199 zeigt nebenbei auch beispielhaft, in welchem Masse die Brüder Grimm bei der Umarbeitung ihrer Märchenvorlagen selber neue Symbolik schufen, auch (homo-)sexuelle (Titel, Eingangssatz, „Unterfutter" für den Magen usw.).

KHM 18a (1815) = 104a (1819-50): Die treuen Tiere
Oder: Masturbation von hinten als Ersatz für das Penetriert-Werden

Dieses Märchen ist in allen KHM-Ausgaben enthalten ausser der letzten. Ausgeschieden wurde es, weil es „auf fremdem Boden entsprungen" ist.[93] Es ist die etwas veränderte Fassung einer Erzählung aus der kalmükischen Märchensammlung „Siddhi Kür" und hat noch tiefere indische Wurzeln (Die Hauptfigur ist im Original ein „Birmanensohn", d.h. ein Brahmanensohn). Die Kalmüken sind ein mongolisches Volk mit buddhistischem Glauben in Südrussland.

Der Siddhi Kür wurde erstmals 1804 ins Deutsche übersetzt.[94] Die Grimm'sche Fassung erschien erstmals 1815 (in der ersten Ausgabe der KHM). Die Grimms erfuhren erst etwas später von der Quelle, übernahmen die Geschichte also nicht direkt aus dem Siddhi Kür. Über welche Zwischenstufen sie zu ihnen gelangte, ist aber unbekannt.[95] Ich interpretiere im Folgenden die Grimm'sche Fassung und vergleiche nachher kurz mit jener des Siddhi Kür.

Ein Mann rettet mit seinem letzten Geld drei Tiere (einen Bären, einen Affen und eine Maus) aus der Gefangenschaft, in der sie litten. Er tut also lange Zeit viel für Andere, aber wenig für sich.

Schliesslich beschliesst er doch, auch einmal etwas für sich selber zu tun und aus dem Schatz des Königs etwas zu nehmen. Ähnlich soll in KHM 45 einem König der Schatz geraubt werden, in KHM 37 einem Pfarrer und in 191a einem Riesen. In all diesen Fällen ist der Schatz die Männlichkeit, die einem Mann geraubt wird, indem man ihn sexuell zur Frau macht. Das dürfte in Betracht dessen, was nachher folgt, auch hier gemeint sein: Der Mann hat bisher seine eigenen emotionalen Bedürfnisse vernachlässigt und möchte sie nun befriedigen, indem er einen Mann bumst, vielleicht steht auch der Wunsch nach einer Beziehung dahinter.

Er wird aber erwischt. Der König ist also zu dem, was der Mann mit ihm tun will, nicht bereit. „Weil er Unrecht getan hatte", wird er nun dazu verurteilt, in einem Kasten bei Wasser und Brot auf einem Fluss zu driften. Das steht für seine Selbstbestrafungsfantasien. Er leidet also an Schuldgefühlen über den gescheiterten Versuch, einen anderen Mann zur Frau zu machen, ein Zeichen, dass er hohe moralische Ansprüche an sich selber hat. Rettung, d.h. die Befreiung von den Schuldgefühlen, kommt von der Erinnerung daran, dass er in seinem Leben ja auch Gutes tat. Darum sind es die drei Tiere, die er einst rettete, welche ihn nun befreien.

Darüber hinaus entdecken sie einen Wunderstein, der aussieht wie ein Ei. Wem er „eigen ist, der kann sich wünschen, wozu er nur Lust hat". Er ist ein in Grimm'schen Märchen einmaliges Symbol und spielt hier zudem eine zentrale Rolle. Seine Form und die Eigenschaft, alle „Lust" zu erfüllen, kündigen bereits an, wofür er steht: für die Prostatadrüse des Mannes. Wobei der Mann hier alleine ist. Schon dies lässt ahnen, worum es hier geht: um die Entdeckung der Selbstbefriedigung von hinten.

Das bestätigt sich sogleich, denn als der Mann den Stein „in der Hand" hält, erhält er auf seinen Wunsch hin ein schönes Schloss mit Garten und „Marstall". Mit dem Halten in der Hand ist die Selbstmassage mit den eigenen Fingern im Anus gemeint. Das Schloss steht für das tolle Leben, in dem er sich auf diese Weise einrichtet. Es ist dasselbe Symbol, das in anderen Märchen in der Regel für das tolle Eheleben eines Paares steht. Die Selbstbefriedigung scheint also für den Mann ein gleichwertiger Ersatz für eine Beziehung zu sein. Allerdings nur *fast* gleichwertig, wie man bald sehen wird.

---

[93] Zitiert nach Uther 2013, S. 449.
[94] Bergmann 1804. Die Vorlage zu diesem Märchen findet sich dort ohne Titel in Bd. 1, S. 343-351.
[95] Bolte/Polyvka 1913, Bd. 2, S. 454.

Auffällig ist, dass das Märchen für den Pferdestall des Schlosses dreimal das unübliche Wort „Marstall" verwendet. Warum? Wohl, weil mit der ähnlichen Buchstabenfolge versteckt auf die „Masturbation" angespielt werden soll, eine schon damals verwendete Bezeichnung für die Selbstbefriedigung. Auch in KHM 47 wird ein Wort nur deswegen verwendet, weil es *buchstäblich* auf das Thema des Märchens anspielt („Machandelboom" als Anspielung auf die „Mann"herrschaft).

Doch, wie oben angedeutet, reicht dem Mann die Masturbation mit der Zeit doch nicht ganz. Darum tauscht er den Wunderstein bald gegen die „schönen Waren" von Kaufleuten ein, die „Lust" auf den Wunderstein haben. Später ist statt den Kaufleuten nur noch von einem „Herrn" die Rede. Dass ein „Herr" aus „Lust" die Prostatadrüse eines anderen Mannes in seinen Besitz bringt, bedeutet: Er bumst ihn.
Nachdem der Mann die Masturbation von hinten entdeckt und eine Weile genossen hat, möchte er sich also dieselbe Wohltat durch einen anderen Mann angedeihen lassen, und er geht eine Partnerschaft ein, in welcher er selber die passive statt, wie beim gescheiterten Versuch mit dem König, die aktive Rolle wahrnimmt.
Der Wunderstein, d.h. die Prostatadrüse des Mannes, hängt jetzt, wo sie im Besitze des Partners ist, in dessen Haus an einem roten Faden unter einem Spiegel und wird bewacht. Rot ist die Farbe der Leidenschaft, der Spiegel über dem Wunderstein weist auf die Autoerotik von hinten. Das ganze Bild bestätigt: Das, was vorher der Selbstbefriedigung von hinten diente, ist nun unter der Kontrolle des Partners.

Doch das schöne Schloss verschwindet, sobald der Wunderstein eingetauscht ist, und der Mann treibt wieder im Kasten bei Wasser und Brot den Fluss hinunter, nur ist der Kasten diesmal viel schwieriger zu öffnen. Seine Schuldgefühle stellen sich also erneut ein, nur sind sie diesmal viel grösser, und sie treten *in* der Beziehung ein, weil er sich nun selber zur Frau machen lässt. Bemerkenswert ist, dass er diese Schuldgefühle bei der Masturbation nicht hatte. Das enthüllt, was das Problem bei der weiblichen Rolle des Mannes ist: nicht der „weibliche" Genuss, sondern, dass man von einem *anderen* Mann in die „weibliche" Rolle gebracht wird. Die Unterwerfung auf die Ebene der Frau und die dabei gefühlte „weibliche" Ohnmacht sind das Problem, und dafür braucht es zwei, einen Unterworfenen und einen Unterwerfenden.
Aus der nun schwierigeren Notlage kann sich der Mann, wieder mit Hilfe der Tiere, nur langsam und schrittweise befreien. Zuerst zwickt die Maus den im Bett liegenden Partner in die Nase und beisst ihm die Haare ab. Die Nase ist ein Penissymbol. Die Haare wachsen an manchen Stellen erst mit der Geschlechtsreife. Einen Mann in die Nase zu zwicken und ihm die Haare abzubeissen, steht daher für den Versuch, ihm seine Männlichkeit wegzunehmen. Der Mann signalisiert also seinem Partner, dass er im Bett auch einmal die Rollen tauschen möchte. Doch der Partner ist dazu nicht bereit, der Sex und damit die Beziehung hören auf. Das wird dadurch symbolisiert, dass die Tiere dem Mann den Wunderstein entwenden und ihn wegbringen. Der zweite Beziehungsversuch des Mannes ist damit am gleichen Problem gescheitert wie der erste: am patriarchalen Verbot der „weiblichen" Rolle für Männer.
Doch die Tiere lassen den Wunderstein aus Versehen in den Fluss fallen, aus dem er ursprünglich kam. Er wäre aber nötig zur Öffnung des Kastens, in welchem der Mann treibt. Dieser treibt daher weiter im Kasten, er ist noch nicht gerettet. Er findet also trotz Aufgabe der Beziehung mit seinem Partner vorläufig nicht zum früheren Masturbations-Vergnügen zurück, wohl, weil seine Schuldgefühle wegen der eine Zeit lang wahrgenommenen passiven Rolle andauern und dem sexuellen Genuss im Wege stehen.
Wieder finden können die drei Helfer-Tiere den Wunderstein nur, indem sie die Wassertiere warnen, es werde ein gewaltiger Feind über sie kommen, sie müssten daher mit Steinen einen Wall bauen. Die Warnung steht für die Angst des Mannes, von seinen Schuldgefühlen ganz

überwältigt zu werden und sich deswegen, d.h. wegen zu starker Selbstbestrafungsphantasien, nie mehr irgendwelchen sexuellen Genuss erlauben zu können. Das wäre sein Untergang.

Erst diese Angst führt dazu, dass ein „alter dicker Quakfrosch" den verloren gegangenen Wunderstein herbeibringt und den Helfer-Tieren überreicht, welche damit den Mann befreien. Der Frosch steht in etlichen Märchen für ein in der Sexualität begründetes schlechtes Selbstwertgefühl als Mann. Es ist beim Mann dieses Märchens, wie erwähnt, entstanden, weil sich der Mann bumsen liess, also aus denselben Gründen wie beim „Froschkönig" in KHM 1, wo ich die Symbolik auch genauer erkläre.

Der Mann findet also unter dem Druck der grössten Not die Kraft, sich zu sagen: Ich habe *trotz* meinem schlechten Gewissen dank meinen vergangenen guten Taten das Recht, Sex zu geniessen.

Nur eben ist dieser Genuss für ihn nur durch Masturbation möglich. Darum wünscht er sich, wieder in den Besitz des Wundersteins gelangt, das frühere Schloss mit dem „Marstall" erneut herbei. Dort lebt er nun „vergnügt", „und die drei Tiere blieben bei ihm und hatten's gut ihr lebelang". Die Geschichte schliesst also mit einem echten Happy End für den Mann mit Lust auf die „weibliche", passive Rolle, sofern er sich auf die Masturbation beschränkt und darum auf eine Partnerschaft verzichtet.

Das Märchen ist eines von etlichen KHM, welche sich mit der Frage befassen, was für einen Ersatz es gibt für die den Männern in der patriarchalen Gesellschaft verbotene „weibliche" Rolle beim Geschlechtsverkehr. Antworten anderer KHM sind: Oralverkehr (KHM 195), gegenseitige Befriedigung von Hand (KHM 124 und 82a) oder der Wechsel der Stellung statt der Rolle (KHM 189). Die Masturbation von hinten wird nur in diesem Märchen überhaupt angesprochen. Dass sie ein gleichwertiger Ersatz für die anale Stimulierung durch einen Partner sein kann, stimmt allerdings nur, solange es um nichts mehr als den rein technischen sexuellen Genuss geht und kein Bedürfnis nach Zweisamkeit entsteht.

Aber anscheinend geht es in diesem Märchen bei dem, was wir heute unter „Homosexualität" verstehen, auch hauptsächlich nur um Sex. Die anale Lust, zuerst (gegenüber dem König) in der aktiven, dann in der passiven Rolle, ist hier das Primäre, so wie man es Männern, die Sex miteinander hatten, lange Zeit unterstellte. Das Bedürfnis nach einer Partnerschaft mit einem anderen Mann scheint hier lediglich daraus zu folgen. Der Partner ist dort, wo einer gesucht wird, nur ein Partner für Sex. Ein Bedürfnis nach Zweisamkeit, Liebe und Zuneigung wird nie angedeutet. In dieser Sicht ist bei Unmöglichkeit einer Partnerschaft die Masturbation trotz dem damit verbundenen Alleinsein ein gleichwertiger Ersatz.

Immerhin kommt als Sex-Gespiele dort, wo einer gesucht wird, nur ein Mann in Frage. Darin schimmert doch die neuere Auffassung von Homosexualität als einer Neigung zum eigenen Geschlecht ansatzweise durch.

Fortschrittlicher als die Sicht dessen, was wir heute als „Homosexualität" bezeichnen, ist die ziemlich milde Beurteilung der passiven Rolle des Mannes durch den Erzähler. Als sich der Mann zum Eintausch des Wundersteins entschliesst, heisst es als Erklärung lediglich: „weil das Herz unbeständig ist und sich nach neuen Dingen sehnt, so liess er sich betören". Die passive Rolle des Mannes wird damit zwar abgelehnt, aber als eine fast normale menschliche Schwäche. Die damals übliche Verteufelung sucht man in diesem Märchen vergebens.

Etwas Weiteres Fortschrittliches ist die sehr positive Sicht der Masturbation, die hier nur gut tut. Nichts von der kirchlichen Lustfeindlichkeit, nichts von den damaligen Horrorwarnungen der Ärzte und Wissenschaftler vor den Folgen der Selbstbefriedigung. (1760 hatte der Schweizer Arzt Tissot eine einflussreiche Schrift veröffentlicht, in welcher er mit erfundenen Beispielen vor den angeblich selbstzerstörerischen Folgen der Selbstbefriedigung warnte. Er meinte zwar die Masturbation vorne, aber wenn er von jener von hinten gewusst hätte, hätte er sie bestimmt noch drastischer verdammt.)

Zum Schluss noch ein kurzer Vergleich des Grimm'schen Märchens mit der Fassung des Siddhi Kür: Dort fehlt alle auf Homosexualität und anale Lust hinweisende Symbolik. Der Wunderstein ist dort ein leuchtender Edelstein, von dem sich der Brahmanensohn am Ende eine Gemahlin wünscht, mit welcher er hundert Söhne hat. Der Stein ist also dort klar nicht als Symbol der Prostatadrüse gemeint. Passend dazu, fehlen der „Marstall" und der Spiegel, an dem der Wunderstein hängt.

Irgend jemand muss also in der Zeit der deutschen Romantik (zwischen der Erscheinung der deutschen Erstübersetzung des Siddhi Kür 1804 und der Erstveröffentlichung der Grimm'schen Fassung 1815) die Erzählung in eine homosexuelle Richtung umgearbeitet haben. Wer das war, weiss ich nicht, da die Grimms sie, wie eingangs erklärt, nicht direkt aus dem Siddhi Kür übernahmen, ihre Vorlage aber unbekannt ist. Es könnten daher auch die Grimms selber gewesen sein, aber nachweisen lässt sich das nicht. Es ist aber auf jeden Fall ein weiterer und eindeutiger Beleg dafür, dass in der deutschen Romantik Märchen umformuliert wurden und dabei bewusst neue, auch homosexuelle Symbolik geschaffen wurde. Für mich ist das ein Zeichen für ein damals aufkommendes Interesse an der männlichen Homosexualität, welches sich aber als Folge der gesellschaftlichen Tabuisierung des Themas erst versteckt in der Symbolsprache der Märchen äussern konnte.

KHM 21a (1815) = 107a (1819-40): Die Krähen
Oder: Der Schwule als Verbrecher

Dieses Märchen wurde, wie etliche weitere, den Brüdern Grimm durch August von Haxthausen vermittelt, dem es ein Soldaten-Kollege erzählt hatte.[96] Seine sehr knappe handschriftliche Fassung ist erhalten.[97] Die Grimms erweiterten sie ein wenig, änderten aber am Inhalt und an der Botschaft nichts.

Das Märchen ist nur in den ersten vier KHM-Ausgaben enthalten. Seit der Ausgabe von 1843 ersetzten es die Brüder Grimm durch das thematisch sehr ähnliche, aber weit ausführlichere und lebendigere Märchen „Die beiden Wanderer" (KHM 107), das ich weiter oben interpretierte. Wegen der inhaltlichen Ähnlichkeit beschränke ich mich hier auf einen kurzen Vergleich mit jenem Märchen.

In beiden Erzählungen geht es um einen guten, gläubigen jungen Mann, der gegen seinen Willen gebumst (symbolisch: geblendet), unter einem Galgen zurückgelassen und am folgenden Morgen durch den Tau geheilt wird und anschliessend sein (Ehe-)Glück findet, während die Täterschaft am Ende aus der menschlichen Gemeinschaft (symbolisiert von der Stadt) ausgeschlossen und von den Krähen (als Vollzieher einer höheren Gerechtigkeit) bestraft wird. Der Gegensatz Gut-Böse durchzieht also beide Märchen, und am Ende wird der Gute im Diesseits und im Jenseits belohnt, während die Bösen an beiden Orten bestraft werden.

Die wichtigsten Unterschiede zwischen den beiden Märchen:
- Die Hauptfiguren sind in den „beiden Wanderern" zwei wandernde Handwerkergesellen, in den „Krähen" drei desertierte Soldaten, von denen zwei die „Bösen" sind.
- Tiefpunkt ist in den „beiden Wanderern" die sexuelle Nötigung des „Guten" durch den Kollegen, in den „Krähen" die Vergewaltigung durch seine beiden Kollegen, welche ausserdem weitere Verbrechen am Opfer begehen: Sie betrügen es auch (locken es unter einem Vorwand weg) und rauben es aus.

---

[96] Uther 2013, S. 450.
[97] Staatsbibliothek Berlin, Preussischer Kulturbesitz, Nachlass Grimm 1800, C1, 1-2.

- In den „beiden Wanderern" hat das Opfer nach der Nötigung selber Schuldgefühle, weil es sich durch seinen Leichtsinn in eine Lage brachte, die vom Täter-Kollegen ausgenutzt werden konnte. Darum muss der Gute nachher einen Lernprozess durchmachen, um zum Glück zu finden.

  In den „Krähen" hat das Opfer keine Schuldgefühle, obwohl es sich von den beiden Kollegen überreden liess, gemeinsam zu desertieren, und dadurch die Situation herbeiführen half, in der es vergewaltigt und ausgeraubt wurde. Das ist sozialgeschichtlich interessant, weil das Märchen auf der Seite des Opfers steht. Es sieht die Desertion offenbar nicht als Vergehen, aus dem etwas zu lernen ist. Darin spiegelt sich wohl der Blickwinkel der Soldaten, aus deren Kreisen das Märchen den Grimms vermittelt wurde.

  Als Folge des fehlenden Schuldbewusstseins gestaltet sich in den „Krähen" der nachfolgende Weg des Opfers zum Glück hindernisloser und schneller als in den „beiden Wanderern".

- In den „beiden Wanderern" verliert sich die Spur des Bösen am Ende im Nirgendwo, in den „Krähen" dagegen werden den beiden Tätern von den Krähen nicht nur die Augen ausgehackt, sondern sie werden von ihnen auch getötet.

- In den „beiden Wanderern" wird, leicht versteckt, erkennbar, dass der „Böse" böse geworden ist, weil er seine Neigung zum eigenen Geschlecht hasst. Schon der einleitende Satz weist darauf hin, dass Gut und Böse nicht so deutlich getrennt werden sollten, wie man auf den ersten Blick meint. Solche Hinweise fehlen in den „Krähen". Der Raub und die Vergewaltigung sind hier nur Bestandteile eines geplanten und umfassenden Verbrechens, es gibt keine Andeutungen mildernder Umstände.

Im Ganzen sind also die Bösen in den „Krähen" noch böser als der Böse in den „beiden Wanderern", ihre Strafe ist darum noch drastischer, und die „Krähen" malen *nur* schwarz und weiss, ohne die leisen Grautöne, die man in den „beiden Wanderer" finden kann.

Eine Frage stellt sich: Warum wird in den „Krähen" die Rolle des Bösen einem Paar und nicht einem Einzelnen zugeteilt? Ich vermute, dies dient dazu, eine Aussage über den zwischen Männern ganz allgemein möglichen Sex zu machen. Wenn zwei Männer, die Lust auf Sex mit Männern haben, zusammen sind, könnte man ja auf die Idee kommen, sie könnten auch Sex im gegenseitigen Einvernehmen miteinander haben. Aber die beiden Verbrecher haben anscheinend keinen Sex miteinander. Das Märchen will offenbar sagen: Sex zwischen Männern ist immer mit der Verletzung von Männlichkeit, darum immer mit Demütigung verbunden und darum immer ein Ergebnis eines Entscheides zum Verbrechen. Was heute Homosexualität ist, ist in diesem Märchen also nichts mehr als ein Teilaspekt eines verbrecherischen Lebens abseits der menschlichen Gesellschaft, wobei der sexuellen Befriedigung die Vergewaltigung junger Männer dient. Wenn sich zwei solche Verbrecher zusammen tun, ist es nicht etwa aus Liebe oder um gemeinsam Sex zu haben, sondern um gemeinsam Verbrechen zu begehen, zum Beispiel Vergewaltigungen. Was heute gleichgeschlechtliche Partnerschaften wären, sind in diesem Märchen nur Verbrecher-Partnerschaften. Die Beteiligten enden aber im verdienten Elend und Tod, sagt das Märchen.

Es ist damit eines der beiden schwulenfeindlichsten Grimm'schen Märchen, doch die Grimms schieden es aus ihrer Sammlung aus. Vergleichbar negativ ist die Darstellung der männlichen Homosexualität nur noch im ebenfalls ausgeschiedenen Märchen KHM 191a.

KHM 44a (1815): Der Soldat und der Schreiner

Oder: Das wirksamste Unterwerfungsmittel ist das Gewissen. Was zwei schwule Jugendliche von ihrer Partnerschaft ins Erwachsenenalter hinüberretten und was nicht

Woher dieses Märchen stammt, ist unklar.[98] Es ist nur in der ersten Ausgabe der KHM enthalten, da die Grimms es für unvollständig und beschädigt hielten[99] und darum nicht in die späteren Ausgaben aufnahmen. Daher fehlt es heute in den meisten KHM-Ausgaben, dafür existiert es nur in der einen Textfassung.

Auch Uther schreibt in seinem Handbuch, die Handlung sei „etwas konfus".[100] Wenn man aber gemerkt hat, dass es hier um ein gleichgeschlechtliches Liebespaar geht, dann wird bald klar, dass das Märchen zusammenhängend die Geschichte seines Erwachsen-Werdens erzählt. Ich versuche sie im Folgenden zusammenzufassen.

Es geht um zwei Jugendliche, die seit ihrer Kindheit unzertrennlich sind: Als der Eine, ein Tischler (= Schreiner), auf die Walz gehen muss, geht der Andere, ein Soldat, mit. Als dieser in den Wald gehen will, folgt ihm umgekehrt der Tischler, obwohl er eigentlich lieber nicht möchte. Aber er will den Freund nicht verlassen. Zusammen bewohnen sie schliesslich als Erwachsene dasselbe Schloss.

Wenn ein Junge und ein Mädchen immer zusammen bleiben möchten, würde man sagen: sie sind ein Liebespaar. Und wenn sie in Märchen als junge Erwachsene in eine gemeinsame Behausung einziehen, ist das symbolisch für ihr gemeinsames Eheleben zu verstehen. So ist es auch hier, ausser dass es um ein *gleichgeschlechtliches* Liebespaar geht.

Und zwar um ein sehr reifes Paar, denn die in einer Partnerschaft unvermeidlichen Meinungsverschiedenheiten eskalieren nie: Als die beiden einmal am frühen Morgen im Bett einen Stoss spüren, meinen sie zuerst, er komme vom Bettnachbarn. Als dieser verneint, ist die Sache geklärt. Partnerschaftstauglich, wie in vielen Märchen Junge und Mädchen, müssen diese beiden Jungs nicht werden. Sie sind es schon. Ihr Problem ist, wie sie gesellschaftstauglich werden können. Und dieses Problem hat mit ihrem Sex zu tun, den die Gesellschaft ablehnt.

Darauf, dass ihre Beziehung Sex einschliesst, weist das Märchen schon früh, denn die beiden werden schon als Kinder „das Messerchen und Gäbelchen" genannt. Das Messer ist ein Symbol für den Phallus, die Gabel mit ihren Rundungen und den Öffnungen dazwischen eines für den Anus. Den Sex, auf den hier angespielt wird, haben die beiden allerdings als Kinder noch nicht, denn es heisst, das Messerchen und das Gäbelchen würden „nebeneinander" gelegt. Gemeint ist daher wohl, dass er sich in ihrer Kindheit aufgrund ihrer engen Freundschaft bereits abzeichnet.

Als Jugendliche auf der Walz haben sie ihn dann, wobei immer der Soldat der Passive ist, denn er ist der „Hausknecht" und der Faule. Wegen seiner Faulheit werden die beiden von ihren Arbeitgebern regelmässig weggeschickt. Das bedeutet: Sie werden weggeschickt, weil sich bei ihrem Sex ein Junge penetrieren lässt. Denn das ist gesellschaftlich nicht akzeptiert. Dass die Umgebung offenbar jeweils bald merkt, was zwischen den beiden abläuft, ist leicht erklärbar: Es gab für wandernde Handwerkergesellen keine Privatsphäre, sie mussten an zugänglichen Orten, z. B. in der Küche, übernachten.

Auch der Pfarrer, dem die Sache anscheinend zu Ohren kommt, schimpft die beiden Jungs wegen ihres Sexes aus. Das erfährt man, in eine gleichnishafte Geschichte gekleidet,

---

[98] Uther 2013, S. 419.
[99] Grimm/Rölleke 1980/2001, S. 538.
[100] Uther 2013, S. 419.

allerdings erst gegen Ende des Märchens (Einzelheiten erkläre ich gegen Ende dieser Interpretation).

Vor Gericht werden die beiden trotz gesetzlichem Verbot der „Unkeuschheit wider die Natur" jedoch nie gestellt. Auch in ihrem Bewusstsein scheint das Ungesetzliche ihres Tuns keine Rolle zu spielen, genauso wie es auch in allen anderen Grimm'schen Märchen, in denen männliche Jugendliche miteinander Sex haben, keine Rolle spielt. Das lässt auf eine gewisse Toleranz bei der Anwendung jenes Gesetzes und auf einen weitgehenden Verzicht auf Strafverfolgung bei Jugendlichen schliessen.

Das Problem für die beiden Freunde ist also nicht das Gesetz, sondern die Zurückweisung durch die ganze Gesellschaft. Sie müssen sich bewusst sein: Wenn wir so weitermachen, werden wir uns nie als anerkannte Mitglieder in die Welt der Erwachsenen eingliedern können.

Darum ist es erstaunlich, wie lange sie die Kraft finden, mit ihrem Sexleben weiterzufahren. Sie finden sie, weil sie darüber offenbar lange Zeit nicht nachdenken. Den Tischler stärkt ausserdem ein sehr persönlicher Christusglaube, den er in seinem (von einem Wandschrank symbolisierten) Herzen trägt. Das sieht man, als die beiden einmal auf seine Anregung hin beten. Sie beten nach dem (vom Essen symbolisierten) Sex und vor dem Einschlafen, offenbar, um ruhig einschlafen zu können. Das lässt auf verdrängte Schuldgefühle und einen vergebenden Christus schliessen.

Auch der Soldat leidet an verdrängten Schuldgefühlen. Bei ihm sind sie aber weniger religiös bedingt. Woher sie bei ihm in erster Linie kommen, lässt seine Wahl des Soldatenberufes ahnen. Wirklich ausüben tut er diesen Beruf nie, auch von einer entsprechenden Ausbildung ist nie die Rede. Er ist also in Wirklichkeit nicht Soldat, er möchte nur gerne einer sein, was wohl symbolisch gemeint ist: Der Soldatenberuf ist eine Beschäftigung für „richtige" Männer, der „Soldat" möchte also ein solcher sein, ein Wunsch, der in ihm wohl gerade deswegen auftaucht, weil er das Gefühl hat, es wegen seiner passiven Rolle beim Sex nicht zu sein. Er hat also ein schlechtes Gewissen darüber, dass er beim Sex immer die „Frau" ist. Seine Schuldgefühle folgen aus der Verletzung des patriarchalen Männerbildes.

Die verdrängten Schuldgefühle beider Jungs sind nicht erstaunlich: Wenn die ganze Umgebung sagt, man tue etwas Falsches, ist es schwierig, etwas Anderes zu denken, und man sucht den Fehler bei sich. So kann das Verdrängen auf die Dauer nicht funktionieren.

Schliesslich ist es der Soldat, der auf eine Änderung drängt. Warum er? Erstens, weil er als der Passive die Kritik auf sich zieht, und zweitens, weil der Tischler seinen alternativen Glauben hat, mit dem er sein religiöses Gewissen beruhigen kann, während der Soldat nichts hat, was er seinem aus der Verletzung des patriarchalen Männerbildes folgenden schlechten Gewissen entgegensetzen kann. Auf seine Initiative hin gehen daher die beiden Freunde in einen Wald und leiten so jene Auseinandersetzung mit sich selber ein, die sie bisher unterliessen.

Sie gelangen bald zu einem Schloss, das ihr zukünftiges gemeinsames Erwachsenenleben symbolisiert. Ihre nun anstehende Auseinandersetzung mit sich selber soll also die Weiterführung ihrer Freundschaft in einem gemeinsamen Erwachsenenleben ermöglichen.

Am Morgen nach der ersten im Schloss verbrachten Nacht werden sie durch die erwähnten Stösse geweckt. Im Halbschlaf, wenn der Verstand noch ausgeschaltet ist, merken sie also, dass etwas in ihrem eigenen Innern sie stört. Es sind ihre Schuldgefühle, die sich nicht mehr länger verdrängen lassen.

Da die Schuldgefühle ihre Sexualität betreffen, ist dies der Startschuss zu ihrer erstmaligen Auseinandersetzung mit ihr sowie mit ihrem damit verbundenen eigenen Innern. Dabei stehen drei Tiere für ihr (animalisches) Sexleben und drei Personen, denen sie im Keller des Schlosses begegnen, für ihr Inneres. Die auf den ersten Blick etwas komplizierte Symbolik dieser sechs Wesen ist wohl der Grund, wieso das Märchen vielfach nicht verstanden wurde. Kompliziert ist die Symbolik, weil damit nicht nur versucht wird, die Homosexualität der beiden Jungs zu erklären, sondern auch, weswegen der Eine immer der Aktive und der Andere immer der Passive ist.

Die Überlegungen dahinter stellen sich jedoch als einfach heraus, sobald man sie entschlüsselt hat:

- Der Schwan als stolzer, „männlicher" Vogel steht für die aktive Rolle beim Sex, die Katze als in Märchen häufiges Weiblichkeits-Symbol für die passive und der Hund für die Verbindung beider, den Analverkehr (vgl. den Ausdruck „Hundestellung").
- Der Keller steht für den Ort tief im Innern, wo die Seele der Jungs ist. Die drei Personen im Keller sind daher Aspekte ihrer Seele.
- Man kann alle Tiere einer Person sowie den beiden Jungs zuordnen, denn jede Person will, dass eines der Tiere getötet wird, und später töten die Jungs je eines, was symbolisch als Unterdrückung eigener Begierden zu verstehen ist. Dadurch entstehen indirekt auch Zuordnungen zwischen den drei Personen und den Jungs. Ausserdem hilft Letzteren bei der Tötung der Tiere ein fremder Jüngling, der aus einer weissen Taube hervorgegangen ist, einem christlichen Symbol für den Heiligen Geist und damit hier für den kirchlichen Glauben der Jungs. Da, wie oben gesehen, für den Tischler der Glaube wichtiger ist, ist der fremde Jüngling stärker mit ihm verbunden. Passend dazu, ist es auch der Tischler, der die Verstärkung herbeiwünscht, die dann alsbald durch die Taube geliefert wird.

Im Ganzen entstehen so folgende Zuordnungen:

Person im Keller = Seelenaspekt	Tier = sexuelle Lust	Zuordnung zu den beiden Freunden
Alte Frau = weibliche Seelenseite mit wenig Energie	Graue Katze = passive Rolle	Soldat
12jähriges Mädchen= weibliche Seelenseite mit viel Energie	Roter Schwan = aktive Rolle	Tischler
14jähriger Jüngling = männliche Seelenseite	Schwarzer Hund = Analverkehr	Beide, aber stärker dem Tischler zuzuordnen

Die Symbolik der Tiere und der Personen im Keller besagt also:

Die Homosexualität der beiden Jungs ist in ihrer Seele verwurzelt und somit eine unveränderbare Neigung. Sie geht nicht, wie man zunächst meinen könnte, auf die Verführung durch die Gelegenheit beim gemeinsamen Aufwachsen zurück, sondern auf eine Verbindung von männlichen und weiblichen Seelenanteilen. Woher dies kommt, erklärt das Märchen nicht. Es wird aber angedeutet durch die Tatsache, dass ihre beiden Väter denselben Beruf haben und nebeneinander wohnen. Auch sie sind also bereits enge Freunde, die gleichgeschlechtliche Seelenneigung dürfte daher von ihnen geerbt sein. Dabei wird sie mit der Neigung zu Analverkehr gleichgesetzt. Wobei derjenige, der eine stärkere männliche Seite und mehr sexuelle Energie hat, die aktive Rolle wahr nimmt, derjenige, der eine stärkere weibliche Seite und weniger sexuelle Energie hat, die passive. Der Passive ist also sozusagen doppelt homosexuell, weil im Innern besonders „weiblich".

Nach der Begegnung mit den drei Personen im Keller, das heisst: Nachdem sich die beiden Jungs bewusst geworden sind, dass ihr Sexleben auf tiefen Neigungen beruht, versuchen sie als Erstes, die Katze zu streicheln. Das ist als Versuch zu verstehen, sich mit der passiven Rolle, der Wurzel all ihrer Probleme, anzufreunden, was die Weiterführung ihres bisherigen Sexlebens ermöglichen würde.

Doch die Katze „machte ... feurige Augen und sah ganz wild aus", sodass die beiden den Versuch sofort aufgeben. Sie haben offenbar eine so tief sitzende, irrationale Angst vor dem, was sie hier kurz andenken, dass sie gar nicht dazu kommen, tiefere Überlegungen dazu anzustellen, zum Beispiel um herauszufinden, woher die Angst kommt. Sie leiden also an einer Passivphobie, die zu hinterfragen sie nicht die Kraft haben. Dies zeigt nur, wie erfolgreich die patriarchale Gesellschaft und die ebenso patriarchale Kirche das Passivverbot in den Männern verankert hat. Man kann die Menschen am besten disziplinieren über ihr Denken bzw. ihr Gewissen.

So bleibt den beiden nur der andere Weg: Sie beschliessen, die Tiere zu töten, d.h. mit dem analen Sex aufzuhören, weil sonst ihre Seele nicht aus dem Keller könne. Sie fühlen sich also, sicher wegen ihrer unterschwellig vorhandenen und bisher verdrängten Schuldgefühle, unfrei und glauben sich von diesen Schuldgefühlen durch Beendigung ihres bisherigen Sexlebens, also durch Gehorsam gegenüber der herrschenden und von ihnen verinnerlichten patriarchalen Sexualmoral, befreien zu können. Dabei geht die Initiative zum Kampf gegen die Tiere, wie bereits vorher die Initiative zur ganzen Auseinandersetzung mit sich selber, vom Passiven, dem Soldaten, aus. Er will sich als erwachsener Mann, der er nun wird, einfach nicht mehr bumsen lassen.

Doch die Beendigung des geliebten Sexes erweist sich als recht schwierig und gelingt nur, indem die beiden ihren kirchlichen Glauben mobilisieren, was von der Unterstützung durch den erwähnten, aus einer herbeigeflogenen weissen Taube hervorgegangenen fremden Jüngling symbolisiert wird. Der Entscheid zur Unterdrückung des bisherigen Sexlebens war mehr patriarchal als religiös motiviert, denn der Entscheid ging vom Soldaten aus, aber jetzt wird der kirchliche Glaube gebraucht, um die Unterdrückung zu bewerkstelligen. So unterstützen Patriarchat und Kirche einander gegenseitig beim Bemühen, gleichgeschlechtlich fühlende Jungs auf Linie zu bringen.

Doch nach der Tötung der Tiere spüren die beiden Freunde das erwartete Befreiungsgefühl nicht, im Gegenteil: Ihre von den drei Personen im Keller symbolisierten, tief in der Seele verwurzelten sexuellen Neigungen rebellieren nun und drohen sie zu übermannen (umzubringen), sodass sie sich gezwungen sehen, sie auch noch zu töten und zu begraben. Letzteres soll wohl ausdrücken, dass die Jungs meinen, ihre Neigungen nun überwunden zu haben. Aber bald zeigt sich, dass sie sie, da eben tief in der Seele verwurzelt, nur unterdrücken können: Als sie nämlich nach kurzem Weggehen erneut zum Schloss kommen, springen Pferde „durch den Hof" und „Bediente" laufen „hin und her". Pferde stehen in Märchen für Männlichkeit, auch sexuell, also für die aktive Rolle; Bediente sind nach damaligem Sprachgebrauch nicht Herren, sondern Diener, und stehen daher für die passive Rolle. Dass Pferde und Diener im (klar begrenzten) Hof herum rennen, bedeutet daher, dass die Jungs ihre anale Lust aufeinander weiterhin haben, sie sich aber nicht mehr frei entfalten kann. Die Beendigung des bisherigen Sexlebens hat also nur eine noch viel tiefer in die Seele reichende Selbst-Unterdrückung nach sich gezogen.

Der Tischler merkt das auch, denn er sagt während des erwähnten kurzen Weggehens vom Schloss, er möchte sein „ehrliches Auskommen in der Stadt" suchen. Ehrlichkeit würde also für die Aufgabe des im Waldschloss eingeschlagenen Weges sprechen. Der Tischler, der es als der Aktive auch einfacher hat, wehrt sich nie so deutlich wie hier gegen die Selbstunterdrückung. Aber da sein Partner damit weiter fahren will und er ihn nicht verlassen will, muss er nachgeben.

Bleibt die Frage, ob die beiden sich dank der Selbstunterdrückung wenigstens, wie erhofft, von ihrem schlechten Gewissen befreit fühlen, und ob sie nun von der Gesellschaft trotz ihrem früheren Sexleben akzeptiert werden. Beides ist miteinander verbunden, denn das schlechte Gewissen wurde durch das verursacht, was alle Leute über sie sagten. Beides wird durch ein Gemurmel symbolisiert, das nach der Tötung der drei Keller-Personen aus dem Schloss dringt und immer stärker wird, bis Menschen daraus werden. Zuerst macht es den Jungs Angst, es ist der Grund, weswegen sie das Schloss kurzzeitig verlassen. Aber als sie zurückkehren und sich dabei als Handwerker ausgeben, werden sie gut empfangen und von einem „aus dem Haufen" bewirtet. Das bedeutet: Es wird ihnen vergeben, einige Leute tolerieren sogar noch Sex von Hand zwischen den beiden, darauf spielt das Essen für die „Handwerker" an.

Das Märchen könnte hier mit einem halben Happy End schliessen: Die beiden könnten sich, da die frühere Quelle für ihre Schuldgefühle (die Ermahnungen der Umgebung und ihr Analverkehr) beseitigt ist, auch selber vergeben, und sie könnten ihre Beziehung mit Sex von Hand statt von hinten weiterführen.
Aber so einfach ist es nicht, denn sie entwickeln neue Schuldgefühle, die vom Blut an ihren Händen symbolisiert werden. Dieses geht nicht mehr auf das Gerede der Leute und damit auf ihr vergangenes Analsex-Leben, sondern auf die Tötung der Tiere und der Personen im Keller und somit auf die Selbstunterdrückung zurück. Die Botschaft: Durch Gehorsam gegenüber einer Sexualmoral, die der eigenen Natur widerspricht, befreit man sich nicht, sondern man schafft sich neue Schuldgefühle. Warum? Weil man die Neigung weiterhin hat, man erlaubt sich nur nicht mehr, sie auszuleben. Solcher Gehorsam setzt daher das Signal: „Etwas an meinem tiefsten Inneren ist falsch" Und das verunsichert und führt zu einem weiter andauernden schlechten Gewissen.

In der Verunsicherung suchen die beiden Jungs neuen Halt in neuem, zusätzlichem Gehorsam: Sie verschreiben sich nun ganz dem kirchlichen Glauben, der vom fremden Jüngling symbolisiert wird. Er half ihnen bereits bei der Selbstunterdrückung, verliess sie dann aber wieder, ein Zeichen, dass sie ihn danach nicht mehr brauchten. Nun wird er erneut herbeigerufen, denn die Jungs benötigen ihn erneut, um sich eine neue vermeintliche Sicherheit zu verschaffen.
Vermeintlich ist diese Sicherheit, weil zum jetzt ganz übernommenen kirchlichen Glauben auch die kirchliche Theorie zur „widernatürlichen Unzucht" gehört, welche die beiden Freunde früher pflegten. Symbolisiert wird sie von der Geschichte über das Waldschloss, die ihnen der fremde Jüngling erzählt:

Einst habe die „Herrschaft" die Haushälterin gescholten. Diese, „eine „heimliche Hexe", sei dadurch in „Bosheit" geraten und habe alles im Schloss zu Steinen verwandelt, lediglich drei „böse Hofbediente" habe sie nur in Tiere verwandeln können, vor denen sie sich nun gefürchtet habe. Auch den Erzähler (den fremden Jüngling) habe sie nur in eine weisse Taube verwandeln können. Als die zwei Freunde ins Schloss gekommen seien, hätten sie für die Haushälterin die Tiere töten sollen, und „zum Lohn wollte sie euch wieder umbringen, aber Gott hat es besser gemacht, das Schloss ist erlöst" und die Steine seien mit dem Tod der „gottlosen Hexe" frei geworden.

In dieser Geschichte steht die „Herrschaft" für einen kirchlichen Amtsträger, z.B. einen Pfarrer, denn er ist der Herr des Jünglings, der für den kirchentreuen Glauben der beiden Freunde steht. Die Schlossbewohner sind, wie oben erklärt, das Gewissen der beiden Freunde. Die Haushälterin ist, wie ebenfalls weiter oben erklärt, die Neigung des Soldaten zur passiven Rolle. Als „gottlose Hexe" wird sie bezeichnet, weil die passive Rolle des Mannes beim Sex gemäss Kirche eine schlimme Sünde ist, und weil man auch Hexen unterstellte, sie würden sich vom Teufel von hinten penetrieren lassen. So war in der kirchlichen Theorie schon im 13. Jh. eine Gleichsetzung von Ketzerei (= Abfall vom Glauben), Hexerei und gleichgeschlechtlichem analem Sex entstanden.
Die beiden Freunde erklären sich ihr früheres Sexleben nun also so, wie es ihnen die Kirche einredet: „Dass wir miteinander fickten, war ein Ergebnis des Abfalls von Gott (war wie Hexerei), verschloss uns gegenüber unserem Gewissen und machte uns ganz zu Sklaven unserer bösen sexuellen Begierden (wir hatten keine Kontrolle über die bösen Tiere). Da wir

uns so ganz unserer „widernatürlichen" Lust hingaben, waren wir unfähig, uns aus eigener Kraft aus dieser Sünde zu befreien. Nur dank Gott und unserem Glauben (dem fremden Jüngling) schafften wir es und sind nun frei."

Wer diese kirchliche Theorie mit den vorher erzählten Ereignissen vergleicht, merkt jedoch, dass sie voller Lücken und Fehler ist:

- Die offensichtliche, wenn auch nie ausdrücklich so genannte Liebe zwischen den beiden Freunden kommt nicht vor. Für die Kirche wird die Beziehung zwischen ihnen nur unter dem Thema „unerlaubter Sex" abgehandelt. Sie redet von Liebe und stützt, ja verlangt gleichzeitig die Tabuisierung der Liebe, wenn sie gleichgeschlechtlich ist.
- Es wird kein Grund genannt, warum der Hausherr die Haushälterin schalt. Das zeigt den wahren Grund, weswegen die Kirche die „Unzucht wider die Natur" für böse erklärt: nur weil sie der kirchlichen Sexualmoral zuwider läuft. Sünde ist ein anderes Wort für Ungehorsam.
- Die Tiere verhielten sich nie böse, sie wehrten sich nicht einmal, als sie getötet wurden. Und der Hund am Eingang des Schlosses blieb völlig ruhig, als die Freunde eintraten. Die Botschaft: Die wahre Gewalttat war die Tötung der Tiere. Das bedeutet: Nicht der homosexuelle Geschlechtsverkehr, sondern seine Unterdrückung ist böse und eine Gewalttat gegenüber einem selber.
- Die Haushälterin hatte die Tötung der beiden Freunde nicht von Anfang an im Sinne, sondern erst, weil diese die Tiere, ihre „besten Freunde", getötet hatten. Erneut bestätigt sich: Gefährlich für einem selber ist nicht der homosexuelle Geschlechtsverkehr, sondern seine Unterdrückung.
- Dass die beiden Freunde am Schluss frei sind, stimmt nicht: Ihre Bums-Lust ist nach wie vor vorhanden und führt, in Verbindung mit der nun übernommenen kirchlichen Verteufelung jener Lust, nur zu noch grösseren Schuldgefühlen als früher.

Mit Hilfe der Geschichte der beiden Freunde zerpflückt also das Märchen Punkt für Punkt die kirchliche Theorie zur „widernatürlichen Unzucht". Die beiden Freunde sehen das aber nicht. Sie verschreiben sich ganz der Kirchentreue, weil sie sich in ihrer sexuellen Verunsicherung so glauben Sicherheit gegen neue Anwandlungen zu Sex miteinander verschaffen zu können. Auch sehen sie nicht, dass die Kirche, gemeinsam mit der patriarchalen Gesellschaft, jene Schuldgefühle, die zur sexuellen Verunsicherung und als Folge am Ende zur Unterwerfung unter ebendiese Kirche und Gesellschaft führten, selber schuf.

Das Märchen zeigt jedoch, was die beiden Freunde nicht sehen: Es geht der patriarchalen Gesellschaft und der ebenfalls patriarchal beherrschten Kirche darum, durch Verunsicherung der Menschen in ihrem Innersten, nämlich ihrer Sexualität, Macht über sie zu erlangen. In diesem Märchen sind die Opfer gleichgeschlechtlich fühlende Männer, aber dieselbe Unterwerfungsstrategie wenden die Kirche mit ihrer unnatürlichen Sexuallehre und die patriarchale Gesellschaft mit ihren stereotypen Geschlechterbildern gegenüber allen Menschen an. Wobei die Konsequenzen des Gehorsams für gleichgeschlechtlich Fühlende gravierender sind als für Heterosexuelle, wie man gleich bei den nun noch folgenden letzten Schritten der Unterwerfung der beiden Freunde sieht.

Ihr vom fremden Jüngling symbolisierter kirchentreuer Glaube führt sie nun nämlich noch zum Hausherrn, d.h. es kommt zu einer Begegnung mit einem kirchlichen Amtsträger. Im Vergleich zum herzlichen Empfang durch das normale Volk verläuft sie kurz und frostig. Die Amtskirche scheint weniger gut im Vergeben zu sein als das normale Volk, wohl ein weiterer Seitenhieb des Märchens gegen sie. Einen Imbiss gibt es nicht. Die Kirche duldet also auch jenen gleichgeschlechtlichen Hand-Sex, der im Volk eine gewisse Toleranz fand, nicht. Die beiden jungen Männer hören nun also auch damit auf. Dafür werden ihnen zwei „Töchter" des

130

Hausherrn – gemeint wohl nicht leibliche Töchter, sondern Töchter im Geiste, also fromme Frauen – „gegeben". Die Töchter werden nicht gefragt, ein vorheriges Kennenlernen wird nicht berichtet, und das Wort „Ehe" kommt nicht vor, wohl weil die beiden Freunde im Herzen nicht mit diesen Frauen, sondern miteinander verheiratet sind.

Von nun an leben sie „ihr lebelang als grosse Ritter". Der Berufswechsel wird nicht erklärt, findet also wohl nur wegen seiner Symbolik statt: Ritter tragen eine Rüstung, symbolisch steht das für die Abwehr eigener Gefühle. Die beiden Freunde müssen ihre weiter bestehenden Gefühle füreinander ständig kontrollieren, damit sie nicht wieder in Sex abgleiten. Sie haben sich nun als anerkannte Mitglieder in die Gesellschaft der Erwachsenen eingegliedert, aber nicht mit ihren echten Gefühlen. Immerhin haben sie es so fertig gebracht, ihre Partnerschaft, wenn auch versteckt und ohne Sex, ins Erwachsenenalter hinüber zu retten, denn sie verbringen den Rest ihres Lebens gemeinsam mit ihren Frauen im Waldschloss.

So sind sie nun dort angelangt, wo am Anfang des Märchens ihre Väter waren, die, wie weiter oben erklärt, offenbar auch enge Freunde sind und darum vielleicht ihre Jugend gleich erlebten. Und womöglich könnte sich nun die Geschichte mit ihren eigenen Söhnen wiederholen.

Dies ist eines der zahlreichen doppelbödigen (subversiven) Grimm'schen Märchen zur männlichen Homosexualität, in denen die Hauptfiguren die Botschaft nicht sehen. Aber die vernichtende Kritik an der kirchlichen Theorie zur „widernatürlichen Unzucht" sowie die Darstellung der Funktionsweise des Unterdrückungsmechanismus der Kirche und der patriarchalen Gesellschaft können nur als Aufforderung an Männer, die wie die beiden Jungs fühlen, verstanden werden, sich diesem Unterdrückungsmechanismus zu entziehen. Und das heisst: Den Weg des Ungehorsams einzuschlagen und den echten eigenen Gefühlen zu folgen, so wie es die beiden Freunde kurz, aber vergeblich andachten, als sie versuchten, die Katze zu streicheln. Nur dies könnte echt befreien. Mit dem persönlichen Christusglauben des Tischlers, den die beiden pflegten, solange sie ihren echten Gefühlen folgten, zeigt das Märchen auch ein alternatives Christentum, das auf einem solchen Weg Unterstützung geben könnte. Der Weg des Gehorsams hingegen führt gleichgeschlechtlich Fühlende in eine Spirale von neuen Schuldgefühlen und neuer Selbstbestrafung, bis sie dort sind, wo sie Kirche und Gesellschaft haben wollen: in der totalen Abhängigkeit und der totalen Unterwerfung.

Mit dieser Botschaft ist dies eines der schwulenfreundlichsten Märchen der Grimm'schen Sammlung. Es ist ausserdem das einzige, das von Anfang bis Ende eine gleichgeschlechtliche Partnerschaft und gegenseitige Liebe beschreibt. Die anderen Märchen erwähnen beides höchstens am Rande. Umso mehr ist es schade, dass es aussortiert wurde und daher heute in vielen Ausgaben fehlt.

Eine Frage mag man sich im Anschluss noch stellen: Warum verdammt die Kirche in diesem wie in anderen Märchen den Analverkehr viel stärker als den übrigen gleichgeschlechtlichen Sex, während die Katholische Kirche und christliche Fundamentalisten heute doch die *gesamte* Homosexualität gleicherweise verurteilen? Die Erklärung liegt darin, dass die kirchliche Verurteilung ein Spiegel der gesellschaftlichen Verurteilung ist: Solange die Gesellschaft sich hauptsächlich am Analverkehr störte und die gleichgeschlechtliche Neigung damit gleichsetzte, konzentrierte sich die Kirche darauf. Als in der 2. Hälfte des 19. Jahrhunderts die „Homosexualität" als Neigung von den Wissenschaftlern entdeckt wurde, passte die Kirche ihre Lehre an und verurteilte diese „Homosexualität" auf dieselbe Weise wie früher die „widernatürliche Unzucht".

Das führt zur Frage: Was steht denn nun wirklich in der Bibel zum Thema? Ich habe darum eine genaue Analyse all jener Bibelstellen, welche gemäss Papst und christlichen Fundamentalisten die Homosexualität verbieten, als Anhang diesem Buch beigefügt. Sie zeigt: Jene Stellen sagen nichts zum lesbischen Sex und nichts zu nichtanalen Sexpraktiken zwischen Männern und erst recht nichts zur gleichgeschlechtlichen Liebe. Die Bibel verurteilt dort nur den Geschlechtsverkehr zwischen Männern. Erstaunlich ist das nicht, sie entstand ja selber in einer zutiefst patriarchalen Gesellschaft, welche, wie alle patriarchalen Gesellschaften, es nicht ertrug, wenn ein Mann zur Frau gemacht wird.

Die Kirche lag also früher mit ihrer Verurteilung der „widernatürlichen Unzucht" näher beim Wortlaut der Bibel als heutige Päpste und christliche Fundis mit ihrer Verurteilung der gesamten Homosexualität.

Allerdings: Die Bibelstellen, in denen der Analverkehr zwischen Männern verurteilt wird, finden sich alle bei Mose und Paulus. Jesus schweigt zum Thema, wie er auch allgemein vor allem ethische Werte und weniger Gesetze und Verbote verlangte.

KHM 82a (1812): Die drei Schwestern
Oder: Von der Bisexualität des Mannes

Dies ist die von den Grimms stark zusammengefasste und dabei inhaltlich leicht veränderte Version eines 1782 in den „Volksmährchen der Deutschen" von Johann Karl August Musäus erschienenen Märchens.[101] Die Übernahme aus einer bekannten anderen Sammlung dürfte erklären[102], weswegen es nur in der ersten KHM-Ausgabe (1812) enthalten ist und danach von den Grimms ausgeschieden wurde. Ich interpretiere im Folgenden die Grimm'sche Fassung und vergleiche am Schluss mit jener des Musäus.

Das Märchen verwebt durch Verwandtschaftsbeziehungen und Eheschlüsse die Geschichten von fünf Männern und ihren Ehefrauen. Es besteht aus zwei Hälften mit ähnlichen und doch gegensätzlichen Ereignissen. In der ersten Hälfte steht ein König im Mittelpunkt, in der zweiten sein Sohn.

Zur ersten Hälfte: Dort steht der König wohl für irgendeinen Adeligen. Er verprasst seinen ganzen Reichtum mit seiner Genusssucht, sodass er schliesslich mit seiner Frau und seinen drei Töchtern nur noch Kartoffeln zum Essen hat. Kartoffeln waren im 18. Jahrhundert, als sie als Nahrungsmittel in Europa eingeführt wurden, das „Brot der Armen". Da das ganze Märchen von Sexualität handelt, ist das Kartoffel-Essen jedoch nicht nur als Zeichen der materiellen Verarmung des Adeligen gemeint, sondern auch als Symbol sexueller Eintönigkeit. Der König hat sich früher wohl auch Nebenpartnerinnen geleistet, jetzt langweilt ihn der Geschlechtsverkehr mit seiner Frau.

Zur Abwechslung versucht er nun dreimal, ein Tier zu jagen im bzw. in der Nähe des benachbarten Zauberwaldes, zuerst einen Hasen, dann einen Vogel und schliesslich einen Fisch.

Das Verspeisen eines gejagten bzw. gefangenen Tieres steht für die Penetration. Mit dem Vogel („vögeln") und dem Fisch, einem Phallussymbol, sind Männer gemeint, mit dem schwächlichen Hasen noch nicht ausgewachsene Jugendliche. Der König will also zur Abwechslung einmal einen Mann oder einen männlichen Jugendlichen bumsen und geht zu diesem Zweck an einen jener verrufenen Orte, an denen Männer einander zum Sex begegnen. Dort aber herrscht der rechtsfreie Raum, Schutz durch obrigkeitliche Ordnungshüter gibt es dort nicht. Der sonst an Ehrerbietung und ans Befehlen gewohnte Adelige ist dort ganz auf sich alleine gestellt. Und da zeigt sich, wie stark er wirklich ist: Jedes Mal, wenn ihm ein von einem wilden Tier (Bär, Adler und Walfisch) symbolisierter junger Mann begegnet und damit droht, ihn aufzufressen bzw. ihn zu töten, d.h. die aktive Rolle für sich zu beanspruchen,

---

[101] Musäus 1782, Nr. 1: „Die Bücher der Chronika der drey Schwestern".
[102] Uther 2013, S. 444.

stellt sich der König als richtiger Angsthase heraus. Statt sich zu wehren, bietet er jedem der drei Männer eine seiner Töchter als Ehefrau an, um selber der Gefahr, gebumst zu werden, zu entgehen.

Gemeint ist damit kaum, dass er seine Töchter mit seinen eigenen Möchte-gern-Sexpartnern verheiratet. Hier werden wohl zwei Dinge miteinander verbunden, die in Wirklichkeit in unterschiedlichen Begegnungen geschehen: Da der König auf der Suche nach Sex mit Männern von der Angst erfasst wird, er könnte selber gebumst werden, will er seine Genusssucht wieder auf die einfachere frühere Art befriedigen. Um zu dem dafür nötigen Geld zu gelangen, verkauft er nacheinander seine drei Töchter reichen Männern als Ehefrauen. Die Töchter selber werden nicht gefragt.

Für diesen Adeligen sind andere Menschen also anscheinend nur dazu da, seine Genuss-Sucht zu befriedigen. Allerdings kann er sich damit nur gegenüber Frauen durchsetzen. Am schlimmsten wird es, als er zum dritten Mal verarmt ist und nur noch die dritte Tochter übrig ist, die ihm, etwas verdächtig formuliert, „die schönste und liebste" von allen ist: Sie muss die Kartoffeln sieden, d.h. er missbraucht sie sexuell.

Trotzdem wünscht er bald erneut einen jungen Mann zum Ausprobieren. Diesmal trifft er einen, der trotz anfänglichen gegenteiligen Drohungen bereit wäre, sich bumsen zu lassen, denn er darf die Fische des Walfisches zum Essen nach Hause nehmen. Doch „wollt er keine davon essen, und wenn er seine Tochter ansah, die einzige, die ihm noch übrig geblieben war, und die schönste und liebste von allen, war's ihm, als zerschnitten tausend Messer sein Herz". Zuerst meint man, die Tochter täte ihm leid, weil er sie ebenfalls einem Mann versprochen hat, doch der wahre Grund für seinen Herzschmerz ist, dass sie ihm nun nicht mehr sexuell zur Verfügung steht. Er verliert also nun, wo er könnte, alle Lust auf Jungs, weil er merkt, dass ihm Frauen und insbesondere seine Tochter doch lieber sind. Seine Jagd auf Männer stellt sich somit als sinnlose Gier nach immer neuen sexuellen Vergnügungen heraus, in Wirklichkeit gefallen ihm nur Frauen.

Doch nach der Zwangsverheiratung seiner dritten Tochter nimmt er sein Wohlleben nicht wieder auf und bedauert stattdessen sein vergangenes Verhalten, weil jetzt vielleicht „die wilden Tiere" seine Töchter schon aufgefressen, d.h. gebumst haben. Auch hier könnte man zuerst meinen, er entdecke nun doch noch echtes Mitgefühl, aber der wahre Grund für sein Bedauern ist ähnlich wie beim Fischgericht: Es stört ihn, dass er jetzt nicht mehr selber über seine Töchter verfügen kann.

Im Ganzen soll das Beispiel des „Königs" zeigen: So soll man nicht leben und so soll man andere Menschen, vor allem Frauen, nicht behandeln, namentlich beim Sex. Die Botschaft hat auch eine sozialgeschichtliche Bedeutung: Solchen adeligen Männern fehlt die (Sexual-) Ethik, zudem sind sie in Wirklichkeit Angsthasen. Sie haben trotz ihrer sozialen Stellung keinen Respekt verdient.

Die von wilden Tieren symbolisierten jungen, noch unverheirateten Männer, die der König im Zauberwald antrifft, entpuppen sich demgegenüber bei näherer Betrachtung als weit positivere Charaktere, als man zunächst (aufgrund der Symbolik der wilden Tiere) meint. Sie suchen Sex mit Männern, obwohl sie eigentlich heiraten möchten. Offensichtlich vermeiden sie vorehelichen Sex mit Mädchen. Warum, erklärt das Märchen nicht, aber man darf annehmen, dass es aus demselben Grund ist, aus dem sie auch später (als der Sohn des Königs ihnen begegnet) manchmal auf Sex mit ihnen verzichten: aus Rücksichtnahme auf sie. Sie möchten offenbar kein Mädchen vor der Ehe schwängern, darum suchen sie Männer als sexuellen Ersatz. In den Begegnungen mit dem König zeigt sich dann, dass sie auch ihnen gegenüber verzichten, wenn der Partner nicht will. Sie sind keine Vergewaltiger. Trotzdem vereinbaren sie mit ihrem zukünftigen Schwiegervater über die Köpfe der betroffenen

Mädchen hinweg die Ehe. Ihre Rücksichtnahme auf die Wünsche der Mädchen hat also auch Grenzen.

Ihre Lustkontrolle und ihr Reichtum weisen diese jungen Männer als Angehörige des neu aufgestiegenen Bürgertums aus. Mit ihren Ehen heiraten sie zur Absicherung ihres sozialen Aufstieges in den alten Adel ein.

Aber wenn sich diese Bürger-Söhne sexuell so zurückhalten, warum werden sie dann als wilde Tiere dargestellt? Weil sie sich wegen ihrer unbefriedigten Lust (auf Frauen oder Männer) selber so vorkommen. Sie haben ein schlechtes Gewissen nur schon wegen ihrer *nicht* ausgelebten Lust, doch gerade das spricht *für* ihren Charakter. Dazu passt, dass sie nicht *ganz* wilde Tiere sind: An jedem siebenten Tag (bzw. Woche/Monat) sind sie Mensch. Dabei baut das Märchen absichtlich einen kleinen Fehler ein: Die Tiere kündigen nämlich an, am siebenten Tag (bzw. Woche/Monat) ihre Zukünftige abzuholen. Am Tag des Abholens sind sie dann Mensch. Somit müssten sie in der Begegnung mit dem König eigentlich Mensch sein, sie sind aber Tiere. Die Fehler sollen darauf hinweisen, dass sie immer beides sind: Menschen, die sich wie Tiere vorkommen, weil es ihnen nicht gelingt, ihre hohen ethischen Ansprüche an sich selber mit ihrer Natur/Sexualität unter einen Hut zu bringen.

Damit ist das Thema gestellt, um das es in diesem Märchen geht: Wie können Männer ihre sexuelle Lust mit einer Ethik der Rücksichtnahme aufs Gegenüber verbinden? Der König als negatives Beispiel will das gar nicht, die Tier-Männer möchten es, aber wissen nicht, wie.

Die zweite Hälfte des Märchens zeigt mit der Geschichte des Königssohnes, der als Gegenteil seines Vaters gedacht ist, die Lösung des Problems. Schon sein Name „Reinald" spielt auf die „reine" Sexualmoral an, die er einbringen wird.

Als Jugendlicher begibt er sich aus denselben Gründen wie einst die Tier-Männer in den Zauberwald: Er will Mädchen nicht vor der Ehe bumsen, sucht daher vorerst Sex nur mit seinesgleichen und begegnet dabei den mittlerweile verheirateten Tier-Männern. Doch warum sind diese trotz Ehe weiter oder wieder im Zauberwald, dem Ort sexueller Begegnungen zwischen Männern? Weil ihre Frauen aus unterschiedlichen Gründen gerade keinen Geschlechtsverkehr wollen und sie erneut darauf Rücksicht nehmen: Die Bärenfrau hat zwei junge Kinder und möchte wohl nicht schon wieder schwanger werden; die Adlerfrau ist gerade schwanger (sie brütet ein Ei aus); und die Walfischfrau hat sich – wohl als Folge des sexuellen Traumas wegen des Missbrauchs durch ihren Vater – anscheinend bisher sexuell verweigert, denn sie wohnt in einem zerbrechlichen Kristallhaus, in das der Walfisch-Mann nicht hinein kann, ohne es zu zerstören.

So suchen die Tier-Männer nach wie vor nach einem männlichen Bums-Ersatz, aber auch Reinald will dieser Frauen-Ersatz nicht sein. Das wird dadurch symbolisiert, dass er sich vor den älteren Männern versteckt, solange sie Tiere sind. Er wartet, bis sie Menschen sind, um ihnen dann die „reine" Sexualmoral für Männer beizubringen. Schon das zeigt, was zu einer solchen Moral gehört: der Verzicht aufs Männerbumsen, denn das ist tierisch.

Reinald selber hätte zwar auch Lust darauf, darum reitet er auf einem Pferde, einem auch sexuell gemeinten Männlichkeitssymbol, von zu Hause weg. Doch er lässt es zurück, bevor er dem ersten möglichen Sexpartner, dem Bären-Mann, begegnet. Er ist also – im Unterschied zu den Tier-Männern und auch zu seinem Vater – von Anfang entschlossen, trotz entsprechender Lust und körperlicher Stärke (er zieht von zu Hause weg, als er „gross und stark" geworden ist) keinen Mann zur Frau zu machen. Das bestätigt: Zur „reinen" Sexualmoral gehört der Verzicht, Männer zu bumsen.

Doch wo nicht gebumst werden darf, braucht der Mann einen Ersatz, um den sexuellen Druck loszuwerden. Er wird symbolisiert durch die drei Bärenhaare, die drei Adlerfedern und die drei Walfischschuppen, die Reinald von den drei Tier-Männern erhält und an denen er im Notfall reiben soll. Sie sind Phallussymbole, das Reiben an ihnen steht daher für die gegenseitige Befriedigung von Hand. Das ist die relativ einfache Lösung des Sexproblems der Männer. Sie ist nicht die erste Wahl für die in erster Linie aufs Bumsen Erpichten, aber sie ist ein genügend schöner Ersatz, durch den der Mann den sexuellen Druck abreagieren kann. Das Schöne wird durch die „Lust" und „Freude" und den prächtigen Palast symbolisiert, in dem Reinald mit den Tier-Männern zusammen jeweils wohnt, wenn sie Menschen sind (die Anwesenheit der Frau dürfte dabei gedanklich gemeint sein: Weil sich der Mann *bewusst ist*, dass er zur Zeit keinen Geschlechtsverkehr mit der Frau haben kann, soll er sich mit einem anderen Mann auf die beschriebene Weise verlustieren).

Damit haben die Männer aber noch nicht genug gelernt. Das eigentliche Ziel der neuen Sexualmoral für Männer ist ihre Übertragung auf die Lust mit Frauen. Darum werden im Titel des Märchens nur die drei „Schwestern" genannt, obwohl die Geschichte hauptsächlich von den Männern handelt.

Das gilt auch für Reinald: Nach den Abenteuern mit den drei Tier-Männern gelangt er vor ein Schloss, in dem eine Jungfrau schläft. Nachdem er sich durchs Reiben an den drei Haaren, Federn und Schuppen in Erinnerung gerufen hat, was er mit Männern erprobte, dringt er in das Schloss ein und dort von Raum zu Raum vor, bis er in den Raum mit der Jungfrau gelangt, die er weckt, indem er eine Tafel mit seinen Händen zu Boden wirft, sodass sie zerschellt. Das Zerschellen oder Zerklirren ist auch in anderen Märchen ein Symbol für den Orgasmus, meist als Zerklirren einer Scheibe (in KHM 68 oder 191). Das Ganze symbolisiert daher unterbrochenen Geschlechtsverkehr, bei dem Reinald am Schluss von Hand den Orgasmus herbeiführt, um das Mädchen nicht ungewollt zu schwängern.

Das ist aber erst seine gedankliche Vorbereitung auf die Ehe, denn als er danach die Auferweckte heiratet, ist diese immer noch eine „Jungfrau". Aber das Grundsätzliche ist klar: Männer sollen den Geschlechtsverkehr auch mit der Frau nur soweit vollziehen, als die Partnerin das zulässt, den Rest sollen sie mit der Hand erledigen, notfalls auch der eigenen. Auf diese Weise können sie ihre Natur, die Sex braucht, mit einer Moral der Rücksichtnahme aufs Gegenüber verbinden.

Auch die Tier-Männer übertragen das, was sie mit Reinald lernten, auf den Sex mit ihren Frauen, denn sie erscheinen am Ende als von ihrer Tiergestalt Erlöste mit ihren Frauen. Allerdings schildert das Märchen (auch in der Vorlage des Musäus) ihre Erlösung nicht, wir müssen uns also selber ausmalen, wie ihr Ehebett-Leben nun genau aussieht.

Warum musste die neue Sexualmoral für Männer zuerst beim gleichgeschlechtlichen Sex erlernt bzw. erprobt werden? Wohl einerseits, weil die gegenseitige Befriedigung von Hand dort näher liegt, da man dies von der Masturbation her kennt. Aber wahrscheinlich auch, weil das Märchen damit die Grundlage seiner neuen Sexualmoral besser zeigen kann. Da ein Mann im Patriarchat nicht gebumst werden darf bzw. will, beruht der Verzicht aufs Männerbumsen auf dem Grundsatz: „Tu dem Anderen nicht an, was du nicht willst, dass man es dir selber antut!" Die Übertragung dieses Grundsatzes aufs Sexleben kann man besser nachvollziehen, wenn der Partner demselben Geschlecht angehört.

Der zitierte Grundsatz ist die „Goldene Regel" im Umgang mit den Mitmenschen so, wie sie die Aufklärung des 18. Jahrhunderts formulierte (In der Bibel bei Jesus findet sie sich auch, dort aber positiv und damit viel anspruchsvoller formuliert: „Was ihr wollt, dass es euch die Menschen tun, das sollt auch ihr ihnen tun!").

Das Märchen möchte mit seiner Sexualmoral für Männer also die aufklärerische Goldene Regel mit dem patriarchalen Passivverbot für Männer und einer neuen Rücksichtnahme auf die sexuellen Bedürfnisse der Frauen verbinden. Das Patriarchale wird beim gleichgeschlechtlichen Sex nicht in Frage gestellt und in der Behandlung der Frauen durch mehr Humanität gemildert, aber auch dort nicht grundsätzlich abgelehnt, wie die

Zwangsverheiratung der Töchter durch den Vater zeigt. Es geht dem Märchen somit um eine neue aufklärerisch-liberale Sexualmoral für Männer in einer weiterhin patriarchalen Gesellschaft, in welcher die Frauen beim Sex rücksichtsvoller behandelt werden sollen, sonst aber weiter ganz den Männern unterstehen.

Das passt gut zur allgemeinen Stossrichtung der Aufklärung, welche zwar eine rücksichtsvollere Behandlung der Frauen anstrebte, aber gleichzeitig trotz Menschenrechten das Patriarchat nicht antasten wollte.

Auch die Anprangerung der Dekadenz des Adels passt zu einer aufklärerischen Sicht, ebenso die bürgerliche Lustkontrolle, wie sie mit dieser Sexualmoral verbunden ist, denn die Männer müssen ja aufs eigentlich gewünschte Bumsen zeitweilig verzichten.

Dass die neue (Sexual-)Moral nicht von den Vertretern des Bürgertums eingeführt wird, sondern von einem Adelsspross, ist nicht undenkbar, denn auch etliche Adelige waren Anhänger der Aufklärung und trugen so zur Untergrabung ihrer eigenen privilegierten Stellung bei.

Interessant ist aber, von wem genau Reinald seine „reine" Sexualmoral vermutlich hat: Er hat sie ja schon, als er in den Zauberwald geht, denn er weiss von Anfang an, dass er seine Bums-Lust mit keinem Mann ausleben will (er lässt das Pferd, Symbol der aktiven Rolle, zurück, behält aber die Rüstung, Symbol der Abwehr der passiven Rolle, an). Vom Vater mit seiner Moral des Egoismus hat er das sicher nicht. Seine Mutter hat ihn dagegen für das (sexuelle) Leiden der Frauen in der Ehe sensibilisiert, denn sie „erzählte ihm oft von seinen drei Schwestern, die in dem Zauberwald gefangen gehalten würden". Letztlich geht daher diese neue Sexualmoral von einer adeligen Ehefrau aus, die wohl selber ein Leben lang darunter litt, ihrem Mann nach dessen Willen zur Verfügung stehen zu müssen.

Zum Schluss weise ich noch auf zwei grundlegende Widersprüche im Märchen hin, die auf die inhaltlichen Änderungen zurückzuführen sind, welche die Grimms an der Vorlage des Musäus anbrachten.

Der eine Widerspruch kommt davon her, dass bei Musäus der König, der dort ein Graf ist, nicht ganz so negativ dargestellt wird: Er missbraucht seine Tochter nicht (dass sie ihm die Kartoffeln sieden muss und sie ihm die „schönste und liebste von allen" ist, sind Ergänzungen der Grimms, obwohl sie sonst den Text kürzten), und er versucht sich gegen die Tier-Männer zu wehren. Zudem sind alle Männer Ritter, die Geschichte findet also im Mittelalter statt. Erst die Grimms brachten also den Bürgertum-freundlichen und anti-adeligen Standpunkt ein. Trotzdem kehren auch in ihrer Fassung, wie bei Musäus, am Ende die vier Ehepaare zum alten König zurück, sodass auch *er* ein Happy End erleben darf. Das passt nicht zu seinem vorherigen falschen Leben. Ein Bedauern bis zum Ende wäre passender.

Der zweite Widerspruch beruht auf der in den beiden Fassungen unterschiedlichen Sicht der männlichen Sexualität. Bei Musäus bumst auch der Graf/König einmal einen Mann (er isst die Fische des Walfisches, die er bei den Grimms nicht isst), und die drei Tier-Männer verlangen *gleicherweise* nach einer Ehefrau und erleben *dieselbe* Freude mit Reinald. Das heisst: Alle Männer haben von Natur aus Lust aufs Bumsen, am liebsten mit einer Frau, sonst als Ersatz mit einem Mann. Die Befriedigung von Hand ist dann nochmals Ersatz für den Ersatz. Alle Männer sind somit das, was wir heute als „bisexuell" bezeichnen, aber der Begriff wäre für das, was Musäus meint, falsch. In seiner Fassung ist das Primäre nicht die Neigung zum einen oder anderen Geschlecht, sondern die Bums-Lust; das Geschlecht des Gegenübers ist zweitrangig, wenn auch Frauen vorgezogen werden. Das entspricht der früheren, im 18. Jh. verbreiteten Sicht der männlichen Sexualität. Sex zwischen Männern besteht dabei nur aus Ersatzhandlungen.

Die Grimms ergänzten diese Sicht mit einer neueren, die nur die ihrige sein kann, bei welcher das Primäre die Neigung zum einen oder anderen Geschlecht ist, welche unterschiedlich stark sein kann. So bumst bei ihnen der König nie Männer, auch dann nicht, als er die Gelegenheit dazu hätte. Er hat offenbar nur Lust auf Frauen. Die Tier-Männer wiederum haben unterschiedlich stark Lust auf die beiden Geschlechter: Der Bären-Mann ist am meisten an Frauen interessiert. Er verlangt vom König von sich aus dessen Tochter als Ehefrau. Dem Walfisch-Mann dagegen muss der König seine dritte Tochter anbieten, und er antwortet nur lauwarm: „Meinetwegen." Dafür hat er die stärkste Lust auf Reinald: Er droht, er werde seiner „Begierde", ihn „zu fressen, nicht widerstehen" können, wodurch auch seine Ehefrau „in den Wasserfluten umkommen" werde. Womit nur gemeint sein kann, dass er es *nur noch* mit Jungs tun möchte, wenn er es *einmal* getan hat. Passend zur vom Bären-Mann über den Adler-Mann zum Walfisch-Mann stärker werdenden Lust auf Jungs ist der Palast bei jedem von ihnen prächtiger als beim vorangegangenen. Auch Reinald hat eine starke homosexuelle Seite. So lässt er (nur in der Grimm'schen Fassung) beim Walfisch seine Rüstung, Symbol der Abwehr der eigenen Lust auf die passive Rolle, zurück und lässt einen Zipfel seines roten Kleides aus dem Versteck hervorgucken und fordert damit das Gefressen- bzw. Gebumst-Werden geradezu heraus. Trotzdem geschieht es nie. Bezeichnenderweise wird er aber in der Grimm'schen Fassung beim Walfisch geschlechtsneutral immer nur „das Wunderkind" genannt, während er bei den anderen beiden Tieren „Reinald" oder „Reinald das Wunderkind" ist. Und auch am Ende ist er wieder „das Wunderkind", ein Hinweis, dass sich an seinen bisexuellen Neigungen trotz Ehe nichts geändert hat.

Die Grimm'sche Fassung wird so auch ein Märchen über die männliche Bisexualität, fast so wie wir sie heute verstehen, ohne dass die Grimms eine Bezeichnung dafür gehabt hätten. Allerdings nur fast so: Bisexualität ist hier eine rein sexuelle Neigung, das Thema Liebe wird ausgeklammert, und zwar sowohl aus den hetero- wie den homosexuellen Beziehungen.

Daneben enthält aber auch die Grimm'sche Fassung die ältere Sicht des Männer-Bumsens als Ersatz fürs Frauen-Bumsen, denn darauf beruht ja die aus der Vorlage übernommene Handlung. Da die beiden Sichtweisen nicht vereinbar sind miteinander, entsteht so eine widersprüchliche Sicht der männlichen Sexualität. Sie zeigt sich am Ende: Bei Musäus gehen die vier Ehepaare auseinander, womit es auch keinen Sex zwischen den Männern mehr geben kann. Er ist nicht mehr nötig, denn er war nur Ersatz. Bei den Grimms hingegen bleiben die Ehepaare zusammen, „da war Freude und Lust in allen Ecken", was man nur so verstehen kann, dass auch der Sex zwischen den Männern weiter stattfindet. Das passt nicht recht zur vorangegangenen Handlung, die eben auf das Musäus'sche Ende hinauslief: Was beim Sex mit Männern gelernt wurde, dient der Anwendung auf die Ehe mit der Frau. Doch das Grimm'sche Ende passt zur von ihnen eingebrachten neueren Sicht der Bisexualität als in einigen Männern vorhandener unveränderbarer Neigung.

Die aus der Fassung des Musäus stammende ältere Sicht der sexuellen Natur des Mannes findet man noch heute in extrem patriarchalen Gesellschaften wie der islamischen oder afrikanischen. Ein Mann ist dort einer, der bumst, ob mit Frauen oder Männern, ist zweitrangig. Verachtet wird ein Mann nur, wenn er sich bumsen lässt, erst dann gilt er als „schwul". Daher die in der arabischen Welt verbreiteten entwürdigenden polizeilichen oder ärztlichen Analuntersuchungen mit dem Ziel, herauszufinden, ob ein Mann „schwul" sei und darum bestraft werden solle.

In einem Punkt hat die Grimm'sche Fassung des Märchen mit ihren Aussagen zur männlichen Bisexualität als unveränderbarer Neigung wohl Recht: Diese ist wohl in Wirklichkeit tatsächlich viel verbreiteter, als man meint, aus jenem Grund, den das Märchen mit der „Freude" und der „Lust" Reinalds bei den drei Tier-Männern andeutet: Auch vielen „heterosexuellen" Männern gefallen die männlichen Geschlechtsorgane. Das zeigen die Porno-Vorlieben der Heteros, die dabei auch gerne den Mann abspritzen sehen, und Untersuchungen über die sexuellen Vorlieben der Männer im alkoholisierten Zustand bestätigen es: Unter Alkoholeinfluss sind die Gefühle enthemmt, treten also eher im unverfälschten Zustand auf. Dabei zeigt sich, dass Männer immer noch Lust auf Frauen haben, aber daneben oft auch Lust auf Männer.[103] Daher können wohl auch viele „Heteros" an dem vom Märchen empfohlenen Ersatz-Sex Gefallen finden.

KHM 191a (1843-50): Der Räuber und seine Söhne
Oder: Homosexualität als schlimmster Horror

Dieses Märchen erschien nur in den KHM-Ausgaben von 1843 und 1850 und wurde danach aus der Sammlung ausgeschieden, weil es „auf fremdem Boden entsprungen" sei[104], denn es geht letztlich auf eine mittelalterliche lothringischen Quelle zurück[105], und die Begegnung zwischen dem Räuber und dem geblendeten Riesen erinnert an jene zwischen Odysseus und dem Zyklopen Polyphem.

Das Märchen ist die von Wilhelm Grimm in die Hochsprache übertragene Fassung eines vom Germanisten Moritz Haupt 1836 in Mundart veröffentlichten Märchens.[106] Grimm fügte im ersten Abschnitt einige Sprichwörter hinzu, die aber inhaltlich dem Text der Vorlage entsprechen. Auch sonst folgt Grimm inhaltlich genau der Vorlage bis in fast alle Einzelheiten. Wenn Uther in seinem Handbuch schreibt, er sei „sehr frei" mit der Vorlage verfahren und habe „zahlreiche Texteingriffe" vorgenommen[107], so kann sich das also nur auf die sprachlichen Formulierungen, aber nicht auf den Inhalt beziehen.

Ich interpretiere im Folgenden die Grimm'sche Fassung und vergleiche bei der einen wichtigen Textabweichung mit der Vorlage Haupts.

Die Räuber sind hier, wie in mehreren anderen Märchen (KHM 45, 85, 93, 199), Männer, die andere Männer bumsen. Die Symbolik ergibt sich daraus, dass sie sich ausserhalb der bestehenden Rechtsnormen und des gesellschaftlich Akzeptierten begeben und dass sie anderen Männern durch die Penetration ihre Männlichkeit rauben. Dass es ums Männerbumsen geht, wird auch durch die ebenfalls aus etlichen anderen Grimm'schen Märchen bekannte Symbolik des Auffressen von Männern und Ausstechens der Augen bestätigt.

Die Hauptfigur der Erzählung war aber nur früher ein Räuber. Inzwischen hat dieser aus Reue die Räuberei, also den Sex mit Männern, aufgegeben und tut stattdessen „Gutes, wo er nur konnte", womit bereits klar ist, dass das Märchen den Sex zwischen Männern für nichts Gutes hält.

Als die Söhne des Räubers herangewachsen sind, wollen sie ebenfalls Räuber werden. Mit den Söhnen sind kaum biologische Söhne gemeint, sondern eher Söhne im Geist, also junge Männer, die ähnliche Menschen sind, wie einst der alte Räuber einer war, und darum so leben wollen wie einst er. Der Alte jedoch versucht sie mit verschiedenen Argumenten davon abzuhalten. Und darum geht es auch dem Märchen: Es will männliche Jugendliche davon abhalten, sich auf Sex mit anderen Männern einzulassen. Einige andere Märchen (KHM 107, 121, 146 und 107a) warnen männliche Jugendliche vor einem Verhalten, mit dem sie *gegen ihren Willen* die sexuellen Opfer anderer Männer werden könnten, das heisst gegen ihren Willen gebumst werden könnten. Dieses Märchen dagegen warnt sie vor *jeglichem* gleichgeschlechtlichen Sex, auch in der aktiven Rolle.

---

[103] Bericht über die im Journal of Social Psychology erschienene wissenschaftliche Untersuchung in DISPLAY 88 (Juni 2017), S. 9.

[104] So die Grimms selber, zitiert nach Uther 2013, S 456.

[105] Ebenda.

[106] Altdeutsche Blätter, Bd. 1 (1836), S. 119-128 (dort ohne Titel).

[107] Uther, S. 456.

Mit seiner Warnung geht das Märchen davon aus, dass Sex zwischen Männern auf einem bewussten Willensentscheid beruht.

Gegen einen solchen Willensentscheid argumentiert der Ex-Räuber, die Räuberei sei böse und gottlos, nicht ehrlich und bringe keine Freude, dafür die Täter an den Galgen. Der Erzähler stützt diese Sicht, denn er sagt am Anfang über den alten Räuber, er habe „so viel Böses getan", sei nun aber ein „ehrlicher Mann". Das Märchen verbindet hier die pauschale kirchlich-moralische Verurteilung des Sexes zwischen Männern als böse und gottlos mit der ebenfalls von der Kirche stammenden Behauptung, er entspreche nicht der Natur (das dürfte gemeint sein mit der Bemerkung, er sei nicht „ehrlich") und könne darum zu keinem echten Genuss führen. Dahinter steht die kirchliche Theorie, wonach jeder Mann von Natur aus Frauen zuneige und der Sex zwischen Männern daher nicht auf einer unveränderbaren Neigung beruhe, sondern auf einem bewussten Willensentscheid, eine Theorie, die religiöse Fundamentalisten noch heute vertreten.

Eine Frage stellt sich jedoch: Wieso warnt der Alte seine „Söhne" vor dem Galgen, wenn er selber für sein vergangenes Tun anscheinend nicht bestraft wurde? Ich denke, gerade dies ist ein weiterer Beleg dafür, dass mit der Räuberei der Sex zwischen Männern gemeint ist, denn bei Räuberei im wörtlichen Sinne wäre Straflosigkeit nicht plausibel. Bei Sex zwischen Männern aber schon, denn die Entdeckung war schwierig. Darum gelangten trotz gesetzlichem Verbot nur vergleichsweise wenige Fälle vor Gericht, aber das Risiko bestand.

Die Ermahnungen des Ex-Räubers nützen aber nichts, die Jungen möchten ihr Vorhaben in die Praxis umsetzen und beginnen damit, indem sie der Königin ein Pferd stehlen, werden aber erwischt und gefangen gesetzt. Das Pferd ist ein Symbol für die Männlichkeit, auch beim Sex. Gemeint ist also, dass die Jungs beschliessen, ihre Männlichkeit nicht in den Dienst einer Frau und damit der gesellschaftlichen Normen (daher die Königin statt eines Königs) zu stellen, doch darüber fühlen sie sich unfrei (gefangen). Dahinter steht erneut die Theorie, wonach jeder Mann von Natur aus Frauen zuneige. Denn wenn es so wäre, würde der Entscheid, es trotzdem mit Männern zu tun, bei jedem Mann tatsächlich zu einem Gefühl von Unfreiheit führen.

Um die Jungs frei zu bekommen, das heisst von ihrem Entschluss zu Sex mit Männern doch noch abzubringen, erzählt der Ex-Räuber nun, was dazu führte, dass *er* jenes Sex-Leben aufgab: Einst habe er mit seinen Kumpanen einem Riesen dessen reichen Schatz rauben wollen. Die Kumpanen sind als innere Verstärkung des einen Räubers zu sehen; Riesen sind in Märchen unreife pubertäre Wichtigtuer mit einem Minderwertigkeitsgefühl; der zu raubende Schatz ist die Männlichkeit des Riesen. Dass dieser Riese einen grossen Schatz besitzt, steht wohl für seine Attraktivität als Mann. Der Räuber hatte also ein Auge auf einen attraktiven Mann geworfen und wollte ihn bumsen.

Doch jener wollte den Spiess umdrehen (er frass die Kollegen des Räubers auf). Schliesslich aber liess er sich aufgrund eines falschen Heilungsversprechens vom Räuber doch zur passiven Rolle überreden. Mit der Heilung dürfte die gesundheitlich positive Wirkung des sexuellen Erlebens gemeint sein. Doch davon trat bei diesem Sex nichts ein, im Gegenteil: Es war für den Riesen wie eine Vergewaltigung (der Räuber stach ihm beide Augen aus). Sex zwischen Männern kann gemäss diesem Märchen also nur mit Gewalt erfolgen und darum nur eine zerstörerische Wirkung haben, wohl weil das Motiv nur die Unterwerfung sein kann. Zuneigung oder Zärtlichkeit kommen dabei nicht vor.

Nun aber wollte der Riese den Rollentausch, und der Räuber gab seinem Drängen schliesslich nach. Das wird dadurch symbolisiert, dass er sich einen Finger mit einem vom Riesen erhaltenen Ring abhackt. Der durch einen Ring gestreckte Finger ist ein recht durchsichtiges Symbol für Geschlechtsverkehr, das Abhacken daher ein Kastrationssymbol. Es bedeutet, dass der Räuber das Gefühl hatte, seine Männlichkeit verloren zu haben, weil er sich erstmals bumsen liess. Dabei blieb ihm nichts Anderes übrig, wenn er dem Riesen entkommen wollte, denn solange er den nicht abstreifbaren Ring trug, musste er rufen: „Hier bin ich!", sodass ihn der erblindete Riese weiter verfolgen konnte. Die Warnung an die jungen Männer: Wenn ihr euch auf Sex mit Männern einlässt, werdet ihr früher oder später einen so starken Wunsch spüren, es auch mal in der passiven Rolle zu tun, dass ihr nicht mehr anders könnt als der Versuchung irgendwann nachzugeben.

Die Begegnung zwischen dem Räuber und dem Riesen ist, wie eingangs erwähnt, stark an jene zwischen Odysseus und dem Zyklopen Polyphem in der „Odyssee" angelehnt, mit einem entscheidenden Unterschied: Dort sticht zwar Odysseus dem Zyklopen auch die Augen bzw. das eine Auge aus, aber der Ring am Finger und dessen Abhacken sind im Märchen der Episode hinzugefügt worden.
Ob das Ausstechen der Augen im griechischen Mythos auch symbolisch als Penetration eines Mannes zu verstehen ist, weiss ich nicht. Sicher kann man sagen: Wenn es so gemeint sein sollte, fehlen nachher dort die Symbole für den Rollentausch. Die Episode hat im Märchen also so oder so eine andere Bedeutung.

Die passive Rolle ist auch in diesem Märchen das eigentlich Schlimme am Sex zwischen Männern. Das zeigte sich sofort, nachdem sich der Räuber zum ersten Mal darauf eingelassen hatte. Da begann für ihn ein noch viel grösserer Horror, als vorher schon war: Er irrte in der Wildnis umher, sah „keine Spur von menschlichem Dasein", dafür „Waldesel, giftige Schlangen und scheussliches Gewürm,..., wilde, behaarte Waldmenschen, Leute mit Hörnern und Schnäbeln, so entsetzlich, dass mir noch heute schaudert, wenn ich daran denke." Später erfährt man, dass diese Ungeheuer Männer und Buben bumsen. Es sind also Bilder für Männer, die gerne Menschen des eigenen Geschlechtes penetrieren. Da der Mann genau dies bisher selber getan hatte, spiegeln sie somit auch, was er nun, wo er das Gebumst-Werden erstmals am eigenen Leibe erfahren hatte, über sich selber dachte. Sie zeigen somit die riesigen Schuldgefühle, die sich bei ihm über sein vergangenes Sexleben nun einstellten. Als richtigen Menschen fühlte er sich nun nicht mehr, und die menschliche Gesellschaft glaubte er nicht mehr zu verdienen („keine Spur von menschlichem Dasein").
Besserung fand er erst, indem er ein Kind, das die Waldungeheuer bumsen wollten (auffressen wollten), – gemeint ist wohl ein Junge – vor diesem Schicksal rettete, indem er es versteckte und sich selber als Ersatz anbot. Nebenbei wird hier ein weiteres Negativ-Cliché über die Homosexualität vorgeführt, indem sie mit Pädosexualität gleichgesetzt wird: Die Männer, die Männer bumsen, tun es auch mit Kindern. Bis heute ist auf Französisch „pédé" ein Schimpfwort für Schwule.
Die ganze Selbstaufopferung für ein Kind ist wohl als Vorstellung des Räubers zu lesen. Dabei kam die Selbstaufopferung schrittweise zustande: Zuerst setzte er dem Chef-Ungeheuer den mittleren von drei Gehenkten als Ersatz für das eigentlich begehrte Kind vor. Als das Ungeheuer den Betrug argwöhnte und zuerst ein Stück aus den Lenden, dann den ganzen mittleren der Gehenkten begehrte, hing sich der Räuber an dessen Stelle. Die Parallele zu Jesus zwischen den beiden Schächern am Kreuz ist deutlich. Der Räuber beschloss also, von jetzt an ein Leben nach Jesu Vorbild zu führen. Das ist, was ihn zur Vorstellung veranlasste, sich für einen Jungen zu opfern. Die Wirkung zeigte sich bald: Als ihn die Ungeheuer verspeisen, d.h. bumsen, wollten und bereits ihre Messer (Phallussymbol) wetzten, brach ein solches „Ungewitter" herein, dass sie entflohen. Gemeint ist, dass die Schuldgefühle des Räubers entflohen. Er überwand sie, indem er beschloss, ein gutes Leben im Sinne Jesu zu führen und sich notfalls für Andere zu opfern. Erst danach konnte er in die menschliche Gesellschaft zurückkehren, d.h. sich selber wieder als „Menschen" sehen. Damit begann er jenes neue Leben, von dem am Anfang berichtet wird und bei dem er auf weiteren Sex mit Männern verzichtet.

In der Vorlage Haupts findet sich bei der Selbstaufopferungsbereitschaft des Räubers ein aufschlussreicher Unterschied zur Grimm'schen Fassung: Statt eines Stückes aus den Lenden der Gehenkten verlangt das Chef-Ungeheuer dort eines aus den „Arssballen", also den Arschballen. Das macht unmissverständlich klar, dass mit dem Fressen eine Penetration von hinten gemeint ist. Den Grimms waren die „Arschballen" wohl zu vulgär, und in Verbindung mit dem Essen war ihnen die Anspielung auf Sex wohl zu deutlich, deswegen ersetzten sie sie durch die „Lenden" und verstärkten damit geschickt die Parallele zu Jesus, denn auch er wurde (allerdings erst nach seinem Tod) in die Seite gestochen (Joh. 19, 34).

Mit seinem Horror-Erfahrungsbericht erreicht der Ex-Räuber, was er will: Die Söhne werden befreit, d.h. sie geben ihr Vorhaben, Räuber zu werden, auf. Das Argument, das sie dank der Lebensgeschichte des alten Räubers am Ende überzeugt, ist: Jeglicher Sex mit Männern wird euch früher oder später unweigerlich dazu verführen, selber die passive Rolle ausprobieren zu wollen. Und danach werdet ihr von den grössten Schuldgefühlen über euer ganzes vorangegangenes Sexleben heimgesucht werden. Dabei schildert das Märchen das angeblich Fürchterliche, Entsetzliche jener Männer, die wir heute als Schwule ansehen würden, ausführlicher und mit phantasievolleren Horror-Bildern als jedes andere KHM. Es ist damit, zusammen mit dem ebenfalls aus der Sammlung ausgeschiedenen KHM 107a, das schwulenfeindlichste aller Grimm'schen Märchen.

Zusammenfassende Schlussfolgerungen

Ich fasse im Folgenden die wesentlichen Ergebnisse dieser Arbeit zusammen.

1. Schlussfolgerungen zur männlichen Homosexualität in den KHM

Die Anzahl der Grimm'schen Märchen zur männlichen Homosexualität

Erstaunlich viele, nämlich 25, der 200 KHM behandeln die (männliche) Homosexualität als Hauptthema, ebenso vier der aus der Sammlung ausgeschiedenen Märchen. Dazu kommen zwei Märchen, die von der männlichen Bisexualität handeln: sicher ein ausgeschiedenes (KHM 82a), vermutlich noch ein weiteres (KHM 99).

Dass alle diese Märchen die männliche Homosexualität betreffen, halte ich für sicher, mit einer Ausnahme: Bei KHM 77 geht es lediglich um eine mögliche symbolische Zweitbedeutung, die zudem an einigen Stellen etwas klemmt. In allen anderen Fällen halte ich meine Deutungen für sicher, weil die Symbolik der einzelnen Dinge durch Vergleiche mit weiteren Märchen bestätigt wird und weil viele Textänderungen der Grimms anders keine plausible Erklärung finden.

Schwulenfreundliche und andere Märchen

Wie einleitend erwähnt, schätze ich 17 dieser 31 Märchen als schwulenfreundlich ein. Die Liste findet sich am Ende des Kapitels „Vorbemerkungen". Wie dort bereits erwähnt, ist die Einteilung in „schwulenfreundliche" und andere Märchen aber eine Vereinfachung und etwas willkürlich. Eine kurze Erläuterung zu den Grenzfällen:

- KHM 195 und 82a rechne ich trotz klarer Ablehnung des Analverkehrs zu den schwulenfreundlichen Märchen, weil dort das Gewicht auf der Propagierung alternativer Praktiken (Oral- bzw. Handverkehr) liegt und die vollständige Unterdrückung der Homosexualität klar angeprangert wird, in 195 sogar überaus deutlich.
- KHM 126 rechne ich zu den schwulenfreundlichen Märchen, weil dort wertfrei beschrieben wird, wie ein Jugendlicher eine Beziehung mit einem erwachsenen Mann eingeht. Auch wenn er diese Partnerschaft nachher, als Erwachsener, entgegen seinen wahren Gefühlen aufgibt und eine Frau ehelicht: Die wertfreie Darstellung des Themas ist für die damalige Zeit recht fortschrittlich.
- Nicht zu den schwulenfreundlichen Märchen rechne ich dagegen KHM 99, wo das Bumsen zwar als heilsam beschrieben wird, aber ohne dass das Geschlecht der Gebumsten erwähnt wird. Obwohl vermutlich andere Jungs (mit?)gemeint sind, beteiligt sich das Märchen also an der Tabuisierung des Themas.
- KHM 182 kombiniert eine schwulenfreundliche mit einer schwulenfeindlichen Botschaft: Im Jugendalter ist ein wenig gleichgeschlechtlicher Sex gut, aber zuviel führt in die dauerhafte Selbstschädigung, und Sex zwischen erwachsenen Männern ist sowieso schlimm. Wegen des reichlich übertriebenen Horrors des zweiten Teils der Botschaft betrachte ich dieses Märchen im Ganzen als schwulenfeindlich.

Die Themen der 14 nicht schwulenfreundlichen Märchen

In den 14 von mir *nicht* als „schwulenfreundlich" eingestuften Märchen dreht sich das Schlimme um die passive Rolle des Mannes.

Im Einzelnen geht es dabei um unterschiedliche Probleme:

- In 8 (!) dieser Märchen (KHM 37, 45, 68, 90, 106, 107, 107a, 121) wird der sexuelle Missbrauch oder die sexuelle Nötigung oder Vergewaltigung von männlichen Jugendlichen, immer von hinten, thematisiert. Dem Märchen geht es dann entweder um die Beschreibung der Folgen oder um eine Warnung an männliche Jugendliche vor zu viel Leichtsinn, der in die falsche Gesellschaft führen kann, oder um beides.

  Dabei ist KHM 121 eine Art homosexuelles Gegenstück zum bekannten Märchen „Rotkäppchen", mit dem die Mädchen vor Unvorsichtigkeit im Umgang mit Männern und daraus folgendem ungewolltem Geschlechtsverkehr gewarnt werden sollen.

  Man muss sich schon die Frage stellen, warum sich gleich 8 KHM mit *männlichen* Jugendlichen als sexuellen Opfern befassen. Entweder hat das Thema die Brüder Grimm besonders interessiert, oder es wird hier in der verschlüsselten Sprache der Märchen ein Problem angesprochen, das in Wirklichkeit sehr verbreitet war, über das aber offen kaum jemand zu reden wagte. Noch heute fällt es Jungs viel schwerer als Mädchen, darüber zu reden, wenn sie zu Opfern gemacht wurden, und noch viel schwerer, wenn es dabei um Sex geht. Der Mann als Vergewaltigungs-Opfer ist noch heute ein Tabu-Thema. Zudem ist gut vorstellbar, dass in patriarchalen Gesellschaften, in denen Männer denken, sie dürfen sexuell alles tun, männliche Jugendliche viel öfters vergewaltigt werden als wir meinen, und/oder dass dies damals häufiger geschah als heute, weil Mädchen im öffentlichen Raum weniger leicht zugänglich waren. Wenn wir die KHM als Hinweis nehmen, dass es so ist, dann zeigen sie uns auch, was für Jugendliche am gefährdetsten waren: erstens die Waisenkinder, die kaum gesellschaftlichen Schutz geniessen (KHM 106), zweitens die unvorsichtigen, zu selbstbewussten, zu sorglosen oder zu vertrauensvollen (KHM 107, 107a, 121), drittens die merkbar unsicheren (KHM 68) und viertens die kleingewachsenen (KHM 37, 45, 90), da Kleinwuchs mit Unmännlichkeit gleichgesetzt wird und Kleinwüchsige darum besonders leicht als Frauenersatz begehrt werden. Man kann sich auch leicht vorstellen, dass die Walz ein Risiko barg. Jugendliche waren dort schutzlos älteren, kräftigeren Männern ausgeliefert.

- In drei weiteren Märchen (KHM 146, 182 und 191a) werden Männer oder männliche Jugendliche davor gewarnt, sich *freiwillig* ficken zu lassen, wobei das einher gehen kann mit einer mehr oder weniger weit gehenden Warnung vor jeglichem Sex mit Männern (KHM 191a: Warnung vor jeglichem Sex mit Männern; KHM 182: Warnung vor zu viel gleichgeschlechtlichem Sex im Jugendalter und vor jeglichem Sex mit Männern im Erwachsenenalter; KHM 146 dagegen: Gleichgültigkeit gegenüber der aktiven Rolle).

- Verschiedene weitere, darunter auch grundsätzlich schwulenfreundliche Märchen drehen sich um die Frage, was für alternative Sexpraktiken zu empfehlen sind, um die passive Rolle des Mannes zu vermeiden: KHM 195 empfiehlt Oralverkehr, 82a die gegenseitige Befriedigung von Hand, 104a die Masturbation von hinten und 189 den Wechsel der Stellung. Wobei mit der letztgenannten Möglichkeit natürlich trotzdem noch ein Mann penetriert wird. Sie ist daher nur gedacht als Ausweg für einen Mann, der *eigene* Unterwerfungsbedürfnisse befriedigen möchte, ohne selber die passive Rolle wahrzunehmen.

  Angesichts der in allen Grimm'schen Märchen zur männlichen Homosexualität feststellbaren Schwierigkeiten mit der passiven Rolle des Mannes erstaunt es, *wie selten* alternative Sexpraktiken ins Auge gefasst werden. Der Hauptgrund dürfte im heterosexuellen Vorbild liegen: Da der Sex in der patriarchalen Gesellschaft die angeblich natürliche Machtstellung des Mannes über die Frau beweisen muss, muss er als Geschlechtsverkehr, vorzugsweise in der Missionarsstellung, stattfinden, denn die anderen Praktiken dokumentieren diese Machtstellung nicht. Das heterosexuelle Vorbild wird dann auf den Sex zwischen Männern übertragen, sodass man erwartet, auch er finde immer als Geschlechtsverkehr statt. Die Seltenheit des Oralverkehrs kann ausserdem mit den früher viel schlechteren hygienischen Bedingungen erklärt werden.

Die schwulenfeindlichsten Märchen

Einige jener Märchen, die sich um die schlimmen Folgen oder das Abzulehnende der passiven Rolle des Mannes drehen, zeichnen dabei auch ein negatives bis sehr negatives Bild der gesamten Homosexualität. Der Sex zwischen Männern wird dann dargestellt als Folge sexueller Unersättlichkeit und Gier (KHM 182, gemeint allerdings nur, wenn ein Mann längere Zeit Sex mit Männern hat) oder sexueller Unreife (der Riese in KHM 121) und/oder als Folge von Bosheit und Abfall von Gott (KHM 191a; die Täter in 107, 107a, 121).

Das spiegelt die alte, damals immer noch weit verbreitete und von Kirche und Gerichten vertretene Sicht, wonach Sex zwischen Männern nicht auf eine gleichgeschlechtliche Neigung, sondern auf sexuelle Ausschweifung, Übersättigung und Bosheit/Abfall vom Glauben zurückzuführen sei oder auf die Unfähigkeit, zur angeblich natürlichen Bestimmung, nämlich Geschlechtsverkehr mit einer Frau, zu finden.

Homosexualität als unveränderbare Neigung in den schwulenfreundlichen Märchen

Sämtliche von mir als „schwulenfreundlich" eingestuften Märchen zeigen dagegen eine neuere Sicht der Homosexualität als unveränderbarer Neigung (KHM 82a zeigt eine Kombination der alten und der neuen Sicht), allerdings ohne dass sie dafür einen Begriff haben.

In einigen Märchen ist diese Neigung eine sexuelle *und Liebesneigung*, in anderen nur oder in erster Linie eine sexuelle Neigung, wobei diese in der Regel aus dem oben erwähnten Grund (heterosexuelles Vorbild: Sex muss Geschlechtsverkehr sein) mit der Neigung zu Analverkehr gleichgesetzt wird. Daraus ergibt sich eine in etlichen Märchen festzustellende Gleichsetzung von gleichgeschlechtlicher Neigung und Neigung zu homosexuellem Analverkehr.

Hauptfiguren, welche die schwulenfreundliche Botschaft nicht sehen

Während also in den schwulenfreundlichen Märchen die Männer, die Sex mit Männern möchten, als Männer mit einer unveränderbar gleichgeschlechtlichen Neigung dargestellt werden, können oder wollen sich in den meisten dieser Märchen die Betroffenen selber nicht so sehen. Sie sehen sich immer noch so, wie ihresgleichen früher gesehen wurde: als Männer, die zwar Sex mit anderen Männern suchen, diese Lust aber überwinden können.

Das führt dann zu einem Nebeneinander zwischen der modernen Sicht von Homosexualität, die das Märchen erkennen lässt, und der veralteten, welche die Hauptfiguren teilen.

Dies wiederum führt dazu, dass die Hauptfiguren die schwulenfreundliche Botschaft jener Märchen nicht sehen. Da die Märchen aber in der Regel aus dem Blickwinkel der Hauptfigur erzählt werden, auch wenn der Erzähler einen scheinbar allwissenden Standpunkt einnimmt, kann das Märchen in all diesen Fällen seine schwulenfreundliche Botschaft nicht direkt vermitteln, sondern muss sie durch versteckte Hinweise klar machen. Ich nenne das, wie in den Vorbemerkungen erklärt, die „subversive Methode". Sie hat einerseits den Zweck, den Zuhörer oder Leser in dieselbe Lage zu manövrieren, in welcher er sich damals im wirklichen Leben gegenüber Männern mit gleichgeschlechtlicher Neigung befand. Sieht er das

Doppelbödige dieser Märchen nicht, so fällt er in dieselbe Falle wie jene, welche im wirklichen Leben ihre Vorurteile nicht in Frage stellen: Er glaubt dem Schein, der an der Oberfläche geboten wird, und sieht die gegenläufigen Hinweise, die auch im wirklichen Leben durchaus vorhanden wären, nicht. Erkennt er jedoch das Doppelbödige, dann regt es ihn dazu an, die gesellschaftlichen Vorurteile, die er bisher womöglich teilte, in Frage zu stellen. Die subversive Methode hat also einen aufklärerischen Zweck.

Daneben mag sie auch dem Ziel dienen, Kritik zu vermeiden. Die Brüder Grimm suchten ja auch Anerkennung für ihre Märchen. Da wäre es etwas riskant gewesen, wenn allzu viele davon *offen* für Anliegen eingetreten wären, die dem Zeitgeist völlig widersprachen.

Die Brüder Grimm arbeiteten auch bei Märchen mit anderer gesellschaftskritischer Thematik mit der subversiven Methode, zum Beispiel in KHM 110 „Der Jude im Dorn", KHM 52 „König Drosselbart" oder KHM 55 „Rumpelstilzchen".

Manchmal geht das Doppelbödige ganz oder teilweise auf die Bearbeitungen durch die Brüder Grimm zurück, so in KHM 1, 9 und 199 und teilweise in KHM 85 sowie in den gerade erwähnten KHM 52 und 110.

Hauptfiguren, welche die schwulenfreundliche Botschaft sehen

Es gibt aber auch ein paar Hauptfiguren, welche die schwulenfreundliche Botschaft des Märchens ganz oder teilweise sehen und ihr folgen und daher als Identifikationsfiguren gemeint sind, am deutlichsten in KHM 54, 195 und 82a und am Schluss auch in KHM 6, weitgehend auch in KHM 124 und bis zu einem gewissen Grad auch in KHM 47.

KHM 77 ist ein Sonderfall, weil dort die Hauptfigur zwar selbstbewusst nach ihren wahren Gefühlen lebt, aber trotzdem nur bis zu einem gewissen Grad als Identifikationsfigur taugt, da sie ein Schlitzohr ist, das auch kritisiert werden kann. Das geht darauf zurück, dass sie in der von den Grimms benutzten Textvorlage ein negatives Beispiel war und erst durch die Grimm'schen Textänderungen aufgewertet wurde.

Der Schwule als Mann mit einer starken weiblichen Seite

Gemäss den meisten jener KHM, welche die Homosexualität als tiefsitzende Neigung sehen, ist diese mit einer starken weiblichen Seite im Mann verbunden. Dabei kann das Weibliche die Homosexualität selber oder die Lust auf die passive Rolle sein, welche dann eng mit der Neigung zu Männern verbunden ist.

Symbolisiert wird diese weibliche Seite im Mann oft von einer Mutterfigur, welche die Mutter selber (KHM 113), eine alte Frau (KHM 68, 93, 199) oder, wenn der Mann seine weibliche Seite ablehnt, eine Hexe sein kann (KHM 1 und 85, dort „Hexe" *und* (!) „Mütterchen" genannt).

Die weibliche Seite kann aber auch anders als von einer solchen Mutterfigur symbolisiert werden, dann wird sie meistens noch deutlicher:

- In KHM 47 wird ein Junge „so weiss wie Schnee und so rot wie Blut" geboren, eine Beschreibung, die eigentlich auf Mädchen zutrifft (wie im „Sneewittchen") und daher verraten soll, dass dieser Junge innerlich wie ein Mädchen ist.

- In KHM 85 wird die weibliche Seite von Goldlilien symbolisiert, welche aufgrund ihrer Form auf die „weiblichen" Geschlechtsorgane, das heisst hier aufs Hinterteil, anspielen.

- In KHM 126 ist Ferdinand ungetreu die nicht-männliche Schattenseite des (männlichen) Ferdinand getreu, wobei in der Beziehung mit dem König klar wird, dass mit dem Nicht-Männlichen vor allem die passive, „dienende" Rolle beim Sex gemeint ist.

- In KHM 44a wird der Versuch unternommen, durch eine komplizierte Zuordnung von weiblichen und männlichen Seelen- und sexuellen Aspekten nicht nur die Homosexualität, sondern auch den Unterschied zwischen Aktiven und Passiven auf tiefsitzende Neigungen zurückzuführen. Die Passiven seien noch weiblicher, also sozusagen doppelt homosexuell, wird behauptet.

- In KHM 77 dürfte die Köchin Gretel für die zuwendungsbedürftige Seite des Gretel-Mannes stehen, womit dort nur die Lust auf Männer gemeint ist, denn die Gretel-Natur jenes Mannes hat ausdrücklich keine sexuell passiven Wünsche.

Daneben gibt es auch ein paar wenige Märchen, welche den gleichgeschlechtlich veranlagten Mann einfach als genau das sehen: als Mann, der gleichgeschlechtlich begehrt/liebt, ohne dass dabei etwas von einer weiblichen Seite festzustellen ist (z. B. KHM 42 oder 54).

Dass gleichgeschlechtlich fühlende Männer eine starke weibliche Seite hätten, hören die meisten Schwulen heute nicht gerne, und sie lehnen es meist auch ab, da sie glauben, es vermindere ihre Chancen auf der Suche nach Sex. Darum möchten sie möglichst männlich sein und aussehen.

Doch die Schwulenbefreiungspioniere des späteren 19. Jahrhunderts teilten die Theorie der Schwulen als Männer mit einer starken weiblichen Seite: Karl-Heinrich Ulrichs (1825-95) vertrat die Ansicht, sie seien, zusammen mit den Lesben[108], ein „drittes Geschlecht": männerliebende Männer hätten eine weibliche Seele in einem männlichen Körper, frauenliebende Frauen eine männliche Seele in einem weiblichen Körper.[109] Magnus Hirschfeld (1868-1935), der führende Vertreter der Schwulenrechtsbewegung vom Ende des 19. Jahrhunderts bis zur Nazi-Zeit, rechnete die Schwulen und Lesben zu den „sexuellen Zwischenstufen" zwischen Mann und Frau.[110]

Überlegungen zu den Ursachen der gleichgeschlechtlichen Neigung

Wer die Homosexualität als tiefsitzende, unveränderbare Neigung sieht, macht sich leicht auch Gedanken zu deren Ursachen. So auch einige der schwulenfreundlichen Grimm'schen Märchen. Aber nicht alle. Einige nehmen die Neigung einfach als gegeben hin. Jene, die sich zu den Ursachen äussern, bieten unterschiedliche Erklärungen an:

- Erbbedingt angeboren ist sie vermutlich in KHM 44a und ausdrücklich in KHM 85, wobei das Erbe in beiden Fällen alleine vom Vater stammt, was sich dadurch erklären lässt, dass man die Eizelle erst um 1827 entdeckte.
- Auf das Verhältnis zu den Eltern in der Kindheit zurückgeführt wird die homosexuelle Neigung in KHM 9, wo, ähnlich wie später bei Freud, eine enge Beziehung zur liebenden und dominanten Mutter und ein distanziertes Verhältnis zum schwachen Vater, der nicht als männliches Vorbild taugt, dazu führt (genau genommen, führt dies in KHM 9 allerdings zu einer nicht-heterosexuellen Neigung, der Sex mit Männern ist nur deren Folge). Womöglich wollen auch all jene Märchen, in welchen die gleichgeschlechtliche Neigung von einer Mutterfigur symbolisiert wird, sagen, sie gehe auf eine enge Bindung an die Mutter zurück.
- Auf eine Kombination von angeborenem Einfluss und Verhältnis zu den Eltern in der Kindheit führen die gleichgeschlechtliche Neigung KHM 113 und 47 zurück:

---

[108] Wobei Ulrichs die Schwulen „Urninge" und die Lesben „Urninginnen"/"Uranierinnen"/"Urninen" nannte (Lautmann 1993, S. 35).

[109] Lautmann 1993, S. 33-36. Dieses „dritte Geschlecht" ist nicht zu verwechseln mit dem „dritten Geschlecht" bei Indianern und anderen Stammesgesellschaften, von dem ich am Ende meiner Interpretation des Märchens „Der treue Johannes" (KHM 6) schreibe. Da man bei uns normalerweise zwei Geschlechter kennt, wird ein weiteres Geschlecht aus unserer Sicht immer zum „dritten Geschlecht", aber das bedeutet natürlich nicht, dass damit immer dasselbe gemeint ist.

[110] Ebenda, S. 95/96.

In 113 wird der (vom Sternzeichen symbolisierte) angeborene Einfluss nicht näher erläutert, während das Verhältnis zu den Eltern genau gleich wie in KHM 9 ist (enge Bindung an die Mutter neben schwachem, distanziertem Vater).

KHM 47 bietet die originellste Erklärung: eine Kombination aus dem Geschlechtswunsch der Mutter während der Schwangerschaft (sie gebiert einen Jungen, hat aber ein Mädchen gewünscht, wodurch der Junge innerlich weiblich geworden ist) und einem gleichgeschlechtlichen Oedipus-Komplex: enges Verhältnis zum liebenden Vater und keine Anziehung zur abweisenden Mutter. Ein enges Verhältnis zum Vater ist als Grund für die Entstehung der Homosexualität des Sohnes vermutlich auch in KHM 126 gemeint.

Grundsätzlich suchen die schwulenfreundlichen Grimm'schen Märchen die Ursachen für die Entstehung der Homosexualität also an denselben Orten, wo man sie bis heute sucht: bei angeborenen Faktoren und/oder beim Verhältnis zu den Eltern in der Kindheit, wobei in den Märchen der letztgenannte Einfluss häufiger ist. Eine starke Mutter und ein distanziertes Verhältnis zum Vater findet man auch heute bei vielen Schwulen, während der gleichgeschlechtliche Oedipus-Komplex von KHM 47 aus heutiger Sicht wohl eine überholte Idee ist.

Die gedankliche Vorwegnahme der heutigen Schwulenbefreiungsbewegung

Erstaunlicherweise findet man in den 17 schwulenfreundlichen Märchen bereits das Allermeiste, was die moderne Schwulenbefreiungsbewegung auch fordert, wobei natürlich nicht alles in denselben Märchen zu finden ist, denn jedes Märchen hat ein eigenes Thema:

- Es geht in etlichen Märchen um Liebe, auch wenn diese nur verklausuliert klar gemacht wird. Dafür wird sie bisweilen, vermutlich aus emanzipatorischen Gründen, als besonders tief und echt, ja geradezu ideal dargestellt (KHM 1, 6, 124 und 44a).
- *Ein* Märchen ruft zu lebenslangen gleichgeschlechtlichen Partnerschaften auf, die sich von der Ehe zwischen Mann und Frau nur durch die Gleichstellung der Partner, durch alternative Sexpraktiken (ohne Geschlechtsverkehr) sowie das Fehlen der Bezeichnung „Ehe" unterscheiden (KHM 195).
  Da solche Partnerschaften in der damaligen Zeit offen nicht gezeigt werden durften, legt ein weiteres Märchen gleichgeschlechtlich fühlenden Männern nahe, eine Scheinehe mit einer Frau einzugehen, die nicht auf Männer steht, und daneben eine als Herr-Diener-Beziehung getarnte homosexuelle Partnerschaft zu führen (KHM 1).
- Ein anderes Märchen wünscht sich schwule Ménages à trois zwischen Gleichgestellten, also alternative Partnerschaftsformen (KHM 124), und träumt von deren Toleranz durch die Gesellschaft.
- Verschiedene Märchen rechtfertigen verhalten und versteckt sogar die sexuell passive Rolle des Mannes, am deutlichsten KHM 42, welches sagt, sie sei gesund und heilsam.
- *Ein* Märchen stellt die gesellschaftlichen Versuche, Schwule zu „heilen" bzw. umzupolen, als gegen die Natur gerichtet in Frage (KHM 9).
- Mehrere Märchen weisen auf den Selbstbetrug hin, den gleichgeschlechtlich fühlende Männer mit der Unterdrückung ihrer Neigung begehen. *Ein* Märchen rät davon ab mit dem Argument, man solle einmal beachten, was man sich selber damit antut und was für einen Menschen man damit aus sich selber macht (KHM 8). Ein anderes zeigt, wie die Ehe mit einer Frau auf einer Lebenslüge beruht (KHM 113), ein anderes macht darauf aufmerksam, was damit der Frau angetan wird (KHM 93). Das kann man nur als Empfehlungen gegen solche Ehen verstehen.
- In *einem* Märchen kommt es sogar zur Stiefkind-Adoption durch einen Schwulen, wenn auch natürlich nur faktisch und nicht formell: Der überlebende Partner einer

gleichgeschlechtlichen Partnerschaft wird vom sterbenden Partner als Pflegevater seines noch jugendlichen Sohnes eingesetzt (KHM 6).

- In ein paar Märchen wird die gleichgeschlechtliche Neigung zum entscheidenden Merkmal des Identitätsgefühls. In KHM 6 wird ein solcher Mann (Johannes) vorgeführt; in KHM 54 wird gar beschrieben, wie ein Mann dieses Identitätsgefühl aus seinen Erlebnissen heraus entwickelt, der erste „Schwule" sozusagen, ausser dass er noch keine Bezeichnung dafür hat; in KHM 77 betont die Hauptfigur als Trotzreaktion gegen die Abwertung durch die Gesellschaft genau das, was ihr unterstellt wird, nämlich ihre weibliche Seite, und geht darum manchmal in Frauenkleidern aus.
- KHM 54 gibt auch eine Wegleitung, wie ein Schwuler zu einem echten Selbstbewusstsein und einem Selbstwertgefühl und damit zur Gewissheit gelangen kann, trotz gesellschaftlicher Ablehnung der ganzen Welt trotzen zu können.
- KHM 6 beschreibt auch das erste, noch überaus mühsame und vorsichtige Coming Out eines Schwulen. Es ist allerdings erst im privaten Rahmen und nur gegenüber einem heterosexuellen Ausnahme-Menschen möglich.
- Zu Gay Pride im Sinne von Stolz und Selbstwertgefühl als das, was man ist, noch nicht aber als politisches Bekenntnis, regt KHM 85 an, wobei – besonders mutig – die weibliche Seite bewusst in diesen Stolz eingeschlossen wird. In KHM 47 ist es erst ein Stolz auf die männliche Seite.
- Auch das Risiko, in der Öffentlichkeit mit der eigenen Neigung erkannt zu werden, gehen zwei KHM-Figuren ein: Die Hauptfigur in KHM 47 allerdings nur als Jugendlicher, als der er vermutlich eine gewisse Narrenfreiheit geniesst. Der einzige, der als Erwachsener das Risiko regelmässig eingeht, ist der Transvestit, der die Hauptfigur in KHM 77 ist. Er ist wohl der mutigste Schwule der KHM.
- Dazu passt, dass KHM 77 von der Behandlung der gleichgeschlechtlich fühlenden Männer durch Staat und Gesellschaft handelt und zu einem milderen gesellschaftlichen und strafrechtlichen Umgang mit ihnen aufruft.
- Schliesslich regt das vorletzte Märchen der KHM (199) zur schwulen Solidarität an und meint damit die Solidarität unter Schwulen der Mittel- und Unterschicht, die insbesondere aufgerufen werden, keine Spitzeldienste für die Obrigkeit zu leisten. Das weist gedanklich weniger auf die erste Schwulenrechtsorganisation, das 1897 gegründete „Wissenschaftlich-humanitäre Komitee" Magnus Hirschfelds, hin, welches eine Organisation unter der intellektuellen Elite war, sondern eher auf die später, doch noch vor 1968 entstandenen Schwulenorganisationen, die allen Schwulen offenstanden, aber noch nicht an die Öffentlichkeit gingen, zum Beispiel der schweizerische „Kreis". Die Botschaft von KHM 199 wirkt wie ein die ganze Grimm'sche Märchensammlung abschliessender Blick in die Zukunft, weil das kurze Märchen KHM 200 nur noch vom Interpretationsschlüssel handelt, den jedes Märchen durch seinen Text bereit halte.

Im Ganzen kann man sagen: In den schwulenfreundlichen KHM wird, mit Ausnahme des offenen politischen Kampfes, alles, was die moderne Schwulenbefreiungsbewegung verlangt, bereits gedanklich vorweggenommen.

Dass der offene politische Kampf fehlt, hängt mit dem Ziel zusammen: Es geht in allen diesen Märchen nur um ein privates Glück und nicht um die Veränderung der Gesellschaft. Sogar KHM 199 strebt mit seinem Aufruf zur schwulen Solidarität nur ein privates schwules Glück an, denn es geht ihm in erster Linie um die Beendigung der durch Polizeispitzel drohenden Gefahr des Entdeckt-Werdens.

Das Fehlen gesellschaftsverändernder Ziele

Warum fehlen gesellschaftsverändernde Ziele? Einerseits wollen ganz allgemein die meisten Märchen nur private Lebenshilfe sein. Aber bei den Märchen zur männlichen Homosexualität kommt noch ein spezieller Grund hinzu.

Einige dieser Märchen thematisieren nämlich die totale gesellschaftliche Ablehnung der gleichgeschlechtlich fühlenden Männer und die Folgen für die Betroffenen durchaus (KHM 6, 54, 77, 124 und 44a). Und sie sehen den Grund richtig im Männerbild der patriarchalen Gesellschaft, das den Männern die passive Rolle beim Sex verbietet. Trotzdem fordert kein Märchen die Überwindung jenes Patriarchates. Den wahrscheinlichen Grund macht KHM 124 am deutlichsten: Man hielt das Patriarchat für unüberwindbar, wohl, weil es immer schon da war, auch in der Zeit der Bibel. Darum bleibt den schwulenfreundlichen Märchen nur die Frage: Wenn die (männliche) Homosexualität eine unüberwindbare und natürliche Neigung ist, wie können die Betroffenen *trotz* weiter bestehender patriarchaler Gesellschaft zu einem grösst möglichen *privaten* Glück finden? Immerhin sind etliche Märchen genug mutig, ihnen eine *innere* Verabschiedung von patriarchalen Vorstellungen zu empfehlen (KHM 1, 8, 9, 42, 47, 85, 199, 44a).

Das einzige Märchen, das die Einstellung der Gesellschaft zum Sex zwischen Männern zu ändern versucht, ist KHM 77, aber bezeichnenderweise mit dem hilflosen Argument, jener Sex sei ja in Wirklichkeit gar nicht so antipatriarchal (Männersexliebhaber würden sich nicht aufgrund ihrer Natur, sondern nur aus praktischen Gründen bumsen lassen, weil es sonst nicht zum Sex kommen könne). Auch KHM 77 versucht daher nicht, am Patriarchat zu rütteln. Es will mehr gesellschaftliche Toleranz gegenüber Männersexliebhabern, *ohne* die Gesellschaft wirklich zu ändern.

Die Strafrechtsbestimmung gegen die „Unzucht wider die Natur"

Auf den ersten Blick erstaunen mag auch, dass der Kampf gegen die Strafrechtsbestimmung zur „Unzucht wider die Natur" in der obigen Zusammenstellung schwulenfreundlicher Forderungen nicht vorkommt. Er spielt in den KHM vermutlich deswegen eine so geringe Rolle, weil jene Strafrechtsbestimmung, jedenfalls aus den Grimm'schen Märchen zu schliessen, selten angewandt wurde, namentlich gegenüber Jugendlichen. Diese müssen strafrechtlich eine gewisse sexuelle Narrenfreiheit genossen haben. In KHM 44a leben sie ihren Sex unvorsichtig offen aus, die Umgebung nimmt es ablehnend wahr, aber man geht nicht gerichtlich gegen sie vor. Und in KHM 191a wird der „Räuber" für seinen vergangenen Sex mit Männern nie bestraft. Das gesetzliche Verbot der „widernatürlichen Unzucht" wird in den Grimm'schen Märchen überhaupt nur dort angesprochen, wo es als Warnung an Jugendliche vor ebenjenem Sex dient (191a), wo ein Männerliebhaber in Frauenkleidern auftritt und damit besonders provoziert (KHM 77), oder wo es um die Zerschlagung „sodomitischer" Bruderschaften, also geheimer Verbindungen von Männersexliebhabern, geht (KHM 199). Letztere machten der Obrigkeit offenbar besondere Angst, da sie sie nicht kontrollieren konnte. Sonst entsteht aus den Grimm'schen Märchen der Eindruck, dass wer nicht auffiel und sich diskret verhielt, eine gerichtliche Bestrafung kaum befürchten musste, und dass das gesetzliche Verbot gegenüber Jugendlichen nicht angewandt wurde. Die Strafrechtsbestimmung war darum für die meisten Männersexliebhaber wohl nicht das grösste Problem.

Die ideologische Rechtfertigung dieser Befreiungs-Gedanken

Dort, wo eine ideologische Begründung für die oben erwähnten Befreiungs-Gedanken geliefert wird, werden sie nicht mit den Menschenrechten begründet, sondern meist mit einem alternativ verstandenen, sehr persönlichen und kirchenfernen Christentum:

- Gemäss KHM 47 rief Christus durch seine Auferstehung die Menschen, insbesondere die Schwulen und die Frauen, zur Lebensfreude inklusive Sex auf.
- Gemäss KHM 195 verbietet ein Christentum der Nächstenliebe die Unterdrückung der eigenen (homo-)sexuellen Neigung, weil damit auch die Nächstenliebe unterdrückt wird. Ein Christentum der Nächstenliebe *verlangt* daher gleichgeschlechtliche Partnerschaften.
- In KHM 44a wird die ganze kirchliche Lehre zur Homosexualität und die darauf beruhende Verurteilung des Sexes zwischen Männern bis in die Einzelheiten zerpflückt und als falsch dargestellt. Stattdessen wird ein sehr persönlicher Zugang zu einem vergebenden Christus empfohlen.

Zwei Märchen rechtfertigen ihre schwulenfreundlichen Ideen mit nicht-religiösem Gedankengut, das man mit der Aufklärung in Verbindung bringen kann, aber es sind auch dann nicht die Menschenrechte:

- KHM 82a empfiehlt eine neue Sexualmoral für Männer, welche die aufklärerische „Goldene Regel" („Tu niemandem an, was du nicht willst, dass man es dir selber antut!") mit dem patriarchalen Passivverbot für Männer und einer grösseren Rücksichtnahme auf die Wünsche der Frauen beim Sex verbindet. Auf dieser Grundlage rechtfertigt das Märchen gegenseitigen Hand-Sex zwischen Männern nicht nur, es fordert ihn geradezu als Ausweg, wenn die Frau keinen Geschlechtsverkehr will.
- KHM 85 ermuntert zum Stolz auf die eigenen gleichgeschlechtlichen Neigungen, weil sie angeboren und darum natürlich seien und weil der Wert des Menschen nicht in der Erfüllung einer gesellschaftlichen Schablone, sondern in dem liege, was er von Natur aus sei. Das kann man mit dem höheren Wert des Individuums in Verbindung bringen, den die Aufklärung forderte, obwohl diese selber damit nicht die Annahme der Homosexualität meinte.

Warum dienen in keinem Grimm'schen Märchen die Menschenrechte als Rechtfertigung für eine bessere Einstellung zu Männern mit gleichgeschlechtlicher Neigung? Ich sehe mehrere mögliche Erklärungen:

- Es sollen deutsche Märchen sein. Die Idee der Menschenrechte kam aber aus Frankreich.
- Es spiegelt sich darin der Geist der deutschen Romantik, die stark christlich-religiös geprägt war.
- Die Menschenrechte hätten zu politisch-gesellschaftlichen Forderungen führen müssen, um die es in diesen Märchen eben nicht geht.

Die drei grossen Tabus

Drei Aspekte der männlichen Homosexualität werden sogar in den schwulenfreundlichen Märchen nur sehr vorsichtig angetippt, weil sie von der damaligen Gesellschaft ganz verschwiegen wurden. Sie sind die grössten Tabus um ein Thema, das an sich tabu war und darum nur in der Symbolsprache der Märchen angegangen werden konnte:

- Das grundlegendste Tabu sind erwachsene Männer, welche die passive Rolle wahrnehmen. Die KHM führen zwar einige Jugendliche vor, die sich freiwillig bumsen lassen. Das ist weniger problematisch, weil sie noch keine richtigen Männer sind. Aber erwachsene Männer, die sich freiwillig bumsen lassen, zeigen die KHM nur, wenn es Nebenfiguren sind (die Köhler in KHM 54, der Riese in KHM 93, die Räuber in KHM 199), wenn diese Nebenfiguren vornehme Männer sind und man es daher mit einer gegen sie gerichteten Spitze verbinden kann (die Kunden des Barbiers in KHM 124, die Kunden der Hauptfigur in KHM 68, der König in KHM 126 und 146), oder sonst in einer nicht vorgeführten Partnerschaft, auf die kurz verwiesen wird (KHM 6), oder wenn sie es nachher bereuen (KHM 104a und 191a, wobei dort das Alter unklar ist).

- Das zweite Tabu ist eine Folge des ersten: Homosexuelle Partnerschaften, in denen ein Mann die „Frau" ist, werden nur ganz selten überhaupt erwähnt, und wenn, dann nur ganz am Rande (die Partnerschaft des Johannes mit dem alten König in KHM 6), oder wenn der Sex sofort bedauert wird (KHM 104a). Die einzigen Partnerschaften zwischen erwachsenen Männern, die etwas ausführlicher beschrieben oder eingeleitet werden, sind solche mit ausdrücklich anderem als analem Sex (KHM 124 und 195). Interessant ist in diesem Zusammenhang die Partnerschaft zwischen den beiden „Riesen" in KHM 93: In der ersten Fassung des Märchens war sie eine *mit* analem Sex. Aber in der Fassung letzter Hand wurde daraus eine ohne Sex. Sie wurde von den Brüdern Grimm, wohl weil zu heikel, ent-sexualisiert.

  Partnerschaften zwischen Jugendlichen (KHM 44a) oder zwischen einem Jugendlichen und einem Erwachsenen (KHM 68; die Partnerschaft zwischen dem Riesen und der Hauptfigur in KHM 90; jene zwischen dem Schmied und dem König in KHM 124; jene zwischen dem König und Ferdinand in KHM 126) werden dagegen öfters geschildert, weil darin der Gefickte eben ein Jugendlicher und somit kein „richtiger" Mann ist (in KHM 126 gibt es allerdings, ziemlich einmalig für KHM, auch einen Rollentausch).

  Homosexuelle Partnerschaften mussten auch in der damaligen Wirklichkeit gut getarnt werden. Oft diente dazu eine Herr-Diener-Beziehung, wie sie auch einige Grimm'sche Märchen schildern oder andeuten (die Partnerschaft zwischen dem Froschkönig und Heinrich in KHM 1; jene des Johannes mit dem alten König in KHM 6; jene zwischen dem Schmied und dem König in KHM 124; jene zwischen dem König und Ferdinand in KHM 126). Mit einer Herr-Diener-Beziehung wird auch der aus der patriarchalen heterosexuellen Ehe bekannte Grundsatz, wonach in einer Partnerschaft ein Gefälle sein muss, auf gleichgeschlechtliche Partnerschaften übertragen.

  Gerade deswegen sind homosexuelle Partnerschaften zwischen Gleichgestellten für eine patriarchale Gesellschaft noch heikler. Sie sind schwieriger zu verbergen und widersprechen dem patriarchalen Grundsatz, wonach die Gesellschaft auf Hierarchien aufgebaut sein muss. Die Grimm'schen Märchen tarnen sie zum Teil als Freundschaft zwischen wandernden Handwerkerburschen (KHM 182 und 44a) und zum Teil als Beziehung zwischen Brüdern (die Partnerschaft zwischen den beiden Riesen in der ersten Fassung von KHM 93; die Dreier-Partnerschaft am Schluss von 124). Die Bruder-Symbolik wird daneben auch für die Mitglieder der sodomitischen Bruderschaft in KHM 9 verwendet. Wo alle diese Verschleierungen nicht zur Verfügung stehen, wird das Code-Wort „Gevatter" für den gleichgeschlechtlichen (männlichen) Lebenspartner verwendet. Es stammt aus KHM 42, wo es lediglich für den nicht verwirklichten Traum der Hauptfigur von einem solchen Freund und Partner steht, und wurde von den Grimms übernommen und in KHM 195 eingefügt, wo dann ein tatsächlicher Lebenspartner gemeint ist.

- Das dritte grosse Tabu ist die Liebe zwischen Männern. Das Verschweigen der homosexuellen Liebe dient dazu, homosexuellen Partnerschaften und damit der gefürchteten passiven Rolle des Mannes kein Argument für eine Rechtfertigung zu liefern. Denn wenn die Gesellschaft eingestehen müsste, dass es um Liebe geht, wäre beides schwieriger zu verbieten. Auch dieses Tabu ist also eine Folge des Tabus der passiven Rolle des Mannes beim Sex. Als Folge kann auch in den KHM die Liebe zwischen Männern nur verklausuliert beschrieben werden: entweder mit dem Code-Wort „Treue" (KHM 1 und 6), oder als Bruderliebe getarnt (KHM 124), oder mit einem Wort, in dem das Wort „Liebe" enthalten ist („lieblich" in KHM 8), oder durch einen doppeldeutig formulierten Hinweis („weil er eine so grosse Liebe zu ihm empfand" in KHM 85), oder indem einfach eine ideale Partnerschaft vorgeführt wird (KHM 44a).

Diese drei Tabus dienten der patriarchalen Gesellschaft zur besseren Unterdrückung der Homosexualität. Etwas zu verschweigen, ist das beste Mittel, es zu unterdrücken, denn wo etwas nicht ist, kann man sich auch nicht dagegen wehren. Aber indem die Brüder Grimm durch ihre Märchen (oft verdeutlicht durch die von ihnen angebrachten Änderungen an den Textvorlagen) dann doch klar machten, was gemeint ist, kratzten sie diese Tabus auch zaghaft an.

Der Grund für die Jahrtausende lange Verdammung der Homosexualität

Die Grimm'schen Märchen geben eine ganz klare Antwort auf die Frage, weswegen unsere und andere patriarchalen Gesellschaften die Homosexualität, vor allem die männliche, Jahrtausende lang verdammten: wegen des Sexes, genauer wegen des analen Sexes. Alle KHM zur männlichen Homosexualität gehen davon aus, dass Sex zwischen Männern als Analverkehr stattfindet. Meiner Erfahrung nach denken dies noch heute die meisten Heteros. Dass es zwischen Männern auch andere Sexpraktiken gibt, wird ausgeblendet. Beim Analverkehr wird ein Mann zur „Frau" gemacht. Und das ist das Problem.

Nochmals zusammengefasst der Grund: Jede patriarchale Gesellschaft behauptet, der Geschlechtsverkehr zwischen Mann und Frau spiegle die natürliche Grundlage der Herrschaft der Männer über die Frauen. Ein Mann, der beim Sex die „Frau" ist, zerstört diese angeblich natürliche Machtgrundlage und zerstört damit auch das Selbstverständnis der Männer als „Herren", das heisst als Herrschaft ausübende Wesen.

Dabei geht es aber bei Weitem nicht nur um die Herrschaft der Männer über die Frauen. Patriarchat ist viel mehr, und der Begriff bedeutet auch nicht „Männerherrschaft", sondern „Väterherrschaft". Denn gerade weil sich in einer patriarchalen Gesellschaft jeder Mann als Herrschaft ausübendes Wesen versteht, unterdrückt er auch andere Männer und seine eigene weibliche Seite. Jede patriarchale Gesellschaft ist daher ein System von Über- und Unterordnung nicht nur von Männern über Frauen, sondern auch der einen Männer über die anderen (ältere über jüngere, sozial höhergestellte über sozial niedriger gestellte usw.), und der Männer über ihre eigenen „weichen", da „weiblichen" Gefühle. Jede patriarchale Gesellschaft beruht auf Selbstunterdrückung und Gefühls-Amputation. Wobei derjenige, der seine eigenen wahren Gefühle unterdrückt, auch leichter von anderen Menschen unterdrückt werden kann.

Die Schwulen (und die Lesben, siehe unten) stellen nur schon durch ihre Existenz dieses System gesellschaftlicher Über- und Unterordnung in Frage.

Daher kann man sagen: Bei der gleichgeschlechtlichen Neigung geht es um Liebe, bei ihrer Unterdrückung um Macht. Darum sind in einer patriarchalen Gesellschaft Gleichberechtigung, Gleichwertigkeit und Gleichstellung von Schwulen und Lesben unmöglich.

Man kann noch weiter gehen: Da ein gesellschaftlich hierarchisches System, das auf Unterdrückung beruht, in einem unvereinbaren Gegensatz zu den Menschenrechten und zur Gleichberechtigung und damit auch zu einer echten Demokratie steht, befindet sich eine Gesellschaft erst dann wirklich auf dem Boden der Menschenrechte und der Demokratie, wenn sie das Patriarchat überwunden hat und bereit ist, Schwule und Lesben als gleichberechtigt und gleichwertig zu behandeln.

Man kann noch einen Schritt weiter gehen: Wo sich die Männer als „Herren" fühlen, übertragen sie dieses Selbstverständnis auf den Staat. Genauso wie sie im privaten Leben glauben, nicht nachgeben zu dürfen, um ihre männliche Stärke, Macht und „Ehre" zu beweisen, können sie das auch in der Politik nicht. Patriarchale Gesellschaften und Staaten neigen daher zu Gewalt und Kriegen. Auch eine friedliche Welt wird daher erst möglich sein, wenn das Patriarchat überall überwunden ist und man überall bereit ist, Schwule und Lesben als gleichberechtigt und gleichwertig zu behandeln.

An der Einstellung einer Gesellschaft zu Schwulen und Lesben erkennt man daher, ob sie zu Freiheit, Demokratie und Frieden wirklich bereit ist oder nicht.

Noch eine Anmerkung zu den Lesben, obwohl sie nicht Thema in den KHM sind: Die weibliche Homosexualität stört in patriarchalen Gesellschaften, weil bei ihr eine Frau glücklich werden kann ohne einen Mann. Die lesbische Frau zeigt, dass sich eine Frau der angeblich natürlichen Männerherrschaft auch entziehen kann. Trotzdem wurden und werden die Schwulen immer stärker abgelehnt als die Lesben. Ich sehe dafür zwei Gründe:

- Die Macht und die Gewalt in den patriarchalen Gesellschaften gehen von den Männern aus. Sie fühlen sich durch Männer, die nicht in ihr Männerbild passen, in ihrem Selbstverständnis unmittelbarer bedroht als durch Frauen, die nicht in ihr Frauenbild passen.
- Die Zerstörung der patriarchalen Geschlechterbilder wertet den Mann ab, die Frau aber auf. Darum lehnen Männer Schwule stärker ab als Frauen Lesben.

Zwei Gemeinsamkeiten mit nicht- bzw. vorchristlichen Formen der Homosexualität

In zwei KHM finden sich Gemeinsamkeiten mit uralten Formen von Homosexualität, die aus nicht- bzw. vorchristlichen Gesellschaften bekannt sind:

- Das „Säugen" des heranwachsenden Jugendlichen durch den Riesen in KHM 90 (und kurz angedeutet auch in KHM 93) symbolisiert die Besamung von hinten und erinnert damit an die bei den alten Griechen teilweise nachgewiesene Tradition, wonach Männer Jugendliche zu erwachsenen Männern machten, indem sie sie ins Wissen einführten, das ein Mann haben musste, aber eben auch, indem sie ihnen beim Sex von hinten durch die Übertragung ihres Samens männliche Stärke übertrugen. KHM 90 lässt mich daher vermuten, dass es diese Tradition einst auch in Mitteleuropa gegeben haben muss.
- Johannes in KHM 6 erinnert mit seiner androgynen Natur (er ist ein Mann, aber die Raben, die für Stimmen aus seinem Inneren stehen, sind weiblich), seinen besonderen Fähigkeiten (Musikmachen, Heiratsvermittler, psychologischer Berater) und der sexuell passiven Rolle, die er in der Partnerschaft mit dem verstorbenen, offenbar bisexuellen alten König wahrgenommen haben muss, stark an das „Dritte Geschlecht", das in gewissen Stammesgesellschaften (nachweisbar bei den Indianern, in Sibirien, in der Südsee) weder „Frau" noch „Mann" ist/war. Diese Gemeinsamkeit muss allerdings nicht unbedingt auf eine alte mitteleuropäische Tradition zurückzuführen sein, denn die gleichgeschlechtlichen Gefühle des Johannes wurden erst spät in den älteren Märchenstoff eingefügt. Umso mehr stellt sich die Frage, weswegen Johannes so stark an jenes Dritte Geschlecht erinnert.

2. <u>Schlussfolgerungen über die Brüder Grimm</u>

Grundsätzliches zur Bearbeitung der Märchenvorlagen durch die Brüder Grimm

Die hier interpretierten KHM zeigen beispielhaft, wie die Brüder Grimm ihre Märchenvorlagen bearbeiteten:
Abgesehen von den Entschärfungen sexuell zu ausdrücklicher oder verdächtiger Stellen (dazu mehr unten) dient fast alles, was sie an ihren Textvorlagen änderten oder neu hinzufügten, der Verdeutlichung der Botschaft, allerdings immer durch seine Symbolik und nie durch offen auf der Platte dargebotene Erklärungen. Dabei veränderten die Brüder Grimm in manchen Fällen die Botschaft im Vergleich zur Vorlage. Fast immer sind also ihre Textergänzungen mehr als nur der Ausschmückung dienende Floskeln.

Eine etwas genauere Erläuterung dazu mit Beispielen:
- Erste und letzte Sätze eines Märchens, in denen, ähnlich einer Redensart, eine allgemeine Wahrheit ausgedrückt wird, waren manchmal bereits in der Vorlage vorhanden, wurden aber oft von den Brüdern Grimm hinzugefügt. Ab und zu finden sie sich auch an einer Schlüsselstelle im Innern des Märchens. Solche Sprichwort-ähnlichen Sätze weisen immer auf etwas versteckte, bisweilen rätselhafte Weise aufs Thema oder die Botschaft des Märchens, sind also eine Art Wegweiser für die Interpretation.
Beispiele:
Bei der Bearbeitung der Vorlage zu KHM 107 liessen die Grimms einen solchen Einleitungssatz stehen, weil er aufs versteckte Thema hinweist. In KHM 1 und in KHM 199 fügten sie selber einen Eingangssatz hinzu, der *auf das von ihnen neu ins Märchen eingeführte Thema* hinführt, in KHM 113 fügten sie einen Schlusssatz und in KHM 37 einen Satz an zentraler Stelle in der Mitte hinzu, um damit auf das *bereits in der Vorlage vorhandene* Thema der ganzen Erzählung aufmerksam zu machen. In KHM 113 verdeutlichten sie dabei mit dem Wort „warm", dass die gleichgeschlechtlichen Gefühle in Wahrheit weiter vorhanden sind.

- Die Grimms übernahmen bei der Bearbeitung ihrer Märchenvorlagen auch Symbolik aus anderen Märchen, auch gleichgeschlechtliche Symbolik, die dann in einem ganz anderen Zusammenhang dieselbe Bedeutung hat. Gerade dies zeigt nebenbei, dass sie diese gleichgeschlechtliche Symbolik verstanden. Ein eindrückliches Beispiel ist das relativ spät bearbeitete KHM 195, in das (homosexuelle und andere) Symbolik aus mehreren anderen Märchen übernommen wurde.

- Die Grimms schufen bei der Bearbeitung ihrer Vorlagen aber auch selber Symbolik, auch (homo-)sexuelle. Ein Beispiel ist ihre Wortschöpfung „Schwarzamsel", mit der sie in KHM 54 das bisherige Identitätsgefühl der Hauptfigur symbolisch ausdrückten. In KHM 90 ersetzten sie das ursprüngliche Wort „Amt" durch das „Vorwerk", um die Absicht der Hauptfigur zu Sex nur mit ihren vorne liegenden Organen, das heisst nur in der aktiven Rolle, symbolisch zu verdeutlichen. In KHM 199 formten sie den in der Vorlage ohne sexuelle Symbolik dargestellten Soldaten durch diverse Ergänzungen zu einem homosexuellen Spitzel um; so soll seine Suche nach „Unterfutter für den Magen" auf seine Suche nach Sex und das Entkorken einer anschliessend über den Köpfen der Räuber geschwenkten Weinflasche auf seinen Orgasmus hinweisen. Dazu schufen sie den neuen Titel „Der Stiefel von Büffelleder" mit seiner raffinierten Symbolik.

- Auch mit ihren sonstigen Erweiterungen weisen die Grimms oft versteckt auf das Thema und die Botschaft des Märchens hin. Ein Beispiel ist wieder KHM 54, wo sie mit dem Satz „bis sie wüssten, wer er wäre" das Ziel der Hauptfigur ausdrückten, sich ein neues Identitätsgefühl zu erarbeiten. Ein anderes Beispiel ist KHM 85, wo sie durch den absichtlich doppeldeutigen Satz „weil er eine so grosse Liebe zu ihm empfand" auf raffinierte Weise verrieten, dass die Hauptfigur in Wirklichkeit Männer liebt. Noch ein anderes Beispiel ist KHM 182, wo sie die Bemerkung einfügten, der Schneider nenne seine Braut „seinen angenehmen Gegenstand", eine Bezeichnung, die nicht gerade auf Liebe schliessen lässt.

Wenn die Grimms auf diese Weise die Bedeutung und die Symbolik ihrer Märchen, auch die homosexuelle, verdeutlichten und manchmal auch änderten oder neu schufen, gingen sie nach ihren erklärten Vorbildern, KHM 19 und 47 von Philipp Otto Runge, vor. So verrät das hier ebenfalls interpretierte KHM 47 mit den absichtlichen grammatikalischen „Fehlern" im Lied des Prachtvogels die Homosexualität der Hauptfigur, während der weitere „Fehler" in den Worten „der kleine Bruder" im letzten Satz verrät, dass er nicht wirklich erwachsen geworden ist. Man sieht anhand dieser Beispiele (oder anhand des oben erwähnten, in KHM 85 von den Grimms hinzugefügten Satzes), dass die Märchensprache Runges und der Brüder Grimm teilweise auch mit Rätseln arbeitet, welche nicht immer allzu leicht als solche erkennbar sind. Besonders, wenn die Grimms (bei vielen Märchen mit gesellschaftskritischem Inhalt) die subversive Methode anwandten, fügten sie gerne solche rätselartigen Hinweise ein. So sind die meisten ihrer Märchen aus Volksmärchen oder schriftlichen Vorlagen geschaffene literarische Kunstwerke von höchster Raffinesse und höchster Textdisziplin, bei welchen jedes Wort seine Bedeutung im Dienste der Botschaft hat.

Die Brüder Grimm und die männliche Homosexualität als Thema ihrer Märchen

Wie gingen die Brüder Grimm bei der Bearbeitung ihrer Märchenvorlagen mit dem Thema der (männlichen) Homosexualität um?
Einerseits ersetzten sie, genau wie beim Sex zwischen Mann und Frau, allzu deutliche sexuelle Anspielungen durch unverdächtigere Symbolik, denn es sollten ja „Kinder- und Hausmärchen" sein. Der Sex wurde dadurch aber, mit einer Ausnahme (Partnerschaft zwischen den Riesen in KHM 93, siehe unten), nicht aus den Märchen entfernt. Er sollte nur für „unschuldige" Zuhörer/innen bzw. Leser/innen, z.B. Kinder, nicht mehr erkennbar sein.
Sämtliche Beispiele in den in diesem Buch untersuchten Märchen:
- In KHM 199 ersetzten die Grimms das Verb „schmeissen" durch das unverdächtige „werfen", weil „schmeissen" auch „mit Kot beschmutzen" bedeuten kann und daher (in jenem Zusammenhang) auf Analverkehr hinweist. Dasselbe taten sie am Ende von KHM 93, wo sich „schmeissen" aber auf den Analverkehr mit einer Frau bezieht. In KHM 42 ersetzten sie „schmeissen" jedoch nicht, obwohl auch dort der homosexuelle Geschlechtsverkehr von hinten gemeint ist. Aber dort wird die Bedeutung noch zusätzlich verdeckt dadurch, dass die beiden Männer durch Schippe und Besen symbolisiert werden, daher erschien die Stelle den Grimms wohl genug unverdächtig.
- In KHM 189 liessen sie die in der Vorlage vorhandenen Wörter „Kujon" („Hodensack") und „Kalfakter" („Warmmacher", womit Männer gemeint sind, die andere von hinten bumsen) weg.
- In 191a ersetzten sie das Wort „Arschballen" durch die „Lenden".
- In KHM 93 milderten sie sogar die bereits in der ersten Fassung in Essens-Symbolik verpackten Hinweise zu Geschlechtsverkehr zwischen Männern, und aus der Partnerschaft zwischen den beiden „Riesen" entfernten sie sie ganz. Aber KHM 93 ist das einzige Märchen, in dem etwas ausführlicher Analverkehr *zwischen erwachsenen* Männern

geschildert bzw. erwähnt wird, daher wohl die besondere Vorsicht. Etwas schade ist, dass dadurch auch die Partnerschaft zwischen den zwei als Riesen dargestellten erwachsenen Männern ent-sexualisiert wurde. Sie erinnerte in der ursprünglichen Fassung mit dem zeitweisen Einbezug dritter Männer in den Sex an eine heutige offene homosexuelle Partnerschaft.

- In KHM 37 ersetzten die Grimms die Worte „die Nothdurft verrichten" durch die unpräziseren Worte „es ist nötig", was weniger vulgär ist und zur Folge hat, dass sich Daumesdick nicht mehr halb ausziehen muss, wodurch der folgende Vergewaltigungs-Versuch der beiden Männer weniger offensichtlich ist. Weiter ersetzten sie einige der schon in der Vorlage sehr vorsichtigen Symbole für anale Absichten durch noch unauffälligere (zum Beispiel schläft die Köchin in der Vorlage „im hinteren Zimmer", bei den Grimms in der „Stube daran").

Andererseits scheint mir vieles an den KHM zu zeigen, dass die Brüder Grimm am Thema der männlichen Homosexualität besonders interessiert waren, und zwar von einem der Sache gegenüber sehr aufgeschlossenen und offenen Standpunkt aus:

- Die grosse Zahl der von ihnen in ihre Sammlung aufgenommenen Märchen zu diesem Thema dürfte persönliches Interesse spiegeln.
- Auffällig ist, dass das erste und das praktisch letzte Märchen ihrer Sammlung deutlich schwulenfreundliche Märchen sind (mit dem letzten meine ich KHM 199. Danach folgt nur noch KHM 200, mit dem die Brüder Grimm, wie oben erwähnt, nur noch sagen wollten, dass der Text ihrer Märchen den Schlüssel zu deren Verständnis liefert.)
- Durch ihre Textbearbeitungen führten sie das Thema der männlichen Homosexualität in ein Märchen (KHM 9) überhaupt erst ein, in einem anderen (KHM 77) machten sie eine homosexuelle Zweitinterpretation möglich, und in KHM 1 schoben sie das Schicksal der Frau aus dem Mittelpunkt weg und rückten dafür die Frage ins Zentrum, wie ein Mann mit gleichgeschlechtlicher Neigung sein Erwachsenenleben gestalten soll, eine Änderung des Hauptthemas, die sich auch in der Änderung des Titels spiegelt, in dem ursprünglich der Froschkönig und die Prinzessin (– jene sogar zuerst –) genannt wurden, nach den Umformungen durch die Grimms jedoch der Froschkönig und sein Diener Heinrich.
- Vor allem aber veränderten sie nachweisbar eine ganze Reihe von Märchenvorlagen in schwulenfreundliche Richtung: In KHM 9 verstärkten sie die Hinweise, wonach Sex mit einer Frau für jene Männer fast unmöglich sei. In KHM 77 stellten sie das in der Vorlage verurteilte Vergehen der (gleichzeitig von den Grimms in eine schwule Figur umgewandelten) Hauptfigur mit Sympathie dar. In KHM 195 und 199 kehrten sie die in der Vorlage schwulenfeindliche Botschaft durch ihre Änderungen in ihr Gegenteil um. In KHM 82a fügten sie die Vorstellung ein, dass die Bisexualität eine sexuelle *Neigung* und nicht nur ein sexuelles *Tun* grundsätzlich bumswilliger Männer ist. In KHM 85 und 182 machten sie aus der in der Vorlage nur homo-*sexuellen* Neigung auch eine *Liebes*neigung. Und KHM 54 ergänzten sie mit dem Thema der schwulen Identitätsfindung.

Bei fünf der von mir analysierten Märchen führten die schwulenfreundlichen Texteingriffe der Grimms sogar zu Widersprüchen innerhalb des Textes, die in einem Fall (KHM 182) den Gesamtzusammenhang deutlich stören. In drei weiteren Fällen stören sie auch, man merkt das Widersprüchliche aber nicht so rasch (KHM 9, 85 und 82a), und in einem Fall stören sie nicht, weil man sie mit Widersprüchen in den Hauptfiguren erklären kann (KHM 195). In vier dieser fünf Fälle liegt die Vorlage vor, sodass man nachweisen kann, dass die Ursache für das Widersprüchliche in der Absicht der Brüder Grimm liegt, der Geschichte eine schwulenfreundlichere Richtung zu geben, die nicht ganz zur Vorlage passt. Im fünften Fall (KHM 85) ist das ebenfalls der wahrscheinliche Grund, man kann es aber nicht nachweisen, da die Textvorlage fehlt.

Ich halte es für leicht möglich, dass die Brüder Grimm noch weitere Märchenvorlagen in schwulenfreundliche Richtung änderten, aber wir verfügen nicht immer über den Text ihrer unmittelbaren Vorlagen. Namentlich denke ich an KHM 124, wo jemand irgendwann der sehr alten Vorlage den schwulenfreundlichen letzten Abschnitt aufgesetzt haben muss, und an KHM 6, dessen für die Entschlüsselung entscheidende Stellen dermassen konstruiert wirken, dass sie kaum direkt aus einer Volkserzählung stammen können.

In umgekehrter Richtung, d.h. den homosexuellen Inhalt abschwächend, veränderten die Grimms nur ein einziges Märchen an einer Stelle, nämlich KHM 93 bei der Partnerschaft zwischen den Riesen. Gründe und Genaueres dazu siehe oben.

Auffällig ist auch, dass die Brüder Grimm jene beiden Märchen, in denen die Homosexualität am negativsten dargestellt wird, nämlich KHM 107a und 191a, schliesslich aus ihrer Sammlung ausschieden. Man muss sich die Frage stellen, ob das nicht doch auch mit ihrem Inhalt zu tun haben könnte, auch wenn die Grimms das nicht offen sagten. Ich weiss es nicht, denn man findet für den Ausschluss auch andere Gründe (für KHM 107a wurde ein besserer Ersatz gefunden, und KHM 191a wurzelt in ausserdeutschen Quellen, was aber auch bei anderen Märchen der Fall ist, die in der Sammlung beibehalten wurden, so KHM 124).

Und leider schieden die Grimms auch KHM 44a aus den KHM aus, wo eine sehr schöne und geradezu ideale Liebe und Partnerschaft zwischen zwei Jungs beschrieben wird. Jakob Grimm verstand die etwas schwierig zu entschlüsselnde Symbolik jenes Märchens ausnahmsweise nicht vollständig und meinte darum leider, es sei ein schlechtes Stück. Gerade dies zeigt, dass die Brüder Grimm in erster Linie eine qualitativ hochstehende (deutsche) Märchensammlung zusammenstellen wollten. Nur innerhalb dieses Rahmens waren Märchen zum Thema Homosexualität und insbesondere mit schwulenfreundlichem Inhalt willkommen.

Waren die Brüder Grimm schwul? Eine Spekulation

Bei vier KHM bin ich der Meinung, dass die Änderungen, welche die Brüder Grimm gegenüber der Textvorlage vornahmen, nur von einem Schwulen stammen können:

- In KHM 54 geht das Thema der Identitätsfindung auf die Grimm'schen Textänderungen zurück, allerdings ohne dass die Grimms für die schwule Identität bereits einen Begriff hatten (, der dann durch ein einzelnes Wort symbolisch hätte ausgedrückt werden müssen, ähnlich der Grimm'schen Wortschöpfung „Schwarzamsel" für den „Sodomiten" im gleichen Märchen). Welcher Heterosexuelle wäre auf die Idee gekommen, die Identität des Schwulen zu schaffen? Später schufen zwar heterosexuelle Ärzte und Psychiater die Identität des „Homosexuellen", aber erstens war dieser – im Unterschied zur Identität, welche die Hauptfigur in KHM 54 am Ende findet – als etwas Krankhaftes, Degeneriertes gemeint, und zweitens kamen die Ärzte durch das Studium der Autobiographien Betroffener, die sich bereits als gleichgeschlechtlich Fühlende sahen, auf die Idee.
- In KHM 182 wandelten die Grimms den in der Vorlage heterosexuell fühlenden Schneider in einen klar gleichgeschlechtlich fühlenden Mann um. Auf die Homosexualität ihrer Urheber deutet diese Änderung meiner Meinung nach deshalb, weil sie schlecht zum Gesamtzusammenhang des Märchens passt und sich daher überhaupt nicht aufdrängt.
- Aus den von den Grimms zur Vorlage zu KHM 195 hinzugefügten Erweiterungen spricht eine riesige Wut über eine Kirche, welche von gleichgeschlechtlich fühlenden Männern die Selbstunterdrückung verlangt und ihnen so Liebe und Partnerschaften verunmöglicht. Eine Wut über eine Kirche, die von Liebe redet und sie gleichzeitig gleichgeschlechtlich fühlenden Menschen verbietet. Eine solche Wut können fast nur Betroffene selber empfinden. Dazu kommt, dass die Wut von einem anti-kirchlichen, aber gleichzeitig

zutiefst protestantisch-reformierten christlichen Standpunkt aus ausgedrückt wird. Die Brüder Grimm waren gläubige reformierte Protestanten.

- Die Grimms änderten die obrigkeitstreue Vorlage zu KHM 199 so in ihr Gegenteil um, dass am Schluss verhüllt zur Solidarität unter gleichgeschlechtlich fühlenden Männern der Unter- und Mittelschicht aufgefordert wird, mit dem Ziel, dass man so nicht mehr durch Spitzel an die Polizei verraten werden könne. Dieser Wunsch stammt am ehesten von einem potenziellen Opfer solcher Verräter-Tätigkeiten.

Dazu kommt, dass jenes Märchen, das seit der ersten Ausgabe der KHM immer den Ehrenplatz als erstes Märchen der Sammlung einnahm, nämlich der „Froschkönig", in auffälliger Weise die spätere Erweiterung der Lebensgemeinschaft der Brüder Grimm zu einem Dreier-Arrangement vorwegnimmt. Auch dort wurde eine Frau als Ehefrau des einen Mannes in eine bereits vorher bestehende Lebenspartnerschaft zwischen zwei Männern eingefügt, mit dem Unterschied, dass die beiden Männer dort zwei einander liebende Brüder und im Märchen ein ineinander verliebter König und sein Diener sind. Ist die Parallele zum Leben der Grimms ein Zufall oder hat den Brüdern das Märchen auch wegen seiner Ménage à trois besonders gefallen, ohne dass sie das sagen durften oder konnten? Für Letzteres sprechen zwei Beobachtungen:

- Erst durch die Änderungen und Ergänzungen, welche die Brüder Grimm an der Textvorlage zum „Froschkönig" anbrachten, wurden das Thema der schwulen Selbstannahme und die daraus folgende Erweiterung der Partnerschaft zwischen den beiden Männern zum Dreier-Arrangement in den Mittelpunkt gerückt. Ursprünglich stand im Mittelpunkt die Prinzessin als Opfer patriarchaler Machtverhältnisse.
- Die Brüder Grimm wandelten die Textvorlage zu einem weiteren Märchen, nämlich KHM 182, so um, dass am Ende eine ganz ähnliche Ménage à trois wie im „Froschkönig" entstand. Das Thema scheint sie interessiert zu haben.

Überhaupt könnte man, falls die beiden Brüder tatsächlich schwul waren, ihre doch eher merkwürdige Lebensgemeinschaft erklären. Sie lebten fast ihr ganzes Leben lang in derselben Wohnung; wenn sie umzogen, zogen sie gemeinsam um; Jakob heiratete nie und Wilhelm erst mit 39 Jahren. Sie schrieben einander Briefe, die man als Briefe von Verliebten lesen würde, wenn man nicht wüsste, dass sie an den Bruder gerichtet sind: "Wir wollen uns nie trennen,..., wir sind nun diese Gemeinschaft so gewohnt, daß mich schon das Vereinzeln zum Tod betrüben könnte", schrieb Jacob Grimm 1805 an seinen Bruder Wilhelm. Und der um ein Jahr Jüngere antwortete: "Das ist immer mein Wunsch gewesen, denn ich fühle daß mich niemand so lieb hat als du und ich liebe dich gewiß ebenso herzlich."[111]
Überschwängliche Freundschaftsbeteuerungen zwischen Männern waren zwar in der Zeit der deutschen Romantik nicht ungewöhnlich. Trotzdem: Zwischen den beiden bestand offensichtlich eine unüblich enge Bruderbeziehung, auch emotional, ähnlich der tiefen Liebe, die sich bei einem anfänglich ineinander verliebten Paar mit der Zeit einstellen kann.

Wenn ich dies zusammen mit den auffällig schwulenfreundlichen Bearbeitungen einiger ihrer Märchen betrachte, gelange ich zur Vermutung: Der Kitt, der ihre Lebensgemeinschaft zusammenhielt, war womöglich nicht nur ihr gemeinsames Arbeitsinteresse, sondern auch ein gemeinsames Geheimnis, nämlich ihre sexuelle Orientierung. Das Homosexualität in gewissen Familien gehäuft vorkommt, ist kein Geheimnis. Von den sechs Kindern des (schwulen) Thomas Mann waren zwei (Klaus und Golo) schwul und eines (Erika) lesbisch.
Ich vermute, Jakob und Wilhelm Grimm liebten beide Männer und hatten das irgendwann voneinander gemerkt, aber sie hielten es gegenüber der Öffentlichkeit ein Leben lang geheim,

---

[111] Zitate und Informationen nach: Nolte 2001.

wie sie auch in ihren Märchen die Homosexualität sehr gut versteckten. Ein „Coming Out" war damals unmöglich: schöpfte jemand Verdacht, war es das soziale Ende der Betroffenen; die Märchensammlung der beiden Brüder Grimm wäre von der Gesellschaft nicht mehr beachtet worden. Aber gerade die gesellschaftliche Stigmatisierung, die eingetreten wäre, wenn irgend jemand ihr mögliches Geheimnis erraten hätte, könnte Jakob und Wilhelm Grimm umso enger zusammengeführt haben.

Vielleicht mischten sich in ihre Bruderliebe sogar auch ein wenig gleichgeschlechtliche Gefühle. Wenn es so war, würde es ans Märchen „Die drei Brüder" (KHM 124) erinnern, in welchem eine unüblich enge Liebe zwischen Männern mit der Symbolik der Bruderliebe beschrieben wird. Zwar sind dort nicht wirkliche Brüder gemeint, aber die Symbolik lässt trotzdem auch ans Umgekehrte denken: an Brüder, die einander homosexuell lieben.

Es wird jetzt jeder wissen wollen, ob ich behaupten möchte, die beiden hätten Sex miteinander gehabt. Ich weiss es nicht, und ich halte es auch nicht für wichtig. Möglich wäre am ehesten, dass sie einander als Jugendliche einmal körperlich näher kamen und auf diese Weise entdeckten, dass auch der Bruder auf Männer steht. Dass zwei Brüder, die einander gern haben, als Jugendliche Sex miteinander haben, gibt es durchaus. Es ist auch völlig harmlos, im Unterschied zu Sex zwischen Bruder und Schwester, aus dem ein Kind entstehen kann. Ich halte die Frage aber, wie gesagt, nicht für wichtig. Schwul-Sein ist sowieso nicht eine Sache des Sexes, den man hat, sondern der Gefühle, die man spürt. Ein Schwuler kann ein Leben lang nur Sex mit Frauen haben, wie das auch etliche Grimm'sche Märchen beschreiben (KHM 85, 93 oder 113; nach einer jugendlichen Phase mit gleichgeschlechtlichem Sex auch KHM 1, 9, 126, 182 und 44a), und ein Hetero kann einmal Sex mit einem Mann haben, weil grad keine Frau zur Verfügung steht. Trotzdem bleibt der Schwule schwul und der Hetero heterosexuell.

Wenn die Brüder Grimm schwul waren und an eine Schwulenbefreiung dachten, könnte man auch leichter erklären, warum sie offensichtlich auch einen Sinn für Frauenemanzipation hatten. Jedenfalls nahmen sie frauenemanzipatorische Märchen in ihre Sammlung auf, und das Märchen vom König Drosselbart veränderten sie selber in versteckt-doppelbödig emanzipatorische Richtung. Womöglich wollten sie damit und in anderen Märchen die Unterdrückung der Frau kritisieren, weil sie sich bewusst waren, wie sehr die Unterdrückung der gleichgeschlechtlich fühlenden Männer damit zusammenhängt.

3. Schlusswort

Mit Ausnahme von KHM 9, in welches die Brüder Grimm das Thema der Homosexualität nachweisbar neu einführten, kann man (dort, wo die Vorlage vorhanden ist) feststellen, dass es in irgend einer Weise bereits in der Vorlage zu den hier interpretierten KHM enthalten war, wenn auch oft weniger deutlich und in weniger schwulenfreundlichem Sinne als in der Grimm'schen Fassung. Vier der fünf plattdeutschen Vorlagen zu den in diesem Buch analysierten Märchen, darunter auch das geniale Meisterwerk KHM 47 von Philipp Otto Runge, wurden von den Brüdern Grimm sogar fast wörtlich übernommen (die übrigen drei sind KHM 68, 113, 126; das fünfte ist KHM 107, das die Grimms in die Hochsprache übertrugen). Das aus der Sammlung ausgeschiedene KHM 44a scheint mir nicht allzu alt zu sein. Und das ebenfalls aus der Sammlung ausgeschiedene KHM 18a/104a kann erst nach 1804 von jemandem zu einem Märchen über Homosexualität umgeformt worden sein.

Das alles zeigt: Die männliche Homosexualität interessierte damals nicht nur die Brüder Grimm und auch nicht nur Schwule, denn Runge war kaum schwul. Es scheint, dass unter einigen Vertretern der deutschen Romantik ein grosses Interesse für dieses Thema entstand, wohl, weil die Romantik das von der Aufklärung geweckte grössere Gewicht des Individuellen mit dem Blick nach innen verband. Man merkte dabei offenbar auch, dass es Männer (und Frauen?) mit gleichgeschlechtlicher sexueller *und Liebes*-Orientierung gibt. Vor allem das zweite war vorher kaum bekannt gewesen und liess das Interesse für die Problematik solcher Menschen in der, wie man dachte, unveränderbar patriarchalen Gesellschaft nur umso stärker werden. Ein anderes Beispiel für dieses zeitgenössische Interesse ist Adelbert von Chamissos märchenartige Erzählung „Peter Schlemihls wunderbare Geschichte" (1813), die man als Gleichnis der damaligen schwulen Lebensproblematik lesen kann, denn sie behandelt die Frage der fehlenden Identität und der fehlenden gesellschaftlichen Anerkennung.

So setzte nach 1800 unter einigen Vertretern der deutschen Romantik eine Diskussion über die männliche Homosexualität ein, welche in der symbolischen Traum-Sprache der Märchen geführt wurde, da man sich öffentlich kaum direkt zum Thema äussern durfte, jedenfalls mit schwulenfreundlichen Ansichten.

Wie oben gezeigt: Die Brüder Grimm und Philipp Otto Runge, aber wohl auch andere, unbekannte Märchen-Autoren und –Umwandler, nahmen in dieser versteckten Diskussion über die Homosexualität gedanklich bereits alles vorweg, was die moderne Schwulenrechtsbewegung verlangt, mit Ausnahme des offenen politischen Kampfes.

Wer ihre Symbolsprache damals richtig las und verstand, ist schwer zu sagen. Ob es eine Beeinflussung der ersten offen auftretenden Pioniere der Schwulenrechtsbewegung gab (Hössli, Ulrichs, Hirschfeld), weiss ich nicht. Immerhin wirkten diese auch alle im deutschen Sprachraum.

Sicher kann man nur sagen: Wenn jemand heute *die gedanklichen Wurzeln* der modernen Schwulenbefreiung sucht, dann findet er sie hier in einigen der Grimm'schen KHM. Und sicher kann man auch sagen, dass ihre Botschaft *nach* der Zeit der deutschen Romantik von den meisten Leuten nicht mehr verstanden wurde, denn man liest nichts darüber. Gerade darum ist es umso wichtiger, dass man sie wieder entdeckt. Es ist, wie wenn ein paar Schwule und Schwulenfreunde in einer Zeit, die für einen offenen Kampf für die Schwulenbefreiung noch nicht reif war, eine Flaschenpost schickten mit einer verschlüsselten Botschaft, die uns sagen will: Das alles haben wir schon gedacht und gewünscht, aber die Zeit war noch nicht reif dafür.

Ich hoffe, dass sie heute reif ist dafür. Jedenfalls ist es meiner Meinung nach an der Zeit, diese Flaschenpost zu öffnen und zu entschlüsseln, was drin steht. Das habe ich mit meinem Buch versucht.

Anhang

Was die Bibel zur Homosexualität wirklich sagt

Einige der in diesem Buch analysierten Märchen thematisieren die kirchliche Verurteilung des Sexes zwischen Männern, am deutlichsten KHM 195 und 44a, oder sie gehen stillschweigend davon aus, wie einige besonders schwulenfeindliche Märchen (KHM 107, 121, 21a und 191a). Darum schliesse ich hier einen Anhang an, in dem ich der Frage nachgehe, was die Bibel zur Homosexualität wirklich sagt? Dabei ist zu berücksichtigen, dass alle Bücher der Bibel in streng patriarchalen Gesellschaften entstanden, genau wie die Grimm'schen Märchen.

Die Stellen bei Mose und Paulus

Es gibt fünf Bibelstellen, die mit Homosexualität zu tun haben und in denen gemäss den heutigen christlichen Fundamentalisten die Homosexualität verurteilt wird. Keine davon stammt von Jesus. Zwei finden sich bei Mose, die drei anderen bei Paulus:

- 3. Mose 18, 22: „Du sollst nicht bei einem Manne liegen, wie man bei einem Weibe liegt; das wäre ein Gräuel."[112] Und 3. Mose 20, 13 lautet fast identisch: „Wenn einer bei einem Manne liegt, wie man bei einem Weibe liegt, so haben beide einen Gräuel verübt. Sie sollen getötet werden."

  „Wie man bei einem Weibe liegt" ist eine Anspielung auf den zwischen Mann und Frau üblichen Sex. Damit ist in allen patriarchalen Gesellschaften der Geschlechtsverkehr gemeint. Die Formulierung „wie man bei einem Weibe liegt" meint daher nur jene homosexuelle Praktik, die dem Geschlechtsverkehr zwischen Mann und Frau entspricht, also den Analverkehr.

- Paulus schreibt in Röm. 1, 26: „Deshalb gab sie Gott dahin in schändliche Leidenschaften; denn die Frauen unter ihnen verwandelten den natürlichen Verkehr in den widernatürlichen." Das „Widernatürliche" ist hier also nicht der Geschlechtswechsel des Partners bzw. der Partnerin, sondern die Art und Weise des Geschlechtsverkehrs. Gemeint ist daher nicht lesbischer Sex (bei dem man wohl auch nicht von „Verkehr" spräche), sondern Analverkehr mit dem Mann.

  Paulus fährt anschliessend in Röm. 1, 27 fort: „Gleicherweise verliessen auch die Männer den natürlichen Verkehr mit der Frau und entbrannten gegeneinander in ihrer Begierde, sodass Männer mit Männern Schande trieben und den verdienten Lohn ihrer Verirrung empfingen." In 1, 32 heisst es dann, dass solche, die dies tun, des „Todes würdig" seien.

  Das Wort „gleicherweise", das die Passage einleitet, zeigt, dass derselbe „widernatürliche" Verkehr wie im vorangegangenen Satz gemeint ist, also Analverkehr, nur jetzt nicht zwischen Mann und Frau, sondern zwischen Männern.

- Weiter schreibt Paulus im 1. Kor. 6, 9, dass neben anderen Missetätern auch „malakoi" und „arsenokoitai" zu den „Ungerechten" gehören, denen das Himmelreich verwehrt sei. In 1. Tim. 1, 10 verurteilt Paulus nochmals „arsenokoitai".

  Die beiden Begriffe „malakoi" und „arsenokoitai" erscheinen unmittelbar hintereinander und sind in der Geschichte unterschiedlich übersetzt worden. „Malakoi" sind offenbar „effeminierte Männer". Wenn wir berücksichtigen, dass wir uns in einer streng

---

[112] Ich benutze für die Zitate die Zürcher Bibel, Ausgabe 1972 (genauere Angaben in der Bibliographie) und angepasst an die neue deutsche Rechtschreibung.

patriarchalen Gesellschaft befinden, ist klar: Von effeminierten Männern wurde erwartet, dass sie sich sexuell wie eine Frau behandeln lassen. Es geht also auch hier um Männer, die sich dem Analverkehr hingeben, und zwar hier in der passiven Rolle.

Das Wort „arsenokoitai" erscheint ausser bei Paulus in der antiken Literatur nur selten. Paulus hat es vermutlich von den oben erwähnten Stellen in 3. Mose abgeleitet, denn diese lauten auf griechisch: „meta arsenos ou koimethese koiten gunaikos"[113], wobei „Arsenos" der „Mann" und „koitai" die „auf dem Bett Liegenden" sind. „Arsenokoitai" sind also „auf dem Bett bei einem Mann Liegende". Frauen können nicht gemeint sein, denn dann wäre nicht einzusehen, weswegen sie verurteilt werden. Dass daher „Männer, die auf dem Bett bei einem Mann liegen" gemeint sind, passt auch zum Bezug zu den Stellen im 3. Buch Mose. Jener Bezug macht auch klar, dass zu ergänzen ist: wie man bei einer Frau liegt. Es sind also wieder Männer gemeint, welche Analverkehr mit Männern haben, diesmal in der aktiven oder passiven Rolle, wie im dritten Buch Mose.

Zusammengefasst: In der Bibel wird nicht die Homosexualität verurteilt, sondern nur der Analverkehr zwischen Männern, der als Ersatzhandlung für den Geschlechtsverkehr zwischen Mann und Frau gesehen wird. Es gibt keine Bibelstelle, welche sich zu anderen Sexpraktiken zwischen Männern oder zu lesbischem Sex äussert. Die Märchen der Brüder Grimm liefern ein sehr ähnliches Bild: Sex zwischen Männern von Hand oder mit dem Mund wird kaum je thematisiert und nirgends verurteilt, das Problem ist immer der Analverkehr, der an älteren und schwulenfeindlichen Stellen, etwa in den aus der Vorlage stammenden Teilen von KHM 82, ebenfalls als Ersatzhandlung gesehen wird.

Der Grund für die Verurteilung des Analverkehrs zwischen Männern ist in der Bibel derselbe wie in den Märchen und wurde schon mehrfach erklärt: In einer patriarchalen Gesellschaft stellt die passive Rolle des Mannes eine Gefahr für ihre Macht über die Frauen und als Folge davon auch für das Selbstverständnis der Männer dar.

Mose und Paulus verurteilen also nicht die Homosexualität, sondern nur den Analverkehr zwischen Männern. Jesus schweigt auch zu diesem Thema. Zur Behauptung der Päpste und christlichen Fundis, die Bibel verurteile die Homosexualität, muss man daher sagen: Jene Behauptung ist schlicht falsch. Sie lässt sich durch den Bibeltext nicht erhärten.

Die Geschichte vom Untergang von Sodom und Gomorrha

Früher begründete die Kirche die Verdammung der Homosexualität auch noch mit der Geschichte von Sodom und Gomorrha. Die Städte seien wegen der Erlaubnis der Homosexualität von Gott zerstört worden. Mit dieser Begründung wurde nicht nur die Homosexualität selber, sondern auch deren gesellschaftliche Duldung verdammt.

Dazu zuerst eine Zusammenfassung der Geschichte gemäss dem Bibeltext:
Zwei Engel in Männergestalt werden von dem in Sodom lebenden Lot als Gäste eingeladen. Aber alle Männer der Stadt umzingeln das Haus und verlangen: „Wo sind die Männer, die heute Abend zu dir gekommen sind? Bringe sie zu uns heraus, dass wir ihnen beiwohnen."[114] Lot bietet ihnen als Ersatz seine jungfräulichen Töchter an und fügt hinzu: „Nur diesen Männern tut nichts; denn sie sind nun einmal unter den Schatten meines Daches getreten."[115] Die Bewohner Sodoms geben aber nicht nach, worauf die Engel den Untergang der Stadt durch Gottes Zorn verkündigen und Lot mit seiner Familie zur Flucht auffordern.

---

[113] 3. Mose 18, 22. In 20, 13 ist die Reihenfolge der Wörter teilweise umgestellt.
[114] 1. Mose 19, 5.
[115] 1. Mose 19, 8.

Der Text zeigt, warum Lot den Männern seine Töchter anbietet: Weil er auf keinen Fall will, dass seinen Gästen etwas angetan wird. Das ganz Schlimme, zu Bestrafende war also die Verletzung des im ganzen Altertum heiligen Gastrechtes. Dazu kommt, dass es bei der sexuellen Absicht der Bewohner Sodoms um eine Vergewaltigung von hinten, nicht um Sex im gegenseitigen Einvernehmen geht. Die Geschichte von Sodom und Gomorrha ist daher kein Beleg dafür, dass die Bibel irgendwelchen einvernehmlichen gleichgeschlechtlichen Sex ablehnt.

Es kommt auch niemand auf die Idee, jeden Geschlechtsverkehr zwischen Mann und Frau zur Sünde zu erklären und zu kriminalisieren, weil es Vergewaltigungen von Frauen durch Männer gibt. Dass Vergewaltigungen zu bestrafen sind, ist klar, aber das gilt auch zwischen Mann und Frau.

Die Freundschaft zwischen David und Jonathan

Es gibt aber auch Schwulenfreundliches in der Bibel, und zwar bei der Freundschaft zwischen David und Jonathan. Da heisst es: Da „schloss Jonathan den David in sein Herz, und er gewann ihn lieb wie sein eigenes Leben."[116] Und kurz darauf: „Und Jonathan schloss einen Bund mit David, weil er ihn liebhatte wie sein eigenes Leben."[117] Und etwas später nochmals: „Dann schwur Jonathan dem David noch einmal, weil er ihn liebte, denn er liebte ihn wie sein eigenes Leben."[118] Und als die beiden Abschied voneinander nehmen müssen, weil Jonathans Vater Saul David töten will: „und sie küssten einander und weinten umeinander über die Massen."[119] Als dann Jonathan in der Schlacht gefallen ist, singt der Harfenspieler David in seinem Trauerlied: "Es tut mir leid um dich, mein Bruder Jonathan, du warst mir so hold! Deine Liebe war mir köstlicher als Frauenliebe!"[120]

Ob die beiden Männer Sex hatten miteinander, wissen wir nicht, aber das spielt auch keine Rolle. Schwul-Sein hat nichts damit zu tun, mit wem man Sex hat. Ein Schwuler kann Sex haben mit einer Frau, ein Hetero mit einem Mann. Schwul ist man, wenn sich die Liebesgefühle auf Menschen des eigenen Geschlechtes richten. Und da sind die zitierten Stellen eindeutig: Sowohl für Jonathan und als auch für David kam in der Liebe der Freund zuerst.

Der Befund ist also unmissverständlich. Trotzdem wird die Beziehung zwischen den beiden Männern üblicherweise nur als „tiefe Freundschaft" und nicht als Liebesbeziehung interpretiert (Das sieht man sofort, wenn man „David und Jonathan" googelt).

---

[116] 1. Sam. 18, 1.
[117] 1. Sam. 18, 3.
[118] 1. Sam. 20, 17.
[119] 1. Sam. 20, 41.
[120] 2. Sam. 1, 26.

Bibliographie

1. Benutzte Ausgaben der Sammlung der „Kinder- und Hausmärchen der Brüder Grimm" (KHM)

Für die Ausgabe letzter Hand:
Grimm, Brüder: Kinder-und Hausmärchen. Hg. von Heinz Rölleke. Stuttgart: Reclam 1980/2001:
Band 1: Märchen Nr. 1-86.
Band 2: Märchen Nr. 87-200, Kinderlegenden Nr. 1-10, Anhang Nr. 1-28.
Band 3: Originalanmerkungen, Herkunftsnachweise, Nachwort. (Zitiert als: Grimm/Rölleke, 1980/2001, Bd. 3).

Für die erste Ausgabe:
Grimm, Jacob; Grimm, Wilhelm: Kinder- und Haus-Märchen. Bd. 1. Realschulbuchhandlung: Berlin, 1812. In: Deutsches Textarchiv (http://www.deutschestextarchiv.de/grimm_maerchen01_1812 , 2.8.2016).
Grimm, Jacob; Grimm, Wilhelm: Kinder- und Haus-Märchen. Bd. 2. Realschulbuchhandlung: Berlin, 1815. In: Deutsches Textarchiv (http://www.deutschestextarchiv.de/grimm_maerchen02_1815 , 2.8.2016).

Für die übrigen Ausgaben (1819-50) benutzte ich die im Internet greifbare Textausgabe von Wikisource: https://de.wikisource.org/wiki/Kinder-_und_Haus-Märchen (2.8.2016).

2. Weitere Literatur

Bücher und Zeitungsartikel:

d'Alcripe 1579/1853 : D'Alcripe, Philippe: La nouvelle fabrique des excellens traits de Vérité. Nouvelle édition : Paris : Librairie de P. Jannet 1853.
Greifbar im Internet:
https://books.google.ch/books?id=AzunGa8uhEYC&pg=PA6&hl=de&source=gbs_selected_pages&cad=2#v=o nepage&q&f=false (11.6.2017)

Aldrich 2006: Aldrich, Robert (ed.): Gay Life and Culture. A World History. London: Thames and Hudson 2006.

Altdeutsche Blätter, Bd. 1: Altdeutsche Blätter, Bd. 1. Hg. Haupt, Moritz, und Hofmann von Fallersleben, August Heinrich. Leipzig: F. A. Brockhaus 1836.
Ich benutzte den im Internet greifbaren Text:
http://reader.digitale-sammlungen.de/resolve/display/bsb10110549.html (11.6.2017)

Basile/Schenda 2000: Basile, Giambattista: Das Märchen der Märchen. Das Pentamerone. Hg. von Rudolf Schenda. München: C. H. Beck 2000.

Bergmann 1804: Bergmann, Benjamin: Benjamin Bergmann's Nomadische Streifereien im Lande der Kalmüken in den Jahren 1802 und 1803. 4 Bände. Riga: Hartmann 1804/05.

Bolte/Polyvka 1913: Bolte, Johannes und Polyvka, Georg: Anmerkungen zu den Kinder- und Hausmärchen der Brüder Grimm. Leipzig: Dieterichsche Verlagsbuchhandlung 1913. 2 Bände.

Carové/Petzoldt 1816/1997: Carové, Friedrich Wilhelm: Volkserzählungen, Glaubensvorstellungen und Bräuche aus dem Rheinland und von der Mosel (1816). Ein unveröffentlichtes Manuskript aus der Staatsbibliothek zu Berlin. Hg. von Leander Petzoldt. In : Rheinisch-westfälische Zeitschrift für Volkskunde 42 (1997), S. 130-202.

DISPLAY: Schweizerisches Schwulenmagazin, erscheint monatlich in Zürich. (Website: www.display-magazin.ch)

Greenberg 1988: Greenberg, David. F.: The Construction of Homosexuality. Chicago & London: The University of Chicago Press 1988.

Grimm/Rölleke 1980/2001, Bd. 3: Grimm, Brüder: Kinder-und Hausmärchen. Hg. von Heinz Rölleke. Stuttgart: Reclam 1980/2001, Band 3: Originalanmerkungen, Herkunftsnachweise, Nachwort.

Grimm/Rölleke 2007: Grimm, Brüder. Kinder- und Hausmärchen. Die handschriftliche Urfassung von 1810. Hg. von Heinz Rölleke. Stuttgart: Reclam 2007.

Guldin 1995: Guldin, Rainer: Lieber ist mit ein Bursch.... Zur Sozialgeschichte der Homosexualität im Spiegel der Literatur (Homosexualität und Literatur, Bd. 8). Berlin: Verlag rosa Winkel 1995.

Leuthold 2017: Leuthold, Ueli: Von Coming Out, Gay Pride und Stiefkindadoption - Männliche Homosexualität in den Märchen der Brüder Grimm. Band 1: Vorbemerkungen, Die schwulenfreundlichen Märchen des ersten Bandes der Grimmschen Märchen. Band 2: Die schwulenfreundlichen Märchen des zweiten Bandes der Grimmschen Märchen, Die aus der Grimmschen Sammlung ausgeschiedenen schwulenfreundlichen Märchen, Die übrigen Grimmschen Märchen zur männlichen Homosexualität, Zusammenfassende Schlussfolgerungen. Hamburg: tredition 2017.

Lautmann 1993: Lautmann, Rüdiger (Hg.): Homosexualität. Handbuch der Theorie- und Forschungsgeschichte. Frankfurt/New York: Campus Verlag 1993.

Müller 1991: Müller, Klaus: Aber in meinem Herzen sprach eine Stimme so laut. Homosexuelle Autobiographien und medizinische Pathologien im neunzehnten Jahrhundert. Homosexualität und Literatur, Bd. 4.Verlag rosa Winkel: Berlin 1991.

Musäus 1782: Musäus, Johann Karl August: Volksmährchen der Deutschen. Gotha 1782. Ich benutzte den im Internet greifbaren Text: http://www.goethezeitportal.de/wissen/illustrationen/august-musaeus/chronika-der-drei-schwestern.html (5.12.2015)

Nolte 2001: Nolte, Dorothee: Briefwechsel der Brüder Grimm: „Allerliebstes Wilhelmchen". In: Der Tagesspiegel, 14. 3. 2001, Online-Ausgabe (http://www.tagesspiegel.de/weltspiegel/gesundheit/briefwechsel-der-gebrueder-grimm-allerliebstes-wilhelmchen/210888.html, 22.7.2016).

Ostertag/Rapp 2009: Ostertag, Ernst und Rapp, Röbi: Es geht um Liebe. Schwule in der Schweiz und ihre Geschichte. Zürich: Verein Schwulenarchiv (sas) 2009. Dieses Buch ist ein Auszug aus einer umfangreicheren Schwulengeschichte, die als Website erschien: www.schwulengeschichte.ch.

Röhrich 1987: Röhrich, Lutz: Wage es, den Frosch zu küssen. Das Grimmsche Märchen Nummer Eins in seinen Wandlungen. Köln: Diederichs 1987.

Rölleke 2004a: Rölleke, Heinz: Grimms Märchen und ihre Quellen. Die literarischen Vorlagen der Grimmschen Märchen synoptisch vorgestellt und kommentiert. Schriftenreihe Literaturwissenschaft Bd. 35. Trier: Wissenschaftlicher Verlag 2004. 2., durchgesehene Auflage.

Rölleke 2004b: Rölleke, Heinz: Die Märchen der Brüder Grimm. Eine Einführung. Stuttgart: Reclam 2004. 4., durchgesehene Auflage.

Schulte Kemminghausen 1963: Schulte Kemminghausen, Karl (Hg.): Westfälische Märchen und Sagen aus dem Nachlass der Brüder Grimm. Beiträge des Droste-Kreises. Münster: Aschendorff 1963 (2. Auflage).

Spencer 1996: Spencer, Colin: Homosexuality. A History. London: Fourth Estate, 1996 (paperback ed.).

Straparola/Beecher, Bd. 2 2012 : Straparola, Giovan Francesco: The Pleasant Nights. Edited with an Introduction by Donald Beecher. Translated by W.G. Waters. Thoroughly revised and corrected by the editor. The da Ponte Library Series. Toronto/Buffalo/London: University of Toronto Press. Bd. 2, 2012.

Uther 2013: Uther, Hans-Jörg: Handbuch zu den „Kinder- und Hausmärchen" der Brüder Grimm. Entstehung, Wirkung, Interpretation. Berlin: de Gruyter. 2., vollständig überarbeitete Auflage 2013.

Williams 1986: Williams, Walter L.: The Spirit and the Flesh. Sexual Diversity In American Indian Culture. Boston: Beacon Press 1986.

Zürcher Bibel: Die Heilige Schrift des Alten und des Neuen Testamentes. Zürich: Verlag der Zürcher Bibel 1972.

Internet-Artikel:

Zum Entdecker der Eizelle, Karl Ernst von Baer:
https://de.wikipedia.org/wiki/Karl_Ernst_von_Baer (18.1.2017)

Zum Schwulenbefreiungspionier Heinrich Hössli:
https://de.wikipedia.org/wiki/Heinrich_Hössli mit weiterführender Literatur (7.7.2016).

Zum Begriff „warmer Bruder":
http://www.homowiki.de/Nachweis:Warmer_Bruder_(Phrase) (22.5.2016). Siehe auch
https://de.wiktionary.org/wiki/schwul (7.5.2016)